Maik-Carsten Begemann I Christian Bleck I Reinhard Liebig (Hrsg.)
Wirkungsforschung zur Kinder- und Jugendhilfe

Maik-Carsten Begemann | Christian Bleck |
Reinhard Liebig (Hrsg.)

Wirkungsforschung zur Kinder- und Jugendhilfe

Grundlegende Perspektiven und arbeitsfeld-
spezifische Entwicklungen

Dieses Buch ist erhältlich als:
ISBN 978-3-7799-3774-6 Print
ISBN 978-3-7799-4800-1 E-Book (PDF)

1. Auflage 2019

© 2019 Beltz Juventa
in der Verlagsgruppe Beltz · Weinheim Basel
Werderstraße 10, 69469 Weinheim
Alle Rechte vorbehalten

Herstellung: Ulrike Poppel
Satz: Helmut Rohde, Euskirchen
Druck und Bindung: Beltz Grafische Betriebe, Bad Langensalza
Printed in Germany

Weitere Informationen zu unseren Autor_innen und Titeln finden Sie unter: www.beltz.de

Inhalt

Empirische Wirkungsforschung zur Kinder- und Jugendhilfe. Konzeptionelle Vorüberlegungen und Einführung in den Sammelband

Maik-Carsten Begemann, Christian Bleck
und Reinhard Liebig

1 Ausgangspunkt des Sammelbandes

Ausgangspunkt des Sammelbandes ist die Feststellung, dass in den letzten beiden Jahrzehnten das Interesse an und die Beauftragung von Wirkungsforschung zur empirisch fundierten Bestimmung von Wirkungen in der Kinder- und Jugendhilfe – sowie in der Sozialen Arbeit im Allgemeinen – in Deutschland deutlich zugenommen hat. Damit greift der Sammelband ein hochaktuelles Thema auf, welches sich nicht nur in diversen Debatten in Fachpolitik und -praxis (z. B. auf Fachtagungen), sondern unlängst auch in zahlreichen Facharitikeln, Schwerpunktheften von Fachzeitschriften sowie ersten Monografien und auch Sammelbänden wiederfindet (vgl. z. B. Otto 2007; Lindner 2008; Albus et al. 2010; Macsenaere/Hiller/Fischer 2010; Kammerer 2012; Böttcher/Nüsken 2015; Esser/Macsenaere 2015; Kindler 2015; Polutta 2017).

Der Band unterscheidet sich jedoch von bisherigen Publikationen vor allem dahingehend, dass er einen konsequenten Fokus auf empirische Wirkungsforschung zur Kinder- und Jugendhilfe legt und dabei einerseits grundlegend verschiedene historische, internationale sowie forschungsmethodische Perspektiven mit unterschiedlichen Positionierungen berücksichtigt und andererseits den aktuellen Stand der Wirkungsforschung in ausgewählten Handlungsfeldern der Kinder- und Jugendhilfe vertiefend beleuchtet.

2 Konzeptionelle Vorüberlegungen

Um sich der komplexen Thematik des vorliegenden Sammelbands differenzierter nähern zu können, werden an dieser Stelle eine begriffliche Bestimmung zur Wirkungsforschung in der Kinder- und Jugendhilfe sowie einige grundlegende konzeptionelle Überlegungen zur Wirkungsforschung vorgenommen. Zunächst soll hier als Vorschlag unterbreitet werden, dass unter empirischer Wirkungsforschung zur Kinder- und Jugendhilfe alle Forschungsaktivitäten fallen, die sich in Form von wissenschaftlichen Untersuchungen gezielt mit den Wirkungen, Effekten und Ergebnissen als Resultate der Kinder- und Jugendhilfe beschäftigen, und diese mittels anerkannter Verfahren der Sozialforschung empirisch zu ermitteln, wenn nicht gar zu messen versuchen (vgl. Begemann 2015a). Zudem gilt aber auch für die empirische Wirkungsforschung in der Kinder- und Jugendhilfe, dass sie – sowohl auf der Metaebene als auch auf der Ebene der einzelnen Studie – stets mit spezifischen Ausgangslagen, Zielen, Bedingungen und Einbindungen konfrontiert ist und zusammenhängt.

So ist empirische Wirkungsforschung auch als Teil einer als multidimensional zu denkenden und unterschiedlich verstandenen „Wirkungsorientierung" zu beobachten, welche zunächst ganz allgemein die Hinwendung zu Wirkungen, Effekten und Ergebnissen markiert (zu verschiedenen Lesarten, die sich dabei dann speziell auf eine wirkungsorientierte Steuerung beziehen, vgl. z. B. Polutta 2018). Eine derartige, weit verstandene Wirkungsorientierung betrifft – mit bspw. Praxis, Politik, Wissenschaft – verschiedene Subsysteme der Gesellschaft und involviert dabei – u. a. mit Fachkräften, jungen Menschen, (fach-) politischen Entscheidungstragenden, Forschenden sowie jeweils typischer Interessenvertretungen – diverse individuelle sowie kollektive Akteur*innen. Zudem findet sie sich z. B. in Gestalt theoretischer Abhandlungen, praktisch-konzeptioneller Ansätze, sozialpolitischer Strategien aber eben auch empirischer Studien auf verschiedenen Ebenen der Reflexion und Praxisrelevanz wieder. Dabei ist der empirischen Ebene – wenngleich diese Ebenen als sich gegenseitig beeinflussend zu verstehen sind – eine besondere Rolle zuzuschreiben, indem empirische Untersuchungen als eine wesentliche Grundlage zur Ableitung theoretischer Abhandlungen, praktisch-konzeptioneller Ansätze oder sozialpolitischer Strategien gesehen werden.

Ferner ist zu berücksichtigen, dass auch die empirischen Untersuchungen zu den Wirkungen der Kinder- und Jugendhilfe jeweils mehr oder weniger ausgeprägt bestimmte forschungsrelevante Aspekte in den folgenden, gewissermaßen binnendifferenzierenden Dimensionen aufweisen, die es zu reflektieren gilt:

- Forschungspolitisch-strategische Aspekte betreffen insbesondere die Gesamtausrichtung der einzelnen Wirkungsstudien und zielen dabei z. B. auf Fragen danach ab, wer die Forschungsaktivitäten unter welchen Rahmenbedingungen und -setzungen finanziert, welche Ziele mit der Erforschung der Wirkungen in dem jeweiligen Arbeitsfeld ggf. angestrebt sind, welcher Nutzen bzw. welche Vorteile erhofft werden, welche Personengruppen von der Erforschung profitieren, welche Akteure mit der Erforschung erreicht werden sollen und ob und warum ein Transfer der Befunde in die Praxis angedacht ist.

- Forschungsmethodische Aspekte beziehen sich auf den Einsatz der in den Wirkungsuntersuchungen verwendeten Designs, Methoden und Instrumente. Hierbei geht es z. B. um Fragen danach, welchen Forschungstypen/-strängen – etwa Grundlagenforschung, Auftragsforschung, Praxisforschung – die Forschungsaktivitäten überwiegend zuzuordnen sind; welche Designs eingesetzt werden, ob diese Designs quantitativ und/oder qualitativ ausgerichtet sind, ob und wie Kontroll- oder Vergleichsgruppen gebildet werden, ob und wie im Längsschnitt gearbeitet wird, ob Primärerhebungen, Re- oder Sekundärauswertungen durchgeführt werden; welche Erhebungsverfahren und Auswertungsverfahren zum Einsatz kommen; welche Instrumente verwendet werden sowie ob und wie Selbst- und/oder Fremdeinschätzungen eingeholt werden.

- Forschungsmethodologische Aspekte rekurrieren demgegenüber im Wesentlichen auf die methodologische Fundierung der Wirkungsuntersuchungen sowie – damit zusammenhängend – auf die Begründungen, aber auch Rechtfertigungen der eingesetzten Designs, Methoden und Instrumente. Zentral sind dabei bspw. Fragen danach, welche Wirkungsbegriffe und Wirkungsverständnisse bei den Forschungsaktivitäten vorherrschen, welche Wirkungstheorien zugrunde gelegt werden und welche Wirkungsannahmen gestellt werden. Es geht hierbei aber auch um Fragen z. B. danach, welche Erhebungsmethoden und Auswertungsverfahren warum eingesetzt werden sowie welche Variablen und Indikatoren warum herangezogen werden. Ebenso wichtig ist aber auch, warum andere Erhebungsmethoden, Auswertungsverfahren, Variablen und Indikatoren nicht zum Einsatz kommen.

- Forschungspraktische Aspekte wiederum beziehen sich auf die konkrete Umsetzung der anzutreffenden Designs, Methoden und Instrumente. Zentral sind demnach z. B. Fragen danach, wie die Designs konkret realisiert werden, wie es also bspw. bei Vergleichsgruppendesigns gelungen ist, weitestgehend ähnliche Vergleichsgruppen zu bilden, oder wie es z. B. bei längsschnittartigen Designs realisiert wurde, „Panelmortalitäten" gering zu halten. Es geht bei den forschungspraktischen Aspekten aber auch um scheinbar „banale" Fragen wie bspw. danach, wie in den Wirkungsstudien die Feldzugänge gesichert werden, sowie danach, wer für die Datenerhebung und Datenauswertung verantwortlich ist und wer eigentlich die Daten letztlich erhebt und auswertet.

- Forschungsethische Aspekte schließlich zielen insbesondere auf normative Aspekte der Forschung und thematisieren so bspw. Fragen, ob und wie im Kontext der Wirkungsforschungen in dem jeweiligen Arbeitsfeld moralische Bedenken auftreten, ob und wie datenschutzrechtliche Gegebenheiten eine Rolle spielen. Bedeutsam sind hierbei aber auch Fragen z. B. danach, welche Akteure in die Forschungsaktivitäten mehr oder weniger aktiv und gewollt einbezogen werden, aber auch, welche Akteure womöglich demgegenüber bewusst ausgeschlossen werden.

Darüber hinaus scheint der Einzug der empirischen Wirkungsforschung (wie generell der der Wirkungsorientierung) in die Kinder- und Jugendhilfe zwar grundsätzlich ubiquitär, jedoch bislang sowohl in quantitativer als auch qualitativer Hinsicht nicht in all ihren Arbeitsfeldern gleichermaßen vorangeschritten und umsetzbar. So ist empirische Wirkungsforschung – und zwar über alle Arbeitsfelder hinweg – praktisch weniger ausgeprägt als auf der diskursiven Ebene, indem weniger zu ihren Wirkungen (tatsächlich) geforscht, als über sie (durchaus kontrovers) diskutiert wird; wobei hier neben der Diskussion über „Wirkungen und Wirkungsforschung" auch die Diskussionszusammenhänge zu „Qualität und Qualitätsmanagement" sowie zu „Nutzen und Nutzerforschung" existieren (vgl. zu Überschneidungen und Abgrenzungen dieser Diskussionszusammenhänge z. B. Bleck/Liebig 2016). Auch scheint die Wirkungsforschung bspw. im Arbeitsfeld der Hilfen zur Erziehung deutlich „entwickelter" als im Arbeitsfeld der Kinder- und Jugendarbeit, sind doch bislang deutlich mehr Wirkungsuntersuchungen zu den Hilfen zur Erziehung (so z. B. von Macsenaere/Hiller/Fischer 2010) als zur Kinder- und Jugendarbeit durchgeführt worden (vgl. dazu Liebig/Begemann 2008 und das Schlusskapitel dieses Herausgeberbands).

Diese Situationsbeschreibung verweist schließlich darauf, dass der Einzug der empirischen Wirkungsforschung nicht nur durch Rahmenbedingungen, wie sie etwa durch Politik, Praxis aber eben auch Forschung auf der einen Seite mitkonstituiert werden, sondern auch durch spezifische Merkmale der Kinder- und Jugendhilfe auf der anderen Seite beeinflusst werden (vgl. Begemann 2016). Dabei kann analytisch unterschieden werden zwischen arbeitsfeldübergreifenden Handlungsgrundlagen und Merkmalen, wie sie in der gesamten Kinder- und Jugendhilfe anzutreffen sind (so bspw. die im Achten Kinder- und Jugendbericht formulierten Handlungsprinzipien der Prävention, Alltagsorientierung etc.; vgl. BMJFFG 1990), sowie arbeitsfeldspezifischen und -typischen Handlungsgrundlagen und Merkmalen, die nur in jeweils einem Arbeitsfeld existieren oder zumindest für einzelne Felder spezifiziert sind (so bspw. die speziellen Handlungsprinzipien der Schulsozialarbeit; vgl. Speck 2014). Gewissermaßen quer dazu ist ebenso analytisch zu unterscheiden, ob die Merkmale die Wirkungen mitbeeinflussen und/oder sogar die Möglichkeiten ihrer Erforschung (vgl. Begemann 2015b sowie Liebig 2012).

3 Zum vorliegenden Band: Auswahl und Aufbau der Textbeiträge und Zielsetzung des Sammelbandes

Diesen eben beschriebenen Punkten folgend haben sich die Herausgeber bewusst und konsequent um eine Zusammenstellung von Verschiedenem bemüht. Der Anspruch, einen Überblick über die empirische Wirkungsforschung im breiten Feld der Kinder- und Jugendhilfe geben zu wollen, bedeutet sowohl vergleichsweise große als auch kleine Arbeitsfelder zu berücksichtigen, die Unterschiedlichkeit der Arbeitsfelder vor dem Hintergrund ihrer spezifischen Rahmenbedingungen und Praktiken abzubilden, unterschiedliche Grundpositionen im „Wirkungsdiskurs" einzubeziehen und verschiedene Behandlungs- und Bearbeitungsweisen gemeinsamer Themenstellungen zuzulassen. Vor diesem Hintergrund zeichnet sich der vorliegende Sammelband durch drei Besonderheiten aus:

Zunächst weist er mit seinem Aufbau bestimmte Schwerpunktsetzungen auf. So werden im ersten Teil des Bandes einleitende Beiträge zu eher grundsätzlichen und arbeitsfeldübergreifenden Aspekten der Wirkungsforschung zur Kinder- und Jugendhilfe aus verschiedenen Perspektiven – so etwa zu grundlegenden Diskursen von Wirkungsforschung, zur Wirkungsforschung im internationalen Vergleich, zur Verbindung von Wirkungsforschung und Evidenzbasierung, zu quantitativen sowie qualitativen Forschungsansätzen der Wirkungsforschung – vorangestellt. Im zweiten Teil sind sodann Textbeiträge anzutreffen, die sich jeweils auf die Erforschung von Wirkungen in jeweils einzelnen Arbeitsfeldern der Kinder- und Jugendhilfe konzentrieren. Aus der Vielzahl der Arbeitsfelder wurden dabei solche berücksichtigt, die einerseits ein gewisses Ausmaß an Wirkungsorientierung im Allgemeinen sowie an Wirkungsforschung auf der empirischen Ebene im Besonderen aufweisen (so dass bestimmte Felder wie bspw. das große Arbeitsfeld der Offenen Kinder- und Jugendarbeit, innerhalb dessen empirisch fundierte Wirkungsforschungen immer noch ausbleiben [vgl. Begemann 2015b], nicht berücksichtigt werden konnte), die jedoch andererseits in ihrer Gesamtheit die Breite der Kinder- und Jugendhilfe – zumindest weitgehend – abdecken.

Zudem sind in dem Sammelband ausschließlich Beiträge aufgenommen worden, welche sich schwerpunktmäßig mit der empirischen Wirkungsforschung befassen. Dies bedeutet nicht, dass die anderen der aufgezeigten – bspw. theoretischen, konzeptionellen, sozialpolitischen – Ebenen ausgeschlossen werden sollten; ganz im Gegenteil, trägt doch gemäß der erwähnten Interdependenz der Ebenen auch deren Berücksichtigung zur Rahmung und Weiterentwicklung der Wirkungsforschung bei. Zentral musste jedoch die Beschäftigung mit der empirischen Erforschung von Wirkungen sein, wobei auch angestrebt wurde, dass die Beiträge dabei möglichst differenziert verschiedene Hintergründe und Perspektiven von Wirkungsforschung thematisieren.

Darüber hinaus sind die Autor*innen gebeten worden, sich in ihren Beiträgen an bestimmten Leitfragen zu orientieren. So wurden etwa die Autor*innen des zweiten Hauptteils aufgefordert, innerhalb ihrer Textbeiträge eine einleitende kurze Beschreibung des jeweiligen Arbeitsfeldes sowie eine erneut kurze Beschreibung der Wirkungsorientierung im Allgemeinen und eine ausführlichere Beschreibung der empirischen Wirkungsforschung im Besonderen abzugeben, wobei nicht nur vergangene sowie gegenwärtige, sondern auch erst angedachte zukünftige Studien berücksichtigt werden konnten. Zudem sind die Beitragsautor*innen um Vorschläge für „eine zukünftige Wirkungsforschung" in dem jeweiligen Arbeitsfeld gebeten worden. Diese Vorgaben zu berücksichtigen, geht sicherlich über den Aufwand hinaus, welcher für gewöhnlich mit der Verschriftlichung eines Textbeitrages für einen Sammelband verbunden ist.

Mit dieser Ausrichtung der Textbeiträge, aber auch mit dem Gesamtaufbau des Bandes sowie der Auswahl der Arbeitsfelder und Textbeiträge ist eine gewisse Zielsetzung des Sammelbandes verbunden: So sollte sich auf der einführenden Basis grundlegender Diskussionshintergründe und -linien zur Wirkungsforschung ein Überblick zu Forschungsfragen und zum Forschungsstand der Wirkungsforschung in ausgewählten Arbeitsfeldern der Kinder- und Jugendhilfe ergeben. Damit einhergehend sollte die Möglichkeit geschaffen werden, aus den Textbeiträgen Zusammenhänge einzelner Entwicklungen innerhalb der Wirkungsorientierung im Allgemeinen, aber gerade auch innerhalb der empirischen Wirkungsforschung im Besonderen abzuleiten. Letztlich sollte damit auch die Möglichkeit eröffnet werden, eine kritisch-reflexive und methodisch differenzierte Wirkungsforschung zur Kinder- und Jugendhilfe – bspw. durch den Blick auf Forschungsstrategien und -ansätze aus verschiedenen Arbeitsfeldern – zumindest ein Stück weit diskursiv und infolgedessen möglicherweise auch faktisch voranzutreiben.

4 Zu den Beiträgen im Einzelnen (Kommentierung der Beiträge)

Den ersten Teil „Grundlagen und Perspektiven zur Wirkungsforschung" eröffnet der Beitrag von *Andreas Polutta* mit einem diskursanalytischen Zugang. Konkret widmet er sich der Frage, in welcher Form die Rede von Wirkung und Wirkungsforschung in Bezug auf die Kinder- und Jugendhilfe Bedeutung erlangt, wobei er den Schwerpunkt auf die Diskurse legt, die seit der Jahrtausendwende in Deutschland bzw. im deutschsprachigen Publikationsraum erkennbar sind. Nach einer hinführenden Erläuterung des von ihm eingenommenen diskursanalytischen Zugangs, geht Andreas Polutta zunächst auf die Diskurse um Wirkungsforschung ein, die sich auf das Verhältnis von Wissenschaft und Praxis sowie Professionalität in der Sozialen Arbeit allgemein sowie in der Kinder- und Jugendhilfe speziell beziehen und benennt dabei im Rückgriff auf historische Entwicklungslinien wesentliche Verschiebungen im Wirkungsdiskurs. Auf dieser Basis beleuchtet Andreas Polutta im Weiteren einerseits sowohl Diskurslinien zu methodologischen Paradigmen sowie methodischen Zugängen im breiten Spektrum der Wirkungsforschung als auch zu inhaltlichen Fundierungen des Wirkungsbegriffs. Andererseits widmet er sich den eng mit den Diskursen um Wirkung und Wirkungsforschung verbundenen Diskussionszusammenhängen um Wirkungsorientierung und wirkungsorientierter Steuerung in der Kinder- und Jugendhilfe, wozu er nicht nur insgesamt einen enormen Umfang und Bedeutungszuwachs des Diskurses um Wirkungssteuerung beschreibt, sondern auch wahrnimmt, dass „immer neuer Varianten zunehmender Legitimationspflicht Sozialer Dienstleistungen denk- und durchsetzbar werden." So gibt Andreas Polutta abschließend auch kritisch zu bedenken, dass gegenüber technisch-bürokratischen Ansätzen der Wirkungsforschung und -orientierung entschlossener auf die Ergebnisse empirischer Wirkungsforschung zu verweisen ist, wonach es „nicht die Techniken, sondern die sozialpädagogischen Kategorien sind, die als Wirkmechanismen für gelingende Hilfeprozesse identifiziert werden können" – also etwa die Qualität von Arbeitsbeziehungen, Beteiligungsmöglichkeiten und pädagogische Ausgestaltungen.

Sigrid James gibt in ihrem Beitrag einen Einblick in Entwicklungen und Ansätze der Wirkungsforschung auf der internationalen Ebene, wobei der Schwerpunkt auf dem angloamerikanischen sowie skandinavischen Raum liegt, da dort eine vergleichsweise längere Tradition und höhere Anzahl an Wirkungsstudien vorliegt. Sigrid James beschreibt dabei nicht nur relevante methodische Vorgehensweisen im Kontext von observationalen Studien sowie von Interventionsstudien, sondern auch einen konzeptionellen Rahmen, bei dem Wirkungsforschung auf konsekutiven Studien aufbaut. Am Beispiel von Forschungen zu Pflegeabbrüchen (in der Vollzeitpflege sowie in stationären Einrichtungen der Kinder- und Jugendhilfe) stellt Sigrid James schließlich diesen aufbauenden Prozess von Querschnittsstudien bis zur Interventionsforschung dar. Hervorzuheben ist dabei, dass Sigrid James in ihrem Beitrag bewusst den Schwerpunkt auf konzeptionelle Rahmungen und teils auch methodische Ansätze gelegt hat, die im theoretischen Diskurs der Sozialen Arbeit im deutschsprachigen Raum bislang kaum thematisiert werden. Vor diesem Hintergrund kommentiert sie abschließend auch kritisch, dass eine solche zielgerichtete und systematische Weise Wirkungsforschung zu konzipieren, in der deutschen Sozialen Arbeit bislang kaum ersichtlich und noch zu wenig Teil ihres Selbstverständnisses ist und stattdessen eher eine von dieser Wirkungsforschung abgrenzende Haltung und etwa die Betonung qualitativer Forschungszugänge dominiere.

In dem dritten Beitrag legt *Holger Ziegler* den Fokus auf Evidenzbasierte Praxis (EBP), wobei er den damit verbundenen Versuch, die Praxis Sozialer Arbeit auf Grundlage von empirischer Wirkungsforschung anzuleiten, bereits im Beitragstitel ausdrücklich als „missglückt" erachtet. Hinführend betrachtet er EBP zunächst auch als einen Antwortversuch auf grundlegende Fragen nach einer wissenschaftlichen Fundierung Sozialer Arbeit, der auch unabhängig von EBP eine lange Tradition mit unterschiedlichen Strängen aufweist. Für seinen Beitrag legt der Autor eine „enge Formulierung" von EBP zu Grunde, die er von einem als professionsorientiert beschreibbaren Strang einer über empirische Forschung wissenschaftsbasierten Sozialen Arbeit unterscheidet. So widmet sich Holger Ziegler dann ausgewählten Hintergründen der Entwicklung von Evidenzbasierung und dem für ihn wesentlichen Narrativ der EBP in der Sozialen Arbeit, welches er durch den Vorwurf einer Empirie- und Forschungsabstinenz in der Sozialen Arbeit geprägt sieht und im Weiteren im Zusammenhang mit der Kritik am Professionalismus sowie einem Bedeutungsverlust des Wohlfahrtsprofessionalismus beleuchtet. Die letzten Abschnitte des Beitrags hinterfragen die methodologischen und methodischen Präferenzen von EBP für bestimmte Untersuchungsdesigns und -methoden, beleuchten Probleme von Kausalbeschreibungen in der Sozialen Arbeit und erläutern das Scheitern der EBP-Agenda in Bezug auf ihre Implementierung auf der Praxisebene Sozialer Arbeit. Auch vor dem Hintergrund seiner Kritik an – einer engen Formulierung von – EBP hält Holger Ziegler abschließend fest, dass Wirkungsforschungen zwar nur bedingt dafür taugen, Praxis evidenzbasiert anzuleiten, dass sie aber zeigen können, ob ein Programm seine Ziele erreicht hat oder nicht. So sieht er als große bzw. noch größere aktuelle Problematik, dass Professionalismus derzeit weniger durch EBP als vielmehr durch eine sogenannte wirkungsorientierte Steuerung ersetzt wird, die weit hinter den Anspruch einer EBP zurückfalle.

Heinz-Günter Micheel nähert sich anschließend in seinem Beitrag der Wirkungsforschung in der Kinder- und Jugendhilfe mittels quantitativer Zugänge. Nach einer kurzen Einleitung zur Wirkungsorientierung sowie zur Evidenzbasierten Praxis thematisiert er zentrale Aspekte einer quantitativ ausgerichteten Wirkungsforschung wie z. B. Wirkungsindikatoren, methodische Voraussetzungen, interne sowie externe Validität. Des Weiteren beschreibt er ausführlich die in der Wirkungsforschung bedeutsamen randomisierten Experimentalstudien sowie Quasi-experimentelle Studien und verortet deren Rollen in der evidenzbasierten Praxis. Zudem setzt er sich mit Meta-Analysen sowie statistische Analyseverfahren – betonend, dass dabei das gesamte Spektrum quantitativer Analysemethoden eingesetzt werden kann – auseinander. Angesichts der auch von ihm wahrgenommenen Probleme einer an Kontrollexperimenten ausgerichteten evidenzbasierten Praxis plädiert Heinz-Günter Micheel anschließend weniger auf einen Verzicht der Erforschung von Wirkungszusammenhängen und des systematischen Überprüfens von Zielerreichungen, sondern – daran erinnernd, dass die Idee sozialpädagogischer Professionalität untrennbar mit der Frage nach der Wirksamkeit verbunden ist – den Blick darauf zu richten, wie Wissenschaft eigentlich Wissen über Wirkungen für eine sozialpädagogische Praxis zur Verfügung stellen kann, welches der Komplexität der sozialpädagogischen Praxis gerecht wird, und schlägt dazu die „realistische Evaluation" vor. Diese beschreibt er abschließend hinsichtlich Ziele, Fragestellungen und Umsetzungen sowie ihrer Besonderheit, sowohl zu einer Erweiterung professioneller Entscheidungsgrundlagen beizutragen als auch die Wirksamkeit sozialpädagogischer Praxis zu gewährleisten.

Christian Erzberger und *Udo Kelle* formulieren in ihrem Beitrag schließlich ein Plädoyer für die Kombination von quantitativen und qualitativen Verfahren bzw. für Forschungsdesigns, die dem Prinzip von Mixed Methods folgen – insbesondere dann, wenn Wirkungen in den forschenden Blick genommen werden sollen. Vor dem Hintergrund, dass sich die Hilfeprozesse in der Kinder- und Jugendhilfe als äußerst komplexe Systeme darstellen, unterschiedliche Akteure sowie Stakeholder beteiligt sind und von vielgestaltigen „inhärenten Unschärfen" ausgegangen werden muss, erscheinen Forschungsprozesse, die jeweils nur auf quantitative oder nur auf qualitative Verfahren setzen, als nicht angemessen. Obwohl bereits viele klassische sozialwissenschaftliche Studien eine solche Kombination erfolgreich vollzogen haben, scheinen die Gräben zwischen den sich weitgehend getrennt entwickelnden Methodenschulen heute noch nicht überwunden. Dies sollte sich nach Meinung der Autoren gerade mit Blick auf das Forschungsfeld der Kinder- und Jugendhilfe ändern, damit die Kombination unterschiedlicher Verfahren der Datenproduktion die – im Beitrag vielfach hervorgehobenen – Stärken und Schwächen einzelner Methoden für die Erhebung und Dateninterpretation von Wirkungen ausbalancieren kann.

Der zweite Teil des Bandes „Wirkungsforschung in einzelnen Arbeitsfeldern der Kinder- und Jugendhilfe" geht näher auf die empirische Wirkungsforschung und bislang vorhandene Studien in ausgewählten Arbeitsfeldern der Kinder- und Jugendhilfe ein. So widmen sich *Katharina Kluczniok* und *Hans-Günther Roßbach* in ihrem Beitrag der Wirkungsforschung im Arbeitsfeld der Kindertageseinrichtung. Dazu beschreiben sie zunächst das System der Kindertagesbetreuung in Deutschland anhand einiger charakteristischer Merkmale. Anschließend stellen sie zentrale Annahmen zu Wirkungsweisen vor und setzen sich mit gängigen Hypothesen zu möglichen Wechselwirkungen in diesem Arbeitsfeld auseinander. Auch vor dem Hintergrund eines von ihnen konstatierten Forschungsdefizites in Deutschland, welches insbesondere aus dem Mangel an Längsschnittstudien resultiert, präsentieren sie anschließend zahlreiche Wirkungsbefunde aus längsschnittlich angelegten erziehungswissenschaftlich-psychologischen Studien, aus bildungssoziologischen Analysen sowie aus bildungsökonomischen Untersuchungen. Abschließend ziehen sie ein Fazit und schlagen mögliche Schwerpunkte einer zukünftigen Wirkungsforschung vor, welche ihrer Ansicht nach insgesamt dazu beitragen kann, die in Deutschland vergleichsweise junge Tradition von systematischen Untersuchungen zur Kindertagesbetreuung fortzusetzen und so Fragen nach den längerfristigen Auswirkungen der institutionellen frühkindlichen Erziehung, Bildung und Betreuung auf die Entwicklung von Kindern auf eine breitere empirisch Basis zu stellen.

Karsten Speck bezieht sich auf die Wirkungsforschung in der Schulsozialarbeit. Zunächst thematisiert er Begrifflichkeiten, Definitionen und Mindeststandards für das Arbeitsfeld Schulsozialarbeit. Anschließend rekonstruiert er die Entwicklung der deutschsprachigen Wirkungsforschung zur Schulsozialarbeit anhand einiger auszumachender Phasen. Im Mittelpunkt seines Beitrages präsentiert er anschließend detailliert Befunde aus zahlreichen Wirkungsuntersuchungen. Dabei benennt er nicht nur allgemeine Befunde zu adressaten- sowie organisationsbezogenen Wirkungen von Schulsozialarbeit, sondern auch konkrete Befunde zu den Wirkungen. Zentral sind dabei sowohl Befunde aus landesweiten Begleitforschungsprojekten und regional- und schulbezogenen Forschungen, die neben den Wirkungen von Schulsozialarbeit auch die sie beeinflussenden Faktoren abbilden, als auch Befunde aus eher seltenen Forschungsprojekten, welche mittels längsschnittlicher Analysen die Wirkungen von Schulsozialarbeit hinsichtlich einzelner Wirkungsindikatoren bemessen. Zudem verweist er auf qualitative Studien, die seiner Meinung nach einen sehr differenzierten Einblick in die Nutzung, die Nutzungsstrategien und die individuelle Aneignung von Schulsozialarbeit liefern. Abschließend stellt er eine Analyse der deutschsprachigen Wirkungsforschung zur Schulsozialarbeit vor und konstatiert vor dem Hintergrund der Feststellung, dass sich die Befundlage von Wirkungen, aber auch von Grenzen der Schulsozialarbeit als sehr uneinheitlich darstellt, weiteren Forschungsbedarf.

Auf Wirkungsforschung(en) in Frühen Hilfen geht *Claudia Buschhorn* in ihrem Beitrag ein und nimmt dabei ein noch vergleichsweise junges Handlungsfeld in der Kinder- und Jugendhilfe in den Blick, das Bildungs-, Beratungs- und Unterstützungsangebote auf kommunaler Ebene für werdende Eltern und Eltern mit Kindern in den ersten drei Lebensjahren beinhaltet. Nach der Einführung in das Feld der Frühen Hilfen erläutert Claudia Buschhorn in ihrem Beitrag den bisherigen, noch frühen Stand der Evaluations- und Wirkungsforschung zu Frühen Hilfen in Deutschland anhand ausgewählter Studien und betrachtet danach näher drei Metaanalysen, die im internationalen Kontext Wirkungsforschungen zu Frühen Hilfen erfasst und ausgewertet haben und beleuchtet dazu u. a. die aufgenommenen Untersuchungsdesigns und herangezogenen Wirkungsziele. Vor diesem Hintergrund sowie unter Berücksichtigung zentraler Anforderungen an Wirkungsanalysen skizziert Claudia Buschhorn im Anschluss zunächst allgemeine Überlegungen zur wirkungsorientierten Evaluationsforschung im Kontext Früher Hilfen, die von ihr durch die Erläuterung des Forschungsdesigns und der Ergebnisse der Begleitforschung zum Projekt

„Guter Start ins Leben" exemplarisch konkretisiert werden. Mit einem kurzen Blick auf aktuelle Forschungsvorhaben im nationalen Kontext Früher Hilfen sowie abschließenden Überlegungen zu Herausforderungen und besonderen Perspektiven von Wirkungsforschung in Frühen Hilfen schließt der Beitrag von Claudia Buschhorn. Hierbei erachtet sie den auch sonst in der Kinder- und Jugendhilfe diskutierten Weg einer evidenzbasierten Professionalisierung auch für das Feld der Frühen Hilfen als vielversprechend, den sie aber ausdrücklich „als Gegenentwurf zu einer rationalisierten, durchkalkulierten Jugendhilfepraxis" betrachtet.

Michael Macsenaere widmet sich in seinem Beitrag dem Bereich der Hilfen zur Erziehung (HzE) und damit dem größten Arbeitsfeld der Kinder- und Jugendhilfe, für das er – im Vergleich mit anderen Feldern der Kinder- und Jugendhilfe – eine hohe Anzahl an Wirkungsstudien konstatiert. Nach einer kurzen Einführung in die verschiedenen HzE-Formen und ihre rechtlichen Grundlagen, geht Michael Macsenaere auf die Historie der Wirkungsforschung zu HzE in Deutschland mit Blick auf die letzten fünf Jahrzehnte ein. Im Anschluss daran erläutert er grundlegende Fragestellungen sowie ausgewählte empirische Ergebnisse in Bezug auf verschiedene Arten und Faktoren von Wirkungen in HzE. Mit der Diskussion der bislang zum Einsatz kommenden Untersuchungsdesigns und einem Ausblick auf die zukünftige Wirkungsforschung in diesem Arbeitsfeld endet der Beitrag schließlich. So hält Michael Macsenaere auch noch mal resümierend fest, dass der Bereich der HzE im Vergleich mit andern Arbeitsfeldern der Kinder- und Jugendhilfe sowie der Sozialen Arbeit insgesamt „mittlerweile gut erforscht" ist, dass aber auch noch Entwicklungspotenzial in Bezug auf Fragestellungen und Methodenrepertoire besteht, wenn man vergleichsweise dazu die Forschungen in anderen Human- und Sozialwissenschaften betrachtet. Zu optimieren wäre aus seiner Sicht ferner der „Dialog zwischen Wissenschaft und Praxis", damit wissenschaftliche Befunde auch tatsächlich Eingang in den HzE-Alltag finden.

Hemma Mayrhofer beschäftigt sich mit der Wirkungsforschung in der Mobilen Jugendarbeit, welches sie als ein „flüchtiges" Arbeitsfeld und als ein Interventionsfeld mit „grundsätzlichen Limitationen für kausale Wirkungsevaluation" charakterisiert. Nach einer einführenden Beschäftigung mit den Strukturen, den Arbeitsprinzipien und Besonderheiten des Arbeitsfelds sowie den daraus erwachsenen Konsequenzen für die Wirkmöglichkeiten, stellt sie den Stand der Wirkungsforschung dar. Basis für diese Analyse sind sechs – sehr unterschiedliche – Untersuchungen aus Deutschland und Österreich, die etwas zu den Wirkungen der Mobilen Jugendarbeit aussagen können. Darauf aufbauend werden die inhaltlichen Perspektiven dieser Studien, die dort realisierten Forschungsdesigns und die Erfahrungen mit den eingesetzten Forschungsmethoden betrachtet und resümierend kritisch beleuchtet. Auf diese Weise ergibt sich einerseits ein bewerteter Überblick über die bislang verwirklichten forschenden Bemühungen, Wirkungen der Mobilen Jugendarbeit in den Blick zu nehmen, und andererseits die Grundlage für die Formulierung von Forschungsbedarfen, mit denen der Beitrag endet.

Andreas Thimmel und *Stefan Schäfer* widmen sich in ihrem Beitrag der Wirkungsforschung in der internationalen Jugendarbeit. Nachdem sie kurz einleitend die Internationale Jugendarbeit und die Konjunktur der Wirkungsforschung in einem Kontext vorstellen, stellen sie drei bedeutsame Studien im Feld der internationalen Jugendarbeit vor, die sich in die wirkungsorientierte Forschungsperspektive einordnen lassen, die jedoch laut Andreas Thimmel und Stefan Schäfer auch auf die Grenzen kausallogischer Ursache-Wirkungszusammenhänge verweisen. Daran anschließend üben Andreas Thimmel und Stefan Schäfer – wenngleich sie der Wirkungsforschung als Teil einer breit aufgestellten Forschung in der Sozialen Arbeit zugestehen, ohne Frage wichtige Beiträge zur politischen Legitimation der internationalen Jugendarbeit zu leisten – Kritik an wirkungsorientierter Jugendarbeitsforschung. Auf Basis von Beiträgen, die sich skeptisch mit der wirkungsorientierten Ausrichtung von Pädagogik und Forschung beschäftigen, arbeiten sie zentrale Kritikpunkte heraus, zu denen sich Wissenschaft und Forschung zu positionieren habe. Abschließend präsentieren sie vor diesem Hintergrund einige Anforderungen an eine zukünftige Praxisforschung im Feld der internationalen Jugendarbeit und präsentieren zentrale, zu meisternde Herausforderungen, die mit der Frage verbunden sind, wie es möglich ist, die Relevanz der internationalen Jugendarbeit im politischen Raum zu vertreten, ohne sich in die Wirkungslogik angrenzender Felder wie Betriebswirtschaft oder Verwaltung zu fügen.

Wolfgang Ilg befasst sich mit der Wirkungsforschung zu Freizeiten und Jugendreisen. Nach einem kurzen Abriss zur Geschichte, zur Reichweite und zu den Akteursgruppen werden zentrale Publikationsorgane dieser besonderen Arbeitsform im Raum der Kinder- und Jugendarbeit vorgestellt. Mit Blick auf die vorliegenden empirischen Studien zu diesem Arbeitsfeld kommt Wolfgang Ilg zu dem Schluss, dass nur selten von „expliziter Wirkungsforschung" die Rede sein kann. Wissen zu den Wirkungen speist sich aktuell zumeist aus Zufriedenheitsbefragungen bzw. Forschungsprojekten mit evaluativem Design, die allerdings zum Teil auf eine umfangreiche Mitarbeit der Verbandsarbeit basieren. Nach Hinweisen auf Studien aus „angrenzenden Feldern" erfolgt ein Fazit zum Forschungsstand. Wolfgang Ilg plädiert dafür, dass die vorliegenden empirischen Zugänge – insbesondere auf dem Fundament der „vernetzten Selbstevaluation" – zu intensivieren und auszuweiten sind, damit auch Anschlüsse an eine pädagogische Bildungsforschung besser als bislang gelingen können.

Schließlich beschäftigt sich *Nadine Balzter* in ihrem Beitrag mit der Wirkungsforschung im Feld der außerschulischen politischen Jugendbildung. Dazu thematisiert sie zunächst die politische Bildung als Bedingung von Demokratie, rekonstruiert den im Arbeitsfeld wichtigen Diskurs darüber, ob politische Jugendbildung als Daueraufgabe oder Krisenintervention zu konzipieren ist, und führt einige typische Charakteristika politischer Jugendbildung an. Anschließend stellt sie einige Studien vor, skizziert den Forschungsstand zur Wirkungsforschung und benennt mitunter immense Desiderate. Vor diesem Hintergrund präsentiert sie im Hauptteil ihres Beitrages eine bundesweit angelegte institutionen- und trägerübergreifende qualitative Studie, mittels derer durch rekonstruktive Verfahren nicht nur Typen der biographischen Nachhaltigkeit politischer Jugendbildung, sondern auch Funktionsweisen politischer Jugendbildung herausgearbeitet werden konnten. Im Fazit verweist Nadine Balzter darauf, dass sich aus den Ergebnissen einige Gelingensbedingungen außerschulischer politischer Jugendbildung ableiten lassen, und stellt hinsichtlich eines möglichen Theorie-Praxis-Transfers die Frage nach den Konsequenzen der Wirkungsstudie insbesondere für die Bildungspraxis.

Am Ende des Sammelbandes werden die Herausgeber – *Maik-Carsten Begemann, Reinhard Liebig* und *Christian Bleck* – selbst ein Fazit schließen, in dem auf Grundlage der Beiträge des Bandes sowie weiterführender Überlegungen der Versuch einer „Bilanzierung" zum aktuellen Stand der Wirkungsforschung zur Kinder- und Jugendhilfe unternommen wird. So werden noch einmal abschließend wesentliche Diskurslinien, Entwicklungshintergründe und Rahmenbedingungen zur Wirkungsforschung in der Kinder- und Jugendhilfe arbeitsfeldübergreifend resümiert sowie feldspezifisch bzw. -vergleichend reflektiert. Zudem werden der derzeitige Wissensstand sowie Forschungslücken skizziert und zentrale Herausforderungen im Sinne eines Ausblicks benannt.

Spätestens an dieser Stelle geht der Dank recht herzlich an alle Autor*innen, die mit ihren Beiträgen grundlegende Einsichten und spezifische Einblicke in die Wirkungsforschung zur Kinder- und Jugendhilfe zur Verfügung gestellt haben! Der herzliche Dank geht aber auch an Frank Engelhardt sowie Konrad Bronberger von der Verlagsgruppe Beltz für die redaktionelle sowie geduldige Betreuung sowie schließlich an Anna-Maria Erbe sowie Carina Frost für die detaillierten formalen Korrekturarbeiten!

Literatur

Albus, Stefanie/Greschke, Heike/Klingler, Birte/Messmer, Heinz/Micheel, Heinz-Günter/ Otto, Hans-Uwe/Polutta, Andreas (2010): Wirkungsorientierte Jugendhilfe. Abschlussbericht der Evaluation des Bundesmodellprogramms „Qualifizierung der Hilfen zur Erziehung durch wirkungsorientierte Ausgestaltung der Leistungs-, Entgelt- und Qualitätsvereinbarungen nach §§ 78a ff. SGB VIII". Hamm. www.wirkungsorientierte-jugendhilfe.de/ (Abfrage: 15.11.2018).

[BMJFFG 1990] Bundesministerium für Jugend, Familie, Frauen und Gesundheit [Hrsg.]: Achter Jugendbericht – Bericht über Bestrebungen und Leistungen der Jugendhilfe, Bonn.

Begemann, Maik-Carsten (2015a): Schulsozialarbeit wirkt – aber wie? Eine Diskussion über die Anwendung herkömmlicher Wirkungsnachweise aus der Jugendhilfe. In: Blätter der Wohlfahrtspflege 162, H. 5, 186–188.

Begemann, Maik-Carsten (2015b): Wirkungen der Kinder- und Jugendarbeit. Schwierigkeiten ihrer Messung und Vorschläge für zukünftige Forschungen. In: FORUM Jugendhilfe, H. 3, 12–18.

Begemann, Maik-Carsten (2016): Wirkungsforschung in der Kinder- und Jugendarbeit. Hindernisse und Lösungsvorschläge. In: unsere Jugend. Die Zeitschrift für Studium und Praxis der Sozialpädagogik 68, H. 5, 214–223.

Bleck, Christian/Liebig, Reinhard (2015): Qualität, Wirkung und Nutzen. Diskussionszusammenhänge und Zugänge zu Resultaten Sozialer Arbeit. In: Blätter der Wohlfahrtspflege 162, H. 5, S. 163–169.

Böttcher, Wolfgang/Nüsken, Dirk (2015): Wirkungsforschung in der Kinder- und Jugendhilfe. In: Jugendhilfe 53, H. 5, S. 348–355.

Esser, Klaus/Macsenaere, Michael (2015): Was wirkt in der Erziehungshilfe? Wirkfaktoren in der Heimerziehung und anderen Hilfearten, München [u. a.]: Reinhardt.

Kammerer, Bernd (Hrsg.) (2012): Zahlen, Daten, Fakten – Wissen und Wirkungen (in) der Kinder- und Jugendarbeit. Nürnberg.

Kindler, Heinz (2015): Wirkungen und Wirkfaktoren in den Frühen Hilfen. In: Jugendhilfe 53, H. 5, S. 368–374.

Liebig, Reinhard (2012): Effekte der Kinder- und Jugendarbeit. Konzeptionelle Überlegungen und erste Befunde. In: Kammerer, B. (Hrsg.): Zahlen, Daten, Fakten – Wissen und Wirkungen (in) der Kinder- und Jugendarbeit. Nürnberg, S. 39–64.

Liebig, Reinhard/Begemann, Maik-Carsten (2008): Wirkungen als Forschungsgegenstand. Ansätze der empirischen Erfassung von Wirkungen in der Kinder- und Jugendhilfe. In: Sozial Extra 32, H. 9/10, S. 45–58.

Lindner, Werner (2008): Kinder- und Jugendarbeit wirkt. Aktuelle und ausgewählte Evaluationsergebnisse der Kinder- und Jugendarbeit, Wiesbaden: VS Verlag für Sozialwissenschaften.

Macsenaere, Michael/Hiller, Stephan/Fischer, Klaus (Hrsg.) (2010): Outcome in der Jugendhilfe gemessen. Freiburg im Breisgau: Lambertus.

Otto, Hans-Uwe (2007): Zum aktuellen Diskurs um Ergebnisse und Wirkungen im Feld der Sozialpädagogik und Sozialarbeit – Literaturvergleich nationaler und internationaler Diskussion. Expertise im Auftrag der Arbeitsgemeinschaft für Kinder- und Jugendhilfe – AGJ. Berlin: AGJ.

Polutta, Andreas (2017): Wirkungsforschung zu erzieherischen Hilfen entlang der Capabilities Perspektive. Eine rück- und ausblickende Notiz. In: Forum Erziehungshilfen 23, H. 2, S. 83–88.

Polutta, Andreas (2018). Wirkungsorientierte Steuerung Sozialer Dienste. Über den Wandel in der Logik der Erbringung wohlfahrtsstaatlicher Leistungen. Sozialmagazin, H. 9–10/2018, S. 21–26.

Speck, Karsten (2014): Schulsozialarbeit. Eine Einführung, München/Basel.

I Grundlegende Perspektiven

Diskursanalytische Perspektiven zu Wirkung und Wirkungsforschung

Andreas Polutta

1. Einleitung

Soll Wirkungsforschung in der Kinder- und Jugendhilfe diskursanalytisch in den Blick genommen werden, dann geht es im Kern um die Frage, in welcher Form die Rede von Wirkung und diskursive Praktiken rund um Wirkungsforschung zu einem bestimmten historischen Zeitpunkt Bedeutung erlangen. Insofern sei zur Entwicklungsgeschichte entsprechender Wirkungsforschung in diesem Zusammenhang auf den korrespondierenden Beitrag von Holger Ziegler in diesem Band verwiesen. In diesem Beitrag soll der Fokus auf die Diskurspolitiken und den Rahmen des im Fachdiskurs Denk- und Sagbaren zur Wirkungsfrage gelegt werden, die etwa seit der Jahrtausendwende auch in Deutschland erkennbar wurden, auch wenn dazu ein Rückgriff auf historische Entwicklungslinien zum Wirkungs-, Professions- und Sozialstaatsverständnis unabdingbar ist. Dabei wird auch zu zeigen sein, dass der Diskurs um Wirkungsforschung – zumindest im deutschsprachigen Raum – verwoben ist mit Begriffen und Konzepten der Wirkungsorientierung und wirkungsorientierter Steuerung.

Eingenommene diskursanalytische Perspektive

In diesem Beitrag soll einem Verständnis von Diskurs gefolgt werden, bei dem es sowohl um die Sprache geht, als auch um diskursive Praktiken der Regulierung und Gestaltung sozialer Zusammenhänge (vgl. Kessl 2013). Die sprachliche Ebene ist deshalb relevant, weil mit ihr eine bestimmte Art von Wirklichkeit erzeugt wird, die die einen Aspekte sichtbar und sagbar macht und andere ausklammert. Die Ebene der Praxen oder diskursiven Praktiken, in diesem Fall in einem Handlungsfeld Sozialer Arbeit, der Kinder- und Jugendhilfe ist deshalb von Bedeutung, weil in konkreten Konzepten der Wirkungsevaluation oder Wirkungsforschung das „Machbare und Denkbare" (Landwehr 2008, S. 108, zitiert nach Kessl 2010) Form annimmt, also machtvolle und geronnene Ausgestaltungen in der sozialen Wirklichkeit darstellen. Eine solche diskursanalytisch erweiterte Sichtweise, die im Anschluss an die diskurs- und machttheoretischen gesellschaftsbezogenen Arbeiten Michel Foucaults für die (Sozial-)Pädagogik in den letzten Jahren insbesondere von Autor*innen wie Fabian Kessl (2005; 2007), Ute Karl (2008), Antje Langer und Daniel Wrana (2007) zugänglich gemacht wurde, erscheint für die Soziale Arbeit angemessener, als eine rein sprachliche, textliche Betrachtung, weil diese die sozialen Praxen ausklammert, die sich in der Kinder- und Jugendhilfe vollziehen. Dies vorausgeschickt, wird deutlich, dass im Folgenden keine Analyse eines definierten Textkorpus erfolgt, sondern der Versuch einer Einordnung konkreter Entwicklungen rund um ‚Wirkung'. Nicht zuletzt wird an der Perspektive auf *Entwicklungen* des Diskurses auch deutlich, dass es sich dabei um fortwährende Auseinandersetzungen und ‚Verschiebungen' des Verständnisses und der Praxis von Wirkungsforschung geht – also um ein dynamisches Geschehen. Dieses kann nur mit einem produktiven Machtverständnis, der Annahme des Kräfteverhältnisses unterschiedlicher Positionen adäquat in den Blick genommen werden. Insofern geht es beim Diskurs um Wirkung(-sforschung) immer auch um das machtförmige Handeln von Akteuren und Subjekten und um den Kampf um *Handlungsalternativen* (vgl. Karl 2009) innerhalb eines *Möglichkeitsraumes* (vgl. Thole/Hunold 2018), an dem in diesem hier in Rede stehenden Fall von Wirkungsforschung Akteur*innen aus Wissenschaft, Praxis, Politik, Verbänden und Zivilgesellschaft beteiligt sind.

2. Diskurse um Wirkungsforschung justieren das Verhältnis von Wissenschaft und Praxis sowie Professionalität

Catrin Heite und Fabian Kessl weisen darauf hin, dass „nicht zufällig [...] die Institutionalisierung pädagogischer Professionen zeitgleich mit der Entstehung des wohlfahrtsstaatlichen Arrangements" (Heite/Kessl 2009, S. 682) erfolgte. Folgt man vor dem Hintergrund der aktuellen Entwicklungen in den Veränderungen sozialstaatlicher Leistungen, wie denen der Kinder- und Jugendhilfe, der These einer post-wohlfahrtsstaatlichen Transformation (vgl. Kessl/Otto 2009), so können die Strategien wirkungsorientierter Steuerung (zumindest hypothetisch) als damit verbundene Programme in den Blick genommen werden.

Solche durchaus disziplinär, also in der Sozialen Arbeit wissenschaftlich verortete Programme, wie sie im amerikanischen Kontext verbreitet sind, formulieren die Intention, Soziale Arbeit auf ein neues wissenschaftliches Fundament zu stellen. Reflexive Modelle professionellen Handelns gelten in diesem Denken und Sprechen als veraltet. Wirkungsorientierte Steuerung professionellen Handelns soll idealtypisch eine auf empirischen Nachweisen gestützte Form sozialpädagogischen Handels als neue Praxis hervorbringen.

Eine solche „Evidence-based Agenda" (vgl. Mullen 2004; kritisch Gray/ Plath/Webb 2009) betont die Bedeutung von Wirkungsforschung, strenger noch: es geht um unmittelbar empirische Wirkungsnachweise konkreter Praxis-Programme zur Hilfe, Erziehung, Integration oder Bildung. Ohne solche Nachweise, Programme und Evaluationsinstrumente sei es gar nicht legitim, solche Leistungen zu finanzieren oder unverantwortlich bis ethisch bedenklich, diese gegenüber den Adressat*innen ohne genaue Kenntnis empirischer Evidenz zu erbringen. Die damit verbundene Rationalität betrifft den gesamten Prozess der Problemdefinition, ihrer Bearbeitung und Überprüfung mit neuen Relationen von Dienstleistungspraxis und ihrer evaluativen Steuerung. Die Kernelemente dieser so genannten „What Works"[1]-Programme (vgl. Otto/ Polutta/Ziegler 2010) bilden Datenerhebung, Datenanalyse und solche Interventionsprogramme, die detailgenau beschrieben sind, und entsprechend anzuwenden sind. Dazu benötigt es neue Methoden, Datenbanken und Instrumente, die eine Verknüpfung von personenbezogenen Risiko- und Ressourcenmerkmalen, der Programmapplikation und ihren Effekten ermöglichen. Professionellen Entscheidungen, wie sie bislang in der Fallarbeit als zentral betrachtet wurden, wird unzureichende Objektivität bescheinigt. Diese lässt sich nur auf Aggregatsebene der Effektmessung über alle Fälle herstellen: Evidenzbasierte Praxis im Sinne des ‚What Works'-Paradigmas fragt also danach, was für die Mehrzahl von Individuen einer Population die wirksamste Maßnahme ist.

So gilt der Aufbau solcher Datenbanken im Zuge dieses Diskurses als zentrales Entwicklungsfeld. Früher noch als in der Kinder- und Jugendhilfe, ist Soziale Arbeit im Kontext von Maßnahmen und sozialrechtlicher Regelungen zu aktiver Arbeitsmarktpolitik in dieser Weise diskutiert worden. So wurde im Kontext der Arbeitsmarktreformen nach der Jahrtausendwende von wissenschaftlichen Vertretern Sozialer Arbeit gefordert:

> „Erst die Identifikation einigermaßen triftiger Wirkungsketten könnte die Basis für ein Konzept der Steuerung erster Ordnung bilden. Solange es diese nicht gibt, bleibt einerseits der professionell-pädagogische Diskurs darüber, ‚was wirkt' und daraus abgeleitete Systematisierungen und Standardisierungen, zum anderen die Forschung über Wirkungszusammenhänge [...]. Deren Ergebnisse könnten dann umgesetzt werden in ein Konzept kontinuierlicher Erhebung von Daten, die Auskunft geben über plausible ‚Wirkungsindikatoren' " (Brülle/Reis/Hobusch/Wende in Ministerium für Wirtschaft und Arbeit des Landes NWW (Hrsg.) 2003, S. 77).

---

1   Zum frühen Diskurs um „What Works?" hinsichtlich wohlfahrtsstaatlicher Leistungen vgl. die international viel diskutierte (und in Bezug auf Wirksamkeit skeptische) Studie von Robert Martinson (1974).

Auch wenn hier, quasi als Übergangsbehelf noch auf den professionell-pädagogischen Diskurs verwiesen wird, so wird doch deutlich, dass es eigentlich um eine Ablösung dieses professionellen Wissens zugunsten eines empirischen Wirkungswissens und um wirkungsorientierte Steuerung geht. Diskursiv wird dabei hier das generalisierte Wissen im Sinne eines wissenschaftlich fundierten, aber personengebundenen und situativ anzuwendenden Reflexions- und Erklärungswissens (vgl. Dewe/Otto 2011) als überkommen oder zu überwinden markiert.

Scheinbar ‚harten Nachweisen‘, wie versicherungsmathematischen Wahrscheinlichkeitsrechnungen – bezeichnet als „Actuarialism" (Webb 2001) –, statistischen Wirkungsevaluationen mit hoher Fallzahl, professionsexternen ‚Audits‘, standardisierten Diagnose- und Profilinginstrumenten etc. wird also mehr vertraut, als den als unzuverlässig oder autoritär markierten Ermessensentscheidungen der Professionellen (vgl. Clarke 2004; Gambrill 2001) oder dem sozialpädagogischen Fachdiskurs selbst.

Für die Kinder- und Jugendhilfe wurde im Rahmen der Vorbereitung eines vom Bundesministerium für Frauen, Senioren, Familie und Jugend in den 2000er Jahren geförderten Bundesmodellprogramms „Wirkungsorientierte Jugendhilfe" eine ähnliche Argumentationsweise aufgegriffen. Professionalismus und die bisherige Form der Erbringung von Hilfen zur Erziehung könnten nicht den Nutzer*innen dienen, sondern diene eher den Eigeninteressen Sozialer Dienste und deren Fachkräfte (vgl. Struzyna 2007). Demnach bringen erst wirkungsorientierte Anreizsysteme die in diesem Zusammenhang vermuteten Dysfunktionen hinsichtlich der (wirtschaftlichen) Anreize im Hilfesystem öffentlicher Wohlfahrt unter Kontrolle.

Betrachtet man die Thematisierung von Wirkung diskursanalytisch, so muss konstatiert werden, dass es in der Sozialen Arbeit immer wieder zu Neueinschätzungen in Bezug auf die Möglichkeiten der Standardisierbarkeit und Technisierbarkeit kommt. Fritz Schütze betont in seinen professionstheoretischen Arbeiten diesen Wandel:

> „Eine Profession ist selber dem soziotechnischen Wandel und steigenden Ansprüchen im Dienstleistungsbereich (samt dem sozial- und ethikpolitischen Diskurs) unterworfen. Problemzonen der Gesellschaft werden für die systematische professionelle Bearbeitung immer wieder sozial- und ethikpolitisch neu definiert [...], und es kommt auch immer wieder zur grundsätzlichen Neueinschätzung der technologischen und verfahrenstechnischen ‚Machbarkeit‘ " (Schütze 1996, S. 194).

So kann die These formuliert werden, dass jeweils verschiedene Formen von ‚Wirkungsorientierung‘ im Zentrum von Transformationsprozessen standen. So war die Wirkungsfrage im vor-wohlfahrtsstaatlichen Arrangement zu Beginn des 19. Jahrhunderts auf die Möglichkeiten und Ziele von Pädagogik und

Erziehung gerichtet. Diese Form der ‚Wirkungsorientierung' diente zur Formulierung einer Kritik an Naturgegebenheit, religiöser wie auch nationalstaatlicher Bildungsinstrumentalisierung und für die Begründung des Projekts pädagogischer Verwissenschaftlichung und eines Aufklärungsprojekts der Pädagogik (vgl. Dollinger/Hörmann/Raithel 2009). Knapp zwei Jahrhunderte später stand in einer Phase der Ausdifferenzierung und Etablierung eines wohlfahrtsstaatlichen Arrangements in der zweiten Hälfte des 20. Jahrhunderts eine andere Form der ‚Wirkungsorientierung' im Mittelpunkt. Hier wurden große Hoffnungen in die Expansion personenbezogener Soziale Dienstleistungen gesetzt (vgl. Fourastié 1969). Die Wirksamkeit der professionellen Tätigkeit wurde funktional (vgl. Stichweh 1996) und kommunikations- bzw. interaktionstheoretisch unterlegt innerhalb eines Sozialstaatsmodells (vgl. Badura/Gross 1976) begründet. Wurde im Sinne dieser wohlfahrtsstaatlich fixierten Wirkungsorientierung Kritik formuliert, so geschah dies vor allem auch als Institutionenkritik (vgl. Grunwald/Thiersch 2018) oder als Experten- bzw. Expertokratiekritik (vgl. Dewe/Ferchhoff/Scherr/Stüwe 2001). Kennzeichnend war jedoch in dieser Phase eine weitgehend konsensuelle Einschätzung einerseits des alternativlosen professionellen Handlungstyps, der als „Dritte Logik" (Freidson 2001) gegenüber wettbewerblich-marktförmiger oder bürokratischer Rationalität für eine kommunikativ herzustellende (nicht-technische) ‚Machbarkeit' stand. Professionelle Machbarkeit lag damit in der nur bis zu einem gewissen Grad standardisierten oder routinisierten wissenschaftlich informierten und habituell herausgebildeten Fähigkeit zur Inferenz, zur individuellen Falldeutung und Fallarbeit. Noordegraaf nennt diesen alternativlosen Kern im Sinne der personenbezogenen Dienstleistungsproduktion zu jenem historischen Zeitpunkt als „unavoidably professional" (Noordegraaf 2006, S. 184). Eine dritte Transformationsbewegung, in deren Mittelpunkt ‚Wirkungsorientierung' aktuell verhandelt wird, stellt nun die Wirkungsfrage als Kritik an wohlfahrtsstaatlichen Leistungen und professionell erbrachten Bildungs-, Erziehungs- und Hilfeleistungen – also eine Kritik an der Ausprägung des wohlfahrtsstaatlichen Arrangements selbst – in den Mittelpunkt. Für die Soziale Arbeit, wie parallel dazu auch im Gesundheits-, Pflege- und Bildungswesen wird Wirkungsorientierung zum Kernelement von Ökonomisierungsprozessen in einem als post-wohlfahrtsstaatlich gekennzeichneten sozialpolitischen Modell (vgl. Kessl/Otto 2009).

Die in diesem Modell mit Ausrichtung auf Wirksamkeit verbundene Transformation zielt dabei nicht in erster Linie auf die Abschaffung des Sozialstaats, sondern vielmehr auf seinen Umbau: „Umstritten sind nämlich in der Regel nicht die allgemeinen Legitimationen der Sozialpolitik, sondern die konkreten Maßnahmen und deren Folgen" (Kaufmann 2009, S. 61). Folgt man Kaufmann, so beginnen diese Diskurslinie und entsprechende politische Praktiken schon früh. Ihm zufolge „dreht sich die Sozialpolitik in Deutschland seit

Mitte der 1970er Jahre nicht mehr primär um die Beeinflussung sozialer Problemlagen, sondern um die Beeinflussung der Interventionsapparaturen." (ebd., S. 145), was vom Autor als „Sozialpolitik zweiter Ordnung" (ebd., S. 141) beschrieben wird und durch „die Beschränkung der Ausgaben, um die Stellung und die Kompetenzen bestimmter kollektiver Akteure, um den Stellenwert bestimmter Steuerungsmodi"(ebd.) gekennzeichnet ist. Im Zuge dieser sozialpolitischen Reformstrategie zweiter Ordnung kommt es gegenüber den bisherigen professionellen Steuerungsformen zu kritischen Neueinschätzungen und gegenüber solchen eher außerhalb des professionellen Einflusses stehenden Steuerungsformen zu optimistischeren Erwartungen.

In einem steuerungstheoretischen Modell Sozialer Arbeit hat Heinz Messmer vor dem Hintergrund empirischer Analysen zur „Jugendhilfe zwischen Qualität und Kosteneffizienz" (Messmer 2007) den sich verändernden Stellenwert der sozialpolitischen Steuerungsmedien Geld, Recht und Wissen dargestellt. Dabei diagnostiziert Messmer vor dem Hintergrund der Einführung neuer wirkungsorientierter Steuerungsmodi, wie der gesetzlichen Verpflichtung zum Abschluss von Leistungs-, Entgelt- und Qualitätsentwicklungsvereinbarungen in der Jugendhilfe, das Entstehen neuer Ungleichgewichte, bei denen insbesondere die professionelle „Definitionskompetenz" (Messmer 2007, S. 173), d. h. das Steuerungsmedium des professionellen Wissens an Durchsetzungsmacht verliert: So „macht Geld dem professionellen Wissen in gewisser Weise die Vorherrschaft streitig." (ebd., S. 175). Während jenes professionelle Deutungswissen nicht nur öffentlich in der Kritik steht (vgl. Gambrill 2001; Kindler 2005) sondern ihm auch durch veränderte rechtliche Normierungen seine Legitimationskraft entzogen wird, sind es zugleich andere Wissensformen, die steuerungsrelevant werden. Unter der Frage, welches Wissen im Kontext wirkungsorientierter Steuerungs- und Forschungsansätze relevant bzw. irrelevant wird, können die aktuellen Auseinandersetzungen rekonstruiert und systematisiert werden: „If taken seriously, the 'What Works' agenda implies a (more or less) quiet revolution in Social Work. It addresses the modernization of both its knowledge base and the modes of utilizing knowledge in Social Work practice" (Otto/Polutta/Ziegler 2009, S. 9). Weiter analysiert Ziegler, es komme „einem neuen, empirischen sozialwissenschaftlichen Wissen – das besonders auf einer verfeinerten Sozialstatistik und den Möglichkeiten einer aus Versicherungsarithmetik entwickelten Wahrscheinlichkeitskalkulation aufbaut – eine entscheidende Bedeutung zu" (Ziegler 2009, S. 809 f.). Flankierend werden die Ansätze evidenzbasierter Praxis durch den Aufbau von internationalen Forschungsdatenbanken, Netzwerken, Zentren und Instituten zunehmend etabliert. Teils sind diese formal als Nicht-Regierungsorganisationen verfasst, wie etwa die einflussreiche Campbell-Collaboration, teils durch Regierungen ins Leben gerufen und finanziert, wie z. B. das Social Care Centre for Excellence SCIE in Großbritannien (vgl. Gray/Plath/Webb 2009; Otto et al.

2007). Für Deutschland trägt das Nationale Zentrum für Frühe Hilfen des BMFSFJ (www.fruehehilfen.de) wesentliche Merkmale eines solchen Zentrums zur Wissens- und Forschungsdissemination, welches wirkungsorientierte Umgestaltung im oben beschriebenen Sinne fördern und unterstützen soll. Gray, Plath und Webb (2009) wiesen in dem Zusammenhang darauf hin, dass ein umfassendes Verständnis des Ansatzes der Evidence-based Practice nur zu erlangen sei, wenn dies in ein „networked evidence system" eingebettet wird. Damit wird angedeutet, dass es hier um eine Form des gesamtgesellschaftlichen Denkens und Handelns geht, die Reformbestrebungen etwa in bestimmten Feldern der Jugendhilfe nur Teile eines größeren Diskurses, womöglich sogar eines übergeordneten Dispositivs darstellen.

Schematisch und überblicksartig zusammengefasst lassen sich die Verschiebungen im Diskurs, welche im historischen Wandel des wohlfahrtsstaatlichen Arrangements vollzogen wurden, folgendermaßen darstellen.

Tab. 1: Wirkungsannahmen und diskursive Praxen im Wandel (vgl. Polutta 2014)

Vor-Wohlfahrtsstaatliche Phase	Wohlfahrtsstaatliche Expansionsphase	Phase post-wohlfahrtsstaatlichen Umbaus
Pädagogisches Bildungsideal	Pädagogisches Dienstleistungsideal	Pädagogisches Aktivierungsideal
Kommodifizierung sozialer Risiken ohne Sozialstaat	De-Kommodifizierung sozialer Risiken im Sozialstaat	Re-Kommodifizierung sozialer Risiken im Umbau des Sozialstaats
Ablösung der Dominanz gottgegebener Weltdeutung	Ablösung der Dominanz geisteswissenschaftlicher Deutungsmuster	Ablösung der Deutungsmacht (sozial)-wissenschaftlichen Reflexionswissens
Entdeckung des individuellen und gesellschaftlichen Potentials von Bildung und Emanzipation	Entdeckung des Potentials von sozialer Sicherung + Solidargemeinschaft	Entdeckung des Potentials der aktuariellen Kalkulation von Risikopopulation + Eigenverantwortung
Kritik gegenüber ständischen, gesellschaftlichen Gegebenheiten und voraufklärerischer individueller Unmündigkeit	Kritik gegenüber mangelnder Leistungsfähigkeit in Form von Expertokratie und (wohlfahrtsstaatlichen) Institutionen	Kritik gegenüber Deutungs- und Handlungsautonomie (Wohlfahrts-)Professioneller und den Institutionen Sozialer Dienste

Betrachtet man diese Phasen im Sinne von Verschiebungen im Wirkungsdiskurs, so erscheint es offensichtlich, dass sowohl pädagogisch als auch sozialstaatlich und auch im Rahmen sozialwissenschaftlicher Forschung stets eine dezidierte Wirkungsvorstellung bedeutsam war, die die pädagogischen Praxen, die wohlfahrtsstaatlichen Leistungen sowie die wissenschaftliche Forschung jeweils prägte bzw. prägt. So waren zu bestimmten Zeitpunkten jeweils spezifische Thematisierungen möglich, konnten je spezifische Forschungs- und Praxisprogramme dominant werden und war eine jeweils von verschiedenen Standpunkten aus formulierbare Kritik an Sozialer Arbeit möglich (vgl. Tab. 1).

3. Paradigmen im Diskurs um Wirkungsforschung

Als Wirkungsforschung kann zunächst einmal jene Forschung gefasst werden, die sich analytisch mit Methoden der quantitativen wie auch qualitativen Sozialforschung den Ursache-Wirkungszusammenhängen in der sozialen Wirklichkeit widmet. Dabei ist der Aspekt zentral, dass sozialwissenschaftliche Forschung weder dazu in der Lage ist, noch anstrebt, Gesetzmäßigkeiten, bzw. nomologische Aussagen zu formulieren.

Herbert Kromrey beschreibt für die quantitative Sozialforschung, dass es als die häufigste „Rettungsmöglichkeit" (ebd. 1994, S. 38) aus dem Problem, solche Aussagen nicht treffen zu können darstellt, „nicht deterministische Hypothesen (immer wenn x dann auch y), sondern statistische Aussagen zu formulieren" (ebd.). Damit macht sozialwissenschaftliche Forschung Aussagen zur Wahrscheinlichkeit des Eintretens eines gewissen Phänomens. Die Zielsetzung, auf dieser Basis Handlungsempfehlungen ausformulieren zu können, liegt einer solchen Wirkungsforschung zunächst fern. Vielmehr steht die Aussage zunächst für eine statistische Wahrscheinlichkeitsaussage, die eben für eine Anzahl von Fällen, für bestimmte Populationen, für ein Aggregat gültig ist. Eine Übertragung auf den einzelnen Fall birgt damit das Risiko eines diagnostischen Fehlschlusses, da statistische Aussagen für Einzelfälle unzutreffend sein können. Dies stellt für die sozialwissenschaftliche statistische Forschung kein Problem dar, solange sie den Status eines Reflexionswissens hat.

In der quantitativen Wirkungsforschung geht es also um die Suche nach Wahrscheinlichkeiten, dabei werden insbesondere zwei Modelle diskutiert: Einerseits eine Experimentalforschung, die unter Ausschluss von sozialen Kontexten eine hohe interne Validität, hingegen eine geringe externe Validität aufweisen kann. Dabei werden klar beschreibbare Interventionen daraufhin experimentell getestet, welche Wirkungen sie für eine klar umrissene, nach Personenmerkmalen beschreibbare Population ausweisen kann. Das „Testen" der Effektivität von klar umschriebenen Interventionen für bestimmte Personengruppen unter definierten (Labor-)Bedingungen wäre dabei das von vielen oben benannten Vertreter*innen evidenzbasierter Praxis favorisierte Ideal. Die in diesem Ansatz bevorzugten randomisierten Kontrollexperimente (RCT) sind als Verfahren insbesondere der psychologischen Testtheorie, sowie kognitiv-behaviouralen und positivistischen Paradigmen zuzuordnen (vgl. Hammersley 2009; Webb 2001). Demgegenüber favorisieren im deutschen Diskurs der Jugendhilfe-Wirkungsforschung Vertreter*innen im Sinne Heinz-Günter Micheels (vgl. Beitrag in diesem Band) zwar quantitative Wirkungsforschung, die

aber auf die Identifikation von Wirkmechanismen und Wirkfaktoren in pädagogischen Praxen unter realen Bedingungen setzt. Es wurde im Diskurs der
2000er Jahre im Kontext des genannten Bundesmodellprogramms „Wirkungsorientierte Jugendhilfe" deutlich, dass der positivistischen What-Works-Logik
eine fachwissenschaftlich ‚gewendete' Methodologie gegenüber gestellt wurde,
die zwar ebenfalls mit Verfahren der quantitativen Sozialforschung operiert,
dabei jedoch die umfassende Erhebung von Kontextdaten in den Mittelpunkt
stellt und empirisch in den Blick nimmt, welche Interventionen für wen unter
welchen Voraussetzungen Wirkungen auf verschiedenen Ebenen zeitigen (vgl.
Albus et al. 2010).

Besonders durchsetzungsmächtig wird wissenschaftliche Wirkungsforschung immer dann, wenn Sie nicht nur disziplinären Erkenntniswert verspricht (‚Grundlagenforschung'), sondern als ‚Evaluation' in Auftrag gegeben
wird. Dies schließt zwar wissenschaftliche Erkenntnis keineswegs aus, aber
verheißt pragmatische Antworten auf praktische und soziale Probleme oder
Bewertungen sozialpolitischer Maßnahmen.

> „Evaluation wird aus dieser Perspektive verstanden als angewandte Forschung, die
> sich mit der Wirksamkeit von sozialen Interventionen befasst. […] Alle Anlässe, Ak-
> tionsprogramme zur Bewältigung sozialer Probleme zu implementieren, alle Situa-
> tionskonstellationen, in denen durch neue gesetzliche Regelungen wichtige Rand-
> bedingungen geändert werden, alle Bemühungen, technische, organisatorische
> oder soziale Innovationen einzuführen, werfen zugleich sozialwissenschaftlich inte-
> ressante Fragestellungen auf" (Kromrey 2000, S. 26).

Dies deckt sich mit der Perspektive, die im sozialpädagogischen Diskurs von
Christian Lüders (2006) vorgetragen wird: Er beschließt seinen Beitrag zu sozialpädagogischer Forschung im Wörterbuch Erziehungswissenschaft (vgl.
Krüger/Grunert 2006) mit zwei aktuellen Herausforderungen für die diszipli-
näre Forschung. Neben der sozialwissenschaftlichen Fundierung und Klärung
der jeweiligen Reichweite von sozialpädagogischer Grundlagen-, Praxis-, Hand-
lungsforschung benennt Lüders das Forschungsdefizit „…dass in Bezug auf
viele zentrale Frage[n] der Sozialpädagogik die Forschung keine Antwort geben
kann, weil entsprechende Studien fehlen. Besonders schmerzhaft ist dabei der
Mangel von Evaluationsstudien, die Auskunft über die mittel- und längerfristigen Wirkungen der Angebote und Maßnahmen der sozialpädagogischen Re-
gelpraxis machen könnten" (ebd., S. 470).

Differente Paradigmen der Wirkungsforschung werden auch deutlich, wenn
man auf den mittlerweile wachsenden Bereich qualitativer Wirkungsforschung
im Vergleich zu quantitativer Wirkungsforschung schaut: Dann nämlich rückt
eine andere Ebene, die der Konstitution von Hilfesettings, der subjektiven
Wahrnehmung oder der Interaktionsprozesse in den Mittelpunkt des Erkennt-

nisinteresses. Rekonstruktionen der Art und Weise des Zustandekommens, des Gelingens oder des Scheiterns von Hilfeprozessen, zur Identifikation der Art und Weise, wie Interaktionen bestimmte Prozessmerkmale in Interventionen erst herausbilden, sind als qualitativ-rekonstruktive Sozialforschung im hier vertretenen Verständnis ebenfalls der wissenschaftlichen Wirkungsforschung zuzurechnen. Klaus Wolf, der unter Nutzung qualitativer Methoden der empirischen Sozialforschung für sich in Anspruch nimmt, Wirkungsforschung zu betreiben, formuliert als Erkenntnisinteresse, zu analysieren „wie die Menschen, die zu Klienten werden, das erleben, was ihnen da an sozialpädagogischen Interventionen entgegen kommt" (Wolf 2006, S. 295). Die Forschungen zur kommunikativen Emergenz von Professionellen und Klient*innen, d. h. der interaktiven Hervorbringung bestimmter Subjekte, die Hilfeprozesse erst als solche konstituieren, wie sie etwa Heinz Messmer und Sarah Hitzler (2007) sowie Messmer gemeinsam mit Birte Klinger und Heike Greschke (2010) vorgelegt haben, sind – zumindest unter der Perspektive der Konstitution und Auswirkung von Maßnahmen und Interventionen Sozialer Arbeit – der qualitativen Wirkungsforschung zuzurechnen.

Diskursanalytisch interessant ist es, dass eine durchaus elaborierte Form der theoretischen oder programmbezogenen Wirkungsforschung häufig in den Debatten weniger prominent wahrgenommen wird: Eng an den Diskurs um Evidenzbasierte Praxis und -politik angelehnt, jedoch methodologisch weitaus sozialwissenschaftlich-rekonstruktiver fokussiert, versteht sich die von Ray Pawson und Nick Tilley (2009) vertretene Position der empirisch wie auch theoretisch interessierten Wirkungsforschung, die unter dem Begriff der „Realist Evaluation" gefasst wird. Den Vertretern dieser Forschungsperspektive geht es um das theoretisch informierte, wie zugleich auf *Mechanismen* gerichtete, theoriegenerierende (vgl. Pawson 2009) Verständnis von Prozessen in Sozialen Praxen und sozialpolitischen Programmen. Die „Realist Perspective" schließt forschungsmethodologisch an Vertreter*innen des kritischen Realismus an (vgl. Bhaskar 1978) und steht in deutlicher Abgrenzung zum kritischen Rationalismus (vgl. Popper 1974). Es geht ihr um die Profilierung eines eigenständigen sozialwissenschaftlichen Evaluationsbegriffs: Grundlegendes Element dieses Ansatzes ist die Analyse der Programmtheorie. Pawson und Tilly (vgl. 2009) betonen, dass allen Interventionen (z. B. im Sinne wohlfahrtsstaatlich erbrachter sozialer Dienste) bestimmte theoretische Annahmen implizit sind. Solche Programmtheorien beschreiben, welche Intentionen und Erwartungen, aber auch sozialpolitische Ziele mit einem Programm verbunden sind[2]. Programmtheorien, sofern sie in der Analyse expliziert werden und in ihren Mechanismen

---

2 Pointiert formulieren die Autoren: „*Programmes are theories incarnate*" (*Pawson/Tilley 2009, S. 152*).

herausgearbeitet werden, sind nach diesem Verständnis erforderlich, um die – meist impliziten – Annahmen, welche (wohlfahrtsstaatlichen, pädagogischen bzw. sozialpolitischen Modell-)Programmen zugrunde liegen, kritisch einzuordnen und bewerten zu können. Dabei erklären diese Theorien nicht, wie etwa sozialwissenschaftliche Grundlagentheorien, Gesellschaft oder soziale Phänomene umfassend, sondern erheben den Status von Theorien mittlerer Reichweite („Middle-Range-Theories") im Sinne von Robert Merton (1968; vgl. auch Pawson 2000). Solche Theorien haben jedoch Aussagekraft über Strukturen und Bedingungen von professionellen Handlungskontexten und ‚Mechanismen' (wenn der Begriff adäquat und nicht ebenfalls zu technisch ist) in sozialarbeiterischen Praxen. Daher formulieren die Autoren das Interesse, Programme und deren Wirkmechanismen rekonstruieren zu können und zu verstehen „why a program works for whom and in what circumstances?" (Pawson/ Tilley 1997, S. Xvi).

Diese Perspektive hat sich in Kritik am ‚Mainstream' der Wirkungsforschung herausgebildet. In diesem Sinne kann unter wissenschaftlicher Evidenz in der Praxis auch verstanden werden, theoriegeleitet mit den Ambiguitäten, Eigensinnigkeiten und unhinterfragten Problemlösungen der Praxis umzugehen, diese auch lerntheoretisch-konstruktivistisch zu analysieren und „to move thinking beyond a preoccupaton with individual research users to a view that sees organisational contexts, processes and cultures as equally important" (Nutley/Davies/Walter 2007, S. 270).

Übertragen auf die Kinder- und Jugendhilfe bedeutet dies, Praxis und Profession als Akteure aufzufassen, die selbst erst (sozialpädagogische) Programme der Wirkungsforschung konstituieren. Diesen Annahmen folgt die „Realist Perspective" weitgehend. Auch das, was an wirkungsorientierten Steuerungsformen in der Jugendhilfe entstanden ist, kann daher so gelesen werden, dass Programme der Wirkungsforschung und Instrumente Wirkungsorientierter Steuerung selbst in spezifischer Form erst durch die Praxis unter Setzung bestimmter Wirkungsannahmen hervorgebracht wird.

4. Wirkungsforschung und die inhaltliche Bestimmung eines Wirkungsbegriffs

Ein weiteres, sich ebenfalls diskursiv darstellendes Feld wissenschaftlicher Wirkungsforschung ist jenseits der methodischen Fragen die theoretische und zugleich normative Frage nach den inhaltlichen Bestimmungen von Wirkungen in Bezug auf wohlfahrtsstaatliche Leistungen. Notwendig für Wirkungsforschung, selbst wenn sie Wirkungen als Veränderungen in einem weiten Sinne fasst ist die Präzisierung eines jeweils gegenstandsadäquaten Wirkungsbegriffs, da jegliche Wirkungsforschung ohne die (oben als unabdingbar markierten)

Wirkannahmen keinen Ansatzpunkt für die Erhebung von Kontext-, Prozess- oder Effektvariablen hätte.

Solch ein Ansatzpunkt kann, erziehungswissenschaftlich betrachtet – mit Michael Winkler (2006) argumentiert – weniger in Effektvariablen im Sinne von personalen Verhaltensweisen gesehen werden, sondern in der Gestaltung von Umständen und Bildungsprozessen:

> „Die Schwierigkeit, Wirkungen pädagogischer Praxis zu theoretisieren, hängt aber damit zusammen, dass diese in psychologisch zu interpretierenden Dimensionen erwartet werden, dass mithin von Erziehung Effekte unmittelbar auf Personen erwartet werden. Aber Erziehung wirkt auf Umstände. Sie scheint nur Treatment, während es doch um einen komplizierten Prozess geht. Um dies in einer ambitionierten Theoriesprache zu formulieren: In diesem Prozess der pädagogischen Praxis entstehen Wirkungen, weil und sofern eine Praxis der Erziehung stattfindet, dabei Personen performativ eingeschlossen werden und vermittelt über die formative Leistung des Handlungsvollzugs gebildet werden und so zu dem kommen, was vielleicht Kompetenz bezeichnet" (Winkler 2006, S. 123).

Die Bestimmung von Wirkungsbegriffen ist feldspezifisch zu konkretisieren, was wiederum als diskursive Praxis verstanden werden kann, in dem durch Forschende bestimmte Aspekte zum Gegenstand des sag- und empirisch beschreibbaren gemacht werden. Für das Feld der Hilfen zur Erziehung innerhalb der Jugendhilfe thematisieren Schrödter und Ziegler (2007) divergente Verständnisse von Wirkung auf „abweichendes Verhalten/Delinquenz" (ebd., S. 8) über „Persönlichkeitsentwicklung" (ebd., S. 9) und auf familienbezogene Dimensionen wie Erziehungskompetenz sowie sozialraumbezogene Wirkungsbegriffe bezüglich sozialer Probleme in Quartieren. In einer Metastudie über elf Studien, die z. T. höchst unterschiedlichen forschungsmethodischen Gütekriterien und methodologischen Paradigmen folgten, machen Thomas Gabriel et al. (2007) Wirkungsbegriffe zwischen Lebensbewältigung im Sinne Lothar Böhnischs (1997), der Verbesserung von Familiendynamiken (vgl. Blüml/Helmig/ Schattner 1994), dem verhaltenstherapeutisch motivierten Ausbau Sozialer Netzwerke (vgl. Nestmann 2005), der Persönlichkeitsentwicklung (vgl. Hansen 1994) oder dem psychosozialen Funktionsniveau (vgl. BMFSFJ 2002) aus. Weiter weisen sie in den Studien von Hans Thiersch et al. (BMFSFJ 1998) Dimensionen wie „ ‚Schul- und Ausbildungssituation' und ‚Legalverhalten', aber auch ‚soziale Beziehungen', ‚Alltagsbewältigung', ‚Persönlichkeitsentwicklung', ‚familiärer Hintergrund' sowie ‚zentrale Problemkonstellationen' (Gabriel/ Keller/Studer 2007, S. 6) aus.

Ein seit etwa zehn Jahren in der Sozialen Arbeit in den Forschungsdiskurs eingebrachtes erziehungswissenschaftliches Wirkungsverständnis wurde mit Fokus auf menschliche Verwirklichungschancen (vgl. Otto/Ziegler 2009) entwickelt. Dieser Wirkungsbegriff kommt auch in den Analysen von Albus et al. (2010) im Kontext des Bundesmodellprogramms „Wirkungsorientierte Jugendhilfe" zum Tragen, wenn die wissenschaftliche Analyse von Wirkungen wohlfahrtsstaatlicher Leistungen in die theoretische Perspektive des Capability Approach einordnet. Es geht bei der Blickrichtung der Capabilities – obwohl sie bei der Betrachtung der Lebenssituation konkreter Menschen ansetzt – im Wesentlichen um eine gerechtigkeitstheoretische Analyse wohlfahrtsstaatlicher Leistungen: Sen betont, dass bei der Analyse von sozialer Gerechtigkeit der individuelle Nutzen von Systemen der sozialen Sicherung anhand der Capabilities (Verwirklichungschancen) der betroffenen Person zu bewerten sei. Denn erst eine Empirie über die Bandbreite der individuell realisierbaren Möglichkeiten kann Auskunft darüber geben, inwiefern die Person die Freiheit besitzt, ein Leben nach ihren Wertmaßstäben zu führen (vgl. Sen 2001).

Die spezifische Formatierung von Forschung durch den Capabilities-Approach in der Sozialen Arbeit liegt darin begründet, dass die Perspektive auf Capabilities zwangsläufig auch den Blick auf die Fähigkeiten und Einstellungen der Individuen sowie ihrer Entfaltungsmöglichkeiten lenkt, deren positive Beeinflussung eine Kernaufgabe der Sozialen Arbeit darstellt. Insbesondere die Soziale Arbeit und damit auch die Kinder- und Jugendhilfe haben es in vielen Fällen mit Menschen zu tun, die in ihrer eigenen Handlungsfreiheit eingeschränkt sind. Eine Förderung der realen Handlungsfreiheiten rückt somit als Ziel und Aufgabe der Sozialen Arbeit in den Mittelpunkt der Forschung. Diskursmächtig im Rahmen dieser jüngeren Perspektive der Wirkungsforschung ist die Konkretisierung von Capabilities-Dimensionen im Sinne Martha Nussbaums. Als Konkretisierung zu Sens Überlegungen werden hier bezüglich der Voraussetzungen für Handlungsfreiheit, eine Liste von Grundbedingungen – „Central Capabilities" (Nussbaum 2011, S. 17 ff.) – für ein selbständiges, eigenverantwortliches Leben entwickelt, die zentrale Lebensbereiche fokussieren. Auch der von Forschenden vollzogene Transfer einer Forschungsperspektive aus der Sozialphilosophie bzw. Anthropologie und Gerechtigkeitstheorie für die Evaluation eines wohlfahrtsstaatlichen Handlungsfeldes wie der Jugendhilfe stellt eine mehr- oder weniger diskursiv machtvolle Praxis bzw. zumindest eine Materialisierung von Theorie dar. An diesem Beispiel lässt sich der fachlich-ethische, mithin auch normative Gehalt einer Forschungsperspektive zeigen: Vor dem Hintergrund der Capabilities ergibt sich ein umfassender Blick auf die Ermöglichungsbedingungen selbstbestimmter Lebensführung und benennt für die der Kinder- und Jugendhilfe einen Referenzrahmen. Mit ihm soll nicht nur den zentralen Lebensbedingungen eine ausreichende und gerechtigkeitssensible Aufmerksamkeit geschenkt werden, es sollen gleichzeitig sowohl die Fähigkeiten der Individuen, die sozialen Möglichkeiten der Umgebung und die strukturellen Voraussetzungen zur Verwirklichung berücksichtigt werden. So fokussiert eine solche Wirkungsforschung bewusst auf Leistungen und Hilfen in Bezug auf Menschen mit ihren individuellen, sozialen und strukturellen Ressourcen und wendet sich beispielsweise gegen eine in diesem Verständnis zu enge Wirkungsperspektive, etwa wie oben angedeutet, auf vorhandene Störungen im Sozialverhalten, abweichendes Verhalten oder die Herstellung von gesellschaftlicher oder individueller Normalitätserwartungen. Zugleich geht es dabei um die Entwicklung eines Gegenmodells zu oben beschriebenen individualisierenden Testverfahren in Bezug auf die Effektivität von Interventionen Sozialer Arbeit.

5. Von Diskursen um Wirkungsforschung zu Praktiken wirkungsorientierter Steuerung in der Kinder- und Jugendhilfe

Im Sinne der auch in der Jugendhilfe rezipierten Gouvernementalitätsstudien (vgl. Kessl 2005) ist der Kontext der Ökonomisierung des Sozialen herausgearbeitet worden, in den auch Fragen nach Wirkungen eingebettet sind. Entsprechend ist auch für die ganz praktischen Ausdrucksformen des Wirkungsdiskurses diese Einbettung zu berücksichtigen. Pawson und Tilley betonen, „Programmes are embedded" (2009, S. 153) und zielen dabei sowohl auf die sozialen und organisatorischen Kontexte der Programmumsetzung, als auch ihre sozialpolitische Rahmenprogrammatik.

Im deutschsprachigen Raum zeigen sich Einbettungen in Rationalitäten der Evidenzbasierung und des New Public Managements. In der Sozialen Arbeit haben seit den 1990er Jahren Ökonomisierungsprozesse unter dem Stichwort der „Neuen Steuerung" (vgl. Flösser/Otto 1996) einen fruchtbaren Boden bereitet. Die Grundlagen für eine Steuerung sozialer Dienste über Daten und Kennzahlen, in die auch die unmittelbare professionelle Handlungsebene einbezogen ist, sind in der Einführung des Qualitätsmanagements und den controllingorientierten wie auch wettbewerblich ausgerichteten Instrumenten des New Public Management gelegt: Dahme und Wohlfahrt betonen dieses Zusammenspiel und sehen, dass

„sich deutlich der Zusammenhang der aktuellen Wirkungsdebatte mit der Programmatik einer effizienzfokussierten Steuerung sozialer Dienstleistungserbringung [zeigt]. Evaluation oder Wirkungsforschung werden in diesem Zusammenhang zum Instrument eines Strategischen Controllings, sie sind Bestandteil der laufend durchgeführten Leistungsmessung in Organisationen" (Dahme/Wohlfahrt 2010, S. 94).

Die Rezeption der Wirkungsdebatte in Deutschland und die Manifestierungen in wirkungsorientierten sozialpolitischen Umsteuerungsmaßnahmen bilden jedoch im Vergleich zur englischsprachigen Auseinandersetzung nur einen

„halbierten Wirkungsdiskurs" (Otto 2007) ab: Im Vordergrund standen nach der Jahrtausendwende insbesondere Verfahren zur Forcierung wettbewerblicher Elemente. Wirkungsorientierte Steuerung wurde insbesondere als Steuerung der Finanzierungsformen sozialer Dienste thematisiert und in der Praxis implementiert (vgl. Otto 2007). Hingegen wurde die Rezeption des im englischsprachigen Raum diskutierten Steuerungsmodells der EBP erst mit Verzögerung in Deutschland begonnen (vgl. Otto/Polutta/Ziegler 2009). Von direktem Einfluss auf den Modus der wohlfahrtsstaatlichen Steuerung sozialer Dienste sind dabei weniger große wissenschaftlich ausgerichtete Studien, wie etwa für den Bereich der Jugendhilfe der JULE-Studie (BMFSFJ 1998) oder der Jugendhilfe-Effekte Studie (Petermann et al. 2002), sondern vielmehr kommunalpolitische Steuerungsreformen.

Der Begriff „wirkungsorientierter Steuerung" hat mehrere Ursprünge und hinsichtlich der Akteure ergibt sich ein mehrdimensionaler Steuerungsraum. Beteiligt sind beispielsweise als institutionelle Akteure Jugendämter, Freie Träger der Jugendhilfe, Ministerien und Fachverbände, als personelle Akteur*innen u. a. Sozialdezernent*innen, Sozialpolitiker*innen, Sozialarbeiter*innen, Sozialpädagog*innen, und Kinder und Jugendliche sowie ihre Eltern. Wirkungsorientierte Steuerung beschreibt also weniger den Fall, dass hier ‚A durch B' gesteuert wird, sondern dass sich bestimmte steuernde Regierungsweisen und Rationalitäten (vgl. Kessl 2005; Bröckling/Krasmann/Lemke 2000) oder eine Form der Governance (vgl. Benz 2004; für die Soziale Arbeit vgl. Roß/ Rieger 2018) herausbilden.

Ein Beispiel dafür ist die Betonung von Selbstverantwortung und Aktivierung von Nutzer*innen im Rahmen solcher wirkungsorientierten lokalen Arrangements.

Schaut man in lokale Dokumente der Kinder- und Jugendhilfe, etwa Leistungsvereinbarungen, so werden dort im Zuge der Wirkungsorientierung oft konkrete Methoden, Verfahren und Instrumente wirkungsorientierter Fallsteuerung beschrieben, die in der Hilfeplanung und in den Hilfeprozessen genutzt werden. Hier geht es in aller Regel um die (wirkungsorientierte) Fallsteuerung, d. h. um ein bestimmtes Arrangement der sozialpädagogischen Hilfe im Zusammenspiel der beteiligten Akteur*innen.

Zur Steigerung der Wirksamkeit ist oft explizit geregelt, dass Eltern stärker innerhalb der Hilfen in die Verantwortung genommen werden sollen. Die grundsätzlich in den meisten Vereinbarungen enthaltene Beteiligungsnorm wird in diesen Fällen nicht nur als Möglichkeit zur Beteiligung, sondern als Beteiligungsaufgabe ausgeführt. Dies gilt nicht nur für die ambulanten Hilfeformen, sondern auch in stationären Hilfen. Unter der Zielsetzung einer Stärkung von Erziehungskompetenz und einer verbindlicheren Einbindung in den Hilfeprozess wird dabei häufig der Gedanke der Aktivierung zentral. Zum Leistungsbereich der Hilfen zählen daher etwa verpflichtende Elternkurse, Elterntraining oder Elternschulen oder die Teilnahme an Schulterminen. Ein Ansatz, der in der Ausrichtung diesen Ideen folgt, ist der Verwandtschaftsrat. Dieser soll als Element wirkungsorientierter Steuerung laut Leistungsvereinbarung dezidiert „zur Aktivierung familiärer oder lebensweltlicher Ressourcen"[3] beitragen. Diese Methode ist eng angelehnt an das neuseeländische Modell der „Family Group Conferences", das seine Ursprünge eher in kriminologischen als in sozialpädagogischen Handlungsfeldern hat (vgl. Maxwell et al. 2001). Die so bezeichnete ‚Philosophie' wird folgendermaßen formuliert: „Mit Hilfe des Verwandtschaftsrats sollen Familien befähigt werden, eigene Entscheidungen und Pläne zu entwickeln und umzusetzen und dadurch sich selbst zu stärken." (vgl. ebd., S. 133).

Aktivierende Beteiligungsnormen, die diskursiv als machtvolle Regierungs- und Steuerungsformen in Leistungsbeschreibungen zu Erziehungshilfen zum Ausdruck kommen, betreffen nicht nur Eltern, sondern ebenfalls Kinder und Jugendliche. So wird Beteiligung mitunter auch zu einer Forderung an junge Menschen. Dies umfasst etwa die verbindliche Teilnahme an Hilfeplangesprächen, die Vor- oder Nachbereitung oder andere Formen der Fokussierung von Eigenverantwortung junger Menschen. Beispielsweise wird festgelegt, dass obligatorisch in der individuellen Hilfeplanung nach § 36 SGB VIII aufgestellte und schriftlich dokumentierte Ziele von den Jugendlichen in der Ich-Formulierung verfasst werden sollen oder die Kinder und Jugendlichen den aufgestellten und halbjährlich fortzuschreibenden Hilfeplan durch ihre Unterschrift als für sie verbindlichen Kontrakt symbolisiert bekommen. Beteiligung nimmt in diesem Zusammenhang eine ambivalente Position ein: Einerseits gerät Beteiligung zur aktivierungslogischen Beteiligungs*anforderung* im oben beschriebenen Sinne, andererseits wäre es möglicherweise überzogen, all jene auf Verbesserung von Beteiligungs*möglichkeiten* fokussierten Elemente in den Vereinbarungen unter die Aktivierungslogik zu subsummieren, da sie zugleich eine pädagogische Grundvoraussetzung darstellt. Damit wird auch deutlich, dass die Programme wirkungsorientierter Steuerung auf verschiedenen Ebenen von Pädagogik und Management ansetzen.

Weiter ist für die wirkungsorientierte Fallsteuerung von Bedeutung, dass Ziele als Element der Wirkungsorientierung einen zentralen Stellenwert in der Hilfeplanung erhalten. Vielfach wird die Formulierung und Überprüfung von Zielen durch Formalisierung, z. B. mit standardisierten Formularvorlagen verbindlich verankert. Neben der Vorgabe, Hilfeplanziele „s.m.a.r.t." (spezifisch, messbar, attraktiv/akzeptabel, realistisch, terminiert) zu formulieren, werden mancherorts Hilfeplanziele quantitativ begrenzt, sodass beispielsweise pro Hilfeplan nicht mehr als drei Ziele formuliert werden sollen. In anderen Fällen

---

3   Zitiert aus der Leistungsbeschreibung eines Modellstandortes, nach Polutta 2014, S. 132.

werden Zielkataloge eingesetzt, die jugendhilferelevante Zielkategorien festlegen, aus denen dann sowohl Leitziele als auch Handlungsziele abgeleitet werden sollen. Gemeinsam ist den genannten Ansätzen, dass sie Bestandteile der Hilfe wie insbesondere die Hilfeplanung und die Hilfeplangespräche, die durch das Kinder- und Jugendhilferecht vorgegeben sind mit Elementen anreichern, die auf wirkungsorientierte Fallsteuerung mittels Aktivierung, Eigenverantwortung und Zielfokussierung abzielen.

Als Programme zur Aktivierung können zusammenfassend all jene Bestrebungen gefasst werden, die an die Eigenverantwortung von Adressat*innen, also junge Menschen und Eltern gerichtet sind. Charakteristisch ist dabei das Zusammentreffen von Maßnahmen, die einer soziapolitischen Aktivierungslogik (vgl. Kessl 2006; Dahme/Wohlfahrt 2005), aber auch der Logik des sozialinvestiven Staates (vgl. Lessenich 2009) und der Idee der Nutzung individueller und im Sozialraum verorteter Ressourcen und Stärken (vgl. Budde/Cyprian/ Früchtel 2007) folgen. Bürger*innen, die Leistungen erhalten, werden als „zivilgesellschaftliche Aktivbürger" (Olk 2009) betrachtet, die Leistungen der Jugendhilfe folgen der Rationalität „von der Staatsversorgung zur Selbstsorge, von der öffentlichen zur privaten Sicherungsverantwortung, vom kollektiven zum individuellen Risikomanagement" (Lessenich 2009, S. 163). Im Anschluss an die theoretische Perspektive der Gouvernementality Studies formulieren Nina Oelkers und Martina Richter so neu justiert Relation von Bürger*innen und Staat so: „Der Appell oder die Anrufung der Eigenverantwortung zwingt die BürgerIn zur Selbstsorge. Es kann also nicht davon gesprochen werden, dass sich der Staat als solcher zurückzieht. Vielmehr setzt er eine veränderte ‚Regierungskunst' ein, deren Aufgaben sich damit verschieben." (Oelkers/Richter 2009, S. 40). Neben der Betonung der Herausbildung einer neuen (auf Wechselseitigkeit beruhenden) neuen „Regierungskunst" (Foucault 1987, S. 255), die das Verhältnis von Selbst- und Fremdführung, von politischer, moralischer und ökonomischer Regierung umfasst, verwenden die Autor*innen das Althusser'sche Bild der ‚Anrufung' des Subjekts im Zusammenhang mit dem Bedeutungszuwachs von Eigenverantwortung. Damit sind neue Relationen zwischen Subjekt und Gesellschaft bzw. ‚aktivem Bürger' und ‚aktivierendem Staat' angesprochen, die auch vor dem Hintergrund der gezeigten Elemente wirkungsorientierter Steuerung zu thematisieren sind. So stellt sich die Frage, in wie weit Soziale Dienste, wohlfahrtsstaatliche Leistungen, und damit die Soziale Arbeit in den Hilfen zur Erziehung an Kinder und Jugendliche bzw. an Eltern als effektive Subjekte appellieren. Im Verständnis von Louis Althusser ist es die Prägung und Anerkennung der symbolischen Ordnung als „wechselseitige Wiedererkennung" (Althusser 1977, S. 147), die dann greift, wenn und „solange die Subjekte nur wiederkennen, was sie sind, und sich dementsprechend verhalten" (ebd.).

Insgesamt zeigt sich ein enormer Umfang des Diskurses um Wirkungssteuerung, der von der Ebene des Lokalen, sozialräumlicher Bezüge und der Hervorbringung einer bestimmten Subjektivität bis hin zu gesellschaftlichen Makrostrukturen reicht. Den Aufbau nationaler und internationaler Zentren, die der Bereitstellung von Wirkungsstudien, Datenbanken und EBP-Empfehlungen dienen, analysieren Gray, Plath und Webb vor dem Hintergrund der Akteur-Netzwerk-Theorie: „Through the networks of key actors, organizations and policies, and an emergent research infrastructure, evidence-based practice has become part of a global social work discourse" (ebd. 2009, S. 144). Die australischen Autor*innen nennen dieses Netzwerk auch eine Bewegung „powerful movement" (ebd., S. 1) Obwohl also zuweilen manche Ansätze wirkungsorientierter Steuerung als lose Mosaiksteine der beschriebenen wohlfahrtsstaatlichen Transformation erscheinen, sind sie in diesem Sinne diskursiv verbunden. Daher muss der Blick über das Handlungsfeld der Jugendhilfe hinaus auf Sozialleistungen insgesamt gerichtet werden: Im Kontext aktiver Arbeitsmarktpolitik ist ‚zentrale Wirkungsforschung' laut Sozialgesetzbuch II und III verpflichtend, das Bundesheilhabegesetz setzt für das SGB IX ebensolche Impulse. In fachlich disziplinärer Hinsicht war möglicherweise aufgrund der hier ausführlicher geführten Kontroverse das Bundesmodellprogramm „Wirkungsorientierte Jugendhilfe" (vgl. programmatisch Struzyna 2007; analytisch Albus et al. 2010) nicht nur diskursmächtig, sondern Diskurs öffnend. Doch werden die Amalgamierungen von manageriellen und marktförmigen Ansätzen nicht nur in Richtung fachlicher Differenzierung weitergetrieben. Im Gegenteil, es scheint, dass immer neue Varianten zunehmender Legitimationspflicht Sozialer Dienstleistungen denk- und durchsetzbar werden. So expandieren nicht nur Evaluation und Controlling in den Einrichtungen und Trägerverbänden der Jugendhilfe, sondern wird zunehmend auch auf den gesamtgesellschaftlichen Return-on-Investment oder erfolgsbasierte Finanzierungsmodelle als Social Impact Bonds abgestellt (vgl. die kompakte Zusammenfassung von Monika Burmester und Norbert Wohlfahrt in Deutscher Verein für öffentliche und private Fürsorge (Hrsg.) 2018).

6. Ausblick

Mit Bezug auf die diskurs- und machtanalytische Gesellschaftstheorie Michel Foucaults heben Werner Thole und Martin Hunold hervor, dass institutionelle „Normalisierungs-, Disziplinierungs- und Kontrolltechniken" (2018, S. 555) eine Rolle bei der Ausgestaltung der „Produktions- und Reproduktionsweisen systemisch-normierter Macht- und Wissensmuster" (ebd.) spielen. Wirkungsforschung und vor allem die Bedeutung, die solcher Forschung in der Gestaltung des Verhältnisses von Wissenschaft und Praxis zukommt, setzt bestimmte

Kontrolltechniken und Normen, wirkt disziplinierend, und zwar durchaus bis hin zum street-level unmittelbaren Handelns in Allgemeinen Sozialen Diensten von Jugendämtern bei freien Trägern der Erziehungshilfe, in Jugendhilfeausschüssen und in der Jugendhilfeplanung sowie jüngst bei der Akkumulation privaten Investitionskapitals für Social Impact Bonds (vgl. Burmester/Dowling/ Wohlfahrt 2017). Wirkungsforschung ist jedoch auch, etwa gegenüber historischer oder grundlagentheoretischer Forschung innerhalb der Wissenschaft Sozialer Arbeit derzeit durchsetzungsmächtiger, bis hinein in die Forschungsförderung und Publikationsmöglichkeiten. Wie Wirkungsforschung dabei im kommunalen, disziplinären oder verbandlichen Diskursraum justiert wird, ist jedoch nicht vorgegeben und in Stein gemeißelt, sondern kann von den Beteiligten am Diskurs – teils unter Anstrengung – fachlich justiert werden. So kann der Diskurs auch aus der Wirkungsforschung heraus bearbeitet und verschoben werden. So ist gegenüber technisch-bürokratischen Ansätzen die Stimme zu erheben und auf Ergebnisse empirischer Wirkungsforschung zu verweisen, wonach es nicht die Techniken, sondern die sozialpädagogischen Kategorien sind, die als Wirkmechanismen für gelingende Hilfeprozesse identifiziert werden können: Die Qualität der Arbeitsbeziehungen, Beteiligungsmöglichkeiten sowie eine professionelle pädagogische Ausgestaltung der Hilfepraxen sind maßgeblich für den Erfolg erzieherischer Hilfen (vgl. Gabriel et al. 2007; Wolf 2006; Albus et al. 2010). In die Auseinandersetzungen werden und wurden in diesem Zusammenhang daher Kategorien von Teilhabechancen und deren Ermöglichung eingeführt und gehören ebenso wie die technokratischen oder ökonomistischen Wirkungsforschungsmodelle zum Teil des Sicht- und Sagbaren in der Kinder- und Jugendhilfe.

Welchen Stellenwert hier Wirkungsforschung hat und wie aktuell und zukünftig der Diskurs um Wirkungsforschung Teil einer gesamtgesellschaftlichen bzw. strategisch-politischen Formation, eines zusammenhängenden Ensembles gesellschaftlichen Denkens, also etwa Teil eines ökonomischen, manageriellen oder aktivierungs-Dispositivs ist, kann im Rahmen dieses Beitrags nicht abschließend eingeordnet werden. Mithin wird dies wohl erst zu einem späteren historischen Zeitpunkt und von nicht (wie dem Verfasser dieses Beitrags) am Diskurs Beteiligten rekonstruiert werden können. Einstweilen ist es geboten, die diskursive Bedeutung im Rahmen der Transformation des Verhältnisses von Profession und Organisation sowie Wissenschaft und Praxis und öffentlicher vs. privater Verantwortung in der Kinder- und Jugendhilfe wahrzunehmen und in diesem Lichte so aufgeklärt wie möglich zu gestalten.

Literatur

Albus, Stefanie/Greschke, Heike/Klingler, Birte/Messmer, Heinz/Michel, Heinz-Günter/Otto, Hans-Uwe/Polutta, Andreas (2010): Abschlussbericht der Evaluation des Bundesmodellprogramms. Münster.

Althusser, Louis (1977): Ideologie und ideologische Staatsapparate. Anmerkungen für eine Untersuchung. In: Ders.: Ideologie und ideologische Staatsapparate. Hamburg/Berlin.

Badura, Bernhard/Gross, Peter (1976): Sozialpolitische Perspektiven. Eine Einführung in Grundlagen und Probleme sozialer Dienstleistungen. München.

Benz, Arthur (Hrsg.) (2004): Governance – Regieren in komplexen Regelsystemen. Wiesbaden.

Bhaskar, Roy (1978): A Realist Theory of Science. Brighton.

Blüml, Herbert/Helmig; Elisabeth/Schattner, Heinz (1994): Sozialpädagogische Familienhilfe in Bayern. Abschlussbericht. München.

BMFSFJ – Bundesministerium für Familie, Senioren, Frauen und Jugend (Hrsg.) (1998): Leistungen und Grenzen von Heimerziehung. Stuttgart.

BMFSFJ – Bundesministerium für Familie, Senioren, Frauen und Jugend (2002): Effekte erzieherischer Hilfen und ihre Hintergründe. Stuttgart.

Böhnisch, Lothar (1997): Sozialpädagogik der Lebensalter. Eine Einführung. Weinheim.

Bröckling, Ulrich/Krasmann, Susanne/Lemke, Thomas (Hrsg.) (2000): Gouvernementalität der Gegenwart. Studien zur Ökonomisierung des Sozialen, Frankfurt a. M.

Budde, Wolfgang/Cyprian, Gudrun/Früchtel, Frank (2007): Sozialer Raum und Soziale Arbeit. Fieldbook: Methoden und Techniken. Wiesbaden.

Burmester, Monika/Dowling, Emma/Wohlfahrt, Norbert (Hrsg.) (2017): Privates Kapital für soziale Dienste? Wirkungsorientiertes Investment und seine Folgen für die Soziale Arbeit. Baltmannsweiler.

Clarke, John (2004): Dissolving the public realm? The logics and limits of neo-liberalism. In: Journal of Social Policy, 33, 1, S. 27–48.

Dahme, Heinz-Jürgen/Wohlfahrt, Norbert (2010): Evidenzbasierte Soziale Arbeit und wettbewerblich gesteuerte Sozialwirtschaft. In: Otto, Hans-Uwe/Polutta, Andreas/Ziegler, Holger (Hrsg.): What Works – Welches Wissen braucht die Soziale Arbeit? Zum Konzept evidenzbasierter Praxis. Opladen.

Deutscher Verein für öffentliche und private Fürsorge e.V. (Hrsg.), Lambertus-Verlag (Hrsg.) (2018): Wozu die Wirkung Sozialer Arbeit messen? Eine Spurensicherung von Monika Burmester und Norbert Wohlfahrt. Reihe Soziale Arbeit kontrovers – Band 18

Dewe, Bernd/Ferchhoff, Wilfried/Scherr, Albert/Stüwe, Gerd (2001): Professionelles soziales Handeln. Weinheim/München.

Dewe, Bernd/Otto, Hans-Uwe (2011): Profession. In: Otto, Hans-Uwe/Thiersch, Hans. (Hrsg.): Handbuch Soziale Arbeit. München/Basel: Reinhardt, S. 1131–1142.

Dollinger, Bernd/Hörmann, Georg/Raithel, Jürgen (2009): Einführung Pädagogik. Wiesbaden.

Flösser, Gaby/Otto, Hans-Uwe (Hrsg.) (1996): Neue Steuerungsmodelle in der Jugendhilfe. Luchterhand.

Foucault, Michel (1987): „Das Subjekt und die Macht". In: Dreyfus, Hubert L./Rabinow, Paul (Hrsg.): Jenseits von Strukturalismus und Hermeneutik, Frankfurt a. M., S. 243–261.

Fourastié, Jean (1969): Die große Hoffnung des zwanzigsten Jahrhunderts. Köln.

Freidson, Eliot (2001): Professional powers and professionalism: The third logic. Chicago.

Gabriel, Thomas/Keller, Samuel/Studer, Tobias (2007): Wirkungen erzieherischer Hilfen – Metaanalyse ausgewählter Studien. Wirkungsorientierte Jugendhilfe. Band 03. Schriftenreihe zum Modellprogramm des Bundesministeriums für Familie, Senioren, Frauen und Jugend (BMFSFJ) zur Qualifizierung der Hilfen zur Erziehung durch wirkungsorientierte Ausgestaltung der Leistungs-, Entgelt- und Qualitätsvereinbarungen nach §§ 78a ff. SGB VII. Münster.

Gambrill, Eileen (2001): Social Work: An Authority-Based Profession. In: Research on Social Work Practice, Vol. 11 No. 2, 2001, S. 166–175.

Gray, Mel/Plath, Debbie/Webb, Stephen (2009): Evidence-based Social Work: A Critical Stance. Abingdon.

Greschke, Heike/Klingler, Birte/Messmer, Heinz (2010): Praxis im Modellprogramm – Fallstudien zum Hilfeplangespräch. In: Albus, Stefanie/Greschke, Heike/Klingler, Birte/Messmer, Heinz/Michel, Heinz-Günter/Otto, Hans-Uwe/Polutta, Andreas (2010). Abschlussbericht der Evaluation des Bundesmodellprogramms. Münster, S. 62–104.

Grunwald, Klaus/Thiersch, Hans (2018). Lebensweltorientierung. In: Otto, Hans-Uwe/Thiersch, Hans/Treptow, Rainer/Ziegler, Holger (Hrsg.): Handbuch Soziale Arbeit. München S. 906–915

Hammersley, Martyn (2009): What is Evidence for evidence-based Practice. In: Otto, Hans-Uwe/Polutta, Andreas/Ziegler, Holger (Hrsg.) (2009) Evidence-based Practice – Modernising the Knowledge Base of Social Work? Farmington Hills, S. 139–150.

Hansen, Gerd (1994): Die Persönlichkeitsentwicklung von Kindern in Erziehungsheimen. Ein empirischer Beitrag zur Sozialisation durch Institutionen der öffentlichen Erziehung. Weinheim.

Heite, Catrin/Kessl, Fabian (2009): Professionalisierung und Professionalität. In: Andresen, Sabine/Casale, Rita/Gabriel, Thomas/Horlacher, Rebekka/Larcher Klee, Sabina/Oelkers, Jürgen (Hrsg.): Handwörterbuch Erziehungswissenschaft. Weinheim. S. 682–697.

Karl, Ute (2008): Agency, Gouvernementalität und Soziale Arbeit. In: Homfeldt, Hans-Günther/Schröer, Wolffram/Schweppe, Cornelia: Vom Adressaten zum Akteur. Agency und Soziale Arbeit. Opladen, S. 59–80.

Kaufmann, Franz-Xaver (2009): Sozialpolitik und Sozialstaat: Soziologische Analysen. Wiesbaden.

Kessl, Fabian (2005): Der Gebrauch der eigenen Kräfte. Eine Gouvernementalität Sozialer Arbeit. Weinheim, München.

Kessl, Fabian (2007): Wozu Studien der Gouvernementalität in der Sozialen Arbeit? In: Anhorn, Roland/Bettinger, Frank/Stehr, Johannes (Hrsg.): Foucaults Machtanalytik und Soziale Arbeit: eine kritische Einführung und Bestandsaufnahme. Wiesbaden.

Kessl, Fabian (2010): Diskursanalytische Vorgehensweisen. In: Bock, Karin/Miethe, Ingrid (Hrsg.): Handbuch qualitative Methoden in der Sozialen Arbeit. Opladen/Farmingthon Hills, S. 313–322.

Kessl, Fabian (2013): Soziale Arbeit in der Transformation des Sozialen. Eine Ortsbestimmung, Wiesbaden.

Kessl, Fabian/Otto, Hans-Uwe (Hrsg.) (2009): Soziale Arbeit ohne Wohlfahrtsstaat? Zeitdiagnosen, Problematisierungen und Perspektiven. Weinheim/München.

Kindler, Heinz (2005): Evidenzbasierte Diagnostik in der Sozialen Arbeit. Neue praxis, 35(5), 540–544.

Kromrey, Helmut (1994): Empirische Sozialforschung. Modelle und Methoden der Datenerhebung und Datenauswertung. Opladen.

Kromrey, Helmut (2000): Fallstricke bei der Implementations- und Wirkungsforschung sowie methodische Alternativen. In: Müller-Kohlenberg, Hildegard/Münstermann, Klaus

(Hrsg.): Bewertung von Humandienstleistungen. Evaluation und Qualitätsmanagement in Sozialer Arbeit und Gesundheitswesen. Opladen, S. 19–58.

Krüger, Heinz-Hermann/Grunert, Cathleen (Hrsg.) (2006): Wörterbuch Erziehungswissenschaft. Opladen.

Langer, Antje/Wrana, Daniel (2007): An den Rändern der Diskurse. Jenseits der Unterscheidung diskursiver und nicht-diskursiver Praktiken. Themenband: Diskursanalyse nach Foucault. In: Forum Qualitative Sozialforschung, http://www.die-bonn.de/id/8684

Lessenich, Stephan (2009): Aktivierungspolitik und Anerkennungsökonomie. Der Wandel des Sozialen im Umbau des Sozialstaats, In: Soziale Passagen. Journal für Empirie und Theorie sozialer Arbeit 1 (2), 2009, S. 163–176.

Lüders, Christian (2006): Sozialpädagogische Forschung. In: Krüger, Heinz-Hermann/ Grunert, Cathleen (Hrsg.): Wörterbuch Erziehungswissenschaft. Opladen, S. 466–472.

Maxwell, Gabrielle/Robertson, Jeremy/et al. (Hrsg.) (2001): The Family Group Conference: A New Paradigm for Making Decisions about Children and Young People. Wellington.

Merton, Robert King (1968): Social Theory and Social Structure. Enlarged Edidion. New York.

Messmer, Heinz (2007): Jugendhilfe zwischen Qualität und Kosteneffizenz. Wiesbaden.

Messmer, Heinz/Hitzler, Sarah (2007): Die soziale Produktion von Klienten. Hilfeplangespräche in der Kinder- und Jugendhilfe. In: Ludwig-Mayerhofer, Wolfgang/Behrend, Olaf/ Sondermann, Ariadne (Hrsg.): Fallverstehen und Deutungsmacht. Akteure in der Sozialverwaltung und ihre Klienten. Opladen, S. 41–73.

Ministerium für Wirtschaft und Arbeit des Landes Nordrhein-Westfalen [MWA NRW] (Hrsg.) (2003): Initiativ in NRW. Job Center. Organisation und Methodik. Düsseldorf.

Mullen, Edward J. (2004): Facilitating practitioner use of evidence-based practice. In: Roberts AR, Yeager K, editors. Evidence-Based Practice Manual: Research and Outcome Measures in Health and Human Services. New York.

Nestmann, Frank (2005): Netzwerkintervention und soziale Unterstützung fördern: Effektivität und Maximen der Nachhaltigkeit. In: Otto, U./Bauer, P. (Hrsg.): Mit Netzwerken professionell zusammenarbeiten. Band I: Soziale Netzwerke in Lebenslauf- und Lebenslagenperspektive. Tübingen, S. 131–156.

Noordegraaf, Mirko (2006): Professional Management of Professionals: Hybrid Organisations and Professional Management in Care and Welfare. In: Duyvendak, Jan Willem/Knijn, Trudie/Kremer, Monique (Hrsg.): Policy, People, and the New Professional. Amsterdam, S. 181–193.

Nussbaum, Martha (2011). Creating Capabilities. The Human Develpoment Approach. Cambridge, Massachusetts, London.

Nutley, Sandra M./Walter, Isabel/Davies, Huw T. O. (2007): Using evidence: how research can inform public services. London.

Oelkers, Nina/Richter, Martina (2009): Re-Familialisierung im Kontext post-wohlfahrtsstaatlicher Transformationsprozesse und Konsequenzen für die Soziale Arbeit. In: Kurswechsel Nr. 3, S. 35–46.

Olk, Thomas (2009): Transformationen im deutschen Sozialstaatsmodell. Der „Sozialinvestitionsstaat" und seine Auswirkungen auf die Soziale Arbeit. In: Kessl, Fabian, Otto, Hans-Uwe (Hrsg.): Soziale Arbeit ohne Wohlfahrtsstaat? Zeitdiagnosen, Problematisierungen und Perspektiven. Juventa, Weinheim/München, S. 23–34.

Otto, Hans-Uwe (2007): Zum aktuellen Diskurs um Ergebnisse und Wirkungen im Feld der Sozialpädagogik und Sozialarbeit – Literaturvergleich nationaler und internationaler Diskussion. Expertise im Auftrag der Arbeitsgemeinschaft für Kinder- und Jugendhilfe – AGJ. Berlin.

Otto, Hans-Uwe/Polutta, Andreas/Ziegler, Holger (Hrsg.) (2009): Evidence-based Practice – Modernising the Knowledge Base of Social Work? Opladen.

Otto, Hans-Uwe/Polutta, Andreas/Ziegler, Holger (Hrsg.) (2010): What Works – Welches Wissen braucht die Soziale Arbeit? Zum Konzept evidenzbasierter Praxis. Opladen.

Pawson, Ray (2000): Middle-range Realism. In: European Journal of Sociology European Journal of Sociology, Nr. 41, S. 283–325.

Pawson, Ray/Tilley, Nick (1997): Realistic Evaluation. London.

Pawson, Ray/Tilley, Nick (2009): Realist Evaluation. In: Otto, Hans-Uwe/Polutta, Andreas/Ziegler, Holger (Hrsg.): Evidence-based Practice – Modernising the Knowledge Base of Social Work? Opladen/Farmington Hills.

Petermann, Franz et al. (2002): Effekte erzieherischer Hilfen und ihre Hintergründe. Schriftenreihe des BMFSFJ, Band 219. Stuttgart.

Polutta, Andreas (2014): Wirkungsorientierte Transformation der Jugendhilfe. Ein neuer Modus der Professionalisierung Sozialer Arbeit? Wiesbaden.

Popper, Karl Raimund (1974): Objektive Erkenntnis. Hamburg.

Roß, Paul-Stefan, & Rieger, Gerulf (2018). Governance. In: Otto, Hans-Uwe; Thiersch, Hans; Treptow, Rainer; Ziegler, Holger (Hrsg.): Handbuch Soziale Arbeit. München: Reinhardt, 6. Aufl., S. 590–603.

Schrödter, Mark/Ziegler, Holger (2007): Was wirkt in der Kinder- und Jugendhilfe? Internationaler Überblick und Entwurf eines Indikatorensystems von Verwirklichungschancen. In: ISA Planung und Entwicklung GmbH (Hrsg.): Schriftenreihe „Wirkungsorientierte Jugendhilfe", Band 2. Münster.

Schütze, Fritz (1996): Organisationszwänge und hoheitsstaatliche Rahmenbedingungen im Sozialwesen: Ihre Auswirkungen auf die Paradoxien professionellen Handelns. In: Combe, Arno/Helsper, Werner (Hrsg.): Pädagogische Professionalität. Untersuchungen zum Typus pädagogischen Handelns. Frankfurt a. M., S. 183–275.

Sen, Amartya Kumar (2001): Development as Freedom. New York.

Stichweh, Rudolf (1996): Professionen in einer funktional differenzierten Gesellschaft. In: Combe, Arno/Helsper, Werner (Hrsg.): Pädagogische Professionalität. Untersuchungen zum Typus pädagogischen Handelns. Frankfurt a. M., S. 49–69.

Struzyna, Karl-Heinz (2007): Wirkungsorientierte Jugendhilfe – Hintergründe, Intentionen und Ziele des Bundesmodellprogramms. In: ISA Planung und Entwicklung GmbH (Hrsg.), Wirkungsorientierte Jugendhilfe: Beiträge zur Wirkungsorientierung von erzieherischen Hilfen (Bd. 1). Münster, S. 5–13.

Thole, Werner/Hunold, Martin (2018). Gesellschaftstheorien und Soziale Arbeit. In Otto, Hans-Uwe/Thiersch, Hans/Treptow, Rainer/Ziegler, Holger (Hrsg.): Handbuch Soziale Arbeit. München: Reinhardt, 6. Aufl., S. 551–569.

Webb, Sephen A. (2001): Some considerations on the validity of evidence-based practice in social work. In: British Journal of Social Work, 31 (1), S. 57–79.

Winkler, Michael (2006): Kritik der Pädagogik. Der Sinn der Erziehung. Stuttgart.

Wolf, Klaus (2006): Wie wirken pädagogische Interventionen? In: Jugendhilfe, Heft 6, S. 294–301.

Ziegler, Holger (2009): Sozialpolitik. In: Andresen, Sabine/Casale, Rita/Gabriel, Thomas (Hrsg.): Handwörterbuch Erziehungswissenschaft. Weinheim/Basel. S. 803–818.

Wirkungsforschung in der Kinder- und Jugendhilfe – Internationale Perspektiven

Sigrid James

1. Einleitung

Die moderne Kinder- und Jugendhilfe (KJH) beinhaltet gesellschaftliche Bemühungen das Wohlergehen von Kindern, Jugendlichen und ihren Familien nachhaltig zu sichern und hat sich von den Waisen- und Armenhäuser voriger Jahrhunderte in komplexe Systeme entwickelt, die breitgefächerte fördernde, unterstützende aber auch intervenierende Maßnahmen anbieten. Diese Angebote beruhen auf aktuellen Verständnissen über die Ursachen von Problemen, die Kinder und Jugendliche betreffen, reflektieren aber auch die soziokulturellen Werte und Normen lokaler Kontexte sowie deren Ressourcen, wohlfahrtsstaatliche Strukturen und sozialpolitische Prioritäten. Welche Maßnahmen und Prozesse das Risiko von Kindeswohlgefährdung verringern, Familien unterstützen und das psychosoziale Wohlergehen von Kindern fördern sind Fragen, die im internationalen disziplinären Diskurs als zentral gelten und deren Beantwortung aus professioneller aber auch ethischer Sicht als unabdinglich angesehen werden.

> „The costs of being wrong can be every bit as devastating in child welfare as in health. In child protective services, for instance, children can be severely harmed by their parents or wrongfully taken from their families. Ineffective treatment of behavioral problems in childhood can lead to extraordinary painful and costly problems in adulthood" (Littell/Shlonsky 2010, S. 723 f.).

Die Wirkungsforschung ist bemüht kausale Zusammenhänge zu untersuchen und spielt international zunehmend eine Rolle in der Qualitätssicherung von Dienstleistungen (vgl. Lindsey/Shlonsky/McLuckie 2008, S. 3). Forschungsmethodische Entwicklungen ermöglichen es inzwischen Risikogruppen zu identifizieren, Bedarfe zu analysieren, Muster in der sozialdienstlichen Versorgung aufzuzeichnen und den Effekt von psychosozialen Maßnahmen zu erfassen (vgl. Lindsey/Shlonsky/McLuckie 2008, S. 5 f.). Diese methodischen Möglichkeiten gekoppelt mit einem Klima, das verstärkt empirisch begründete Evidenz fordert (vgl. Chorpita/Daleiden 2014, S. 323), haben die Wirkungsforschung in der Kinder- und Jugendhilfe international belebt und disziplinäres Wissen über kausale Zusammenhänge insbesondere in Bezug auf die Wirkungen von Interventionen und Handlungsmethoden, die Relevanz für die KJH haben, in den letzten zwanzig Jahren exponentiell vervielfacht (vgl. Landsverk et al. 2010).

Eine internationale Perspektive über Entwicklungen in der Wirkungsforschung zu vermitteln beinhaltet inhärente Herausforderungen und muss notwendigerweise inhaltlich eingegrenzt werden. Da der angloamerikanische Raum den Großteil der wirkungsorientierten Studien generiert, wird der Fokus zwangsläufig auf konzeptionellen, inhaltlichen und methodischen Entwicklungen hier liegen, wobei dies auch die skandinavischen Länder und die Niederlande miteinschließt. In dem Bewusstsein, dass andere Schwerpunktsetzungen durchaus legitim sein könnten, wird der vorliegende Beitrag der Frage nachgehen, wie in angloamerikanischen und/oder skandinavischen Ländern in mit der KJH vergleichbaren Arbeitsfeldern Wirkungen nachgewiesen werden. Die Ausgangsfrage beinhaltet in erster Linie methodische Anliegen, wobei das Ziel verfolgt wird den konzeptionellen Rahmen für wirkungsorientierte Forschung in der KJH international zu beschreiben und aufzuzeigen, wie Studien sich systematisch und iterativ der Wirkungsfrage annähern. Hierbei wird die Betonung auf konzeptionelle Zugänge und methodische Verfahrensweisen der wirkungsorientierten Forschung gelegt, die im Diskurs der deutschen Sozialen Arbeit nicht oder kaum thematisiert werden. Ausführungen über die Rolle von observationalen Studien und Interventionsstudien in der Wirkungsforschung werden durch inhaltliche Beispiele aus selektierten Bereichen der KJH illustrierend unterstützt. Um den methodischen Vorgehensweisen Kontext zu geben, wird abschließend am Beispiel des Themas „Pflegeabbrüche" aufgezeigt, wie sich ein wirkungsorientiertes Wissensgebiet von Grundlagen- bis hin zur Interventionsforschung entwickeln kann.

2. Der konzeptionelle Rahmen wirkungsorientierter Forschung

Folgende Fragen waren Gegenstand von Untersuchungen, die in diversen Ländern durchgeführt und deren Ergebnisse in renommierten internationalen Fachzeitschriften der Sozialen Arbeit und verwandten Disziplinen publiziert wurden.

- „Is the Families First Home Visiting Program effective in reducing child maltreatment and improving child development?" (Chartier et al. 2017, S. 121)
- Does "enhanced support for foster parents [...] reduce the number of replacements experienced by children in foster care"? (Øystein Angel/Blekesaune 2017, S. 236)

- What is the effect of an educational program to foster cultural competence on culturally informed practice for child welfare students? (vgl. Greeno et al. 2017, S. 1374)
- What are the longitudinal pathways between cumulative contextual risk at birth and school functioning in adolescence? (vgl. January et al. 2017, S. 183)
- What are the longitudinal effects of parent-child interactions on children's social competence? (vgl. Gadaire/Henrich/Finn-Stevenson 2017, S. 768 f.)

Die Fragen sind exemplarisch für die Bandbreite der wirkungsorientierten Fragestellungen, mit denen sich die KJH international beschäftigt. Schon allein die Fragestellungen deuten auf die Komplexität der Untersuchungsgegenstände hin, mit denen sich Sozialarbeitswissenschaftler*innen interdisziplinär beschäftigen und attestieren die Notwendigkeit von Forschungsmethoden, die umfassender, flexibler und vielleicht auch kreativer sind als die der Naturwissenschaften. In den Sozialwissenschaften gilt zwar auch die randomisierte Kontrollstudie (RCT) als Goldstandard, um eine kausale Beziehung und somit die Effektivität einer „Intervention"[1] zu demonstrieren (vgl. Friedman/Furberg/ DeMets 2010). Jedoch gibt es eine Reihe von zusätzlichen Herausforderungen, die eine Beantwortung der Wirkungsfrage durch RCTs erschweren, wie z. B. die vielen möglichen Dritt- oder Störvariablen, die Alternativerklärungen für beobachtete und statistisch signifikante Zusammenhänge bieten; die ethischen und logistischen Barrieren, die prospektive Längsschnittstudien mit Vergleichsgruppen, wenn nicht unmöglich, so doch in manchen Bereichen bedenklich oder schwierig machen; und die komplexen Dienstleistungssettings, die *Outcomes* nachweislich beeinflussen (vgl. Glisson/Green 2011) und einen einfachen Transfer von experimentell begründeten Methoden in die aktuelle Praxiswelt erschweren. Diese Herausforderungen bedeuten weiterhin, dass das Konzept von psychosozialen Determinanten oder Risikofaktoren für die Erklärung multifaktoriell begründeter sozialer Phänomene in vieler Hinsicht passender ist (vgl. Rifkin/Bouwer 2007). Und letztendlich sind sie ein Hinweis, dass in den Sozialarbeitswissenschaften eine einzige forschungsmethodisch rigoros ausgeführte Studie kaum ausreichend sein wird, um definitive Antworten über komplexe kausale Zusammenhänge zu offerieren.

---

1 In diesem Beitrag wird vornehmlich der Begriff „Intervention" genutzt um präventive und intervenierende Maßnahmen aber auch pädagogisch-therapeutische Behandlungen zu beschreiben. Es soll hier angemerkt werden, dass das Wort *Treatment* im englischsprachigen Raum umfassend genutzt wird und zwischen pädagogischen und therapeutischen Interventionen selten streng unterschieden wird.

Einzelne wirkungsorientierte Studien in der Sozialen Arbeit (ob experimentell oder nicht) müssen also im Kontext konsekutiver Studien verstanden werden, die mit Grundlagenforschung beginnen und damit das theoretische Fundament für die Entwicklung und systematische Evaluation von psychosozialen Interventionen bilden. Abb. 1 skizziert den derzeitigen konzeptionellen Rahmen für Bemühungen um die Wirkungsfrage in Handlungswissenschaften wie Public Health und inzwischen auch der Sozialen Arbeit (vgl. Catalano et al. 2012; CDC o.J.).

Abb. 1

In diesem Orientierungsmodell bilden sozialepidemiologische Forschung, bzw. *Surveillance Data* und erklärende (Quer- und Längsschnitt-)Studien über psychosoziale Determinanten die Grundlage für die Entwicklung von theoretisch begründeten Handlungskonzepten und Methoden, die dann empirischer Prüfung unterzogen werden und letztendlich unter den realistischen Bedingungen der Dienstleistungssysteme implementiert und evaluiert werden. Explizites Anliegen ist es dabei, empirische Erkenntnisse in Handlungskonzepte umzusetzen, die einen erkenn- und messbaren *Impact* auf das „Wohlergehen" des Einzelnen oder der Gesellschaft als Ganzes haben (vgl. Barlow/Calam 2011; Catalano et al. 2010).

Das heißt, Forscher*innen in angewandten Disziplinen wie der Sozialen Arbeit nutzen sowohl observationale Studien als auch Interventionsstudien, um sich Kausalerklärungen anzunähern. Forschung muss hier als ein iterativer Prozess verstanden werden, der sich oft über Jahre oder sogar Jahrzehnte hinweg erstreckt, der unterschiedliche Phasen beinhaltet und der auf diverse Forschungsmethoden zurückgreifen muss. Das Aggregat aller Studien in einem Gebiet ist daher von größerer Bedeutung als einzelne Forschungsvorhaben, und somit haben auch Systematische Reviews und Metaanalysen einen hohen Stellenwert in der Evidenzhierarchie der Wirkungsforschung (vgl. Davis et al. 2014). Trotzdem bilden sorgfältig konzipierte und ausgeführte einzelne Studien oft das notwendige Sprungbrett für progressive Forschungsvorhaben. Wie schon oben erwähnt, spielt das RCT zwar weiterhin eine bedeutsame Rolle um Kausalzusammenhänge zu determinieren, aber das Spektrum der methodischen Möglichkeiten, mit dem sich der Wirkungsfrage genähert wird, ist wesentlich breiter, und die internationale KJH-Forschung reflektiert diese methodische Bandbreite. Tatsächlich ist das RCT – auch international – das am wenigsten genutzte Forschungsdesign in der sozialarbeitswissenschaftlichen Wirkungsforschung (vgl. Holosko 2010, S. 665). Im folgenden Teil werden die Rolle von observationalen (nichtrandomisierten) Studien in der wirkungsorientierten Forschung beschrieben und zwei sozialepidemiologische Untersuchungen vorgestellt, die umfassendes Material für wirkungsorientierte Auswertungen bieten und deren Ergebnisse in vieler Hinsicht wegweisend für die KJH sind.

3. Wirkungsorientierung im Kontext observationaler (nichtrandomisierter) Studien

Von einem wissenschaftlichen Standpunkt müssen drei Bedingungen erfüllt sein, um Kausalität zu belegen (vgl. Rubin/Babbie 2011, S. 245 f.):

1. Eine zeitliche Sequenz muss ersichtlich sein, d. h. die Ursache muss vor der Wirkung stattfinden.
2. Zwischen zwei oder mehr Variablen besteht eine empirisch messbare Beziehung (Ko-Variation).
3. Der beobachtete Zusammenhang darf nicht durch eine dritte Variable (Einfluss- oder Störvariable) erklärt werden können.

Auch wenn das RCT und seine Varianten rein von einem methodischen Standpunkt die beste Möglichkeit bieten, diesen drei Bedingungen gerecht zu werden, so gibt es, wie schon oben erwähnt, Fragestellungen in der Kinder- und Jugendhilfe, für die das RCT aus ethischen und/oder logistischen Gründen nicht umsetzbar ist. So wäre es z. B. ethisch nicht vertretbar, die Wirkung von Kindeswohlgefährdung oder Pflegeabbrüchen experimentell zu untersuchen. Es mag auch nicht immer möglich sein, eine Studie durchzuführen, die Kinder zu unterschiedlichen Fremdpflegeunterbringungen (Pflegefamilien oder stationären Einrichtungen) randomisiert. Garcia-Huidobro und Oakes (2017) stellen eine Reihe von methodischen und analytischen Strategien vor, die auch im Kontext von observationalen Studien kausale Rückschlüsse ermöglichen. In der Sozialen Arbeit werden insbesondere die vielen verfügbaren multivariaten Auswertungsverfahren (z. B. Multiple Regression, Logistische Regression, *Structural Equation Modeling*, Pfadanalyse) genutzt, um die inhärenten Limitationen von observationalen Studiendesigns statistisch zu kontrollieren und kausale Inferenzen außerhalb von RCTs zu ziehen.

3.1 Querschnitt-, Fall-Kontroll- und Kohortenstudien in der KJH-Forschung

Zu den observationalen Designs zählen u. a. Querschnittstudien, Fall-Kontroll-Studien und Kohortenstudien. Querschnittstudien werden oft als inferiore Designs beschrieben und von manchen Forscher*innen gemieden. Shahar und

Shahar (2013, S. 57 f.) zeigen auf, dass unabhängig von dem Design, eine solide Theorie die Grundlage für kausale Zusammenhänge ist und somit auch sorgfältig konzipierte Querschnittstudien zu kausalen Rückschlüssen führen können, wenn Alternativerklärungen und konfundierende Faktoren überzeugend ausgeschlossen werden können. Wie schon angedeutet, gibt es dazu ein wachsendes Repertoire an forschungsmethodischen und statistischen Möglichkeiten (z. B. Flanders/Klein/Mirabelli 2016; Shahar/Shahar 2013). Aber selbst wenn kausale Rückschlüsse mit Vorbehalt gezogen werden müssen, so spielen die vielen Querschnittstudien in der Sozialarbeitsforschung eine wichtige Rolle in der Wissensbildung, da sie durch multivariate Auswertungsverfahren auf wichtige Drittvariablen hinweisen können und somit oft den Anfang eines sich entwickelnden Forschungsprogramms bilden.

Die Fall-Kontroll-Studie ist ein häufig genutztes Design in der Sozialen Arbeit, um kausale Zusammenhänge zu untersuchen (vgl. Rubin/Babbie 2011, S. 282). Es geht im Kern darum unterschiedliche „Fälle" (z. B. Jugendliche mit oder ohne Episoden in stationären Einrichtungen; Schüler*innen mit oder ohne Schulabschluss; Frauen mit oder ohne Kindeswohlgefährdungserfahrungen in der Kindheit) zu identifizieren und durch statistische Verfahren Bezüge zwischen dem „Fall" und personen- und umweltbezogenen Faktoren retrospektiv herzustellen. Diese statistisch ermittelten Risikofaktoren sind kein Beweis für einen tatsächlichen verursachenden Zusammenhang, bieten aber Hinweise auf eine mögliche Ursache. Da sich komplexe soziale Probleme wie Armut, Familiengewalt, oder Kindeswohlgefährdung unikausalen Erklärungsmodellen entziehen, wird das Konzept von Risiko- und Schutzfaktoren und das damit verbundene *Public Health Model* (s. o.) als äußerst relevant für die Soziale Arbeit und speziell den Kinderschutz angesehen (vgl. Herrenkohl/Leeb/Higgins 2016). Es gibt zahlreiche Beispiele für Fall-Kontroll-Studien in der KJH-Forschung (z. B. Bookle/Webber 2011; Miyamoto et al. 2017; Vis/Fossum 2013). Ähnlich wie auch Querschnittstudien haben Fall-Kontroll-Studien eine Reihe forschungsmethodischer Limitationen, aber sie sind leichter und günstiger durchzuführen als andere methodisch stärkere Designs und können auf der Grundlage von Theorie und mithilfe statistischer Auswertungsverfahren durchaus wichtige Erkenntnisse über kausale Zusammenhänge generieren.

3.2 Längsschnittstudien in der KJH-Forschung

Prospektive Längsschnittstudien sind am besten geeignet temporale Sequenzen gezielt zu entschlüsseln. Die Notwendigkeit vorbereitender Studien für solche aufwendigen Verfahren ist schon mehrfach betont worden. Sie tragen zur Entwicklung von Erklärungs- oder Logikmodellen bei, die das theoretische und zu prüfende Fundament einer Längsschnittstudie bilden und befähigen Forscher*innen die wichtigsten Variablen gezielt zu erfassen, Hypothesen über

Moderatoren und Mediatoren zu formulieren, Erhebungszeitpunkte optimal zu bestimmen, usw. Zwei repräsentative großangelegte Längsschnittstudien haben die Wissensbildung in der KJH für die USA aber auch international enorm beeinflusst und werden hier kurz beschrieben.

- Die *Longitudinal Studies of Child Abuse and Neglect* (LONGSCAN) gehören zu den bedeutsamsten Längsschnittstudien im Bereich des Kinderschutzes. LONGSCAN umfasst ein Konsortium von Forschungsstudien, die seit 1990 in fünf Regionen in den USA durchgeführt wurden. Es war das Ziel des Gesamtprojektes Fragen bezüglich der Ursachen und Folgen von Kindeswohlgefährdung mit einer ausreichend großen und zugleich diversen Stichprobe zu untersuchen (n = 1300 + Kinder und ihre Familien). Die LONGSCAN Studien folgten Kindern prospektiv bis ins Erwachsenenalter und erhoben umfassende Daten von Kindern, Eltern, Lehrer*innen und aus Fallakten als die Kinder 4, 6, 8, 12, 14, 16, und 18 waren. Die Ergebnisse von LONGSCAN sind in hunderten von Publikationen veröffentlicht worden und haben zu einem differenzierten Verständnis über die Ursachen, Folgen und Moderatoren von Kindeswohlgefährdung und Familiengewalt beigetragen (vgl. LONGSCAN o.J.; Runyan/Litrownik 2003).
- Eine zweite wichtige Studie, deren dritte Phase im September 2015 begann, ist die *National Survey of Child and Adolescent Well-Being* (NSCAW). NSCAW ist eine repräsentative Längsschnittstudie, die seit 1997 mit Adressat*innen der KJH in den USA durchgeführt wird und in der ersten Kohorte 5501 Kinder aus 97 KJH Systemen umfasste. Sie ist bisher die einzige ihrer Art in den USA. Diese Kohortenstudie untersucht das Wohlergehen (*Wellbeing*) von Kindern und Familien, die Adressat*innen der KJH wurden, mit dem Ziel das Zusammenspiel der vielen psychosozialen Determinanten mit den Erfahrungen der Familien in der KJH und spezifischen Ereignissen (wie einer Inobhutnahme, eines Sozialarbeiter*innenwechsels, usw.) zu untersuchen und Erkenntnisse über *Outcomes* für die Kinder und Familien zu gewinnen, die zu Verbesserungen in der KJH Praxis und *Policy* führen sollen. NSCAW beruht auf einer interdisziplinären Perspektive und basiert u. a. auf Konzepten und Theorien der KJH, der Entwicklungspsychologie und der Versorgungsforschung. Umfassende Daten wurden bisher von Kindern, Eltern, Lehrer*innen und Sozialarbeiter*innen für alle relevanten Domänen der Lebensumwelt des Kindes (Schule, Familie, Freunde, psychosoziale Entwicklung, usw.) erhoben. Ergebnisse sind in über 500 Publikationen veröffentlicht worden und haben erheblich zu empirisch fundiertem Wissen in der KJH beigetragen. Unter anderem hat NSCAW die hohen Raten an Ent-

wicklungsstörungen und psychiatrischen Auffälligkeiten von Kindern in der KJH und die großen Versorgungslücken in diesem Bereich aufgezeigt[2]. Andere Themen, die aufgrund der Ergebnisse Gegenstand von *Policy* Diskussionen auf U.S. Bundesebene wurden, sind hohe Raten von intimer Partnergewalt und parentalem Alkohol- und Drogenmissbrauch in KJH-involvierten Familien. Letztendlich kann festgestellt werden, dass NSCAW substanziell dazu beigetragen hat, die Perspektive der KJH von einem engen Fokus auf Kindesschutz zu erweitern und zu einem ganzheitlicheren und umfassenderen Verständnis der Aufgaben und Zuständigkeit der KJH geführt hat (U.S. Department of Health and Human Services o.J.).

3.3 Propensity Score Matching

Ein letzter Themenbereich in diesem Teil beinhaltet die statistische Methode *Propensity Score Matching* (PSM), die auch in der Sozialen Arbeit zunehmend mit nichtrandomisierten Studien eingesetzt wird (vgl. Guo/Fraser 2010). PSM wird als eine Alternative zur Analyse von Interventionseffekten beschrieben. Wie schon oben aufgezeigt, können durch statistische Auswertungsverfahren in observationalen Studien Inferenzen über Wirkungsunterschiede unterschiedlicher Gruppen gemacht werden. Aber hier besteht die Gefahr, dass sich die Interventions- und die Kontrollgruppen bezüglich bekannter und unbekannter Merkmale wesentlich unterscheiden und somit Selektionseffekte für Unterschiede in *Outcomes* verantwortlich sind und nicht die eigentliche „Intervention". PSM ermöglicht es, für alle bekannten und tatsächlich gemessenen Störgrößen zu adjustieren, d. h. alle theoretisch und empirisch begründeten Störvariablen können in das PSM-Modell aufgenommen werden. Damit wird sozusagen ein Experiment simuliert.

Als illustrierendes Beispiel soll der Bereich der Vollzeitpflege und Heimerziehung angeführt werden. In angloamerikanischen Ländern werden stationäre Einrichtungen der KJH nur noch minimal genutzt (vgl. Ainsworth/Thoburn 2014) und die Platzierung von Kindern in Heimeinrichtungen wird als eine zu vermeidende Maßnahme gesehen (vgl. Courtney/Hughes-Heuring 2009). Die drastische Reduzierung von Heimeinrichtungen hat vielschichtige Gründe, die u. a. auf Studien beruhen, die die negativen Langzeitfolgen für Kinder mit Aufenthalten in Heimeinrichtungen aufgezeigt haben (s. Dozier et al. 2014 für eine Zusammenfassung der Argumente gegen Heimeinrichtungen). Die unterschiedlichen Argumentationslinien lassen den Eindruck entstehen, dass Kinder

---

2 Diese Ergebnisse sind inzwischen vielfach und länderübergreifend bestätigt worden (z. B. Maaskant/van Rooij/Hermanns 2014; Vinnerljung/Sallnäs 2008), inklusive für den deutschen Raum (vgl. Schmid 2007).

in Pflegefamilien grundsätzlich bessere *Outcomes* haben als Kinder in Heimeinrichtungen und haben zu dem Rückschluss geführt, dass Pflegefamilien eine effektivere Maßnahme als stationäre Einrichtungen bilden[3]. PSM ermöglicht es, anfängliche Unterschiede in den Merkmalen der Kinder und ihren Situationen, die ja bewiesenermaßen Einweisungen in diverse Pflegearrangements beeinflussen, in Betracht zu nehmen und dafür zu adjustieren, d. h. es wird ein „Quasiexperiment" mit zwei vergleichbaren Gruppen von Kindern (Kinder in familienbasierten Unterbringungen und Kinder in stationären Einrichtungen) kreiert und somit Selektionsbias als eine konfundierende Alternativerklärung ausgeschlossen. Auswertungen mit der PSM Methode konnten aufzeigen, dass es keine statistisch signifikanten Unterschiede in psychosozialen *Outcomes* zwischen den beiden Gruppen gab, wenn Unterschiede in den Ausgangsmerkmalen kontrolliert wurden (vgl. Barth et al. 2007; James/Roesch/Zhang 2012).[4] Ob stationäre Einrichtungen der KJH die besten Unterbringungen oder Maßnahmen für die komplexen Bedürfnisse von Kindern sind, kann sicher auf vielen anderen Ebenen diskutiert werden, aber die empirischen Resultate sind weniger eindeutig als sie manchmal beschrieben werden und sind häufig durch forschungsmethodische Herausforderungen konfundiert. Als Methode bietet PSM somit viele Möglichkeiten observationale Daten auf kausale Zusammenhänge hin zu untersuchen.

Als Fazit dieses Teils kann festgestellt werden, dass observationale Daten nicht nur notwendig sind, um Interventionsstudien sorgfältig, zielgerichtet und theoretisch begründet zu konzipieren, sondern sie können auch durch die vielfachen forschungsmethodischen Strategien und Verfahren genutzt werden, um wirkungsorientierten Fragen nachzugehen.

4. Interventionsstudien in der KJH

Interventionsstudien beinhalten die Art von Forschung, die herkömmlich mit Wirkungsforschung in Verbindung gebracht wird. Die meisten Methoden und Interventionen, die in der tagtäglichen Praxis der Sozialen Arbeit angewandt werden, werden nie der empirischen Prüfung unterzogen und Barth beschrieb den Stand der Interventionsforschung in der KJH vor 10 Jahren als vergleichs-

---

3   Eine nuancierte Darstellung des empirischen Wissenstandes ist hier nicht möglich. Studien belegen zwar mit relativer Konsistenz die negativen Folgen von ‚Heimkarrieren', aber vergleichende Studien (Pflegefamilie – Heimeinrichtung) kreieren ein disparates Bild, das keine eindeutigen Schlussfolgerungen über die Wirksamkeit beider Maßnahmen zulässt.

4   Für eine detaillierte Beschreibung von PSM inklusive der Limitationen der Methoden werden interessierte Leser*innen auf verfügbare Lehrbücher verwiesen (z. B. Guo/Fraser 2010; Pan/Bai 2015).

weise unterentwickelt (vgl. Barth 2008, S. 146). Trotzdem weist eine Sichtung der Interventionsliteratur für die KJH inzwischen eine lange und wachsende Liste von Interventionen, Programmen und Behandlungen für alle relevanten Bereiche der KJH auf, die im Kontext aller verfügbaren Designs (von präexperimentell zu experimentell) evaluiert worden sind. Es gibt Interventionen in Bezug auf traditionelle Themen der Sozialen Arbeit wie ‚Casework Practice‘, ‚Reunification Programs‘, ‚Placement Stabilization Programs‘, ‚Interventions for Neglect‘ usw., aber auch therapeutisch/heilpädagogisch orientierte Interventionen, die ihren Ursprung in den verwandten Disziplinen der Psychologie, Public Health und Pflege haben[5] (vgl. California Evidence-Based Clearinghouse for Child Welfare o.J.).

Interventionsforschung beinhaltet eine Reihe von inhaltlichen und methodischen Schritten, die in der KJH wie in anderen komplexen Dienstleistungssystemen große Herausforderungen an den/die Forscher*in stellen und neben einer Entwicklungsphase Efficacy, Effectiveness und letztendlich Implementationsstudien beinhalten. Es geht dabei nicht nur um die Frage, „was wirkt?“, sondern insbesondere um die Fragen „was wirkt unter welchen Bedingungen und mit wem?“. Diesen Fragen geht die Interventionsforschung auch in der KJH nach.

4.1 Interventionsforschung in der Pilotphase

In den seltensten Fällen beginnen Interventionsforscher*innen ihre Untersuchungen mit einer randomisierten Kontrollstudie. Experimentelle Studien sind schwer durchzuführen und erfordern ein hohes Maß an Forschungsexpertise und in vielen Fällen beachtliche Ressourcen, die nicht gerechtfertigt werden können, wenn nicht wirkungsorientierte Pilotprojekte vorweg erfolgreich und somit wegweisend durchgeführt wurden. Einfache Prä-/Post-Studien, die zwar

---

5   Um einen Einblick in das Spektrum von Interventionen für die KJH zu bekommen, stehen systematische Reviews über diverse Themenbereiche der KJH zur Verfügung sowie Clearinghouses, deren Zielsetzung es ist, die Erkenntnisse aus der Interventionsforschung zu disseminieren und für Praxis und Policy (kostenlos) zugänglich zu machen. Es gibt mehrere reputable Clearinghouses, die Relevanz für die KJH haben, und von unterschiedlichen Organisationen oder Konsortiums getragen werden. Die Homepages der Clearinghouses enthalten Information über spezifische Interventionsansätze und Programme, die in Bezug auf ihre Handlungskonzepte, Kernelemente, Zielsetzungen, usw. zusammenfassend beschrieben und in regelmäßigen Abständen aktualisiert werden. Dies beinhaltet auch eine Auflistung und Zusammenfassung von bestehenden Interventionsstudien und Evaluationen. Das California Evidence-Based Clearinghouse for Child Welfare (www.cebc4cw.org) ist eine Organisation, die einen expliziten Fokus auf KJH-relevante Handlungskonzepte und Interventionen hat und international genutzt wird. Interventionen werden in Bezug auf ihre empirische Fundierung und ihre Relevanz für die KJH eingestuft.

keine ausreichende interne Validität haben und somit keine definitiven Rückschlüsse über die Wirkung einer Intervention zulassen, sind in dieser frühen Phase ein wichtiger Schritt, um die Richtung eines hypothetisierten Effekts zu demonstrieren. Diese Pilotphase kann auch inhaltlich und forschungsmethodisch bedeutsam sein und beinhaltet mehrere Schritte (in nicht zwingender Reihenfolge): die Spezifizierung und Operationalisierung von Zielsetzungen; die Identifizierung oder Entwicklung von handlungsmethodischen Strategien, die diese Zielsetzungen theoretisch und empirisch begründet verfolgen (Logikmodell); die Manualisierung dieser Strategien; und die Identifizierung oder Entwicklung von Messinstrumenten, die sich an vergleichbarer Forschung und den antizipierten Realitäten des Datenerhebungskontextes orientieren. Dieser Beitrag kann nur kurz und gezielt auf einige dieser Punkte eingehen.

Ziele spezifizieren

Zielsetzungen für die Interventionsforschung in der KJH orientieren sich in den USA an dem hierarchisch geordneten dreifachen Mandat des Kinderschutzes: 1. das Kind schützen *(Safety)*, 2. die Familie bewahren *(Permanence)*, 3. das Wohlergehen des Kindes fördern *(Wellbeing)* (vgl. U.S. Department of Health and Human Services 2014). Sie orientieren sich auch an anerkannten *Wellbeing* Dimensionen, die in den Untersuchungen internationaler Organisationen wie der *World Health Organization* erfasst werden (z. B. World Health Organization 2012). Zielsetzungen müssen theoretisch begründet sein, sollten aber auch die individuellen Ziele der Adressat*innen reflektieren.

Konzepte operationalisieren und messen

Es gibt reliable und valide Messinstrumente für diverse Zieldomänen der KJH, wie Kindeswohlgefährdung, Stabilität, psychosoziales Wohlergehen, soziale Kompetenzen, schulische Performanz, Eltern-Kind Beziehung, usw. Selbst für komplexe und multidimensionale Konstrukte wie z. B. das familiäre/häusliche Umfeld eines Kindes sind Instrumente mit soliden psychometrischen Werten entwickelt worden (z. B. *North Carolina Family Assessment Scale* von Reed-Ashcraft/Kirk/Fraser 2001). Individuelle personenbezogene Zielsetzungen können durch Instrumente wie die *Goal Attainment Scale* (vgl. Kiresuk/Sherman 1968) erfasst werden. Ob anerkannte und psychometrisch kohärente Instrumente genutzt werden ist ein Kriterium, das bei der Gewichtung von Studien und der Beschreibung eines Wissensstandes eine große Rolle spielt. Dass diese Instrumente Konstrukte nicht perfekt erfassen können, ist ein grundsätzliches Problem der Sozialwissenschaften, das verstanden sein muss (vgl. Rubin/Babbie 2011, S. 188 ff.). Aber auch hier gibt es Strategien, die diesen Limitationen entgegenwirken, wie die Triangulation von Informant*innen, Instrumenten (der

Einsatz mehrerer Instrumente für das gleiche Konstrukt) und Methoden (quantitative und qualitative).

Die Black Box der Intervention verstehen

Eine wichtige Aufgabe in frühen Phasen der Interventionsforschung besteht darin, Handlungskonzepte aufzuschlüsseln und zu explizieren, d. h. zu manualisieren. Die Protokollisierung und Manualisierung von Interventionen dient in erster Linie Forschungszwecken, um die unabhängige Variable – die Intervention – beschreiben zu können und zuzusichern, dass sie gleichbleibend implementiert wird und Rückschlüsse über die Wirkung der Intervention gezogen werden können (vgl. Addis et al. 2006). In multimodalen Interventionen können damit u. U. auch positive Veränderungen auf einzelne Elemente der Intervention bezogen werden (z. B. Linehan et al. 2015). Manuale oder Handlungsleitfäden sind in therapeutischen Bereichen herkömmlicher, aber es gibt sie inzwischen auch für viele Maßnahmen in der KJH, wie z. B. im Bereich des Elterntrainings, der Rückführung und der Einzelfallhilfe. Manuale gleichen in den wenigsten Fällen einem „Kochbuchansatz". Stattdessen beruhen komplexe Interventionen oft auf Handlungsprinzipien anstatt auf Schritt-für-Schritt Anweisungen. Studien haben wiederholt gezeigt, dass Interventionsadhärenz ein entscheidender Faktor im Erzielen von erwünschten Wirkungen ist (z. B. Thijssen et al. 2017).

Interventionsstudien in der KJH untersuchen mitunter ein *Setting* statt einer spezifizierten Intervention. Das trifft z. B. im Bereich der Heimerziehung zu, wo in vielen Studien die Frage verfolgt wird, ob es einem Kind oder einer Jugendlichen nach einem Aufenthalt in einer stationären Einrichtung der KJH und/oder im Vergleich zu einer anderen Intervention besser geht als vorher (s. Boel-Studt/Tobia 2016 für eine Review). Die Frage ist legitim, ist aber unzureichend differenziert und hat dazu geführt, dass das bestehende Negativimage der Heimerziehung auf stationäre Einrichtungen schlechthin übertragen wird (vgl. Lee/Barth 2011). Insofern beinhalten aktuelle Studien in diesem Bereich den Versuch, die *Black Box* der Heimerziehung inhaltlich aufzuschlüsseln und Heimerziehungsmodelle differenziert zu untersuchen.

Neben den beschriebenen Aufgaben und Zielsetzungen, kann die Pilotphase dazu genutzt werden auszutesten, wie Forschungsteilnehmer*innen auf Instrumente reagieren, welche Länge der Datenerhebung tolerabel ist, ob Modifikationen im Handlungskonzept notwendig sind, usw. In dieser Phase werden häufig qualitative Methoden vorbereitend, vertiefend und triangulierend eingesetzt. In den USA gibt es Drittmittelförderungen speziell für diese Forschungsphase, weil sie als unabdingliche Grundlage für nachfolgende experimentelle Studien gesehen wird.

4.2 Experimentelle Studien

Experimentelle Studien in der KJH werden aufgrund von forschungsmethodischen, erkenntnistheoretischen und ethischen Gründen immer wieder kontrovers diskutiert (z. B. Bauman et al. 2008; Dahmen 2011). Littell (2008) argumentiert, dass sich diese Bedenken anscheinend nicht auf die Auswirkungen ungetesteter Verfahren in der Praxis erstrecken:

> „Rigorous evaluations of the advantages and disadvantages [...] of different interventions are rarely undertaken [...], due in part to a reluctance to 'experiment' with children and families. Yet many interventions are provided in families on an experimental basis, well before we know whether these interventions have their desired effects and whether they have any unintended adverse consequences" (Littell 2008, S. 66).

Die optimalen Bedingungen, um eine kausale Beziehung zu identifizieren, werden am besten durch Forschungsdesigns erzielt, die eine Vergleichsgruppe beinhalten und Teilnehmer*innen randomisieren. *Matching*, *Blinding* und multiple Zeitreihen sind andere Strategien, mit denen die interne Validität eines Designs erhöht und Kausaleffekte untersucht werden können. Diese Art von kontrollierten Studien fallen unter den Begriff *Efficacy Research*. Ein viel diskutiertes Dilemma von *Efficacy*-Studien ist deren geringe externe Validität, d. h. es ist vielfach gezeigt worden, dass Interventionen, die Effekte unter kontrollierten Bedingungen erzielten, diese nicht unter „Realweltbedingungen" replizieren (vgl. Proctor/Rosen 2008, S. 286). In der Interventionsforschung der Sozialen Arbeit konfundieren z. B. die komplexen Dienstleistungsstrukturen die Übertragbarkeit von Ergebnissen aus RCTs. Die Barrieren für die Nutzbarkeit wissenschaftlicher Ergebnisse veranlassten ein erweitertes Verständnis von Wirksamkeit und Wirkungsforschung. Experimentelle Studien, die unter Realweltbedingungen durchgeführt werden, werden somit als *Effectiveness* Studien in der Interventionsforschung bezeichnet. Im Vergleich zu *Efficacy* Studien, beinhalten sie heterogene Stichproben, die Klient*innenpopulationen ähneln; zu testende Interventionen werden in Dienstleistungsstrukturen von sozialpädagogischen Fachkräften (und nicht Forscher*innen) ausgeführt und die Notwendigkeit der Modifikation und Adaptierung von Handlungsmethoden wird betont. Die Unterschiede zwischen *Efficacy* und *Effectiveness* Studien werden in Tab. 1 aus einem Beitrag von Singal et al. (2014) dargestellt.

Tab. 1: Unterschiede zwischen Efficacy und Effectiveness Studien

	Efficacy study	Effectiveness study
Question	Does the intervention work under ideal circumstances?	Does the intervention work in real-world practice?
Setting	Resource-intensive "ideal setting"	Real-world everyday clinical setting
Study Population	Highly selected, homogenous population Several exclusion criteria	Heterogeneous population Few to no exclusion criteria
Provider	Highly experienced and trained	Representative usual providers
Intervention	Strictly enforced and standardized No concurrent interventions	Applied with flexibility Concurrent interventions and cross-over permitted

(vgl. Singal et al. 2014, S. 2)

Das heißt, die zwei Arten von Studien haben unterschiedliche Anliegen, sind aber beide notwendig um der Wirkungsfrage nachzugehen und müssen sequentiell verstanden werden. *Efficacy* Studien sind notwendig, um wissenschaftlich zu beweisen, dass Effekte erzielt werden und bilden die Grundlage für iterative Interventionsforschungsvorhaben (und die damit verbundenen notwendigen Drittmittelgelder). Aber wenn es um Translation, also die Übersetzung von Forschung in die Praxis, geht, spielen *Effectiveness* Studien und derzeitig insbesondere Implementationsstudien[6] eine größere Rolle und haben dazu geführt, dass die Passung der Intervention mit dem *Setting*, in dem es implementiert werden soll, in den Vordergrund rückt (vgl. Hoagwood/ Burns/Weisz 2002). Dadurch haben auch Mixed Methods, also die Verknüpfung von qualitativen und quantitativen Forschungsmethoden, an Bedeutung gewonnen. Aktuelle Qualitätsstandards für Interventionsstudien umfassen inzwischen Richtlinien für *Efficacy* und *Effectiveness* Forschung sowie für Implementationsprozesse (vgl. Gottfredson et al. 2015) und bezeugen das primäre Anliegen von Handlungswissenschaften empirisches Wissen über wirksame Interventionen in der Praxiswelt umzusetzen.

6　Das inter- und transdisziplinäre Wissensgebiet der Implementationswissenschaft untersucht wie wissenschaftliche Erkenntnisse in die Praxis gelangen und welche Faktoren die Implementation von effektiven Interventionen hindern oder fördern (vgl. Petermann 2014). Implementationsstudien folgen *Efficacy* oder *Effectiveness* Studien und werden häufig in Verbindung mit *Effectiveness* Studien als Hybridstudien durchgeführt (vgl. Curran et al. 2012).

5. Von Querschnittsstudien bis zur Interventionsforschung am Beispiel von Pflegeabbrüchen

Im letzten Teil dieses Beitrags soll ein inhaltliches Beispiel aus der KJH Forschung exemplarisch angeführt werden, das die Evolution eines wirkungsorientierten Wissensgebiets von observationalen Studien bis hin zur Interventionsforschung skizziert[7].

Pflegeabbrüche beinhalten den Abbruch eines Pflegeverhältnisses im Kontext einer Vollzeitpflege oder eines Aufenthalts in einer stationären Einrichtung der KJH (vgl. Kindler 2011). In den USA wurden Pflegeabbrüche und ihre vermeintlichen Ursachen und Folgen schon seit Jahrzehnten immer wieder thematisiert (z. B. Fanshel/Shinn 1978; James 2004; Pardeck 1984; Rubin et al. 2007) und auch in anderen Ländern untersucht (z. B. Øystein Angel/Bleksaune 2017; Perry/Daly/Kotler 2012; van Santen 2015). Expert*innen konstatierten, dass Pflegeabbrüche, insbesondere abrupte und ungeplante Pflegeabbrüche, aversive Auswirkungen auf die psychosoziale Entwicklung von Kindern und Jugendlichen haben und Bindungsverhalten nachhaltig beeinträchtigen. Pflegeabbrüche und die damit einhergehende Instabilität wurden 1999 auch auf politischer Ebene in den USA als Thema aufgegriffen: Stabilität in Fremdpflegeunterbringungen wurde ein Qualitätsindikator für KJH Systeme in allen Bundesstaaten (vgl. D'Andrade/Osterling/Austin 2008).

Die ersten empirischen Untersuchungen über die Prävalenz und Determinanten von Abbrüchen beruhten auf regionalen Querschnittstudien und identifizierten (teilweise inkonsistent) eine Reihe von kind- und umweltbezogenen Risikofaktoren für höhere Abbruchquoten. Subsequente Längsschnittstudien (z. B. Connell et al. 2006; Webster/Barth/Needell 2000) ergaben eine realistischere Prävalenzrate[8] und wiesen wiederholt auf die Assoziation zwischen erhöhten Abbruchraten und spezifischen psychosozialen Determinanten hin: externalisierendes Problemverhalten und Alter des Kindes, Episoden in Heimeinrichtungen und lange Aufenthalte in Fremdpflege. Insbesondere die Beziehung zwischen Abbrüchen und dem Problemverhalten des Kindes wurde Gegenstand von wissenschaftlichen Debatten. Hier gab es zwei theoretisch begründete Argumentationslinien: Aus bindungstheoretischer Sicht wurden Abbrüche als die Ursache von Bindungsstörungen und den damit verbundenen

---

7   Die Beschreibung muss sich zwangsläufig auf Meilensteine in der Entwicklung dieses Bereichs beschränken und viele interessante und relevante Debatten, wie z. B. breitere Konzipierungen von Stabilität in der Fremdpflege oder strukturelle Gründe für Pflegeabbrüche werden nicht thematisiert.

8   Querschnittstudien von Kindern und Jugendlichen in Vollzeitpflege und/oder stationären Einrichtungen der KJH enthalten typischerweise eine höhere Rate an Kindern mit längeren Aufenthalten in Fremdpflegearrangements, was zu einer erhöhten Abbruchrate beiträgt.

Verhaltensproblemen gesehen. Dahingegen wurden Abbrüche aus verhaltens-theoretischer Perspektive als eine Auswirkung von Verhaltensproblemen gesehen (vgl. Aarons et al. 2012). Beide Sichtweisen hatten praxisrelevante Implikationen für Maßnahmen in der KJH. Die genaue kausale Beziehung konnte bis dahin durch Querschnittstudien nicht entschlüsselt werden. Eine Studie von Newton, Litrownik und Landsverk (2000) deutete durch eine Untersuchung von regionalen Längsschnittdaten und regressionsanalytischen Methoden auf eine bi-direktionale Beziehung der zwei Variablen hin. Aarons et al. (2012) nutzten die oben beschriebenen repräsentativen und umfassenderen NSCAW Daten und konnten durch eine Pfadanalyse über 36 Monate hinweg die wechselseitige Beziehung von Problemverhalten und Pflegeabbrüchen genauer analysieren (s. Abb. 2). Ergebnisse bestätigten eine wechselseitige und sich verstärkende Assoziation, zeigten aber, dass externalisierendes Problemverhalten häufiger der Anstoß für Abbrüche als dass es die Auswirkung war.

Abb. 2

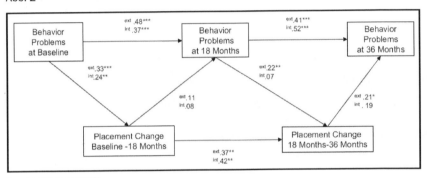

(aus Aarons et al. 2010)

Erkenntnisse aus dem kumulativen Wissen über die Ursachen und Folgen von Pflegeabbrüchen und aus der reichhaltigen Literatur über die Risikofaktoren von Problemverhalten wurden von Joseph Price und seinen Kolleg*innen genutzt, um eine Intervention für die KJH zu entwickeln, die darauf ausgerichtet ist, die Pflegeabläufe von Kindern und Jugendlichen zu stabilisieren und damit ihre Langzeitaussichten zu verbessern. Intervention KEEP (*Keeping Foster and Kin Parents Supported and Trained*) zielt darauf ab, Pflegeeltern durch Handlungsstrategien zu unterstützen, die ihnen helfen mit den herausfordernden Verhaltensweisen ihrer Zöglinge effektiver umzugehen, ihren eigenen Stress zu reduzieren, ihre Selbstwirksamkeit zu erhöhen und somit die Wahrscheinlichkeit von Abbrüchen zu verringern (vgl. Price et al. 2009). Die Intervention beruht u. a. auch auf empirisch und theoretisch begründeten Erkenntnissen aus der Elterntrainingsforschung. Sie erstreckt sich über 16 Wochen in wöchentlichen Sitzungen mit den Pflegeeltern und einem wöchentlichen 10-minütigen

Telefongespräch. KEEP wird von Sozialarbeiter*innen und/oder Erzieher*innen durchgeführt, die geschult werden und wöchentliche Supervision erhalten. Es gibt inzwischen mehrere evaluative Studien von unterschiedlichen Forschungsgruppen (vgl. Greeno et al. 2016; Price et al. 2008; Price et al. 2014), inklusive einer Studie in England (vgl. Roberts/Glynn/Waterman 2016). Das erste RCT von KEEP (Price et al. 2008) wurde mit 700 kulturell diversen verwandten und nichtverwandten Pflegeeltern (*Foster and Kin Parents*) durchgeführt, die Kinder im Alter von fünf bis zwölf Jahren in San Diego County, USA, über eine Zeit von fünf Jahren hinweg in ihre Pflege aufnahmen. Die 700 Pflegefamilien wurden randomisiert, wobei Pflegeeltern in der experimentellen Gruppe an der Intervention KEEP teilnahmen, während die Kontrollgruppe die herkömmlichen Dienstleistungen und Maßnahmen der KJH erhielt. Die Intervention richtete sich allein auf die Pflegeeltern. Daten wurden aber für Kinder und Pflegeeltern erhoben. Ergebnisse zeigten u. a., dass Intervention KEEP die Zufriedenheit von Pflegeeltern erhöhte und ihre „Abwanderung" verringerte. Die Auswirkungen von erlebten Abbrüchen wurden signifikant durch KEEP abgeschwächt und damit die Situation von Kindern stabilisiert und gleichzeitig Problemverhalten reduziert. KEEP wird momentan in KJH-Systemen implementiert und unter realistischen Bedingungen untersucht.

6. Fazit

Die Wirkungsforschung in der KJH hat sich auf internationaler Ebene in den letzten zwanzig Jahren enorm entwickelt. Sie beinhaltet weitaus mehr als das elegante Ausführen einzelner experimenteller Studien und muss iterativ und im Kontext progressiver Forschungsvorhaben verstanden werden. Der Anspruch der Wirkungsforschung in der KJH und ähnlichen Feldern liegt nicht darin, Wissen um des Wissens selber zu generieren, sondern wissenschaftliche Erkenntnisse zu nutzen, um wirksame Interventionen für Praxis und *Policy* zu entwickeln, die die Situationen und Lebensbedingungen von Adressat*innen verbessern und zu einer evidenzbasierten Praxis beitragen. Sozialarbeitsforscher*innen spielen vermehrt eine aktive Rolle in diesem Wissensbildungsprozess.

Wirkungsforschung umfasst – auf internationaler Ebene respektive in angloamerikanischen und skandinavischen Ländern – observationale und Interventionsstudien, und Forschungsvorhaben, die auf die Entwicklung von Interventionen ausgerichtet sind, beginnen typischerweise mit der Auswertung verfügbarer sozialepidemiologischer Daten, um eine Grundlage für progressive Interventionsstudien zu legen. Die Unterscheidung zwischen *Efficacy*, *Effectiveness* und Implementationsstudien markiert den derzeitigen Pfad der translationalen Forschung. In einigen Ländern gibt es Förderlinien für jeden Typus dieser Studien, da es zwar als notwendig, aber nicht länger als ausreichend angesehen wird, Wirkung wissenschaftlich zu beweisen. Insofern liegt die derzeitige Betonung im internationalen Diskurs der Wirkungsforschung in der KJH auf Fragen, die sich mit der Nutzung von Forschung (vgl. Shlonsky/Benbenitshy 2014; Wulcyzn et al. 2015) und der Implementation und dem *Scale-Up*[9] von empirisch gestützten Interventionen beschäftigen (vgl. Gottfredson et al. 2015).

Diese zielgerichtete und systematische Weise Wirkungsforschung zu konzipieren und zu treiben ist in der deutschen Sozialen Arbeit bzw. der KJH bisher kaum ersichtlich und auch nicht Teil ihres Selbstverständnisses. Die in diesem Beitrag beschriebenen forschungsmethodischen Konzepte und Vorgehensweisen werden in Deutschland in vielen Forschungsvorhaben, die durchaus Relevanz für die Soziale Arbeit haben, von anderen Disziplinen umgesetzt, aber die Soziale Arbeit als wissenschaftliche Disziplin spielt hier bisher keine offensichtliche Rolle. Zwar werden immer wieder Werke über die Wirkungsforschung in der Sozialen Arbeit veröffentlicht, die auch durchaus evaluative Vorhaben in der KJH vorstellen (z. B. Borrmann/Thiessen 2016; Eppler/Miethe/Schneider 2011), aber die Haltung ist doch eher kritisch und abgrenzend und betont häufig „was nicht geht". Von einer systematischen Wirkungsforschung, die Einfluss auf die internationalen Diskurse und Erkenntnisse nehmen könnte, kann hier noch kaum die Rede sein. Aufgrund der starken Verknüpfung mit kritischen Sozialtheorien, der Betonung auf rekonstruktivem Fallverstehen in der Ausbildung und Orientierung der deutschen Sozialen Arbeit, der Dominanz hermeneutischer Verfahren und einer mangelnden Schulung in den quantitativen Verfahren, die notwendig für die beschriebene Art von Forschung sind, ist es unwahrscheinlich, dass sich diese Situation in absehbarer Zeit ändern wird.

Literatur

Aarons, Gregory A./James, Sigrid/Monn, Amy R./Raghavan, Ramesh/Wells, Rebecca S./ Leslie, Laurel K. (2010): Behavior problems and placement change in a national child welfare sample: A prospective study. In: Journal of the American Academy of Child & Adolescent Psychiatry 49, H. 1, S. 70–80.

Addis, Michael E./Cardemil, Esteban V./Duncan, Barry L./Miller, Scott D. (2006): Does manualization improve therapy outcomes? In: Norcross, John C./Beutler, Larry E./Levant, Ronald F. (Hrsg.): Evidence-based practices in mental health: Debate and dialogue on the fundamental questions. Washington, DC: American Psychological Association, S. 131–160.

---

9 *Scale-Up* beinhaltet die Verbreitung von effektiven und implementierten Interventionen unter adhärenten Bedingungen.

Ainsworth, Frank/Thoburn, June (2014): An exploration of the differential usage of residential childcare across national boundaries. In: International Journal of Social Welfare 23, H. 1, S. 16–24.

Barlow, Jane/Calam, Rachel (2011): A public health approach to safeguarding in the 21st century. In: Child Abuse Review 20, H. 4, S. 238–255.

Barth, Richard P./Greeson, Johanna K. P./Guo, Shenyang/Green, Rebecca L./Hurley, Sarah/Sisson, Jocelyn (2007): Outcomes for youth receiving intensive in-home therapy or residential care: A comparison using propensity scores. In: American Journal of Orthopsychiatry 77, H. 4, S. 497–505.

Barth, Richard P. (2008): The move to evidence-based practice: How well does it fit child welfare systems?. In: Journal of Public Child Welfare 2, H. 2, S. 145–171.

Bauman, Laurie J./Sclafane, Jamie Heather/Lolacono, Marni/Wilson, Ken/Macklin, Ruth (2008): Ethical issues in HIV/STD prevention research with high risk youth: Providing help, preserving validity. In: Ethics & Behavior 18, H. 2–3, S. 247–265.

Boel-Studt, Shamra M./Tobia, Lauren (2016): A review of trends, research, and recommendations for strengthening the evidence-base and quality of residential group care. In: Residential Treatment for Children & Youth 33, H. 1, S. 13–35.

Bookle, Matthew/Webber, Martin (2011): Ethnicity and access to an inner city home treatment service: a case-control study. In: Health and Social Care in the Community 19, H.3, S. 280–288.

Borrmann, Stefan/Thiessen, Barbara (Hrsg.) (2016): Wirkungen Sozialer Arbeit. Potentiale und Grenzen der Evidenzbasierung für Profession und Disziplin. Berlin und Toronto: Verlag Barbara Budrich.

California Evidence-Based Clearinghouse for Child Welfare (o.J.): www.cebc4cw.org (Abfrage: 12.02.2018).

Catalano, Richard F./Fagan, Abigail A./Gavin, Loretta E./Greenberg, Mark. T./Irwin, Charles E./Ross, David A./Shek, Daniel T. L. (2012): Worldwide application of the prevention research base in adolescent health. In: The Lancet 379, H. 9826, S. 1653–1664.

Catalano, Richard F./Hill, Kevin P./Haggerty, Kevin P./Fleming, Charles B./Hawkins, J. David (2010): Social development interventions have extensive, long-lasting effects, In: Fortune, Anne E./McCallion, Philip/Briar-Lawson, Katharine (Hrsg.): Social work practice research for the 21st century. New York: Columbia University Press, S. 72–80.

CDC (o.J.): The public health approach to violence prevention. Atlanta, Georgia, US. www.cdc.gov/violenceprevention/pdf/ph_app_violence-a.pdf (Abfrage: 12.02.2018).

Chartier, Mariette/Brownell, Marni/Isaac, Michael/Château, Dan/Nickel, Nathan/Katz, Alan/Sarkar, Joykrishna/Hu, Milton/Taylor, Carole (2017): Is the Families First Home Visiting Program effective in reducing child maltreatment and improving child development?. In: Child Maltreatment 22, H. 2, S. 121–131.

Chorpita, Bruce F./Daleiden, Eric L. (2014): Structuring the collaboration of science and service in pursuit of a shared vision. In: Journal of Clinical Child & Adolescent Psychology 43, S. 323–338.

Connell, Christian M./Vanderploeg, Jeffrey J./Flashpohler, Paul/Katz, Karol H./Saunders, Leon/Kraemer Tebes, Jacob (2006): Changes in placement among children in foster care. A longitudinal study of child and case Influences. In: Social Service Review 91, H. 4, S. 398–418.

Courtney, Mark E./Hughes-Heuring, Darcy (2009): Residential care in the United States of America: Past, present and future, In: Courtney, Mark E./Iwaniec, Dorota (Hrsg.). Residential care of children. Comparative perspectives. Oxford und New York: Oxford University Press, S. 173–190.

Curran, Geoffrey M./Bauer, Mark/Mittmann, Brian/Pyne, Jeffrey M./Stetler, Cheryl (2012): Effectiveness-implementation hybrid designs: combining elements of clinical effectiveness and implementation research to enhance public health impact. In: Medical Care 50, H. 3, S. 217–226.

Dahmen, Stephan (2011): Evidenzbasierte Soziale Arbeit? Zur Rolle wissenschaftlichen Handelns für sozialarbeiterisches Handeln. Hohengehren, Baltmansweiler: Schneider Verlag.

D'Andrade, Amy D./Osterling, Kathy Lemon/Austin, Michael J. (2008): Understanding and measuring child welfare outcomes. In: Journal of Evidence Based Practice 5, H. 1–2, S. 135–156.

Davis, Jaqueline/Mengersen, Kerrie/Bennet, Sarah/Mazerolle, Lorraine (2014): Viewing systematic reviews and meta-analysis in social research through different lenses. In: SpringerPlus 3, S. 511–519.

Dozier, Mary/Kobak, Roger/Sagi-Schwartz, Abraham/Shauffer, Carole/van Ijzendoorn, Marinus H./Kaufman, Joan/O'Connor, Thomas G./Scot, Stephen/Smetana, Judith/Zeanah, Charles (2014): Consensus statement on group care for children and adolescents: A statement of policy of the American Orthopsychiatric Association. In: American Journal of Orthopsychiatry 84, H. 3, S. 219–225.

Eppler, Natalie/Miethe, Ingrid/Schneider, Armin (Hrsg.) (2011): Qualitative und quantitative Wirkungsforschung. Opladen und Basel: Verlag Barbara Budrich.

Fanshel, David/Shinn, Eugene B. (1978): Children in foster care: A longitudinal investigation. Guildford: Columbia University Press.

Flanders, Dana/Klein, Michel/Mirabelli, Maria C. (2016): Conditions for valid estimation of causal effects on prevalence in cross-sectional and other studies. In: Annals of Epidemiology 26, H. 6, S. 389–394.

Friedman, Lawrence M./Furberg, Curt D./DeMets, David L. (2010): Fundamentals of clinical trials. New York: Springer.

Gadaire, Dana M./Henrich, Christopher C./Finn-Stevenson, Matia (2017): Longitudinal effects of parent-child interactions on children's social competence. In: Research on Social Work Practice 27, H. 7, S. 767–778.

Garcia-Huidobro, Diego/Oakes, J. Michael (2017): Squeezing observational data for better causal inference. Methods and examples for preservation research. In: International Journal of Psychology 52, H. 2, S. 96–105.

Glisson, Charles/Green, Philip (2011): Organizational climate, services, and outcomes in child welfare systems. In: Child Abuse & Neglect 35, H. 8, S. 582–591.

Gottfredson, Denise C./Cook, Thomas D./Gardener, Francis E. M./Gorman-Smith, Deborah/Howe, George W./Sandler, Irvin N./Zafft, Kathryn M. (2015): Standards of evidence for efficacy, effectiveness, and scale-up research in prevention science: Next generation. In: Prevention Science 16, H. 7, S. 893–926.

Greeno, Elizabeth J./Fedina, Lisa/Rushovic, Berenice/Moore, Jessica E./Linsenmeyer, Debra/Wirt, Christopher (2018): "They tippy toe around the race issue". The impact of a Title IV-E program on culturally informed practice for child welfare students. In: Child & Family Social Work 22, H. 4, S. 1374–1382.

Greeno, Elizabeth/Lee, Bethany/Uretsky, Matthew/Moore, Jessica/Barth, Richard/Shaw, Terry (2017): Effects of a foster parent training intervention on child behavior, caregiver stress, and parenting style. In: Journal of Child & Family Studies 25, H. 6, S. 1991–2000.

Guo, Shenyang/Fraser, Mark W. (2010): Propensity score analysis. Statistical methods and Applications. Los Angeles/London/New Delhi/Singapore/Washington DC: Sage.

Herrenkohl, Todd J./Leeb, Rebecca T./Higgins, Daryl (2016): The public health model of child maltreatment prevention. In: Trauma, Violence & Abuse 17, H. 4, S. 363–365.

Hoagwood, Kimberly/Burns, Barbara J./Weisz, John R. (2002): A profitable conjunction: From science to service in children's mental health, In: Hoagwood, Kimberly/Burns, Barbara J.: Community treatment for youth. Evidence-based interventions for severe emotional and behavioral disorders. New York and Oxford: Oxford University Press, S. 327–338.

Holosko, Michael J. (2010): What types of designs are we using in social work research and evaluation?. In: Research on Social Work Practice 20, H. 6, S. 665–673.

James, Sigrid (2004): Why do foster care placements disrupt? An investigation of reasons for placement change in foster care. In: Social Service Review 78, H. 4, S. 601–627.

James, Sigrid/Roesch, Scott/Zhang, Jin Jin (2012): Characteristics and behavioral outcomes for youth in group care and family-based care: A propensity score matching approach using national data. In: Journal of Emotional and Behavioral Disorders 20, H. 3, S. 144–156.

January, Stacy-Ann A./Mason, W. Alex/Savolainen, Jukka/Solomon, Starr/Chmelka, Mary B./Miettunen, Jouko/Veijola, Juha/Moilanen, Irma/Taanila, Anja/Järvelin, Marjo-Riitta (2017): Longitudinal pathways from cumulative contextual risk at birth to school functioning in adolescence. Analysis of mediation effects and gender moderation. In: Journal of Youth and Adolescence 46, H. 1, S. 180–186.

Kindler, Heinz (2011): Perspektivklärung und Vermeidung von Abbrüchen von Pflegeverhältnissen., In: Kindler, Heinz/Helming, Elisabeth/Meysen, Thomas/Jurczyk, Karin (Hrsg.): Handbuch Pflegekinderhilfe. München: Deutsches Jugendinstitut, S. 345–375.

Kiresuk, Thomas J./Sherman, Robert E. (1968): Goal attainment scaling: a general method for evaluating comprehensive community mental health programs. In: Community Mental Health Journal 4, H. 6, S. 445–453.

Landsverk, John/Garland, Ann/Rolls Reutz, Jennifer/Davis, Inger (2010): Bridging science and practice in child welfare and children's mental health service systems through a two-decade research center trajectory. In: Journal of Social Work 11, H. 1, S. 80–98.

Lee, Bethany R./Barth, Richard P. (2011): Defining group care programs: An index of reporting standards. In: Child Youth Care Forum 40, S. 253–266.

Lindsey, Duncan/Shlonsky, Aron/McLuckie Alan (2008): Child welfare research. An introduction, In: Lindsey, Duncan/Shlonsky Aron (Hrsg.): Child welfare research. Advances for practice and policy. New York: Oxford University Press, S. 3–11.

Linehan, Marsha M./Korslund, Kathryn E./Harned, Melanie S./Hallop, Robert J./Lungu, Anita/Neacsiu, Andrada/McDavid, Joshua/Comtois, Katherine A./Murray-Gregory, Angela M. (2015): Dialectical behavior therapy for high suicide risk in individuals with borderline personality disorder. A randomized clinical trial and component analysis. In: JAMA Psychiatry 72, H. 5, S. 475–482.

Littell, Julia H. (2008): How do we know what works? The quality of published reviews of evidence-based practices. In: Lindsey, Duncan/Shlonsky Aron (Hrsg.): Child welfare research. Advances for practice and policy. New York: Oxford University Press, S. 66–93.

Littell, Julia H./Shlonsky, Aron (2010): Toward evidence-informed policy and practice in child welfare. In: Research on Social Work Practice 20, H. 6, S. 723–725.

LONGSCAN: Consortium for Longitudinal Studies of Child Abuse and Neglect (o.J.) www.unc.edu/depts/sph/longscan (Abfrage: 12.02.2018).

Maaskant, Anne M./van Rooij, Floor B./Hermanns, Jo M. (2014): Mental health and associated risk factors of Dutch school aged foster children placed in long-term foster care. In: Children & Youth Services Review 44, S. 207–216.

Miyamoto, Sheridan/Romano, Patrick S./Putnam-Hornstein, Emily/Thurston, Holly/Dharmar, Madan/Joseph, Jll G. (2017): Risk factors for fatal and non-fatal maltreatment in families previously investigated by CPS: A case-control study. In: Child Abuse & Neglect 63, S. 222–232.

Newton, Rae R./Litrownik, Alan J./Landsverk, John (2000): Children and youth in foster care: Disentangling the relationship between problem behaviors and number of placements. In: Child Abuse & Neglect 24, H. 10, S. 1363–1374.

Øystein Angel, Bjørn/Blekesaune, Morten (2017): Placement characteristics and stability. A longitudinal analysis of Norwegian children in foster homes. In: Child and Family Social Work 22, H. 1, S. 236–245

Pan, Wei/Bai, Haiyan (Hrsg.) (2015): Propensity score analysis. New York: The Guilford Press.

Pardeck, John T. (1984): Multiple placement of children in foster family care: An empirical analysis. In: Social Work 29, H.6, S. 506–509.

Perry, Gretchen/Daly, Martin/Kotler, Jennifer (2012): Placement stability in kinship and nonkin foster care: A Canadian study. In: Children & Youth Service Review 34, H. 2, S. 460–465.

Petermann, Franz (2014): Implementationsforschung: Grundbegriffe und Konzepte. In: Psychologische Rundschau 65, S. 122–128.

Price, Joseph M./Chamberlain, Patricia/Landsverk, John/Reid, John B./Leve, Leslie D./Laurent, Heidemarie (2008): Effects of a foster parent training intervention on placement changes of children in foster care. In: Child Maltreatment, H. 1, S. 64–75.

Price, Joseph M./Chamberlain, Patricia/Landsverk, John/Reid, John (2009): KEEP foster-parent training intervention: model description and effectiveness. In: Child and Family Social Work 14, H. 2, S. 233–242.

Price, Joseph M./Roesch, Scott/Walsh, N. E./Landsverk, John (2014): Effect of the KEEP foster parent intervention on child and sibling behavior problems and parental stress during a randomized implementation trial. In: Prevention Science 16, H. 5, S. 685–695.

Proctor, Enola K./Rosen, Aaron (2008): From knowledge production to implementation: Research challenges and imperatives. In: Research on Social Work Practice 18, H. 4, S. 285–291.

Reed-Ashcraft, Kellie/Kirk, Raymond/Fraser, Mark W. (2001): The reliability and validity of the North Carolina Family Assessment Scale. In: Research on Social Work Practice 11, H. 4, S. 503–520.

Rifkin, Erik/Bouwer Edward (2007): The illusion of certainty. Health benefits and risks. New York: Springer, S. 15–29.

Roberts, Rosemarie/Glynn, George/Waterman, Colin (2016): "We know it works but does it last?" The implementation of the KEEP foster and kinship carer training programme in England. In: Adoption & Fostering 40, H. 3, S. 247–263.

Rubin, Allen/Babbie, Earl (2011): Research methods for social work. 7. Auflage. Belmont, CA, USA: Brooks/Cole.

Rubin, David M./O'Reilly, Amanda L. R./Luan, Xianqun/Locallo, A. Russell (2007): The impact of placement stability on behavioral well-being for children in foster care. In: Pediatrics 119, H. 2, 336–344.

Runyan, Desmond K./Litrownik, Alan J. (2003): Introduction to Special Issue. LONGSCAN and family violence. In: Journal of Family Violence 18, H. 1, S. 1–4.

Schmid, Marc (2007): Psychische Gesundheit von Heimkindern. Eine Studie zur Prävalenz psychischer Störungen in der stationären Jugendhilfe. Weinheim und München: Juventa.

Shahar, Eyal/Shahar, Doron J. (2013): Causal diagrams and the cross-sectional study. In: Clinical Epidemiology 5, H. 2, S. 57–65.

Shlonsky, Aron/Benbenishty, Rami (2014): From evidence to outcomes in child welfare. An international reader. New York: Oxford University Press.

Singal, Amit G./Higgins, Peter Doyle R./Cross, Theodore P./Waljee, Akbar K. (2014): A primer on effectiveness and efficacy trials. In: Clinical and Translational Gastroenterology 5, H. 1, S. 1–4.

Thijssen, Jill/Albrecht, Gonnie/Muris, Peter/de Ruiter, Corine (2017): Treatment fidelity during therapist initial training is related to subsequent effectiveness of Parent Management Training-Oregon Model. In: Journal of Child & Family Studies 26, S. 1991–1999.

U.S. Department of Health and Human Services (o.J.) National Survey of Child and Adolescent Well-Being (NSCAW), 1997–2014 and 2015–2022. www.acf.hhs.gov/opre/research/project/national-survey-of-child-and-adolescent-well-being-nscaw (Abfrage: 15.02.2018).

U.S. Department of Health and Human Services. Administration for Children and Families (2014): Integrating safety, permanency, and well-being for children and families in child welfare. Washington DC. www.acf.hhs.gov/cb/resource/well-being-series (Abfrage: 15.02.2018).

Van Santen, Eric (2012): Wenn die Pflegeeltern nicht mehr wollen. In: Sozialmagazin 37, H. 5, S. 31–35.

Vinnerljung, Bo/Sallnäs, Marie (2008): Into adulthood. A follow-up study of 718 young people who were placed in out-of-home care during their teens. In: Child & Family Social Work 33, H. 2, S. 144–155.

Vis, Svein A./Fossum, Sturla (2013): Representation of children's views in court hearings about custody and parental visitations. A comparison between what children wanted and what the courts ruled. Children & Youth Services Review 35, H. 12, S. 2101–2109.

Webster, Daniel/Barth, Richard P./Needell, Barbara (2000): Placement stability for children in out-of-home care: A longitudinal analysis. In: Child Welfare 79, H.5, S. 614–632.

World Health Organization (2012): Social determinants of health and well-being among young people. In: Health Policy for Children and Adolescents, H. 6 www.euro.who.int/__data/assets/pdf_file/0003/163857/Social-determinants-of-health-and-well-being-among-young-people.pdf?ua=1 (Abfrage: 18.02.2018).

Wulczyn, Fred/Alpert, Lily/Monahan-Price, Kerry/Huhr, Scott/Palinkas, Lawrence A./Pinsoneault, Laura (2015): Research evidence use in the child welfare system. In: Child Welfare 94, H. 2, S. 141–165.

Evidenzbasierte Praxis – Zum missglückten Versuch sozialpädagogische Praxis auf dem Fundament empirischer Wirkungsforschung anzuleiten

Holger Ziegler

1. Evidenzbasierte Praxis und die Relevanz empirischer Forschung

Die empirisch-wissenschaftliche Fundierung der Praxis Sozialer Arbeit ist ein Gegenstand der Programmatiken einer evidenzbasierten Sozialen Arbeit. Diese lässt sich – ähnlich wie evidence based medicine, evidence based nursing, evidence based probation etc. – als Teil einer breiteren Bewegung verstehen, die seit den 90er Jahren des letzten Jahrhunderts unter dem Chiffre evidenzbasierte Praxis oder evidence-based policy making firmiert.

Von Beginn an finden sich Kontoversen über die Konzepte, Inhalte und Gegenstände dieser Bewegung. Zum Teil gelten Wissenschaftler*innen, die empirisch fundierte Praxisprojekte durchgeführt haben, Protagonist*innen im breiten Feld der angewandten Evaluationsforschung und auch Größen der sozialwissenschaftlichen Wissenschaftstheorie als Pioniere einer evidenzbasierten Praxis (EBP). Je nachdem wie eng oder breit EBP formuliert wird, kann das alles überzeugen – oder nichts davon.

Sofern unterschiedliche Varianten einer EBP als Antwortversuche auf die Frage nach dem Wissen und Können von Berufspraktiker*innen oder als spezifische Formulierungen des Theorie-Praxis-Problems oder überhaupt als Ausdruck der Auseinandersetzungen um die Notwendigkeit einer wissenschaftlichen Fundierung Sozialer Arbeit – inklusive der Frage, welches Wissen, wann und inwiefern zu einer fachlich besseren Sozialen Arbeit beitragen kann – gedeutet werden, ähnelt die Debatte um EBP in der Sozialen Arbeit der bekannten Debatte darüber, was eine empirisch forschende Disziplin für die Praxis der Profession beitragen könne. Dem Anspruch eine wissenschaftlich fundierte Wissensbasis für die Soziale Arbeit zu erzeugen und die Praxis zu ermutigen, sich auf das – wie es im Jargon der EBP heißt – *beste* verfügbare Wissen (vgl. z. B. Saeed et al. 2018), statt auf „tradition, prejudice, dogma, and ideology" (Hargreaves 2007, S. 12) zu beziehen, kann dabei per se kaum sinnvoll widersprochen werden. Strittig ist jedoch, welches Wissen in Bezug auf was, das *beste* Wissen sein soll und wodurch sich die Güte dieses Wissens auszeichnet. Dies ist einer der Aspekte, auf die sich die Kontroversen und Kritiken beziehen, die die EBP von Beginn an begleiten. Im Sinne einer Anleitung der Praxis durch Befunde der Wirkungsforschung, so eine verbreitete Kritik, sei EBP ein Mythos (vgl. Hammersley 2013), ein „technocratic wish in a political world" (Lewis 2003, S. 250), der bestenfalls für „technical decision-making arenas" (Parkhurst 2017, S. 5) tauglich sei, ansonsten aber auf einer naiven Rationalitätsvorstellung aufbaue, die ignoriere, dass sich professionelle und Policy Prozesse auf Zustände und Praktiken von Menschen beziehen, die „qualitatively different" (Black 2001) von technologischen Entscheidungen seien, nämlich im Wesentlichen „struggle[s] over ideas and values" (Russell et al. 2008, S. 40).

Nichtsdestoweniger hat die Forderung nach dem Einsatz empirischen Wissens zur praktischen Problemlösung im Bereich der Social Policy eine lange Tradition. Zwar mag der Anspruch kaum mit Campbell Collaboration konkurrieren können, die nicht weniger verspricht als „a world library of accurate, synthesized evidence to inform policy and practice and improve human wellbeing worldwide" (Little/White 2017, S. 6), aber eine problem-orientierte sozialwissenschaftlichen Forschung, die empirisches Wissen erzeugen solle, um Politiken und Praktiken zu verbessern, ist seit dem 19. Jahrhundert ein Thema sozialpolitischer Organisationen, wie etwa der Fabian Society in Großbritannien, der American Social Science Association in den USA oder dem Verein für Socialpolitik in Deutschland (in Frankreich wurzeln Konzeptionen einer sog. aufgeklärten Administration in den intellektuellen Traditionen der Revolution, vgl. Adkins 2014; Perrot/Woolf 1984). Empirisches, insbesondere statistisches, Wissen wird spätestens ab „der zweiten Hälfte des 19. Jahrhunderts [...] explizit als Instrument zur Erfassung und Regulierung des Sozialen" konzipiert (Wobbe 2012, S. 44). Auch die Wissenschaft vom Sozialen – und dabei wiederum vor allem die soziale Statistik im Sinne einer politische Arithmetik (vgl. Desrosières 1998) – selbst hat sich mit der Entdeckung der (politischen) Gestaltbarkeit von Gesellschaft entwickelt (vgl. Sætnan et al. 2011). Politisch-praktische Gestaltungsimpulse sind dabei keine Randphänomene, sondern stehen im Mittelpunkt der Entwicklung einer positiven, prognostischen Wissenschaft, der es nicht nur um die Beschreibung sozialer Tatbestände, sondern auch darum geht, diese für Intervention zugänglich zu machen und (sozial-)politische Regulierungen zu empfehlen und anzuleiten: „Voir pour prévoir" und „prévoir pour pouvoir" (sinngemäß: sehen um voraus zu sehen, voraus sehen um handeln zu können) sind wesentliche Elemente der Formel, mit der Auguste Comte – in Verlängerung des Positivismus von Francis Bacon und Henri de Saint Simon –

die Aufgabe einer solchen Wissenschaft beschreibt, die er im Folgenden als *la Sociologie* bezeichnet[1].

Um das Spezifische der *neuen* empiristischen Politik- und Praxis-Bewegung seit den 1990er Jahren zu erfassen aber auch um die kontroversen Forderungen nach den recht spezifischen Praxisformen, die eine evidenzbasierte Soziale Arbeit kennzeichnen sollen, nicht mit jeglicher Forderung nach einem wissenschaftlich-empirischen Wissensfundament pädagogischer Praxis zu konfundieren, ist es sinnvoll eine vergleichsweise enge Formulierung von EBP zu Grunde zu legen und von einem als *professionsorientiert* beschreibbaren Strang der Forderung nach empirisch fundiertem Wissen zu unterscheiden. „Unserer Beobachtung nach", führen etwa Gertrud Oelerich und Hans-Uwe Otto (2011, S. 9), als Vertreter*innen eines solchen professionsorientierten Strangs aus, „hat die empirische Forschung in der Sozialen Arbeit inzwischen eine erstaunliche Intensität und Breite gewonnen. Diese Intensivierung fördert die notwendige Wissenschaftsbasierung einer professionalisierten Sozialen Arbeit und ermöglicht, in ihrem sozialwissenschaftlich orientierten Anspruch viele zuvor eher tradierte denn systematisch begründete Vorgehensweisen entweder empirisch zu fundieren oder zu überwinden". Dass Otto und Oelerich trotz ihrer Betonung des Potentials empirischer Forschung für eine wissenschaftsbasierte Praxis Sozialer Arbeit als dezidierte Kritiker*innen der EBP-Bewegung gelten können, ist kein Widerspruch. Der EBP geht es um mehr und um etwas anderes als um die Gültigkeit einer Wissensgrundlage Sozialer Arbeit, die nach Möglichkeit überprüfbare, fallibele und in diesem Sinne auch empirisch kritisierbare Inhalte aufweisen sollte, statt auf esoterische Glaubenssätzen aufzubauen.

2. Zur Entwicklung der EBP

Die Geschichte der EBP wird in einem hohen Maße von ihren Protagonist*innen selbst geschrieben. Zentrale Referenzautor*innen findet sie im medizinischen Feld und auch das „übergeordnete Ziel evidenzbasierter Politik [... wird insgesamt] in ein Narrativ eingebaut, das zunächst eine Erfolgsgeschichte der Medizin als evidenzbasierte Praxis und einer entsprechenden evidenzbasierten Gesundheitspolitik[2] herausstellt" (Bellmann 2016, S. 150). Die Selbstbe-

---

1 Dem prägenden Einfluss steht nicht entgegen, dass sozialwissenschaftliche Positivismus in der Comte'schen Tradition spätestens seit C. Wright Mills an Dominanz verloren hat und spätestens seit den 1960er Jahren (aus einer ganzen Reihe schwer bestreitbarer epistemischer, empirischer und theoriesystematischer wie -architektonischer Gründe) eine Minoritätsposition in der disziplinären sozialwissenschaftlichen Debatte darstellt.

2 Positionen aus dem Kontext einer evidenzbasierten *Medizin* diffundieren im Verlauf der 1990er Jahre in andere Felder und finden in Bereichen, in denen eine klinische Ausrichtung

schreibungen der Entwicklung der evidenzbasierten Medizin (EBM) – und in Folge auch der EBP – weisen oft heroische Züge auf: Eine kleine Gruppe engagierter klinischer Mediziner um David Sackett, Archibald ('Archi') Cochrane und Alvan Feinstein hätte sich demnach – angetrieben durch das Motiv die "best available evidence" für die "best possible clinical decisions" ausfindig zu machen "to provide the best available care for their patients" (Saeed et al. 2018, S. 55, 54, 64) – gegen eine ebenso machtbewusste wie selbstbezügliche und kritikimmune *Eminenzbasierung* der ärztlichen Profession gestellt und damit für eine praktische Revolution des Feldes gesorgt. Auch wenn man mit Geschichten von einen siegreichen David über einen übermächtigen Goliath sympathisiert, mag die Rolle des David für die Gründerväter der EBP nicht so recht zu überzeugen. Sie sind einflussreiche Epidemiologen an renommierten Lehrstühlen, die politisch bestens vernetzt und mit beachtlichen Forschungsmitteln ausgestattet sind. Zentrale Elemente der EBM – inklusive der viel diskutierten Levels of Evidence – sind nicht aus der alltäglichen Arbeit mit Patient*innen entwickelt worden, sondern resultieren aus Hierarchievorgaben zur Forschungsförderung und -bewertung, die insbesondere von der Ende der 1970er Jahre ministerial eingesetzten *Canadian Task Force on Periodic Health Examination* verbindlich gemacht werden. Diese Task Force arbeitet mit federführender Beteiligung von David Sackett auf der Grundlage von mehr als hundert epidemiologischen Studien. Wesentliche Grundlagen für die Agenda der EBP werden aber weniger aus diesen Studien selbst entwickelt, sondern aus der Art und Weise ihrer Aufarbeitung und Modellierung durch die Task Force. Von Beginn an geht es dieser um Fragen von Cost-Benefits, um die Entwicklung verbindlicher Guidelines sowie um die Erprobung von monetären *Incentives* zur Steuerung medizinischer Versorgungspraxis. Die Task Force on Periodic Health Examination ist eine der ersten nationalen (Regierungs-)Kommissionen, die das, was in der Literatur als die Dreifaltigkeit des Managerialismus rekonstruiert wird (vgl. Kirkpatrick et al. 2004), nämlich *Effectiveness, Efficacy und Efficiency*, als gleichwertigen Dreiklang betont und als normative Richtgröße zur Gestaltung und Steuerung der Praxis verbindlich macht.

Die konzeptionelle Nähe zu managerialistischen Steuerungsformaten wird in den *Selbstbeschreibungen* der Geschichte der EBP weitgehend ignoriert und bisweilen schlicht bestritten. Stattdessen wird der aufklärerische Geist des Anti-Autoriarismus, der (Selbst-)Kritik und des Empowerment der Praktiker*innen vom Standesdünkel und der "propagandistischen" Selbstidealisierung einer "authority-based profession" (vgl. Gambrill 2001, S. 167–168) als der normative Kern der EBP beschworen. Der Figur des status- und machtorientierten Profes-

---

und eine Orientierung an medizinischen Professions-Modellen verbreitet ist, das vergleichsweise höchste Ausmaß an Zustimmung (vgl. z. B. Deimel 2018).

sionellen wird die eines wirklichen ('real') „evidence-based practioners" entgegen gestellt, die Gordon Guyatt – dem die Erfindung des Begriffs der evidenzbasierten Medizin zugeschrieben wird – wie folgt beschreibt: „[We] thought we were going to turn people into evidence based practitioners, that they were really going to understand the methodology, that they were really going to critique the literature and apply the results to clinical practice" (Guyatt o.J. zit. nach Daly 2005, S. 90). Guyatts normative Idealfigur bildet eine Grundlage dessen, was in der EBP Literatur als *critical appraisal model* (zu dessen Empirie: Björk 2016) beschrieben wird und hat deutliche Gemeinsamkeiten mit der normativen Idealfigur des Professionellen als methodisch virtuoser, scientifically reflected practioner (vgl. Schön 1983) der Fachjournale liest, Studien methodenkritisch beurteilt und relevante Befunde in der Praxis anzuwenden vermag.

Es ist nicht müßig darüber zu streiten, ob und inwiefern die Protagonist*innen der EBP/EBM an einen solchen evidence-based practioner tatsächlich geglaubt hatten. Auch in der EBP-nahen Literatur wird kaum bestritten, dass dies nicht der Weg war, den die EBP genommen hat. Auch David Sackett und seine Kolleg*innen selbst haben spätestens seit den 2000er Jahren ein recht eindeutigen „step-by-step ,cookbook' approach" (Daly 2005, S. 90) etabliert, in dessen Mittelpunkt weniger ein evidence-based practioner steht, wie ihn Guyatt imaginiert, sondern die Praktiker*in als evidence user (vgl. Morago 2006), die mit empirischer Evidenz hinsichtlich programmgetreu umzusetzender Interventionen beliefert wird. Was eine solche Evidenznutzer*in brauche „is to be told where to go and what to look for, and they want others to do this work for them. […] Pactitioners are to access trusted sources of preappraised, predigested, and for the most part, EBM-sponsored information. How this is empowering in any way is unclear. How this fosters independence of thought in medical controversies is even less clear" (Upshur 2005, S. 485).

Solche Entwicklungen werden von den meisten Protagonist*innen der EBM – und analog der EBP in anderen Feldern *außer* der Sozialen Arbeit – nicht bestritten, aber als bedauerliche Abweichungen von der wahren und eigentlichen EBP gedeutet. Die Geschichte vom Missbrauch der EBP wird nicht zuletzt von Sackett selbst vorangetrieben. Die evidenzbasierte Medizin sei gekapert (hijacked) worden, von einer Agenda, die dem ursprünglichen Ziel nicht entspreche: „Influential randomized trials are largely done by and for the benefit of the industry. Meta-analyses and guidelines have become a factory, mostly also serving vested interests" (Ioannidis 2016, S. 82). Ähnliches monieren auch führende Figuren der einflussreichen Cochrane Collaboration. Zwar fände sich „currently little evidence that EBM has achieved its aim" (Every-Palmer/ Howick 2014, S. 908), dies sei aber nicht der Konzeption der EBM, sondern einer durch Interessengruppen geförderten Forschung und daraus generierten

Leitlinien geschuldet, die dazu geführt hätten, in der Patient*innen mehr denn je „[are] given less effective, harmful or more expensive treatments".

Es ist bemerkenswert, dass die Diagnose eines empirischen Scheiterns und des Verlusts der Autonomie der Professionellen (und gelegentlich auch Patient*innen) auch bei Anhänger*innen der EBP verbreitet ist. Aus deren Perspektive mündet diese Einsicht aber nicht darin, von der Agenda Abstand zu nehmen, sondern vielmehr in der Forderung, die EBP müsse umso dringlicher zu ihrer (wie auch immer) wahren und ursprünglichen Idee zurückkehren und damit auch den „unacceptable loss of decision-making autonomy" (Buetow 2009, S. 957) seitens der Professionellen oder Nutzer*innen zurückdrängen. Im Zuge der Neu-Interpretation der Geschichte der EBP als gekaperte Bewegung, gehen einige so weit zu argumentieren, dass die wirklichen Begründer*innen der wirklichen EBP *in Wahrheit* Post-Positivist*innen gewesen seien, deren Interesse nur sekundär der forschungsbasierten Evidenz, sondern vor allem der Dignität der Praxis gegolten habe. Was die Deutungen der Protagonist*innen der EBP von denen ihrer Kritiker*innen unterscheidet, ist, dass erstgenannte diese Entwicklung v.a. als Folge einer falschen und missbräuchlich verwendeten EBP deuten, deren Grundidee jedoch verteidigen. Allerdings ist der Unterschied zwischen den ursprünglichen Positionen zu Beginn der EBP und den gegenwärtigen Prämissen der EBP keinesfalls dramatisch groß.

Was sich in der Medizin abzeichnet, scheint sich im Feld der Sozialen Arbeit zu wiederholen, zumal die Argumente der Protagonist*innen der EBP im Feld der Sozialen Arbeit fast identisch sind, mit denen in der Medizin. Ein Unterschied in den Debatten besteht gegenwärtig vor allem darin, dass zahlreiche Protagonist*innen der EBM bemüht sind, das praktische Scheitern der Agenda zu erklären, während Protagonist*innen der EBP in der Sozialen Arbeit – zumal in Deutschland – bislang gar nicht zur Kenntnis genommen zu haben scheinen, dass sich solche Erklärungsnotwendigkeiten überhaupt finden. Auf Seiten der Protagonist*innen in der Sozialen Arbeit ist eine Art Aufbruchsstimmung und ein recht ungetrübter EBP-Enthusiasmus rekonstruierbar, der an die Glaubenssätze und den Aufklärungs- und wissenschaftlichen Überlegenheitsgestus der EBM der 1990er Jahre erinnert.

3. Das Narrativ der EBP in der Sozialen Arbeit

Ein wesentliches Narrativ von EBP im Allgemeinen und der EBP im Feld der Sozialen Arbeit ist zunächst der Vorwurf einer bislang vorherrschenden Empirie- und Forschungsabstinenz, der an die eigene Profession *und* Disziplin gerichtet wird. So weiß etwa Sigrid James in einer Publikation von 2016 zu berichten, dass der „von Sozialarbeiterinnen und Sozialarbeitern erstellte empirische Wissenskorpus in Deutschland [...] äußerst klein und von geringer Bedeutung für die Wissensbildung in der Sozialen Arbeit [sei]". Dies werde unter anderem durch eine „stark[e] geisteswissenschaftlich[e] Wissenstradition" verstärkt. Darüber hinaus vermutet James, dass u. a. „sprachlich[e] Barrieren und [ein] eingeschränkte[r] Zugang zur internationalen empirischen Literatur [...] ein breites Verständnis für die Bedeutung der Wirkungsforschung in der deutschen Sozialen Arbeit verhindert" hätten. Auch z. B. für Roland Schmidt (2006, S. 101) werde der deutschen „rationalistisch-deduktiv" ausgerichteten Sozialen Arbeit sichtbar, was die notwendige Verbreitung einer EBP verhindere: „Vertreter von Disziplinen mit defizitärer empirischer Forschung oder von Disziplinen, in denen qualitative Forschungsstrategien verbreitet sind, sehen sich durch evidenzbasierte Praxis im Nachteil".

In der Sozialen Arbeit hat das Lamentieren über den tatsächlichen oder vermeintlichen Mangel von systematischem Wissen, eine lange Tradition, die bis zu den ersten Versuchen ihrer akademisch-disziplinären Verankerung zurückreicht (vgl. Goldberg/Warburton 1979; Gray/McDonald 2006). Zu Recht weisen Urban Nothdurfter und Walter Lorenz (2010, S. 46) darauf hin, dass in den Debatten um EBP Deutungen (wieder) auftauchen, die älter sind als die EBP-Debatte selbst: „They concern the fundamental ambivalence modern professionalization processes in social work were subjected to from their very beginnings".

Vor dem Hintergrund der konzeptionellen Verwandtschaft der EBP mit Entwicklungen im medizinischen Feld ist es nachvollziehbar, dass vor allem bestimmte Pionier*innen der modernen Sozialen Arbeit wie etwa Mary Richmond und (dem in Deutschland weniger bekannten) Abraham Flexner aus dem forschungsabstinenten Bild ausgenommen werden, das von der Sozialen Arbeit gezeichnet wird. Vor allem Richmonds – auf medizinischen Modellen aufbauende – Bestrebungen eine sozialen Diagnostik als (empirisches) Fundament für ein darauf aufbauendes Casework zu entwickeln, das der Willkür und den Bauchentscheidungen von Sozialarbeiter*innen entgegenwirke, gilt als eine Traditionslinie an der die EBP anschließe. In Deutschland wird diese Position tendenziell Alice Salomon zugeschrieben. Diese starke Betonung der vermeintlichen oder tatsächlichen Pionierleistungen von Richmond, Salomon und anderen Größen aus dem Umfeld des *scientific charity movement*, mündet bisweilen in abenteuerliche Thesen, wie etwa jene, dass nach den 1920er Jahren bis in die 1990er im Feld der deutschsprachigen Sozialen Arbeit de facto keine nennenswerten Forschungsaktivitäten zu verzeichnen gewesen seien (vgl. exemplarisch James 2016). Neben dem Eindruck, dass einige Vertreter*innen der EBP bezüglich der Geschichte der Sozialen Arbeit an der Evidenz ihrer Einlassungen eher mäßig interessiert zu sein scheinen, verwundert vor allem das Modell zum Wissenschafts-Praxis-Verhältnis das im Kontext der EBP Agenda vorgelegt wird. Dieses stellt sich als ein eher unerwarteter Wiedergänger der Vorstellung dar, empirisch-wissenschaftliches Wissen könne Praxis dadurch anleiten, dass es zunächst an die Praxis vermittelt und dort entsprechend angewendet werde. Diese Denktradition findet im sozialpädagogischen Diskurs in Herbart einen prominenten Vorläufer. Möglicherweise ist die eher eingeschränkte Begeisterung der sozialpädagogischen Academic Community für die EBP *auch* damit verbunden, dass die Auseinandersetzung um dieses Wissenschafts-Praxis-Modell gerade nicht *innovativ* ist und vor allem eine recht umfassende Kritik erfahren hat, welche sich auch als Kritik am EBP-Modell avant la lettre lesen lässt: U.a. auf der empirischen Basis der in sozialpädagogischen Untersuchungen der 1980er Jahre prominenten sozialwissenschaftlichen Wissensverwendungsforschung wird ein „Verhältnis von Wissen und Handeln [kritisiert, das…] nach dem Muster eines Trichters/Stundenglases vorgestellt" (Radtke 2004, S. 114, vgl. Beck/Bonß 1984) werde da dieses auf kaum haltbaren Annahmen einer mehr oder weniger linearen Übersetzbarkeit von Informationen aus einer Domäne (der Forschung) in eine andere (der Praxis) aufbaue. Es entbehrt nicht einer gewissen Ironie, dass das Standardmodell zum Wissenschafts-Praxis-Verhältnis einer EBP auf wissenssoziologische Evidenzen verzichtet und ein Modell vorschlägt, das nicht nur wissenstheoretisch problematisch ist, weil es domänenspezifische Eigenrationalitäten weitgehend ignoriert (vgl. Dewe 1992), sondern sich auch als *empirisch* fundamental fehlerhaft erweist (vgl. Midgley 2009). Es spricht viel dafür, dass das Scheitern von EBP nicht zuletzt dem verfehlten Standardmodell zum Wissenschafts-Praxis-Verhältnis geschuldet ist.

4. Nothing Works – EBP und der Verlust der kulturellen Autorität des Professionalismus

Entgegen der verbreiteten Erzählung bezüglich der Unwilligkeit Sozialer Arbeit sich der EBP zu nähern, kann international nur bedingt von einem Zurückbleiben der Sozialen Arbeit hinter den Entwicklungen in anderen Feldern gesprochen werden. Die ersten entsprechenden Wirkungsstudien in der Sozialen Arbeit finden sich in den frühen 1970er Jahren ungefähr zeitgleich mit dem 1972 erschienenen Buch *Effectiveness and Efficiency: Random Reflections on Health Services* von Arnie Cochrane, das als ein zentrales Frühwerk für die Entwicklung der EBP gilt. Für die Soziale Arbeit findet sich – gerade ein Jahr später – eine Studie, die sich als diskursiv ähnlich bedeutsam (wenngleich, methodisch betrachtet, eher mäßig beindruckend) erweist: Unter dem Titel *Is casework effective? A review* legt der bis dahin wenig bekannte Joel Fischer (1973) eine Wirkungsstudie vor, deren Antwort auf diese Frage kurz gesagt „nein" lautet. Bereits *vor* Fischers Studie und verstärkt ab den späten 1970er Jahren findet sich in der Sozialen Arbeit eine Reihe von Studien, die zu deutlich optimistischeren Ergebnissen kommen (s. z. B. Reid/Hanrahan 1982; Rubin 1985), aber im Vergleich zu den nachgerade vernichtenden Ergebnissen der Studie Fischers wenig rezipiert werden.

Die Prominenz der Studie Fischers wäre für sich genommen eher eine Randnotiz. Allerdings stellt eine die Konstellation, in der eine einzelne Studie erhebliche Bedeutsamkeit erhält und das Selbstverständnis einer gesamten Praxisausrichtung in Frage stellt, zu Beginn der 1970er Jahre keine (professions-)politische Besonderheit in der Sozialen Arbeit dar. Auch die genannte Studie Cochranes zur Gesundheitsversorgung oder die Straf- und Resozialisierungswirkungsstudien der Forscher*innen um Martinson (1972; 1974) werden enorm breit rezipiert. Die geschieht in allen genannten Fällen nicht trotz, sondern wegen ihrer vernichtenden Befunde. Auch in diesen Fällen finden sich (in den Folgejahren) Studien, die die Ergebnisse Cochrane und Martinson erheblich relativierten, aber keinen auch nur ansatzweise vergleichbaren Verbreitungsgrad erreichen.

Die genannten Studien stellen einige der Referenztexte dessen dar, was in der Literatur als *Nothing-Works*-Skeptizismus beschrieben wird (s. z. B. Garland 2001). Dieser gilt als ein Baustein für den diskursiven Bedeutungsverlust des Wohlfahrtsprofessionalismus ab den 1970er Jahren. Für die Akzeptanz der zentralen Deutung ist die (umstrittene) empirische Fundierung dieser Skepsis von eher nachrangiger Bedeutung. So ist es z. B. auch in Deutschland in wohlfahrtstheoretischen Texten der 1980er Jahre verbreitet, eine „notorisch gering[e] Wirksamkeit staatlich organisierter persönlicher Dienstleistungen" (Vobruba 1984, S. 462) zu konstatieren. Auf empirische Belege für diese Beobachtung kann dabei in der Regel verzichtet werden. Die Verbreitung des *Nothing-Works*-Skeptizismus ist weniger die Folge empirischer Einsichten, sondern vor allem ein Ausdruck des sich anbahnenden Endes, des sog. Golden Age des Wohlfahrtsstaates und dem damit verbundenen Wohlfahrtsprofessionalismus. Dabei ist wesentlich, dass die Nothing-Works-Diagnose nicht nur Pessimismus, sondern auch und vor allem fundamentale Reformnotwendigkeiten signalisiert. Angesichts der Tatsache, dass es im Diskurs der Sozialen Arbeit ausschließlich Reformer*innen zu geben scheint, ist dies ein nicht zu unterschätzender Impuls. So ist der Nichts-Funktioniert-Befund linken Reformer*innen willkommen, weil er als Fundierung gedeutet wird, für die Kritik an stigmatisierenden Zugriffen, an dialog- und partizipationsfeindlichen Kompetenzanmaßungen sowie an der als Ideologie identifizierten Annahme der wohlwollenden Sozialbürokrat*in. Für neo-konservative Reformer*innen liefern die pessimistischen Befunde ein argumentatives Fundament, um professionelle Handlungs- und Entscheidungsspielräume in Frage zu stellen und jene managerialistischen Reformen unter dem Label der Effektivitäts- und Effizienzsteigerung in Angriff zu nehmen, mit denen die Soziale Arbeit seit gut 20 Jahren sichtbar konfrontiert wird. Bereits Joel Fischers Studie wird von einer ganzen Reihe von Publikationen gerahmt, die angesichts steigender öffentlicher

Ausgaben vehement die mangelnde *Accoutability* der sozialarbeiterischen Praxis beklagen (vgl. z. B. Carter 1971; Hoshino 1973) und dabei Diskursfiguren bedienen, die weitgehend deckungsgleich mit jenen sind, die im Zuge der New Public Management Reformen der 1990er Jahre akzentuiert werden.

Man muss die EBP Agenda nicht mit solchen Steuerungsreformen gleichsetzen, aber sie bauen auf einen gemeinsamen Hintergrund auf: Der Schwächung der kulturellen Autorität des Wohlfahrtsprofessionalismus. Wie nachhaltig diese Schwächung ist, wird deutlich, wenn man sich den klassischen wohlfahrtsprofessionalistischen Deutungsanspruch vergegenwärtigt: Der Anspruch als Profession, auf der Basis eigenen Wissens und eigener Standards zu entscheiden, wer Klient*innen sind, warum sie Klient*innen sind und wie mit den Klient*innen zu verfahren sei, findet wenn überhaupt, dann nur noch als Karikatur in der Kritik paternalistischer Anmaßungen oder professionalistischer Hybris Resonanz.

Die Schwächung der kulturellen Autorität von Wohlfahrtsprofessionellen ist weniger die *Folge* der EBP-Agenda, sondern einer ihrer zentralen Kontexte und Impulse. In den frühen 1980er Jahren sind insbesondere in den USA unter Reagan und in Thatchers Großbritannien (quasi) regierungsoffizielle Situationsanalysen verbreitet, die ein Bild Sozialer Arbeit zeichnen, das in etwa dem entsprechen dürfte, was man sich als den schlimmsten Albtraum von Qualitätsmanager*innen vorstellen kann. Ministerialberichte und Studien etwa von Parsloe und Stevenson (1978), Goldberg und Warbuton (1979) oder dem DHSS (1981) erzählen eine gleichlautende Geschichte, deren Kurzform ungefähr wie folgt lautet: Eingehüllt in humanistisch verbrämte Hohlphrasen, agieren Sozialarbeiter*innen nach idiosynkratischem Gutdünken. Die Bürokratie, in die sie eingebunden sind, sei selbst ineffizient und erlaube Sozialarbeiter*innen maximalen Ermessens- und Entscheidungsspielraum, den diese nach intuitivem Bauchgefühl ausfüllen. Praktiken würden nicht nur zwischen unterschiedlichen Behörden variieren, sondern auch bei Fachkräften derselben Einrichtungen fänden sich weitreichende Unterschiede. Ein Monitoring oder weitere systematische Regulationen der Praxis fänden nicht statt; von Kostenbewusstsein über die Verwendung öffentlicher Gelder könne keine Rede sein. Stattdessen herrsche eine permissive Kultur der Willkürtoleranz, die durch eine „Berliner Mauer" einer ebenso intransparenten wie unverantwortlichen Bürokratie geschützt werde. Es sei nicht einmal möglich festzustellen, was die Strategien von Sozialarbeiter*innen im Umgang mit ihren Adressat*innen beeinflusse, denn Sozialarbeiter*innen seien in der Regel nicht einmal in der Lage, ihre eigenen Ziele und Vorgehensweisen konsistent zu explizieren. Wo immer dies doch der Fall sei, fänden sich andere Fachkräfte, die unter vergleichbaren Bedingungen ganz anderes oder gar das Gegenteil erzählen usw.

Dieses Narrativ findet auch in Deutschland Verbreitung. Während die britische Rede von einer Berliner Mauer der Unverantwortlichkeit eine gewisse literarische Qualität aufweist, ist die deutsche Variante, lyrisch betrachtet, eher spröde: Der Sozialen Arbeit mangele es an einer geteilten Wissensbasis und an geteilten Vorgehensstandards. Entscheidungen seien von den handelnden Personen abhängig und entsprechend flüchtig. In der Praxis gelte, gut gemeint sei auch gut gemacht usw. Im Wettbewerb der Bonmots ist bestenfalls Wolfgang Hinte auf Augenhöhe mit den britischen Regierungsberichterstatter*innen: „Vom [...] Fall zum Geld", so führt Hinte (2003, S. 13) aus, laute „die Devise der geldsichernden Bodentruppen", die von input-orientierten, fallspezifischen Finanzierungen begünstig werden: „Deshalb behaupte ich, dass die Leistungserbringer nie einen Fall zu Ende bringen. Der Träger wird nicht dafür belohnt, die Hilfe abzuschließen. Es verhält sich gegensätzlich, der Sozialarbeiter wird immer Argumente finden, die Jugendhilfe fortzusetzen" (Hinte nach CSU Traustein 2013, S. 2). Im Bestreben „Fälle zu produzieren, um Geldströme zu sichern", seien es „subjektiv gefärbte Einschätzungen, lokale Zufälligkeiten, aus Stigmatisierungsprozessen entstandene Definitionen, Konsolidierungsfantasien usw., die die Grundlage für angebliche Bedarfe darstellen" (Hinte et al. 2003, S. 13). Das Ganze mündet in das Bild eines „hochproblematischen professionellen Apparats" (Hinte et al. 2003, S. 13) oder wahlweise einer öffentlich üppig finanzierten aber sich nur selbst kontrollierenden „Hilfsindustrie" (Wüllenweber 2012, S. 162), die ihre Deutungsmacht eigeninteressiert ausnutze, um in stigmatisierender Weise Menschen zu klientifizieren sowie lange und ineffizient zu bearbeiten, um möglichst viel Geld zu verdienen etc.

Zumal auch z. B. in Wüllenwebers Populärliteratur ein Gegenentwurf zum Unwesen der Hilfsindustrie in der konsequenten Ausrichtung der Praxis und ihrer Finanzierung an Wirkungsbefunden besteht, überrascht es nicht, dass sich die Figur einer gleichermaßen eigennützig die Staatskassen plündernden wie ihre Nutzer*innen expertokratisch bevormundenden Wohlfahrtsprofiteur*in auch in der Standardliteratur zur evidenzbasierten Sozialen Arbeit findet (vgl. z. B. Gambrill 2001). Der als „unaccountable, inefficient and self-interested" (Kirkpatrick et al. 2004) entlarvte, professionell-bürokratische Apparat, hat mit dieser Deutung jenes Vertrauen verspielt, das das kulturell-normative Fundament für breite Entscheidungs- und Ermessensspielräume darstellt (dazu: Freidson 2001). Mit dem Verlust dieses Fundaments wird der Professionalismus als rationale Steuerungsform auch politisch obsolet (vgl. Rüb 2003).

Protagonist*innen der EBP stellen ihre Bewegung recht deutlich in diese Deutungstradition. Sie beschreiben EBP als eine neue post-ideologische sowie – dies wird als positives Prädikat verstanden – als a-theoretische („atheoretical" Thyer 2013, S. 30) Praxisstrategie Bewegung im Dienste einer echten Fachlichkeit. Dabei schließen sie dezidiert an die EPM-Bewegung an und übernehmen von dieser auch die am weitesten verbreiteten Definitionen von EBP als „the conscientious, explicit and judicious use of current best evidence in making decisions about the care of the individual patient" (Sackett et al. 1996, S. 71).

Wie im medizinischen Feld werden als Evidenzen einfach wissenschaftlich fundierte Befunde bezüglich praktisch relevanter Phänomena verstanden, sondern Studien, die „problem-specific knowledge" (Thyer 2002, S. 101) validieren und Evidenzen im Sinne methodisch systematischer Wirksamkeitsnachweise von spezifischen Maßnahmen liefern. EBP ist eine Praxis, die solche Maßnahmen anwendet.

5. EBP als Kritik am Professionalismus

Die These, EBP habe sich in Konkurrenz und als Alternative zum Professionalismus etabliert, dürfte den Widerspruch von einer Reihe von Protagonist*innen der EBP in der Sozialen Arbeit hervorrufen. Diese verweisen in der Regel ganz im Gegenteil darauf, dass EBP die Realisierung jener Forderungen nach einer empirisch fundierten Wissensbasis der Praxis Sozialer Arbeit sei, die ein Kern des unvollendeten Professionalisierungsprojekts der Sozialen Arbeit darstelle. Sie bestehen darauf, dass – die vermeintlich geisteswissenschaftlichen und/oder forschungsabstinenten – Kritiker*innen die EBP notorisch und teils willentlich falsch verstünden. Doch trotz der argumentativen Verkopplung von Professionsanspruch und EBP unterscheidet sich die Entwicklung der EBP nicht nur von der Professionalisierungsdebatte, sondern speist sich in einem hohen Maße aus einer Kritik am Professionalismus und zentrale Vertreter*innen der EBP wie z. B. Aron Shlonsky und Leonard Gibbs (2003, S. 151) bestehen diesbezüglich auch darauf, dass evidenzbasierte Soziale Arbeit „not what we have been doing all along under another name" sei.

Dem steht eine Reihe oberflächlicher Gemeinsamkeiten zwischen der EBP und Ansätzen, die auf Professionalität rekurrieren, nicht entgegen. Beiden geht es um die Steigerung der Rationalität der Praxis Sozialer Arbeit und beide weisen der Dimension *Wissen* eine entscheidende Rolle zu. Dies liegt bei der EBP als eine Praxis, die auf nachweisbarem Wissen über Wirkungswahrscheinlichkeiten von Methoden und Verfahren aufbauen soll, auf der Hand. Aber auch in der Professionalisierungsdebatte werden Professionen als gesellschaftlich in besonderer Weise lizenzierte Berufe verstanden. Nebst anderem baue diese Lizensierung auf der Sicherung eines besonderen, systematisierten und wissenschaftlich fundierten Wissens auf, das auch im Professionalisierungsdiskurs als eine Grundlage für eine angemessene und wirksame Praxis gilt. Selbst noch bei dezidierten Kritiker*innen einer technologischen Wissensverwendung, wie z. B. Schön (1983) wird explizit das Versprechen einer Erhöhung der *professional effectiveness* formuliert (Argyris/Schön 1974).

Ein entscheidendes Argument das professionalisierungstheoretische Positionen von der EBP unterscheidet, findet sich nahezu idealtypisch etwa bei Bernd Dewe und Hans-Uwe Otto (2012, S. 214). Es gehe, so Dewe und Otto einer professionellen Sozialen Arbeit darum, „dazu beizutragen [...] lebensprak-tische Krisen zu lösen und von Krisen betroffenen Personen in je besonderen Problemkonstellationen neue Handlungsmöglichkeiten zu eröffnen". Sofern dies der Fall sei „scheint es fraglich, ob sich durch ein vorgängiges positives Wissen über die relative Wirksamkeit bestimmter Interventionen die besten Entscheidungen treffen und die besten Interventionen in optimal effizienter Weise umsetzen (lassen)". Der Kern des Arguments einer evidenzbasierten Praxis lautet demgegenüber, es sei zentral verifiziertes, positives Wissen über die relative Wirksamkeit bestimmter Interventionen zu erzeugen, um die besten Entscheidungen treffen und in Folge die besten Interventionen in optimal effi-zienter Weise umzusetzen. Dass dabei in den Mittelpunkt gestellte Wissen ist weniger ein wie auch immer empirisch fundiertes Professionswissen, sondern vielmehr das Wissen von Fachkräften *über Programme*, die auf dem Fundament empirischer Wirkungsanalysen validiert sind. Die Evidenz über diese Pro-gramme ist das Produkt von (idealer Weise experimentell verfahrenden) Evalu-ationsforschungen. „Damit", so erläutern etwa Stefanie Albus, Heinz-Günter Micheel und Andreas Polutta (2018, S. 1569), „sind die wesentlichen Ansprü-che an die Kooperation von Wissenschaft und Praxis im Rahmen einer evi-denzbasierten Praxis eigentlich auch schon benannt: EvaluationsforscherInnen haben in diesem Rahmen die Aufgabe, Wissen über die Wirksamkeit von Pro-grammen zu generieren, und die PraktikerInnen sind dazu angehalten, dieses Wissen in ihren pädagogischen Handlungs- und Entscheidungsvollzügen an-zuwenden. Dafür bedarf es dann Handlungsleitfäden, sogenannten practice guidelines, in denen das Wissen um die wirksamsten Programme für die Ver-wendung in der Praxis aufbereitet wird".

Was Albus et al. als Beobachtung formulieren, entspricht den Forderungen, die in der z. B. von Leonard Gibbs und Eileen Gambrill (2002, S. 453; Deimel 2018) vorgelegten Bestimmung von EBP:

> „EBP takes advantage of advances in question formulation, bibliographic data-bases, search strategies, and computer hardware [...]. It requires changes in how we locate and integrate research into practice. It is characterized by the following hallmarks: (a) an individual assessment and a well-formulated question, (b) a tech-nically efficient electronic search for external research findings related to practice questions, (c) deciding if this evidence applies to the client(s) at hand".

Diese Programmapplikation wird nun im Sinne der Entscheidungsfindung einer evidenzbasierten Praxis um einen weiteren Schritt ergänzt, nämlich „(d) considering this evidence together with the values and expectations of clients [...bzw. mit] client's preferences and actions"(Gibbs/Gambrill 2002, S. 453). Damit sei für Befürworter*innen der EBP klar, dass es explizit nicht um eine bloße technologische Programmanwendung gehe. Das Problem dieser Formulierung ist weniger programmatischer, sondern methodologischer Natur. Evidenzbasierte Praktiker*innen müssten zwischen tendenziell konkurrierenden Erfordernissen aus sehr unterschiedlichen Typen von Informationen abwägen. Bei der Aufforderung sich zugleich an Evidenzen über Wirksamkeit und einer Reihe anderer Dinge zu orientieren, bleibt offen, ob eine Praxis dann als evidenzbasierte Praxis zu gelten habe, wenn sie der Evidenz aus Wirkungsforschungen folgt, oder auch dann, wenn sie diesen *nicht* folgt. Die Aufforderung, aus unterschiedlichen Typen von Informationen etwas synergetisch Drittes zu erzeugen, kann jedenfalls nicht sinnvoll gemeint sein: Es käme entweder der Aufforderung gleich, weder der Evidenz, noch den Adressat*innenperspektiven zu folgen, oder wie z. B. Sigrid James (2016) fordert, sich an den Werten und Adressat*innenpräferenzen sowie den eigenen professionellen Werten zu orientieren, stärkenorientiert und partizipativ vorzugehen, sich dabei systematisch nach Risiko- und Schutzfaktoren zu richten und zugleich der Programmintegrität von evidenzbasierten practice guidelines oder Maßnahmemanualen zu folgen. Das ist in etwa so sinnvoll wie eine Fahrempfehlung, die fordert sich auf den eigenen Orientierungssinn zu verlassen, strikt den Anweisungen des Navis zu folgen, die Sterne im Auge zu halten und dann irgendwo rechts oder im Zweifelsfall auch links abzubiegen. Das Problem ist, dass Wirkungsaussagen über Programme nicht mehr gültig sind, wenn man von dem Programm abweicht. Dies hängt mit methodischen Prämissen über die Wissenserzeugung über die Wirksamkeit von Programmen zusammen.

6. EBP und Priorität der Experimentalforschung

In der EBP-Agenda ist die Präferenz für bestimmte empirische Untersuchungsdesigns und -methoden angelegt, die sich im Wesentlichen als unterschiedliche Formen der Experimentalforschung beschreiben lassen. Der enge Zusammenhang von Experimentalforschungen und der EBP ist unbestritten und gilt auch wenn sich vermehrt Positionen finden, die argumentieren, dass sog. Evidenzhierarchien, die (randomisierenden) Kontrollexperimenten (RCTs) gefolgt von quasi-experimentellen Studien den höchsten Standard einräumen, zwar „früher" verbreitet waren, aber mittlerweile „die Existenz einer allumfassenden Evidenzhierarchie weitestgehend verneint bzw. davon ausgegangen wird, dass die jeweilige zu beantwortende Frage die Relevanz spezifischer wissenschaftlicher Evidenz begründet" (Ghanem et al. 2017, S. 451)[3]. Christian Ghanem et al.

---

3 Ferner wird bisweilen konstatiert, dass die „Diskussionen über qualitativ vs. quantitativ und positivistisch vs. interpretativ unsere Aufmerksamkeit vom Potenzial von EBP zur Weiterentwicklung professioneller Sozialer Arbeit ablenken könnte" (Ghanem et al. 2017, S. 451).

können für den vermeintlichen Wandel der Debatte eine Reihe von Quellen und Belegen anführen. In der Regel lauten die Argumente dabei aber zum einen, dass die Validität des Nachweises eines kausalen Einflusses nicht die einzige klinisch relevante Größe sei und zum anderen, dass Hierarchien von Evidenz nicht die wissenschaftliche oder praktische Relevanz von Untersuchungszugängen und Forschungsergebnissen abbilden. Die Hierarchien qualifizieren lediglich die (interne) Validität von Wirkungsaussagen. Das ist zwar zutreffend, allerdings wird der internen Validität von Wirkungsaussagen entscheidende Bedeutung zugewiesen. Anders formuliert, wird hinsichtlich der Gültigkeit von Wirkungsaussagen von der Notwendigkeit einer Evidenzhierarchie gerade nicht Abstand genommen (vgl. Bellmann 2016). Diesbezüglich lassen international weder die Campbell noch die Cochrane Collaboration einen Zweifel an der Evidenzhierarchie. Auch in Deutschland basieren z. B. AWMF-Leitlinien auf solchen Klassifizierungen von Evidenzstufen und sprechen – ähnlich wie das Institut für Qualität und Wirtschaftlichkeit im Gesundheitswesen – bei Ergebnissen von Studien, die in der Hierarchie unterhalb von Kontrollstudien stehen auch im günstigsten Fall nur von schwacher Evidenz. Auch in Bereichen der Kriminologie oder der empirischen Bildungsforschung wird die Evidenzpyramide im Prinzip geteilt. Konstatiert werden eher operative Schwierigkeiten der Anwendung von Randomisierungsverfahren und damit verbundene Probleme wie z. B. mit Blick auf Strukturentscheidungen in Policy-Bereichen Evidenzen zu gewinnen die den methodischen Anforderungen auf höheren Stufen der Evidenz-Hierarchie entsprechen (vgl. z. B. Bromme et al. 2016)

Im Prinzip verweisen die von Ghanem et al. zitierten Autor*innen lediglich auf die Binsenweisheit, dass es die zu beantwortende Frage sei, die das methodische Design bestimmen soll. Allerdings ist die zentrale Frage der EBP gesetzt – es geht darum „evidence of effectiveness" (Davies et al. 2000, S. 3) von Maßnahmen zu liefern. Vor diesem Hintergrund haben Cournoyer und Powers (2002, S. 799) für die Soziale Arbeit vorgeschlagen, EBP als eine Agenda zu verstehen

„which dictates that professional judgments and behavior should be guided by two distinct but interdependent principles. First, whenever possible, practice should be grounded on prior findings that demonstrate empirically that certain actions performed with a particular type of client or client system are likely to produce predictable, beneficial, and effective results […]. Secondly, every client system, over time, should be individually evaluated to determine the extent to which the predicted results have been attained as a direct consequence of the practitioner's actions".

Folgt man Cournoyer und Powers und versteht EBP in diesem Sinne (und nicht nur als eine Praxis, die sich ggf. durch empirische Forschungsbefunde irritieren lässt[4]), lautet die zentrale Frage der Forschungen, ob bestimmte klar definierte Konzepte bezüglich bestimmter, intendierter Outcomes als wirksam gelten können, oder genauer, ob sich nachweisen lässt, dass eine Maßnahme x eine komparativ höhere Wahrscheinlichkeit hat ein bestimmtes Ziel zu erreichen als wahlweise eine alternative Maßnahme y oder keine Maßnahme. Diese auf Interventionseffektivität hinsichtlich vorgegebener Zielformulierungen ausgerichtete Frage, lässt sich nicht sinnvoll mit Surveys, dichten Beschreibungen oder anderen – qualitativen oder quantitativen – Rekonstruktionen komplexer Hilfe- und Erziehungsprozesse bearbeiten. Methodisch werden sind Verfahren erforderlich, aus denen statistisch zuverlässige Schlüsse über Maßnahme-Effekt-Zusammenhänge gezogen werden können. Diesbezüglich wird ein probabilistischer Wirkungsbegriff akzentuiert, wenn „in EBP versucht (wird), verlässliche Aussagen über die Effekte von Interventionen bei bestimmten Populationen zu treffen. Die Messung der Wirkung eines Interventionsprogramms erfolgt möglichst in einem kontrollierten experimentellen Design mit randomisierter Zuweisung der Untersuchungsteilnehmenden zur Experimentalgruppe und zur Kontrollgruppe […]. Die Orientierung an erzielten Effekten wird auf den verschiedenen Ebenen von Praxis (direct practice, community practice, administrative practice, policy practice, macro practice) gefordert" (Hüttemann 2010, S. 119).

Sofern es um den Nachweis der Wirksamkeit (bzw. der Wahrscheinlichkeit eines bestimmten Outcomes) einer Maßnahme geht, ist die Evidenzpyramide keine Entscheidung aufgrund von Präferenzen, die man nach Belieben auch anders formulieren könnte. Vielmehr müssen Methoden, die in der Lage sind einen stochastischen Objektbereich zu erfassen, als tauglicher gelten, als z. B. Methoden, die die Sinnstrukturiertheit praktischer Realitätskonstruktionen zu rekonstruieren trachten.

In den Methodendebatten der EBP-Agenda stehen daher Verfahren im Mittelpunkt, die eine hohe Güte im Sinne der sog. interne Validität von Aussagen hinsichtlich von Wirkungswahrscheinlichkeiten einer Maßnahme verspre-

---

4   Einige Protagonist*innen behaupten der EBP würde es weder (einseitig) um Effekte von Interventionen noch (einseitig) um die Orientierung der Praxis an diesen Effekten gehen. Dies sei ein Missverständnis, das aus ‚alten‘ Konzeptionen stamme, aber für ‚neue‘ nicht mehr zutreffe. Was dann aber als die ‚neue‘ Konzeption vorgestellt wird, beinhaltet nicht viel mehr als den Verweis auf die potenzielle Relevanz empirisch fundierten Wissens für die Praxis. Mit dem, was seit den 1990er Jahren als EBP verhandelt wurde, und immer noch verhandelt wird, würde diese ‚neue‘ Konzeption nur noch das das Etikett teilen und das bekannte Zitat von Shlonsky und Gibbs (2003, S. 151) seitenverkehrt umgestalten: „[It is just] what we have been doing all along under another name" – but now we prefer to call it EBP.

chen. Alleine dies ist für die Eingruppierung von Verfahren in der Evidenzhierarchie entscheidend. Die verschiedenen Hierarchien, die von unterschiedlichen Autor*innen und Vereinigungen vorgeschlagen und verbindlich gemacht worden sind, unterscheiden in einzelnen Details, gehen aber alle in dieselbe Richtung: Auf der ersten Ebene stehen RCTs bzw. Meta-Analysen mehrerer RCTs, die als methodischer Goldstandard der Wirkungsforschung gelten. Auf der zweiten Ebene sind quasi-experimentelle Studien bzw. kontrollierte Studien ohne Randomisation angesiedelt. Auf der dritten Ebene finden sich nichtexperimentelle sowie deskriptive Studien und auf der vierten Ebene sind schließlich Meinungen von Experten-Kreisen verortet. Gelegentlich werden qualitative Studien ebenfalls auf dieser vierten Ebene positioniert, in aller Regel finden sie in den Evidenzhierarchien aber keine Erwähnung. Die Studien auf den Ebenen eins und zwei gelten als das Fundament der EBP im engeren Sinne. Studien auf Ebene drei wird nur eingeschränkte Gültigkeit zugewiesen. Die Wissensformen auf Ebene vier beinhalten keine validen Wirkungsaussagen. Diese Wissensformen sollen gerade durch eine EBP überwunden werden.

David Sackett und andere Begründer*innen der EBP haben zwar betont, dass evidenzbasierte Praxis nicht auf randomisierte Studien und Meta-Analysen beschränkt sein sollte. Damit haben sie aber weniger die Evidenzpyramide in Zweifel gezogen, sondern pragmatisch festgestellt, dass angesichts der Tatsache, dass sich Studien auf dem Niveau des Goldstandard nicht immer finden oder dass vor dem Hintergrund spezifischer Praxissituationen oder Feldbedingungen randomisiert-kontrollierte oder andere methodisch hoch bewertete Experimentalstudien aus rechtlichen, ethischen oder forschungsmethodischen nicht in Frage kommen (können), Studien der niedrigeren Ebene besser seien als gar kein validiertes Wissen (ähnlich Bromme et al. 2016). Ebenfalls findet sich das Argument, dass für die Analyse der Implementation der EBP keine RCT sinnvoll oder notwendig seien, zumal Implementationsstudien eine andere Fragestellung aufweisen als Wirkungsstudien. RCTs als Goldstandard der Wirkungsforschung stellen aber für eine EBP die zu präferierende Wissensbasis aufgrund der höchsten Güte des Wirkungsbelegs dar. In der Sozialen Arbeit nicht anders als in anderen Feldern findet sich eine ganze Reihe von Studien, die lediglich mit Nachdruck *behaupten,* Wirkungen zu messen. Die Anzahl der Studien, die dieses Versprechen in einer methodisch validen Weise einlösen, ist deutlich geringer. Dies zu kritisieren, kann als ein wesentliches Verdienst der EBP gelten: Sie beinhaltet, das integre Ziel zwischen validen Forschungsergebnissen und der „Propaganda" von Junk Science zu unterscheiden (Gambrill 2001, S. 167).

Experimentalstudien – insbesondere RCTs – gehören zu jenen Studiendesigns, die das anspruchsvolle Versprechen halten können, belastbare Aussagen über die Wirkung von Maßnahmen zu formulieren. Sie basieren darauf, Ergebnisse von Adressat*innengruppen, die eine bestimmte Maßnahme erhalten haben, mit den Ergebnissen von Gruppen zu vergleichen, die diese Maßnahme nicht erhalten. Sofern methodisch sichergestellt ist, dass die Differenz der Ergebnisse dieser Gruppen nicht aufgrund anderer Einflüsse als durch die Maßnahme zustande gekommen ist, gilt diese als Wirkung der Maßnahme. Die experimentelle Wirkungsforschung überprüft also die Wahrscheinlichkeit, mit der auf ein Ereignis X (z. B. eine Hilfe zur Erziehung) unter definierten Bedingungen ein Ereignis Y (die Wirkung dieser Hilfe) folgt. Die Wirkungsüberprüfungen von Maßnahmen auf dem Fundament Experimentalstudien macht sich an drei grundlegenden Prüfkriterien fest: Erstens, ob das ursächliche Ereignis X der Wirkung (Ereignis Y) zeitlich vorausgeht[5] und zweitens ob X einen messbaren Einfluss auf Y hat, genauer, ob die konditionale Wahrscheinlichkeit von Y in Anbetracht von X höher ist als die unkonditionale Wahrscheinlichkeit von Y (Granger-Kausalität). Diese beiden Kriterien können durch eine ganze Reihe unterschiedlicher Prä-Post Designs zur Outcome-Analyse überprüft werden. Allerdings kann es aber eine Reihe von bekannten oder unbekannten Faktoren Z geben, die Einfluss auf die Wahrscheinlichkeit von Y entfalten, aber nur wenig mit der Maßnahme X zu tun haben. Hierin besteht die besondere Leistung von RCTs. Sie versprechen – und dies ist das dritte Kriterium – sicher zu stellen, dass sich keine anderen Einflüsse Z (sog. Störvariablen) finden, die den Zusammenhang von X und Y statistisch irrelevant machen. Verfahren zur Randomisierung, d. h. zur zufälligen Verteilung der Interventionsadressat*innen in eine Experimentalgruppe, die die zu untersuchende Maßnahme erhält und in eine Kontrollgruppe, die keine oder eine alternative Maßnahme erhält, sorgen bei einer ausreichend großen Stichprobengröße (namentlich sobald die Stichprobe groß genug ist, um gemäß dem zentralen Grenzwertsatz[6] davon auszugehen, dass die Wahrscheinlichkeiten der t-Verteilung kontinuierlicher Zufallsvariablen approximativ mit der Normalverteilung berechnet werden kann[7]) dafür, dass die Störeinflüsse in der Experimental- und Kontrollgruppe approximativ gleich verteilt sind. Bei einer Gleichverteilung der Störvariablen kann logischerweise davon ausgegangen werden, dass auch ihr systematischer Einfluss auf den Outcome in der Maßnahme- und Vergleichsgruppe gleich verteilt ist (formal: $P(Y|X, Z) = P(Y|Z)$). Störvariablen werden in diesem Sinne statis-

5 Daher basieren RCTs auf mindestens zwei Messzeitpunkten: Eine Messung vor der Maßnahme und eine nach der Maßnahme. Anspruchsvollere Verfahren ziehen mehr als zwei Messzeitpunkte heran, um es unter Umständen zu ermöglich, Verläufe und Wachstumskurven abzubilden.

6 Der zentrale Grenzwertsatz lautet kurz gesagt, dass die Summen von stochastisch unabhängigen Zufallsvariablen annähernd normal verteilt sind.

7 Als etablierte Faustregel in der psychologischen Interventionsforschung gilt n > 30. Diese Faustregel ist der psychologisch orientierten Klein- und Kleinstforschung allerdings sehr zugewandt. Allgemein sind Stichprobengrößen relativ zu Populationsgrößen (vgl. Lohr 1999).

tisch eliminiert. Diese statistische Eliminierung des Einflusses der Störvariablen ist dem methodischen Gruppendesign geschuldet und gilt nur für die gesamte Gruppe, aber nicht für je einzelne Individuen dieser Gruppe. Anders ausgedrückt, formulieren RCTs keine validen Wirkungsaussagen auf einer Individualebene. Nämliches gilt auch für quasi-experimentelle Verfahren, die Drittvariablen erfassen und durch Matching- und andere Parallelisierungsverfahren zu kontrollieren versuchen.

In ihrem unbestrittenen Standardwerk zur Experimentalforschung in der Sozialwissenschaft, *Experimental and Quasi-Experimental Designs for Generalized Causal Inference*, heben William Shadish, Thomas Cook und Donald Campbell (2002) das Beschreiben der Folgen, die einer bewussten Variation einer Behandlung zugeschrieben werden können, als die einzigartige Stärke von Experimentaldesigns hervor. In dieser Stärke der experimentellen Wissensbasis der EBP liegt aber eine Problematik für die EBP als sozialarbeiterische Praxis. Experimentalforschungen liefern valide Kausal*beschreibungen*, sie klären jedoch nicht über die Bedingungen und Mechanismen auf, durch die diese Kausalbeziehungen zustande kommen. Anders formuliert, liefern sie keine Kausal*erklärungen*. Kausalbeschreibungen sind alle mal für das geeignet, was die EBP-Bewegung in den Mittelpunkt stellt: Sie liefern valide Aussagen darüber, ob ein bestimmtes Programm – bemessen an einem klar definierten evaluativen Endpunkt – wirksam oder unwirksam *war*.

7. Kausalbeschreibungen – Was ist das Problem?

Die Ausrichtung von Praxis an Befunden der Kausalbeschreibungen experimenteller Wirkungsforschungen zu spezifischen Maßnahmeprogrammen, ist eine zentrale Forderung der EBP. Genau diese Forderung steht auch von Beginn an im Mittelpunkt der Kritik. Das Problem stellt sich wie folgt dar: Wenn das Erkenntnisinteresse darin besteht, wirksame Praktiken zu beschreiben, um sie *künftig* wieder durchzuführen (d. h. die wirksamen Maßnahmen zu replizieren), kann es dabei nur um klar definierte Praktiken mit klar definierten Verfahren zu deren Implementation gehen.

Dies ist der Hintergrund des Vorwurfs von Kritiker*innen, EBP würde zu einer Art Kochbuch-Sozialer Arbeit führen. Obgleich sich solche Kochbuch-Anweisungen auch in aller Deutlichkeit finden und eine Reihe von Vertreter*innen der EBP wie z. B. Davies et al. (2000, S. 2) eine EBP, die das Handeln von Praktiker*innen direkt an die Ergebnisse empirischer Wirkungsforschung anzuschließen trachtet, explizit von einer *judgement-based professional practice* abgrenzen, die die Urteilskraft von Professionellen in den Mittelpunkt stellt (vgl. Herzog 2016), weisen vor allem Vertreter*innen einer evidenzbasierten Sozialen Arbeit diese Kritik zurück: Eine solche Soziale Arbeit habe die EBP nie gefordert und sie würde auch dem *Geist* der EBP wiedersprechen. Unabhängig davon, dass EBP in jeglicher Formulierung und auf einer ganzen Reihe von Ebenen ohne Zweifel ein Standardisierungsprojekt darstellt (vgl. Knaapen 2014), geht es gar um Fragen normativ-politischer Forderung, die man ggf. auch anders bewerten könnte. Die Kochbuchartigkeit einer EBP, die wirksame Maßnahmen auswählt und durchführt, folgt aus dem methodologischen Protokoll der Erzeugung evidenzbasierten Wirkungswissens: Kausalbeschreibungen sind mit dem Problem *externer Validität* konfrontiert und es ist ihre formale Methodologie selbst, „[which] puts severe constraints on the assumptions a target population must meet to justify exporting a conclusion from the test population to the target" (Cartwright 2007a, S. 11).

Das Problem externer Validität verweist auf ein Situationskriterium hinsichtlich der Verallgemeinerungsfähigkeit von Studienergebnissen. Experimentalforschungen haben ihre Stärke darin, dass sie sowohl den Einfluss der Kontexte, in denen die Experimente stattfinden, als auch den der vermittelnden Faktoren minimieren oder eliminieren, die zwischen Interventionen und Effekten intervenieren. Ihr *Zweck* ist es, valide Aussagen über Wahrscheinlichkeit formulieren zu können, mit einer definierten Intervention oder einem Interventionsprogramm, das gegenüber einer definierten Zielgruppe in einer ganz bestimmten Form und in einem ganz bestimmten Setting durchgeführt wurde, im Vergleich zu anderen Maßnahmen oder Non-Interventionen, die ein ganz bestimmtes Ziel erreichen. Dieser Fokus hat aber eine Reihe notwendiger Implikationen für die Wiederholung wirksamer Maßnahmen, die damit zusammenhängen, dass ihre Kausalbeschreibungen nur für die tatsächlich geprüften Kontexte und Programmgestaltungen gültig sind. Weil sich die Ergebnisse nicht auf andere Kontexte und Programmgestaltungen übertragen lassen, machen in Struktur oder Ausprägung veränderte Rahmenbedingungen die Aussagen der Kausalbeschreibung als objektive Entscheidungsgrundlage wertlos.

Dass die Replikation von Effekten von Maßnahmen, wie sie in Experimentalforschungen festgestellt wurden, die Befolgung der Verfahrensschritte von Maßnahmemanualen verlangt ist entsprechend keine Erfindung von Kritiker*innen, denen der sprachliche oder intellektuelle Zugang zu den Werken David Sacketts fehlt, oder die die eigentliche, richtig verstandene EBP nicht durchdrungen hätten. Vielmehr verlangen Organisationen, wie die Cochrane Collaboration oder in Deutschland der Wissenschaftliche Beirat Psychotherapie (2009, S. 31), standardisierte Diagnosen, ein „Therapiemanual, bei dem die Interventionen so beschrieben sind, dass das therapeutische Vorgehen vergleichbar und replizierbar ist", eine „prospektive Festlegung und umfassende Beschreibung der Kontrollbedingung" oder zumindest die „ex post facto Beschreibung der Kontrollbedingungen", sowie ein Belegen der „Manualtreue/Treatmentintegrität durch externe Beobachter" oder zumindest „durch Fragebögen".

Basierend auf den zu Grunde gelegten methodischen Grundannahmen, sind die Forderungen des Wissenschaftlichen Beirats korrekt und insgesamt eher permissiv als streng: Das Prinzip der Programmintegrität ist entscheidend, wenn Ergebnisse der experimentellen Wirkungsforschung zur Steuerung von Maßnahmen verwendet werden sollen. Denn bei der Einführung evidenzbasierter Programme stellen bereits leichte Veränderungen der Programme oder ihrer Kontexte die Validität der Aussagen kausaldeskriptiver Wirkungsmodellberechnung als praktische Entscheidungsgrundlage in Frage. Interventionen, so lautet daher die Forderung, „should be rigorously managed and delivered as designed" (Chapman/Hough 1998, S. 27). Die Sicherstellung der Integrität und Replizierbarkeit der Programme erfolgt typischerweise über Manuale, die im Sinne schriftlich fixierter Prozessanweisungen den Praktiker*innen vorschreiben, in einer definierten Situation A die Handlung B zu vollziehen – dies ist ziemlich genau das, was gemeint ist, wenn von einem Kochbuch-Ansatz die Rede ist.

Nimmt man die Prämissen und Gültigkeitskriterien der Experimentalforschung ernst, dann impliziert eine wirkungsorientierte Steuerung auf der Basis von Kausalbeschreibungen der Wirkungsforschung nicht nur (transparente) Verfahrensstandards der Organisation, sondern eine Standardisierung der Praxis im Sinne technologischer Applikationen von Programmvorschriften, die im Widerspruch zur Betonung des fallinterpretativ-hermeneutischen Ermessens bei Handlungsentscheidungen stehen, das als Gütekriterium angemessener professioneller Praxis gilt.

Auch wenn Protagonist*innen der EBP (vgl. z. B. Deimel 2018) nicht müde werden zu behaupten, EBP würde – im Sinne eines *critical appraisal* statt eines guideline-Modells (Björk 2016, S. 13) – lebensweltliche, normative und andere ideographische Dimensionen der Nutzer*innen integrieren und Wert auf demokratische Deliberationen bei Maßnahmenentscheidungen legen, gibt es Gründe dies zu bezweifeln. In aller Regel bestreiten die Kritiker*innen nicht, dass Protagonist*innen der EBP ggf. eine solche breite Version der EBP implementieren *wollen* und es geht ihnen meist auch nicht darum, die Existenz von Projekten abzustreiten, die sich als EBP verstehen und dabei responsiv auf die Bedürfnisse, Deutungen und Sinngebungsprozesse ihrer Adressat*innen eingehen. Die Kritik ist eher grundlegender und methodologischer Natur. Die EBP-Agenda zeichnet sich durch die Aufforderung zur Anwendung von Verfahren zur Erzeugung evidentem Wissen aus, die methodisch darauf ausgerichtet sind, die *interne* Validität der Aussagen zu erhöhen. Der Einbezug ideographisch besonderer Deutungen, Präferenzen etc. in die Entscheidungen auf der Wissensbasis intern valider Aussagen markiert aber einen „threat to [internal] validity" (Farrington 2003, S. 53). Allgemeiner formuliert, verweisen sie darauf, dass es insbesondere im Bereich der Experimentalforschung ein „well-known methodological truism" sei, „that almost in all cases there will be a trade-off between internal and external validity" (Cartwright 2007b, S. 220). Man muss sich insofern zwischen programmintegerer Manualtreue und deliberativ-partizipatorischer (d. h. im gewissen Sinn auch ergebnisoffener) bzw. situativ und ideographisch responsiver Praxis entscheiden, die die kommunikative Erzeugung der Unterstützung bei Lebensführungsproblematiken von Nutzer*innen betont. In dem Maße wie es zutrifft, was Schneider (2016, S. 207, mit Verweis auf O'Reilly/Kiyimb 2015, S. 167) schreibt, ist die EBP diesbezüglich entschieden:

> „Evidenzbasierte Ansätze, ob in der Sozialen Arbeit, in der Medizin oder im Management, gehen von einer Messbarkeit aus und beschreiben Ansätze, die davon geleitet sind, dass es eindeutige und richtige Methoden für eine Behandlung oder Beratung gibt. Dabei stützen sie sich auf eine Reihe von empirischen Daten. Unter dem Motto und der pragmatischen Zielsetzung ‚What works' stehen Wirkungen im Vordergrund bis hin zu der Maxime, dass nur eine Praxis, deren Evidenz eindeutig nachgewiesen ist, auch Berücksichtigung finden kann".

In diesem Zusammenhang sind auch die rhetorischen Überbietungswettbewerbe angesiedelt, wenn nicht weniger als „definitive results" (Schuller 2008, S. 28) „secure knowledge" (Cook/Gorard 2007, S. 45) oder „a coherent, self-evident and uncontested body of research evidence" (kritisch: Hawkins/Parkhurst 2016, S. 580) gefordert und „unbiased summaries of entire bodies of empirical evidence, making them uniquely useful sources of information for policy and practice (Little/White 2017, S. 6) versprochen werden.

8.   Das Scheitern der EBP

Wie Eileen Munro et al. (2017, S. 146) nachzeichnen, besteht ein typisches Moment der EBP Agenda darin, dass „references to 'what works' are made as if the findings of an RCT can be readily generalized". Auf diesem Fundament werde EBP in eine

> „technocratic culture in children's services [... eingebunden H.Z.], a longer term trend of seeking to treat family problems as amenable to a techno-rational approach where the moral dimension of interfering in people's private lives is pushed into the background. Recent decades have seen strategies for improving services taking the form of seeking to proceduralise them and reduce the role of individual expertise, with form filling and box-ticking becoming dominant. [... This however] leads to services giving insufficient time and skill to helping families solve problems, and also that it fails to provide the requisite variety to meet the range of needs that professionals address".

Solche und ähnliche mit der EBP-Agenda verbundenen Problematiken werden in unterschiedlichen Praxisanalysen dokumentiert. Was an Konzeptionen der EBP kritisiert worden ist, kann inzwischen auch als weitgehend empirisch bestätigt gelten. Das Argument, dass dies nicht das Problem der EBP, sondern einer falsch verstandenen, einseitigen, verzerrten oder schlecht implementierten EBP sei, weißt zum einen genau die Züge einer Immunisierung gegen empirische Einwände auf, die Vertreter*innen der EPB dem Professionalismus vorgeworfen haben und kann auch darüber hinaus wenig überzeugen. Die skizzierten Probleme sind in der Regel nicht auf Böswilligkeit oder Unvermögen zurückzuführen, sondern auf konzeptionelle Grundannahmen sowie auf methodische Protokolle der EBP-Agenda selbst. Anders formuliert: So lange EBP das meint, was EBP gegenwärtig ist, sind die skizzierten Problematiken unvermeidbar.

Zumindest im Feld der personenbezogenen Social Policy (in körpermedizinischen Feldern sowie im Bereich der Arznei-, Düngemittel- und anderer stofflicher Forschung mag sich dies anders darstellen) kann eine recht eindeutige Bilanz der bisherigen Entwicklung der EBP gezogen werden. Knapp formuliert ist die Geschichte der EBP im Feld der personenbezogenen Social Policy eine Geschichte des Scheiterns eines Konzepts. Diese Deutung ist keine Frage der Präferenz, sondern eine Frage der Evidenz.

Die Beschreibung von EBP als gescheitertes Konzept mag überraschen: An der Notwendigkeit von Wirkungsforschung oder daran, dass – insbesondere für staatliche Interventionen in die Intimsphäre von Bürger*innen – methodisch valide gesichertes Wissen der bloßen Spekulation oder Glaubensannahmen vorzuziehen sei, gibt es wenig rationalen Zweifel. Darüber hinaus hat EBP Konjunktur. In Deutschland ist das Konzept im Aufstieg begriffen. Seine Protagonist*innen publizieren eifrig und in einem gewissen Sinne auch erfolgreich. Auch politisch gibt es Rückenwind für EBP: „das Konzept der evidenzbasierten Praxis […m]it seiner Kritik an bisheriger professioneller (Entscheidungs-) Praxis […trifft] den politischen Nerv […und zeigt sich] kompatibilitätsfähig mit den manageriell ausgerichteten Steuerungsbemühungen" (Albus et al. 2018, S. 1569).

Während EBP diskursiv und politisch durchaus erfolgreich ist, kann von einem Scheitern der EBP-Agenda gesprochen werden, wenn man den Erfolg praktisch implementierter EBP-Programme als eine empirische Frage in den Blick nimmt (vgl. z. B. Drake et al. 2001, für eine breite Bilanz Nutley et al. 2013, für die Soziale Arbeit Gray et al. 2009). In den letzten Jahren findet sich international eher eine Debatte darüber, *warum* die EBP-Agenda, *nach ihren eigenen Maßstäben bemessen*, gescheitert ist und weniger, *ob* dies der Fall ist (s. dazu Midgley 2009). Auch kritische Befürworter*innen der EBP bezweifeln in der Regel weniger die Diagnose des Scheiterns, sondern verweisen auf Befunde zu Mängeln der Implementation eines des ansonsten vermeintlich überzeugenden Konzepts. So finden sich im sozialpolitischen bzw. im Bereich sozialer Dienstleistungen deutliche Hinweise darauf, dass evidenzbasierte Praxismanuale de facto nie umfassend und manualgetreu implementiert werden (vgl. z. B. Spyridonidis/Calnan 2011). Andere Protagonist*innen der EBP kritisieren dass eine technokratische Auswahl des Programms mit der besten Evidenz nahezu notwendig scheitern muss, dass Programmanweisungen der EBP insgesamt „too fixed, rigid and prescriptive" (Nutley et al. 2013, S. 25) wären und die EBP überall dort wo sie praktisch prominent wurde, das Format von Top-Down-Regulierungen angenommen habe, in der standardisierte Praxisanweisungen recht nahtlos in managerialistische Formate von Prozess- und Organisationsgestaltungen überführt worden seien. Dies hat eine Reihe organisationsanalytischer Forschungen nachgezeichnet, sowohl aus dem Bereich der Medizinsoziologie – wie etwa die Arbeiten von Harrison (2002, S. 470), die die Entstehung eines ‚scientific bureaucratic model' der Praxisregulation rekonstruieren – als auch im Kinderschutz (Munro et al. 2017) sowie der Sozialen Arbeit im Allgemeinen (vgl. Bergmark et al. 2012, White/Stancombe 2003). Die Befunde dieser Arbeiten sind deckungsgleich mit den Ergebnissen der Studien von Alexander Björk (2016, S. 62), die dieser wie folgt zusammenfasst: EBP,

> „when enacted in the social services' actual practice [is …] incorporated into a bureaucratic rationale based on organizational control of social worker activities [… and] transformed into a set of bureaucratic rules which the social workers are supposed to follow, e.g. implementing and controlling the use of a set of standardized procedures […] where the social workers have restricted capacity to use their own professional judgment".

Nimmt man den Stand der Forschung ernst, scheinen die Praxis normierenden und standardisierenden Aspekte der EBP stärker zu wiegen als die empirischen Evidenz-Aspekte. „It has long been acknowledged", betont ein neueres Papier der *Alliance for Useful Evidence,* „that policymakers and practitioners make decisions in environments in which they are subject to multiple, often competing, influences and concerns – of which 'evidence' is only one, and a highly – contested one at that" (Nutley et al. 2013, S. 24, vgl. Hawkins/Parkhurst 2016).

Der gebremste Enthusiasmus der kritischen Befürworter*innen von EBP speist sich in der Regel aus Befunden, die als Implementationshemmnisse oder als Spannungsverhältnis zwischen einer idealen EBP und realen Policy-Prozessen gedeutet werden. Diese Deutung ändert aber wenig am Befund einer mangelnden empirischen Evidenz für die Praxis der EBP. Dieser Mangel wird ersichtlich, wenn man den Blick nicht auf die Wirksamkeit der Programme richtet, auf der EBP aufbauen, sondern auf die Evidenzen zur Wirksamkeit einer Praxis, die evidenzbasierten Programmatiken folgt.

Die meisten Studien zur Wirksamkeit der EBP kommen aus Großbritannien. Dies liegt u. a. darin begründet, dass EBP in kaum einem anderen Land in vergleichbarem Ausmaß zur Doktrin der Politik und sozialpolitischen Leistungsgestaltung geworden ist. Es ist einer regierungsnahen Forschung zu verdanken, dass sich qualitativ hochwertige Studien finden, die nicht nur fragen, ob eine bestimmte Maßnahme unter bestimmten Bedingungen ein bestimmtes Ziel wahrscheinlicher erreicht als eine andere, sondern die ungleich interessantere Frage stellen, ob eine praktisch implementierte EBP, die evidente Maßnahmen und Verfahren repliziert, im Bereich von Social Policy tatsächlich bessere, effektivere und nützlichere Resultate liefert. Die Durchführung sowie Sammlung und Aufbereitung der Ergebnisse solcher Forschungen ist u. a. das Anliegen des an der London School of Economics angesiedelten *Evidence for Use* Projekts. Dass dieses außerordentlich gut ausgestattete Projekt als Tony-Blair Institut verspottet wurde mag dazu beigetragen haben, die Leitung an eine Wissenschaftlerin zu übertragen, die alle Insignien von Eminenz auf sich vereinigt: Nancy Cartwright, Professorin für Wissenschaftstheorie mit Spezialisierung in Fragen für Kausalinferenz in Feldern der Physik und Ökonomie sowie Mitglied der British Academy, der US-amerikanischen National Academies, der deutschen Leopoldina und des nationalen britischen Standing Committee on Research and Evidentiary Standards. Nach etwa fünfzehn Jahren Forschung bilanziert Cartwright den Stand der Forschung wie folgt:

> „the dominant methods which are in use now – broadly speaking, methods that imitate standard practices in medicine like randomized control trials – *do not work*. They fail […] because they do not enhance our ability to predict if policies will be effective. The prevailing methods fall short not just because social science, which operates within the domain of real-world politics and deals with people, differs so much from the natural science milieu of the lab. Rather, there are *principled reasons why the advice for crafting and implementing policy now on offer will lead to bad results*" (Cartwright/Hardy 2012, Herv. HZ.).

Wirklich überraschend ist dies nicht. Vor einem halben Jahrhundert besteht Robert K. Merton – der nun wirklich keinen Zweifel daran lässt, dass er empirisch-wissenschaftliches Wissen für überlegen hält, diesem Objektivitätsansprüche mit Blick auf die Gültigkeit und Existenz sozialer Phänomene (inklusiver sozialer Probleme) zuschreibt und im weiteren valide Kausalerklärungen für die vornehmste Aufgabe sozialwissenschaftlicher Forschung hält – darauf, eine scharfe Grenze zwischen sozialwissenschaftlichem Wissen und einer „isolated proposition summarizing observed uniformities of relationships between two or more variables" (Merton 1968, S. 66) zu ziehen. Letztgenannte Operation produziere kein Wissen, sondern *data* und beantworte keine Fragen, sondern werfe interpretations- und erklärungsbedürftige Fragen auf. Nimmt man Mertons Kriterien als Maßstab, stellt sich das Wissenskonzept der EBP nicht als wissenschaftlich und anspruchsvoll, sondern als erklärungsabstinent und reduktionistisch dar. Durchaus verwandt mit Mertons Gegenvorschlag zur Erzeugung von Erklärungswissen im Sinne von empirisch prüfbaren *middle range theories*, sind Nancy Cartwright und eine Reihe weiter Wissenschaftler*innen bemüht, kausalexplanative Verfahren zu entwickeln. Diesen Forschungen geht es weniger um Black-Box-Erklärungen bzw. Feststellung, ob ein Programm effektiv ist und repliziert werden kann – ohne Aussage über Mechanismen anzugeben, die beobachtbare Zusammenhänge hervorzubringen in der Lage sind – sondern um Analysen von Kausalmechanismen unter spezifizierbaren Kontextbedingungen zur (theoretischen) Qualifizierung professioneller Fall- und Ermessensentscheidung (vgl. Munro et al. 2017; Caffrey/Munro 2017; Lane et al. 2016). Dabei folgen sie weniger der programmwirkungsbeschreibenden EBP-Programmatik, sondern ähneln jenen professionalisierungstheoretisch fundieren Alternativen, die dezidierte Kritiker der EBP vorgeschlagen haben (vgl. Otto et al. 2009). Im derzeitigen Mainstream der EBP-Debatte in der Sozialen Arbeit spielen Analysen, die im Sinne von evidenzbasierten Theorien über Kontext-Wirkungsmechanismen eher zur Erklärung und Aufklärung als zur unmittelbaren Anleitung von Praxis tauglich sind, keine ersichtliche Rolle. Sie lassen sich eher als Gegenbewegung beschreiben, die nicht zuletzt aus der Einsicht in das Scheitern der EBP entwickelt werden.

9. Was bleibt?

Auch für Kritiker*innen finden sich Gründe dafür, das Scheitern der EBP zu bedauern. Die EBP ist um seriöse Wirkungsforschung bemüht und das Vertrauen in die professionelle Selbststeuerung scheint auch ohne die EBP-Agenda erschüttert. Professionalismus wird derzeit weniger durch EBP, sondern durch eine sog. wirkungsorientierte Steuerung ersetzt, die weit hinter den Anspruch der EBP zurückfällt. Statt evidenzbasierte Programme werden dabei Zielvereinbarungen, Verfahrensvorschriften, Richt- und Leitlinien sowie Zertifizierungssysteme akzentuiert. Durch ein (dezentralisiertes) System von Kontrollketten sowie Evaluations- und Auditprozessen, die auf quantifizierbare Kriterien, Kennzahlen, Qualitätsstandards etc. rekurrieren werden nicht nur Inhalte vorgegeben, sondern auch Zeitstrukturen formalisiert, getaktet und kontrollierbar gemacht. Was als Kern professioneller Kunst bei der Bearbeitung morphologisch unspezifischer Lebensführungsproblematiken gilt, nämlich die Kunst des Beurteilens (was ist der Fall?) und des Urteilens (was ist zu tun?) angesichts von Mehrdeutigkeiten und Deutungsalternativen, verschiebt sich zur *Kunst* der Vorgabe und Erreichung von Zielen, die S.M.A.R.T (specific, measurable, attainable, realistic, timely), also eindeutig, zeitlich fixiert und leicht überprüfbar bzw. messbar sein sollen. Evidenzbasiert im Sinne der EBP sind diese Vorgaben nicht. Auch führende Vertreter*innen der EBP haben diese Steuerungsformate kritisiert. Nach Donald T. Campbell ist nicht nur die Campbell Collarboration, sondern auch Campbell's Law benannt. Wenn Leistungsanbieter einem System spezifischer Verfahren und Leistungsbemessungen unterworfen werden, tendieren sie dazu, Aktivitäten zu entwickeln, die auf die Erfüllung von Vorgaben und das Erreichen von Indikatoren ausgerichtet werden, die im Monitoring wertvoll sind. Dies korrumpiere unweigerlich die Konstruktvalidität evaluativer Messungen: „The more any quantitative social indicator is used for social decision making, the more subject it will be to corruption pressures and the more apt it will be to distort and corrupt the social process it was intended to monitor" (Campbell 1979, S. 85).

Vor diesem Hintergrund haben insbesondere quasi-experimentelle Wirkungsforschungen deutlich gemacht, dass der Effekt der zunehmend verbreiteten *performance measurement systems* gering sei. Als Anreizmechanismen in Kontrakten und als Steuerungsgrößen in Form vorgegebener Regelungen und Verfahren haben sie potentiell adverse Wirkungen auf Leistungserbringungen (vgl. Verbeeten/Speklé 2015). Richtet man den Blick auf Organisationen des öffentlichen Sektors, verschärft sich dieser Befund: „strong emphasis on targets and incentives may result in dysfunctional behaviour when goals are ambiguous and difficult to measure" (Verbeeten/Speklé 2015, S. 959; Visser 2016). Solche *ambigues goals* sind v.a. in Organisationen des öffentlichen Sektors weit verbreitet (Pollitt/Sorin 2011; Visser 2016). In der empirischen institutionenökonomische Wirkungsforschung werden bisweilen gerade Organisationen Sozialer Arbeit – namentlich auf „child protection services" und „activities of a community development worker" (vgl. Speklé/Verbeeten 2014) – als idealtypische Beispiele herangezogen, wenn es darum geht, das Ambigues-Goals-Problem und das damit verbundene Scheitern orthodoxer New Public Management Reformen zu exemplifizieren.

Befunde aus der Experimentalforschung mögen nur bedingt tauglich sein, wenn es darum geht Praxis evidenzbasiert anzuleiten. Aber Kausalbeschreibungen *sind* geeignet um zu zeigen, *ob* ein Programm seine propagierten Ziele erreicht oder eben nicht erreicht. Es ist die Tragik der Wirkungsforschung, dass ihren Befunden vor allem dort Aufmerksamkeit geschenkt wird, wo ihre Implikationen problematisch sind. Wo Forschungen indes profunde und wertvolle Evidenzen liefern, stoßen sie oft auf ein deutlich geringes Interesse. Dies gilt hinsichtlich der performance measurement systems im Kontext wirkungsorientierter Steuerung ebenso wie im Falle jene Fake-Formen der EBP, die als *Return-of-Social-Investment*-Forschungen Kosten-Nutzen-Rechnungen aufstellen und dabei auf solide Befunde zu den Wirkungen der Maßnahmen verzichten. Eine Soziale Arbeit, die evidenzbasierten Kochbuchempfehlungen der

Campbell Collaboration folgt, ist allemal einer Sozialen Arbeit vorzuziehen, die nach evidenzresistenten Prämissen *wirkungsgesteuert* wird.

Literatur

Adkins, Matthew (2014): The Idea of the Sciences in the French Enlightenment: A Reinterpretation. Lanham: Rowman & Littlefield.

Albus, Stefanie/Micheel, Heinz-Günther/Polutta, Andreas (2018): Evaluation und Wirkungsorientierung. In: Böllert, Karin (Hrsg.): Kompendium Kinder. Und Jugendhilfe. Wiesbaden: Springer, S. 1563–1582.

Argyris, Chris/Schön, Donald (1974): Theory in Practice: Increasing Professional Effectiveness. San Francisco: Jossey-Bass.

Beck, Ulrich/Bonß, Wolfgang (1984): Soziologie und Modernisierung. In: Soziale Welt, 35, S. 381–406.

Bellmann, Johannes (2016): Datengetrieben und/oder evidenzbasiert? In: Zeitschrift für Erziehungswissenschaft, 19, S. 147–161.

Bergmark, Anders/Bergmark, Åke/Lundström, Tommy (2012): The mismatch between the map and terrain – evidence-based social work in Sweden. In: European Journal of Social Work, 15, S. 598–609.

Björk, Alexander (2016): Evidence-based practice behind the scenes: How evidence in social work is used and produced. Stockholm: Stockholm University.

Black, Nick (2001): Evidence based policy: Proceed with care. In: British Medical Journal 323, S. 275–279.

Bromme, Rainer/Prenzel, Manfred/Jäger, Michael (2016): Empirische Bildungsforschung und evidenzbasierte Bildungspolitik. In: Zeitschrift für Erziehungswissenschaft, 19, S. 129–146.

Buetow, Stephen (2009): EBM and the strawman. In: Journal of Evaluation in Clinical Practice, 15, S. 957–959.

Caffrey, Louise/Munro, Eileen (2017): A systems approach to policy evaluation. In: Evaluation, 23, S. 463–478.

Campbell, Donald (1979): Assessing the impact of planned social change. In: Evaluation and Program Planning, 2, 1, S. 67–90.

Carter, Genevieve (1971): The Challenge of Accountability – How we Measure the Outcome of Our Efforts? In: Public Welfare, 29, S. 267–277.

Cartwright, Nancy (2007a): Hunting Causes and Using Them. Cambridge: University of Cambridge Press.

Cartwright, Nancy (2007b): Are RCTs the Gold Standard? In: BioSocieties, 2, S. 11–20.

Cartwright, Nancy/Hardy, Jeremy (2012): Evidence-based policy: a practical guide to doing it better. New York: Oxford University Press.

Chapman Tim/Hough Michael (1998): Evidence Based Practice: A Guide to Effective Practice. London: Home Office.

Cochrane, Archibald (1972): Effectiveness and efficiency: Random reflections on health services. London: Nuffield Provincial Hospitals Trust.

Cook, Thomas/Gorard, Stephen (2007): What counts and what should count as evidence. In: OECD (Hrsg.): Evidence in education. Paris: OECD, S. 33–49.

Cournoyer, Berry/Powers, Gerald (2002): Evidence-Based Social Work: The Quiet Revolution Continues. In: Roberts, Albert/Greene, Gilbert (Hrsg.): Social Workers' Desk Reference. New York: Oxford University Press, S. 798–807.

Daly, Jeanne (2005): Evidence-Based Medicine and the Search for a Science of Clinical Care. Berkeley: University of California Press.

Davies, Huw//Nutley, Sandra/Smith, Peter (2000): Introducing evidence-based policy and practice in public services. In: Davies, Huw//Nutley, Sandra/Smith, Peter (Hrsg.): What works? Bristol: Policy Press, S. 1–11.

Deimel, Daniel (2018): Evidenzbasierte Klinische Sozialarbeit: Gegenstand und Perspektiven. In: Gesundheitswesen. 15.3.2018 (eFirst). DOI: 10.1055/s-0044–101354.

Desrosières, Alain (1998): The Politics of Large Numbers. Cambridge: Harvard University Press.

Dewe, Bernd (1992): Erziehen als Profession. Opladen.

Dewe, Bernd/Otto, Hans-Uwe (2012): Reflexive Sozialpädagogik. In: Thole, Werner (Hrsg.): Grundriss Soziale Arbeit. Wiesbaden: Springer, S. 197–217.

DHSS (1981): Social Work: A Research Review. Research Report No. 8, London: HMSO

Drake, Robert/Goldman, Howard/Leff, Stephan/Lehman, Anthony/Dixon, Lisa/Mueser, Kim/ Torrey, William (2001): Implementing evidence-based practices in routine mental health service settings. In: Psychiatric Services, 52, S. 179–182.

Every-Palmer, Susanna/Howick Jeremy (2014): How evidence-based medicine is failing due to biased trials and selective publication. In: Journal of Evaluation in Clinical Practice, 20, S. 908–914.

Farrington, David (2003): Methodological quality standards for evaluation research. In: The Annals of the American Academy of Political and Social Science, 587, S. 49–68.

Fischer, Joel (1973): Is casework effective? A review. In: Social Work 18, S. 5–20.

Freidson, Eliot (2001): Professionalism. The Third Logic. Cambridge: Blackwell.

Gambrill, Eileen (2001): Social work: An Authority-Based Profession. In: Research on Social work Practice, 11, 2, S. 166–175.

Ghanem, Christian/Spensberger, Florian/Kollar, Ingo (2017): Die Diffusion von evidenzbasierter Praxis (EBP). In: neue praxis, 5, S. 438–456.

Garland, David (2001): The Culture of Control. Chicago: University of Chicago Press

Gibbs, Leonard/Gambrill, Eileen (2002): Evidence-based practice: counterarguments to objections. In: Research on Social Work Practice, 12, S. 452–476.

Goldberg, Matilda/Warburton, William (1979): Ends and Means in Social Work. London: George Allen & Unwin.

Gray, Mel/Mc Donald, Catherine (2006): Pursuing Good Practice? The Limits of Evidence-based Practice. In: Journal of Social Work 6, 1, S. 7–20

Gray, Mel/Plath, Debbie/Webb, Stephan (2009): Evidence-based Social Work: A critical stance. London: Routledge.

Hammersley, Martyn (2013): The Myth of Research-Based Policy and Practice. London: Sage.

Hargreaves, David (2007): Teaching as a research-based profession: possibilities and prospects. In: Hammersley, Martyn (Hrsg.): Educational Research and Evidence-based Practice. London: Sage.

Harrison, Steve 2002: New Labour, modernisation and the medical labour process. In: Journal of Social Policy, 31, S. 465–486.

Hawkins, Benjamin/Parkhurst, Justin (2016): The 'good governance' of evidence in health policy. In: Evidence & Policy, 12, 4, S. 575–592.

Herzog, Walter (2016): Kritik der evidenzbasierten Pädagogik. In: Zeitschrift für Erziehungswissenschaft, 19, S. 201–213.

Hinte, Wolfgang (2003): Sozialraumorientierte Arbeit: methodische Grundlagen und organisatorische Konsequenzen. In: SenBJS (Hrsg.): Sozialraumorientierung in der Berliner Jugendhilfe. Berlin: SenBJS., S. 6–19.

Hinte, Wolfgang/CSU Traustein (2013): Sozialraumorientierte Jugendhilfe der richtige Ansatz: Die CSU-Kreistagsfraktion diskutiert mit Sozialexperten Professor Dr. Hinte. Pressemeldung vom 3.11.2013. Obing: CSU-Fraktion im Kreistag Traunstein.

Hinte, Wolfgang/Litges, Gerhard/Groppe, Johannes (2003): Sozialräumliche Finanzierungsmodelle. Qualifizierte Jugendhilfe auch in Zeiten knapper Kassen. Berlin: Sigma.

Hoshino, George (1973): Social Services: The Problem of Accountability. In: Social Service Review, 47, S. 373–383.

Hüttemann, Matthias (2010): Woher kommt und wohin geht die Entwicklung evidenzbasierter Praxis? In: Otto, Hans-Uwe Polutta, Andreas/Ziegler, Holger (Hrsg.): What Works -welches Wissen braucht die Soziale Arbeit? Leverkusen: B. Budrich, S. 119–136

Ioannidis, John (2016): Evidence-based medicine has been hijacked: a report to David Sackett. In: Journal of Clinical Epidemiology, 73, S. 82–86.

James, Sigrid (2016): Wirkungsmessung im Kontext der evidenzbasierten Praxis. In: Soziale Arbeit, 6/7, S. 218–225.

Kirkpatrick, Ian/Ackroyd, Stephen/Walker, Richard (2004): The New Managerialism and Public Service Professions. London: Palgrave.

Knaapen, Loes (2014): Evidence-based medicine or cookbook medicine? Addressing concerns over the standardization of care. In: Sociology Compass 8, S. 823–836.

Lane, David/Munro, Eileen/Husemann, Elke (2016): Blending Systems Thinking Approaches for Organisational Analysis: Reviewing Child Protection in England. In: European Journal of Operational Research 251, S. 613–623.

Lewis, Jenny (2003): Evidence-based policy: A technocratic wish in a political world. In: Lin, Vivian/Gibson, Brendan (Hrsg.): Evidence-Based Health Policy: Problems and Possibilities. Oxford: Oxford University Press, S. 250–259.

Little, Julia/White, Howard (2017): The Campbell Collaboration. Providing Better Evidence for a Better World. In: Research on Social Work Practice, 28, 2, S. 6–12.

Lohr, Sharon (1999): Sampling: Design and Analysis. 2nd ed. Pacific Grove: Duxbury Press.

Martinson, Robert (1972): Paradox of Prison Reform. In: The New Republic, 166, S. 23–25.

Martinson, Robert (1974): What Works? – Questions and Answers About Prison Reform. In: The Public Interest, 35, S. 22–54.

Merton, Robert K. (1968): Social Theory and Social Structure. New York: Free Press.

Midgley, Nick (2009): Improvers, adapters and rejecters: the link between 'Evidence-Based Practice' and 'Evidence-Based Practitioners'. In: Clinical Child Psychology and Psychiatry, 14, 3, S. 323–237.

Morago, Perdo (2006): Evidence-based practice: From medicine to social work. In: European Journal of Social Work, 9, 4, S. 461–477.

Munro, Eileen/Cartwright, Nancy/Montuschi, Eleonora/Hardie, Jeremy (2017): Improving Child Safety: Deliberation, Judgement and Empirical Research. Durham: Centre for Humanities Engaging Science and Society.

Nothdurfter, Urban/Lorenz, Walter (2010): Beyond the Pro and Contra of Evidence-Based Practice: Reflections on a Recurring Dilemma at the Core of Social Work. In: Social Work & Society, 8, S. 1–15.

Nutley, Sandra/Powell, Alison/Davies, Huw (2013): What counts as good evidence? Provocation paper for the Alliance for Useful Evidence. London: Alliance for Useful Evidence.

O'Reilly, Michelle/Kiyimba, Nikki (2015): Advanced Qualitative Research. Los Angeles: Sage.

Oelerich, Gertrud/Otto, Hans-Uwe (2011): Empirische Forschung und Soziale Arbeit – Einführung. In: Oelerich, Gertrud/Otto, Hans-Uwe (Hrsg.): Empirische Forschung und Soziale Arbeit. Ein Studienbuch. Wiesbaden: VS, S. 9–22.

Otto, Hans-Uwe/Polutta, Andreas/Ziegler, Holger (2009): Reflexive Professionalism as a Second Generation of Evidence-Based Practice. In: Research on Social Work Practice,19, S. 472–478.

Parkhurst, Justin 2017: The politics of evidence. New York: Routledge.

Parsloe, Phyllida/Stevenson Olive (1978): Social Services Teams: The practitioners' View. London: DHSS.

Perrot, Jean-Claude/Woolf, Stuart (1984): State and Statistics in France, 1789–1815. London: Harwood Academic Publishers.

Pollitt Christopher/Sorin Dan (2011): The impacts of the New Public Management in Europe: A meta-analysis. COCOPS Work Package 1. European Commission.

Radtke, Frank-Olaf (2004): Der Eigensinn pädagogischer Professionalität jenseits von Innovationshoffnungen und Effizienzerwartungen. In: Koch-Priewe, Barbara/Kolbe, Fritz-Ulrich/Wildt, Johannes (Hrsg.): Grundlagenforschung und mikrodidaktische Reformansätze zur Lehrerbildung. Bad Heilbrunn, S. 99–149.

Reid, William/Hanrahan, Patricia (1982): Recent Evaluations of Social Work: Grounds for Optimism. In: Social Work, 27, 1, S. 328–340.

Rüb, Friedbert (2003): Vom Wohlfahrtsstaat zum ‚manageriellen Staat‘? In: Politische Vierteljahresschrift, Sonderheft 34, S. 256–299.

Rubin, Allen (1985): Practice effectiveness: More grounds for optimism. In: Social Work, 30, 6, S. 469–476

Russell, Jill/Greenhalgh, Trisha/Byrne, Emma/McDonnell. Janet (2008): Recognizing rhetoric in health care policy analysis. In: Journal of Health Services Research & Policy, 13, S. 40–46.

Sackett, David/Rosenberg, William/Gray, J. Muir/Haynes, R Brian/Richardson, W. Scott (1996): Evidence based medicine: what it is and what it isn't. In: British Medical Journal, 312, S. 71–72.

Saeed, Maryam/Swaroop, Mamta/Ackerman, Daniel/Tarone, Diana//Rowbotham, Jacly/Stawicki, Stanislaw (2018): Exploring Levels of Evidence in the Context of Patient Safety and Care Quality.https://www.intechopen.com/books/vignettes-in-patient-safety-volume-3/fact-versus-conjecture-exploring-levels-of-evidence-in-the-context-of-patient-safety-and-care-qualit (Abfrage: 24.09.2018).

Sætnan, Ann/Lomell, Heidi/Hammer, Svein (2011): The Mutual Construction of Statistics and Society. London: Routledge.

Schmidt, Roland (2006): Auf dem Weg zur evidenzbasierten Sozialen Arbeit. Ein Impuls zu mehr und zu anderer Fachlichkeit. In: Blätter der Wohlfahrtspflege, 159, S. 99–103.

Schneider, Armin (2016): Konzepte der Wirkungsmessung und -forschung. In: Soziale Arbeit, 6/7, S. 204–211.

Schön, Donald (1983): The Reflective Practitioner: How Professionals Think in Action. New York: Basic Books.

Schuller, Tom (2008): OECD and Evidence-Informed Policy Research. In BMBF (Hrsg.): Wissen für Handeln. Bonn: BMBF, S. S. 25–33.

Shadish, William/Cook, Thomas/Campbell, Donald (2002): Experimental and quasi-experimental designs for generalized causal inference. Boston: Houghton-Mifflin.

Shlonsky, Aaron/Gibbs, Leonard (2003): Will the real evidence-based practice please stand up? Teaching the process of evidence-based practice to the helping professions. Brief Treatment and Crisis Intervention, 4, S. 137–153.

Speklé, Roland/Verbeeten, Frank (2014): The use of performance measurement systems in the public sector: Effects on performance. In: Management Accounting Research, 25, S. 131–146.

Spyridonidis, Dimitrios/Calnan, Michael (2011): Opening the black box: A study of the process of NICE guidelines implementation. In: Health Policy, 102, S. 117–125.

Thyer, Bruce A. (2002): Developing discipline specific knowledge for social work: Is it possible? In: Journal of Social Work Education, 38, S. 101–113.

Thyer, Bruce A. (2013): Evidence-based practice or evidence-guided practice: A rose by any other name would smell as Sweet. In: Families in Society, 94, S. 79–84.

Upshur, Ross (2005): Looking for Rules in a World of Exceptions. In: Perspectives in Biology and Medicine, 48, S. 477–489.

Verbeeten, Frank/Speklé, Roland (2015): Management control, results-oriented culture and public sector performance: empirical evidence on new public management. In: Organization Studies, 36, 7, S. 953–978.

Visser, Max (2016): Management Control, Accountability, and Learning in Public Sector Organizations: A Critical Analysis In: Studies in Public and Non-Profit Governance, 5, S. 75–93.

Vobruba, Georg (1984): Kritik am Wohlfahrtsstaat: eine Orientierung. In: Gewerkschaftliche Monatshefte 35, 8, S. 461–475.

White, Susan/Stancombe, John (2003): Clinical Judgement in the Health and Welfare Professions. Maidenhead: Open University Press.

Wissenschaftliche Beirat Psychotherapie (2009): Methodenpapier des Wissenschaftlichen Beirats Psychotherapie nach § 11 PsychThG. Verfahrensregeln zur Beurteilung der wissenschaftlichen Anerkennung von Methoden und Verfahren der Psychotherapie. Version 2.8 http://www.wbpsychotherapie.de/downloads/Methodenpapier28.pdf (Abfrage: 25.09.2018).

Wobbe, Theresa (2012): Making up People: Berufsstatistische Klassifikation, geschlechtliche Kategorisierung und wirtschaftliche Inklusion um 1900 in Deutschland. In: Zeitschrift für Soziologie 41, S. 41–57.

Wüllenweber, Walter (2012): Die Asozialen. Wie Ober- und Unterschicht unser Land ruinieren – und wer davon profitiert. München: Deutsche Verlags-Anstalt.

Wirkungsforschung in der Kinder- und Jugendhilfe – Quantitative Zugänge

Heinz-Günter Micheel

1. Wirkungsorientierung und Evidenzbasierte Praxis

In Deutschland und international gibt es eine allseitige Forderung nach Evaluation und dem Nachweis von Wirkung(-sorientierung) in der Kinder- und Jugendhilfe. Dennoch unterscheiden sich die deutsche und internationale Lesart von Wirkungsorientierung erheblich. Vieles von dem, was in Deutschland oftmals als „Wirkungsforschung" bezeichnet wird, ist nicht gleichzusetzen mit dem, was international unter einer wissenschaftlichen Erforschung von Wirkungen im engeren Sinne verstanden wird. Als weniger forschungsbasierte Variante einer Wirkungssteuerung kann das in Deutschland vorwiegend vorzufindende Konzept einer kommunal verankerten Wirkungsorientierung gesehen werden: Als Methoden der Erkenntnis werden hierbei eher ein Controlling über Kennzahlen, wirkungsorientierte Qualitätsdialoge und die Evaluation bisheriger Verfahrensabläufe und Fallverläufe auf lokaler Ebene präferiert. Aufgrund eines eher unsystematischen Einbezugs wissenschaftlicher Forschung und ihrer Ergebnisse spricht man hier auch von einem „halbierten Wirkungsdiskurs" (vgl. Otto et al. 2007, S. 22).

International[1] ist es seit Ende der 1990er Jahre zur Forcierung einer evidenzbasierten Praxis in der Sozialen Arbeit gekommen. Evidenzbasierte Praxis ist ein Prozess, in dem die Wissenschaft die Aufgabe hat, das bestmögliche Wissen über die Wirksamkeit von Programmen zu generieren und dieses Wissen den Professionellen im Feld der Sozialen Arbeit zur Verfügung zu stellen. Die Professionellen sollen dann dieses Wissen in ihren praktischen Handlungs- und Entscheidungsvollzügen berücksichtigen, wenn nicht gar sich davon anleiten lassen (vgl. Gambrill 2006; 2003; Sackett et al. 1996). Dieses Wissen um die wirksamsten Programme für die Verwendung in der Praxis muss dann in Handlungsleitfäden, sogenannten *practice guidelines*, aufbereitet werden (vgl.

---

[1] Gemeint sind hier insbesondere Länder wie die USA, Großbritannien, die Niederlande, Skandinavien, Australien und Neuseeland.

Proctor/Rosen 2003). Um evidenzbasiertes Wissen zu generieren, bedarf es Wirkungsstudien, die an spezielle Evaluationsvorstellungen geknüpft sind.

2. Wirkungsindikatoren

Der Wirkungsforschung geht es primär um die Überprüfung der Wirksamkeit eines Programms; anschließend kommt es, und hier unterscheidet sich Wirkungsforschung von anderen empirischen Forschungsansätzen, zu einer Bewertung des Programms. Was aber versteht man unter Wirkungen? Wirkungen sind all jene Ergebnisse, die ursächlich auf die Intervention eines Programmes zurückgeführt werden können. Kommen wir zu Wirkungen in der Praxis der Kinder- und Jugendhilfe: Jedes sozialpädagogische Handeln, jede sozialpolitische Maßnahme, jede Hilfe, jedes Angebot der Praxis der Kinder- und Jugendhilfe geht davon aus, dass Wirkungen hervorgebracht werden (vgl. Micheel 2013, S. 181).

Somit stellt sich zu Beginn einer jeden Evaluationsstudie die Frage, welche Wirkindikatoren gemessen werden bzw. sich verändern sollen (vgl. Albus et al. 2009, S. 36 ff.; Albus/Ziegler 2013, S. 170 ff.; Rubin/Babbie 2017, S. 27 ff.). In der Kinder- und Jugendhilfe kann es Wirkungen – in Anlehnung an den klassischen Donabedian'schen Dreischritt zur Qualitätssicherung (vgl. Donabedian 1980) – auf den drei Ebenen Struktur, Prozess und Ergebnis geben. Im Rahmen von Evaluationen von Hilfen zur Erziehung können Wirkungen nach folgender Systematik in den Blick genommen werden (siehe Albus et al. 2010, S. 14 ff.; 2009, S. 36 f.; Micheel 2013, S. 181 f.; Micheel 2010a, S. 101 f.):

1. Auf der Ebene der organisatorisch-institutionellen Strukturen der Hilfeträger und Erbringer und ihrer Rahmenbedingungen, also z. B. Veränderungen bei den zu Grunde liegenden Leistungs-, Entgelt- und Qualitätsentwicklungsvereinbarungen oder Veränderungen auf der Ebene der sozialen Infrastruktur und der vorgehaltenen Angebote.
2. Auf der Ebene der Prozesse der Hilfeerbringung, ihrer Gestaltung und methodischen Umsetzung und dem Verhältnis von Jugendamt, freien Trägern und Kindern/Jugendlichen und ihrer Eltern während der Hilfe.
3. Auf der Ebene der Ergebnisse von Hilfeprozessen bei Adressat*innen, im Sinne einer Veränderung ihrer Lebenssituation, dem Schutz des Kindeswohls, der Verbesserung prekärer Lebenslagen, der Verselbständigung, der sozialen Integration, der Aussöhnung etc.

Aber mit dieser Entscheidung für bestimmte Wirkindikatoren sind nach Hüttemann (2006) normative Setzungen verbunden, deren Angemessenheit nicht empirisch bestimmt werden kann, sondern das Resultat eines (mikro-)politischen Aushandlungsprozesses sind. Dies sind insbesondere adressatenbezogene Veränderungen und Entwicklungen, die sich als leicht beobachtbar, dokumentierbar und (scheinbar) objektiv darstellen lassen (vgl. Ziegler 2003). Häufig gewählte Wirkindikatoren in der Kinder- und Jugendhilfe sind Aspekte wie Legalbewährung, Arbeitsmarktintegration, Schulerfolg, psychische Gesundheit oder Reintegration in das Elternhaus.

3. Methodische Voraussetzungen für eine Wirkungsforschung

Im Folgenden soll der Frage nachgegangen werden, was die methodischen Voraussetzungen sind, um Wirkungen überprüfen zu können? Als Wirkungen können dabei streng genommen nur diejenigen Ergebnisse gesehen werden, die ursächlich auf die Intervention zurückgeführt werden können (Soydan 2009; Menold 2007). Um valide festzustellen, ob es tatsächlich die Intervention ist, die in Bezug auf die explizierten Wirkungsziele „einen Unterschied macht", sind zumindest drei weitreichende Forderungen an Wirkungsforschung verbunden und relativ unstrittig (Micheel 2010a, S. 102 ff.; 2013, S. 183 ff.):

Erstens hat Wirkungsforschung auf einer aussagekräftigen Datengrundlage zu erfolgen. Für viele Felder der Kinder- und Jugendhilfe in Deutschland kann aber festgehalten werden, dass eine entsprechende Datengrundlage nicht vorhanden ist.[2]

Die zweite zentrale Forderung ist, dass Daten nach Methoden der empirischen Sozialforschung gewonnen und interpretiert werden müssen. Das heißt insbesondere, dass eine Wirkungsforschung nicht in Form einer Selbstevaluation, sondern nur als externe Evaluation durchgeführt werden kann: Um Wirkungen zu identifizieren, ist es notwendig, Wirkungsforschung nach übergreifenden Kriterien durchzuführen, um eine Verzerrung der Wirkungsmessung zu verhindern; diese Verzerrung geschieht nämlich dann leicht, wenn die Beteiligten selbst an der Erhebung beteiligt sind. Diese sogenannte Forscherloyalität beeinflusst – folgt man einer Metastudie von Luborsky et al. (1999) – beinahe 70 % der Varianz.[3]

Die dritte zentrale Forderung besagt, dass nur Studien berücksichtigt werden können, die in die Wirkungsanalyse zumindest zwei Messzeitpunkte und eine Kontrollgruppe einbeziehen; eine in der sozialwissenschaftlichen For-

---

2 Dies ist in Ländern mit einer stärker etablierten evidenzorientierten Politikgestaltung (wie z. B. in den USA und Großbritannien unter dem Stichwort Evidence-based Policy Making verhandelt) anders; die Kosten für wirkungsorientierte Studien sind aber sehr hoch (Albus/Micheel 2012).

3 Ein Befund, der nicht ganz verwundert, neigt doch vermutlich jeder dazu, in der Eigenbewertung das eigene Handeln eher zu legitimieren.

schung schon lange vorherrschende Erkenntnis (Kaufmann et al. 1979; Suchman 1967; 1970). Das soll im Folgenden begründet werden:
Wirkungen kann man nur in Studien messen, die mindestens zwei Messzeitpunkte haben. Wenn sich ein zum ersten Zeitpunkt vor oder zu Beginn einer Intervention gemessener Zustand zu einem zweiten Zeitpunkt nach oder im Laufe der Intervention verändert, kann noch keine Wirkung sondern nur ein Outcome, d. h. eine Veränderung, gemessen werden (vgl. Kromrey 1995; Pawson/Tilley 1994). Mit bloßen Vorher-Nachher-Studien kann nicht gesichert nachgewiesen werden, ob diese Interventionen zu einem Erfolg geführt haben; d. h., dass eine kausale Wirkungszurechnung auf ein Programm nicht möglich ist. So können irrtümlicherweise in Vorher-Nachher-Studien sehr ausgeprägte Effekte festgestellt werden, die Ergebnis einer zufällig irritierten, nicht aber einer veränderten Praxis sind. Es gibt neben der Intervention eines Programms eine Reihe anderer Einflussgrößen, die Veränderungen beeinflussen: etwa strukturelle Aspekte der Einrichtungen, die Professionalität und pädagogische Kompetenz der Mitarbeiter*innen, günstige personale und soziale Ausgangsbedingungen der Adressat*innen. Des Weiteren können sich z. B. die Handlungsweisen, Orientierungen und die psychosoziale Situation eines jungen Menschen im Laufe der Zeit oftmals auch ohne sozialpädagogische Interventionen irgendwie verändern; diese Veränderung kann nicht ausschließlich der untersuchten Intervention zugeschrieben werden. Um auf eine kausale Wirkung einer Intervention schließen zu können, müssen andere mögliche Einflussgrößen ausgeschlossen bzw. kontrolliert werden. Dies bedingt, dass in eine Wirkungsanalyse eine Kontrollgruppe einbezogen werden muss.

Geht man von den Protagonisten einer „Evidenzbasierten Praxis" aus, gibt es eine Art Evidenzhierarchie (vgl. McNeece/Thyer 2004, S. 10 ff.), die zwei Untersuchungsdesigns als zulässig betrachten: ein experimentelles bzw. ein quasi-experimentelles Untersuchungsdesign, die an zweiter und dritte Stelle der Spitze einer Evidenzpyramide stehen. An der Spitze dieser Evidenzpyramide stehen Metaanalysen, die üblicherweise im Rahmen von Systematic Reviews durchgeführt werden, die wiederum experimentelle und/oder quasi-experimentelle Untersuchungsdesigns zusammenfassend analysieren. Andere Studien wie Längsschnittstudien ohne Kontrollgruppe, Querschnittuntersuchungen und qualitative Studien können nach dieser Evidenzhierarchie nicht mehr als Wirkungsnachweis gelten. Qualitative Studien stehen dabei am Ende der Evidenzhierarchie, ihr Nutzen wird zumindest in diesem Kontext als praktisch bedeutungslos eingeschätzt.[4]

---

4   Kritisch dazu: Hüttemann (2006) und American Psychological Association (2006).

4. Randomisierte Experimentalstudien

In der evidenzbasierten Praxis werden experimentelle Untersuchungsdesigns, sogenannte randomisierte, d. h. zufallsstichprobenförmig kontrollierte, Experimentalstudien (im Englischen RCTs) favorisiert. Kontrollexperimente werden überwiegend als der unbestrittene „Königsweg" bzw. „Goldstandard" der Evaluationsforschung bezeichnet (vgl. z. B. Döring/Bortz 2016, S. 194; Haynes et al. 2012; Kromrey 2000; Rubin 2008; Soydan 2009). In einem Experiment wird immer ein Zustand einer oder mehrerer abhängigen Variablen vor einer Intervention („Treatment") und nach einer Intervention gemessen (Vorher-/Nachher-Messung bzw. Pre-/Posttesting). Die Intervention muss dabei kontrollierbar und wiederholbar sein. Die Wiederholbarkeit ist durch die vollständige Kontrolle von möglichen Einflüssen von Störvariablen gegeben. Als Störvariable wird eine Variable bezeichnet, die den Einfluss der unabhängigen auf die abhängige Variable verfälscht. Die Kontrolle des potenziellen Einflusses einer Störvariable wird in einem Experiment mit einer Randomisierung, d. h. der Zufallsaufteilung der Untersuchungseinheiten auf eine Experimental- und eine Kontrollgruppe realisiert. Dabei geht man davon aus, dass sich bei einer ausreichenden Stichprobengröße die Störeinflüsse gleich verteilen.

Als nächstes stellt sich die Frage nach der Validität (Gültigkeit) einer experimentellen Messung: Misst das Experiment wirklich das, was es vorgibt zu beobachten? Nach Campbell und Stanley (1963, S. 177 ff.) differenziert man zwischen interner und externer Validität: Bei einer internen Validität eines Experiments geht man von der Annahme aus, dass die gemessene Variation (i. d. R. über Mittelwertdifferenzen) einer abhängigen Variable einzig und allein auf die Intervention (dem „Treatment") der unabhängigen Variablen zurückgeführt werden kann. Dies ist insbesondere dann gewährleistet, wenn während des Experiments keine unkontrollierten Störeinflüsse auftreten. Die externe Validität fragt nach der Verallgemeinerung der Ergebnisse eines Experiments: In Bezug auf welche zugrundeliegenden Grundgesamtheit und Untersuchungsbedingungen kann man den beobachteten, kausalen Zusammenhang verallgemeinern?

5. Interne Validität bei Experimenten

Die interne Validität eines Experiments kann durch verschiedene Störeinflüsse bedroht sein. Campbell und Stanley (1963, S. 227 ff.; vgl. ausführlich Shadish/Cook/Campbell 2002, S. 55 ff.) führen eine Reihe möglicher Störeinflüsse auf (vgl. auch Cnaan/Tripody 2010, S. 206 ff.; Rubin/Babbie 2017, S. 248 ff.; Schnell/Hill/Esser 2011, S. 207 ff.). Relevante Störeinflüsse sind insbesondere:

- *Selection*, d. h. eine verzerrte Auswahl: Obwohl zwei Gruppen zufällig für ein Experiment ausgewählt wurden, unterscheidet sich eine Gruppe von der anderen, z. B. durch deutlich mehr Männer.
- *History*, d. h. ein zwischenzeitliches Geschehen „außerhalb" des Experiments: z. B. Veränderung der gesamtwirtschaftlichen Lage zwischen Pre- und Posttest.
- *Maturation*, d. h. Reifungs- und Entwicklungseffekte: z. B. der Reifungsprozess eines jungen Menschen im Laufe der Zeit.
- *(Statistische) Regression bzw. regression to the mean*, d. h. wenn Teilnehmer*innen einer Untersuchung wg. extremer Werte (z. B. hohe Delinquenz) ausgesucht werden, können beim Posttest weniger extreme Werte auftreten, also es zu einer Verschiebung zu mittleren Werten kommt.
- *Attrition bzw. Mortality (Mortalität)*, d. h. das Ausscheiden von Teilnehmer*innen aus der Untersuchung.
- *Testing (Testeffekte)*, d. h. wenn die Untersuchung an sich Einfluss auf dem Posttest hat, z. B. wg. Lerneffekte oder Sensibilisierung für ein Thema, das Gegenstand der Untersuchung ist.
- *Instrumentation*, d. h. Änderungen der Erhebungstechniken, der Messinstrumente; dies kommt oft bei sozialwissenschaftlichen Untersuchungen vor.

6. Quasi-experimentelle Studien

„Quasi-Experimentell" bedeutet in diesem Zusammenhang, dass zu der so genannten Experimentalgruppe ein „statistischer Zwilling" gebildet wird, der nicht am Modellprogramm (Treatment) teilnimmt, der der Studie als Kontrollgruppe dient (vgl. Beywl/Speer/Kehr 2004; Rubin/Babbie 2017, S. 243 ff.; Shadish/Cook/Campbell 2002, S. 103 ff.). Diese Kontrollgruppe wird durch einen Abgleich der sog. „Kontextbedingungen" gebildet, die nicht Teil des auf seine Wirkung hin zu überprüfenden Intervention sind. In der Kinder- und Jugendhilfe sind dies z. B. Gruppen mit gleicher bzw. ähnlicher demographischer Zusammensetzung, die die gleiche Hilfe bekommen.

Klassische Lösungsansätze, die der Logik experimenteller Designs folgen, haben das Ziel zu überprüfen, ob die Veränderung einer oder mehrere abhängigen Variablen allein auf die Intervention (dem „Treatment") der unabhängigen Variablen zurückzuführen ist. Grundsätzlich ist die statistische Auswertung im Rahmen experimenteller Designs komplexer als bei Kontrollexperimenten; es muss versucht werden, den Einfluss von Störvariablen auf den Zustand einer abhängigen Variable herauszurechnen, um die interne Validität zu steigern.

Oft wird ein quasi-experimentelles Design damit begründet, dass es, wenn wie bei einem Feldexperiment oder aus ethischen Gründen kein experimentelles Design verwirklicht werden kann, quasi eine – wenn auch nicht optimale – Alternative zu Kontrollexperimenten ist (vgl. z. B. Döring/Bortz 2016, S. 199 f.; Rubin/Babbie 2017, S. 243; Schnell/Hill/Esser 2011, S. 221). Im späteren Verlauf – wenn auf die „realistische Evaluation" Bezug genommen wird – soll aufgezeigt werden, dass eine quasi-experimentelle Studie sehr oft die bessere Alternative ist.

7. Statistische Analyseverfahren

Wirkungsforschung ist immer eine Evaluationsforschung, in der mit quantitativen Methoden der empirischen Sozialforschung Daten gewonnen, ausgewertet, interpretiert und abschließend bewertet werden. Somit kann im Rahmen von Evaluationsstudien das gesamte Spektrum quantitativer Analysemethoden eingesetzt werden (vgl. Micheel 2018, S. 1271 ff.). Da bei Kontrollexperimenten die Variationen der abhängigen Variable anhand von Mittelwertdifferenzen zwischen den Pre- und Posttest(s) gemessen werden, kommen vor allem einfachere Verfahren wie t-Tests, einfache Varianzanalysen (ANOVA), seltener lineare Regressionsanalysen und Kovarianzanalysen (ANCOVA) sowie – als multivariates Verfahren – multivariate Varianzanalysen (MANOVA) und seltener multivariate Regressionsanalysen zum Einsatz. Sie werden in Lehrbüchern als typische statistische Verfahren für eine evidenz-basierte Evaluation beschrieben (vgl. Rubin 2013, S. 157 ff.; Wodarski/Hopson 2012, S. 123 ff.). Albright und Thyer (2010, S. 143) plädieren dafür, bei einer evidenzbasierten Evaluation in der Sozialen Arbeit vor allem t-Tests und einfache Varianzanalysen (ANOVA) anzuwenden; und zwar mit der Begründung, dass dies von den meisten Praktiker*innen in der Sozialen Arbeit eher verstanden würde. Bei quasi-experimentellen Studien kommen sehr oft multivariate Verfahren zum Einsatz, insbesondere auch Strukturgleichungsmodelle, auf die auch Wodarski und Hopson (2012, S. 136 f.) hinweisen.

8. Systematic Review und Meta-Analysen

Meta-Analysen werden üblicherweise im Rahmen von Systematic Reviews durchgeführt (Green et al. 2008, S. 6). Ein Systematic Review beantwortet eine definierte Forschungsfrage, indem zu dieser Forschungsfrage alles verfügbare empirische Wissen gesammelt, zusammengefasst und abschließend bewertet wird. Eine Meta-Analyse ist die statistische Synthese der Ergebnisse zweier oder idealerweise mehrere Studien, die der gleichen Fragestellung nachgehen. In der Logik der Evidenzhierarchie (vgl. McNeece/Thyer 2004) dürfen nur Studien mit randomisierten Kontrollexperimenten oder Quasi-Experimenten berücksichtigt werden. Prinzipiell kommen auch dann nicht alle Studien von Systematic Reviews für eine Meta-Analyse infrage, wenn eine Vergleichbarkeit der statistischen Outcomes nicht möglich ist und/oder die Studien zu heterogen sind. Eine Meta-Analyse erfolgt üblicherweise in zwei Schritten. In einem ersten Schritt wird für jede in die Meta-Analyse einbezogene Studie eine zusammenfassende Statistik erstellt: Ist das statistische Outcome dichotom, wird ein Risk Ratio (RR) bzw. Odds Ratio (OR) berechnet; ist es metrisch, wird eine standardized mean difference (SMD) berechnet. In einem zweiten Schritt wird ein summary (pooled) intervention effect estimate kalkuliert; d. h. es wird ein gewichteter Mittelwert anhand der einzelnen zusammenfassenden Statistiken berechnet (vgl. Deeks/Higgins/Altmann 2008, S. 243 ff., Corcoran/Littell 2010, S. 300 ff.). Der Nutzen der Ergebnisse einer Meta-Analyse beruht auf der Annahme, dass diese Schätzungen der zusammenfassenden Statistiken direkt vergleichbar sind. Diese Vergleichbarkeit kann aber oft aus methodologischen Gründen, insbesondere was die unterschiedliche Reliabilität und Validität von Wirkungsmessungen der einzelnen Studien betrifft, hinterfragt werden (vgl. Wodarski/Hopson 2012, S. 140). Vor allem sind Meta-Analysen mit dem Problem der externen Validität von kontrollexperimentellen und „klassischen" quasi-experimentellen Studien, das im Folgenden ausführlicher diskutiert wird, konfrontiert.

International gibt es einige bedeutende Forschungsinstitute und wissenschaftliche Netzwerke, deren Ziel die Erstellung und Verbreitung von Systematic Reviews ist, um Politik und Praxis evidenzbasiertes Wissen für ihre Entscheidungen zur Verfügung zu stellen (vgl. Littell/Corcoran 2010, S. 313 f.; Rubin/Babbie 2017, S. 32 f.). Das bedeutendste sozialwissenschaftliche Forschernetzwerk ist die im Jahr 2000 gegründete Campbell Collaboration (www.campbellcollaboration.org: Better evidence for a better world). Die Campbell Collaboration erstellt und verbreitet systematische Reviews, die die Wirksamkeit von Interventionen in den Bereichen Kriminalität und Justiz, Bildung, internationale Entwicklung und soziale Wohlfahrt untersuchen. Vorbild für die Gründung der Campbell Collaboration war die 1994 gegründete Cochrane Collaboration (www.cochrane.org: Trusted evidence. Informed decisions. Better health), deren systematische Reviews die Wirksamkeit von Interventionen in dem Bereich des Gesundheitswesens in den Blick nehmen.

Bedeutend für die Soziale Arbeit ist auch die 2001 gegründete unabhängige britische Organisation Social Care Institute for Excellence (SCIE: www.scie.org. uk), die Wissen – insbesondere auch durch Systematic Reviews – über die gute Praxis (Good Practice) in der Sozialen Arbeit entwickelt, fördert und sammelt, und dieses dann – vor allem Online – verbreitet (vgl. Fisher 2014).

9. Frage nach der externen Validität

In kontrollexperimentellen und „klassischen" quasi-experimentellen Studien soll, um die interne Validität zu sichern, der Einfluss von Störvariablen so weit wie möglich kontrolliert werden. Eine annähernd perfekte Kontrolle dieser Störeinflüsse kann immer dann gelingen, wenn das Experiment in einem Labor unter hoch standardisierten Bedingungen durchgeführt wurde. Solche Laborexperimente, d. h. Experimente in einem künstlichen Setting wie wir sie vor allem aus den Naturwissenschaften kennen, sind für sozialwissenschaftliche Fragestellungen kaum geeignet. Sozialwissenschaftliche Untersuchungen müssen realistisch und alltagsnah sein, sie müssen in einem natürlichen Setting stattfinden. Eine Übertragung von Beobachtungen künstlicher Settings auf natürliche Settings ist nicht vorstellbar. Somit können Laborexperimente zwar eine hohe interne, aber nie eine hohe externe Validität aufweisen; eine Verallgemeinerung auf eine zugrunde liegende Grundgesamtheit und Untersuchungsbedingung ist nicht möglich. Das heißt auch für die Praxis der Kinder- und Jugendhilfe, dass eine annähernd perfekte Kontrolle von Störfaktoren nicht gelingen kann. Diese ist aufgrund ihrer Interaktionsdynamik, der Individualität der Bedarfslagen, Interessen und Fähigkeiten der Adressat*innen und ihren Lernprozessen sowie ihrem Bezug auf sich wandelnde gesellschaftliche Werte und Problemdiagnosen sowie den Eigenschaften und Fähigkeiten der spezifischen, durchführenden Fachkräfte ein komplexes Phänomen (vgl. Biesta 2010).

10. Kausalbeschreibung

Somit sind Kontrollexperimente mit dem Problem der „externen Validität" konfrontiert. Da Kontrollexperimente darauf gerichtet sind, möglichst alle (z. B. in den Hilfen zur Erziehung alle professions-, setting- und adressatenbezogenen) Merkmale und Einflüsse zu berücksichtigen, d. h. zu „kontrollieren", lassen sich so Interventionswirkungen kausal beschreiben, die „wirklich" der Maßnahme bzw. dem Interventionsprogramm geschuldet sind und nicht den programmexternen „Störvariablen". Die einzigartige Stärke der Kontrollexperimente besteht also in der Beschreibung der Wirkungen, die spezifischen Maßnahmen zugeschrieben werden können. Shadish, Cook und Campbell (2002, S. 9) nennen dies Kausalbeschreibung. Nur diese „Nettowirkungen" lassen sich bei der Wiederholung einer Maßnahme erzielen. Die Ergebnisse gelten nur unter der Annahme, dass alle in der Experimentalsituation wirksamen (Rahmen-)Bedingungen und Prämissen gleich bleiben bzw. wieder vorfindbar sind. Die Ergebnisse lassen sich keinesfalls auf andere als die geprüften Kontexte und Programmgestaltungen übertragen. Daher weisen Experimentaldesigns der Wirkungsforschung zwar das höchste Maß an Plausibilität und Zuverlässigkeit in der Wirkungsmessung auf, sie sind aber auf eindeutig formulierte, in einem hohen Maße standardisierbare und stabile Rahmenbedingungen angewiesen. Dabei wird jedoch vieles, was real die Wirkung beeinflusst, experimentell ausgeschlossen. Hierzu gehören z. B. strukturelle Aspekte der Einrichtungen oder die pädagogische Kompetenz der Professionellen, die in Wirkungsevaluationen von „Programmen" schon alleine aus messtheoretischen Gründen als programmexterne Störeinflüsse anzusehen sind, die es auszuschließen gilt. Da jedoch reine, d. h. von spezifischen Organisationskulturen und spezifischen Professionellen unbeeinflusste Maßnahmenprogramme gerade in der sozialpädagogischen Praxis eigentlich nicht zu finden sind, kommt es häufig zu Situationen, in der sich die experimentell festgestellte Wirksamkeit nicht mit den Erfahrungen in der Praxis decken muss. Das liegt darin begründet, dass die Struktur und Ausprägung der Rahmenbedingungen und Programmdurchführungen denen der Wirkungsmodellberechnung entsprechen müssen, wenn die Modelle tatsächlich etwas über Wirkungen sagen sollen (vgl. Davis/Nutley/Tilley 2000).

Kontrollgruppenexperimentale Wirkungsforschung beschreibt kausal, in welchem Maße Interventionen, die genauso und genau in diesem Setting durchgeführt werden, ihr klar definiertes Ziel erreichen. Wenn es also darum geht, eine „evidenzbasierte" Intervention, die erwiesenermaßen erfolgreich ist, einzusetzen, dann ist diese Intervention genauso durchzuführen wie es ursprünglich geplant und gestaltet wurde. Man bezeichnet dieses als Programmintegrität. Wenn man es anders, nur in Teilen, in Kombination mit anderen Ideen und Maßnahmen, an einer anderen Zielgruppe, in einem anderen Kontext etc. durchführt, gelten die Aussagen der Wirkungsstudie nicht mehr.

11. Skepsis gegenüber einer evidenzbasierten Praxis

Aus den bisherigen Ausführungen zur externen Validität sind kaum zu übersehende Probleme einer an Kontrollexperimente ausgerichteten evidenzbasierten Praxis zu erkennen. Selbst von Vertreter*innen einer evidenzbasierten Praxis werden insbesondere die Disseminationsprobleme, d. h. das Wissen um effektive Praxismaßnahmen an die pädagogisch Tätigen in der Praxis zu vermitteln, schon länger gesehen (vgl. Mullen et al. 2005; Chaffin/Friedrich 2004). Weitere kritische Punkte, die gegenüber einer evidenzbasierten Praxis angesprochen werden, sind die in vielen „practice guidelines" vorhandenen versicherungsmathematischen Diagnose- und Interventionslogiken (vgl. dazu Webb 2001; 2002; Micheel 2010b; Ziegler 2003). Auch die „Entmündigung der Praxis" durch die evidenzbasierte Praxis wird häufig problematisiert (vgl. Albus/ Micheel 2012). Aufgrund dieser vielen Probleme einer evidenzbasierten Praxis in der Sozialen Arbeit könnte man zu dem Schluss kommen, für einen Verzicht auf die Erforschung von Wirkungszusammenhängen und das systematische Überprüfen von Zielerreichungen zu plädieren. Eine solche kategorische Ablehnung lässt allerdings außer Acht, dass die Frage nach der Wirksamkeit untrennbar mit der Idee von sozialpädagogischer Professionalität verbunden ist (vgl. Albus/Micheel/Polutta 2018). Somit ist der Blick darauf zu richten, wie Wissenschaft Wissen um Wirkungen für eine sozialpädagogische Praxis zur Verfügung stellen kann, das der Komplexität der sozialpädagogischen Praxis gerecht wird.

12. Realistische Evaluation

Als Alternative zur klassischen evidenzbasierten Forschung gewinnt der Forschungsansatz der „Realist Evaluation" an Bedeutung, der die Frage nach der Wirksamkeit der sozialpädagogischen Praxis nicht aufgibt, aber nicht der Frage nachgeht, ob eine Intervention wirkt, sondern danach fragt, was wirkt für wen, unter welchen Umständen und wie oder umfassender, was wirkt, wie, warum, für wen, in welchem Umfang und unter welchen Umständen, in welcher Hinsicht und über welche Dauer (vgl. Wong et al. 2013; Pawson/Tilley 2009)? Diese „realistische" Wirkungsevaluation zielt also weniger darauf ab, ob eine bestimmte Intervention erfolgreich, d. h. wirksam oder gescheitert, d. h. unwirksam, ist, sondern versucht zu erkunden, unter welchen Umständen welche Intervention für welche Zielgruppen unter welchen Bedingungen und Konstellationen welche Effekte zeigen. Um die Frage zu beantworten, warum eine Intervention erfolgreich oder gescheitert ist, werden gewisse Einbußen in der Präzision der Beantwortung der Frage „was wirkt" bzw. „welche Intervention hat welche Wirkungswahrscheinlichkeit" in Kauf genommen. Dafür lassen sich dann auf der Basis solcher Forschungen jedoch auch Hinweise dafür finden, ob eine Maßnahme in bestimmten anderen Kontexten unter Umständen erfolgreich sein – oder scheitern – kann. Umsetzen lässt sich eine realistische Wirkungsanalyse auf der Basis von „alternativen" quasi-experimentellen Studien (vgl. z. B. Albus/Micheel/Polutta 2010; Hawkins 2014; Kivipelto et al. 2016). Diese Studien basieren auf dem Einsatz umfassender, relevanter und aussagekräftiger Variablen und Dimensionen zur Kontextkontrolle. Der Lösungsansatz ist hier ein anderer als bei Kontrollexperimenten und „klassischen" Quasi-Experimenten: Das Ziel ist dabei nicht, Kontexteinflüsse durch Randomisierungsverfahren möglichst umfassend auszuschließen oder wie bei „klassischen" Quasi-Experimenten den Einfluss von Kontexteinflüssen auf den Zustand einer abhängigen Variable herauszurechnen, sondern Kontexteinflüsse möglichst umfassend zu erheben, um ihren Einfluss auf die „Wirkung" zu messen. Solche „realistischen" Studien benötigen neben Wirkungsindikatoren, die die Zielgröße angeben, und einer möglichst genauen Beschreibung des Maßnahmen-

und Interventionsprogramms, vor allem auch eine angemessene Beschreibung und Erhebung von Kontextindikatoren, die sich auf die Struktur und den Prozess beziehen. In Bezug auf eine „realistische" Wirkungsevaluation der Praxis in der Kinder- und Jugendhilfe sind dies (vgl. Albus/Micheel/Polutta 2010, S. 115 ff.; Micheel 2013, S. 190 ff.):

1. Effektvariablen, d. h. die Wirkungsindikatoren, die auf die erzielten Wirkungen von Maßnahmen wie z. B. im Rahmen von Hilfeprozessen in der Hilfe zur Erziehung auf das Ausmaß an verfügbaren sozialen, materiellen und kulturellen Ressourcen und die Lebenssituation von Kindern und Jugendlichen verweisen.
2. Strukturvariablen (z. B. Struktur und Qualität der Organisation, Demografie, Ausbildung, Überzeugungen und Ausrichtungen und die Professionalität der Mitarbeiter*innen), die Aufschluss über die strukturellen Merkmale der beteiligten Akteure geben und auf deren jeweiliges Profil verweisen.
3. Prozessvariablen, die auf die Formen und Praktiken der institutionellen und einzelfallbezogenen Zusammenarbeit (wie z. B. das pädagogische Verhältnis zwischen Adressat*innen und Mitarbeiter*innen) verweisen. Sie geben Aufschluss über die Aushandlungsdynamiken zwischen den Institutionen, die dadurch erzielten Folgen im Verhältnis zu den betroffenen Nutzern sowie über Inhalte und Formen der einzelnen Interventionen.

Erst wenn auf diesen verschiedenen Ebenen Wirkfaktoren und Wirkungsvoraussetzungen in den Blick genommen und miteinander in Beziehung gesetzt werden, ist es möglich festzustellen, wie, mit welchen Interventionen welche Wirkungen erreicht werden.

Auf dieser Basis einer „realistischen Evaluation" geht es im Wesentlichen um Erklärungs- und Reflexionswissen, um die professionelle Entscheidung „wirkungsorientiert" zu fundieren, und weniger um die Frage, ob ein bestimmtes Programm bzw. ein bestimmtes Maßnahmenpaket wirksam ist. Die realistische Wirkungsforschung liefert eine Wissensbasis für eine alternative Form der Wirkungsorientierung. Eine, die nicht darauf hinausläuft, Praxis anzuleiten, sondern empirische fundierte Wissensgrundlagen bzw. Theorien vor allem mittlerer Reichweite über Wirkungszusammenhänge herauszuarbeiten. Die realistische Wirkungsforschung liefert demnach die Grundlage für eine „Wirkungsorientierung" im Kontext möglichst professionell gesteuerter Organisationen.

Ausblick: Wirkungsorientierte Praxis durch evidenzbasierte Professionalisierung

Trotz der problembehafteten Implikationen einer klassischen evidenzbasierten Praxis, deren Lösungsansätze für die sozialpädagogische Praxis in Frage zu stellen sind, ist das Wissen um Wirkfaktoren und den Bedingungen ihres Zustandekommens für die sozialpädagogische Praxis von großer Bedeutung. Es geht aber nicht um die kritiklose Übernahme von Handlungsanweisen anhand von practice guidelines, sondern um die Erweiterungen von professionellen Entscheidungsgrundlagen, die auf fundierte empirische Erkenntnisse basieren, wie sie eine realistische Wirkungsforschung zur Verfügung stellen kann; es geht um den Ansatz einer evidenzbasierten Professionalisierung (Otto/Polutta/Ziegler 2009), der für die Legitimierung von Reflexions- und Handlungsspielräumen für Professionelle in pädagogischen Praxisfeldern plädiert, um die Wirksamkeit einer sozialpädagogischen Praxis zu gewährleisten.

Literatur

Albright, David L./Thyer, Bruce A. (2010): Die Anwendung des evidenzbasierten Praxismodells. In: Otto, Hans-Uwe/Polutta, Andreas/Ziegler, Holger (Hrsg.): What Works – Welches Wissen braucht die Soziale Arbeit. Zum Konzept Evidenzbasierter Praxis. Opladen, Farmington Hills: Verlag Barbara Budrich, S. 137–149.

Albus, Stefanie/Greschke, Heike/Klingler, Birte/Messmer, Heinz/Micheel, Heinz-Günter/Otto, Hans-Uwe/Polutta, Andreas (2010): Design der Evaluation. In: Albus, Stefanie/Greschke, Heike/Klingler, Birte/Messmer, Heinz/Micheel, Heinz-Günter/Otto, Hans-Uwe/Polutta, Andreas: Wirkungsorientierte Jugendhilfe. Abschlussbericht des Evaluationsträgers des Bundesmodellprogramms „Qualifizierung der Hilfen zur Erziehung durch wirkungsorientierte Ausgestaltung der Leistungs-, Entgelt- und Qualitätsvereinbarungen nach §§ 78a ff. SGB VIII". Münster: Waxmann, S. 12–17.

Albus, Stefanie/Micheel, Heinz-Günter (2012): Entmündigung der Praxis? Wirkungsorientierung und Evidence Based Practice. In: Unzicker, Kai/Hessler, Gudrun (Hrsg.): Öffentliche Sozialforschung und Verantwortung für die Praxis. Wiesbaden: Springer VS Verlag für Sozialwissenschaften, S. 179–197.

Albus, Stefanie/Micheel, Heinz-Günter/Otto, Hans-Uwe/Polutta, Andreas (2009): Wirkungsforschung in der Jugendhilfe. Erfordernisse für angemessene Indikatoren und methodisches Design in der wissenschaftlichen Wirkungsevaluation. In: Boettcher, Wolfgang/Dicke, Jan Niklas/Ziegler, Holger (Hrsg.): Evidenzbasierte Bildung. Wirkungsevaluation und evidenzbasierte Bildungspolitik und Praxis. Münster: Waxmann, S. 35–46.

Albus, Stefanie/Micheel, Heinz-Günter/Polutta, Andreas (2018): Wirksamkeit. In: Otto, Hans-Uwe/Thiersch, Hans/Treptow, Rainer/Ziegler, Holger (Hrsg.): Handbuch Soziale Arbeit. 6., überarb. Aufl., München: Reinhardt, S. 1825–1832.

Albus, Stefanie/Micheel, Heinz-Günter/Polutta, Andreas (2010): Wirkungen im Modellprogram. In: Albus, Stefanie/Greschke, Heike/Klingler, Birte/Messmer, Heinz/Micheel, Heinz-Günter/Otto, Hans-Uwe/Polutta, Andreas. Wirkungsorientierte Jugendhilfe. Abschlussbericht des Evaluationsträgers des Bundesmodellprogramms „Qualifizierung der Hilfen zur Erziehung durch wirkungsorientierte Ausgestaltung der Leistungs-, Entgelt- und Qualitätsvereinbarungen nach §§ 78a ff. SGB VIII". Münster: Waxmann, S. 105–164.

Albus, Stefanie/Ziegler, Holger (2013): Wirkungsforschung. In: Graßhoff, Gunther (Hrsg.): Adressaten, Nutzer, Agency. Akteursbezogene Forschungsperspektiven in der Sozialen Arbeit. Wiesbaden: Springer VS Verlag für Sozialwissenschaften, S. 163–180.

American Psychological Association (APA) (2006): Report of the 2005 Presidential Task Force on Evidence-Based Practice. In: American Psychologist 6, S. 271–285.

Beywl, Wolfgang/Speer, Sandra/Kehr, Jochen (2004): Wirkungsorientierte Evaluation im Rahmen der Armuts- und Reichtumsberichterstattung. Perspektivstudie. Im Auftrag des Bundesministeriums für Gesundheit und Soziale Sicherung (BMGS). Köln: Univation – Institut für Evaluation.

Biesta, Gert J. J. (2010): Five theses on complexity reduction and its politics. In: Osberg, C. Deborah/Biesta, Gert J. J. (Hrsg.): Complexity theory and the politics of education. Rotterdam: Sense Publishers, S. 5–13.

Campbell, Donald T./Stanley, Julian C. (1963): Experimental and Quasi-Experimental Designs for Research on Teaching. In: Gage, Nathaniel L. (Hrsg.): Handbook of Research on Teaching. Chicago, S. 171–246.

Chaffin, Mark/Friedrich, Bill (2004): Evidence-based treatments in child abuse and neglect. In: Children and Youth Services Review 26, S. 1097–1113.

Cnaan, Ram A./Tripody, Stephen J. (2010): Randomized Controlled Experiments. In: Thyer, Bruce (Hrsg.): The Handbook of Social Work Research Methods. 2. Auflg., Los Angeles, London, New Dehli, Singapore und Washington DC: Sage, S. 205–220.

Corcoran, Jacqueline/Littell, Julia H. (2010): Meta-Analyses. In: Thyer, Bruce (Hrsg.): The Handbook of Social Work Research Methods. 2. Auflg., Los Angeles, London, New Dehli, Singapore und Washington DC: Sage, S. 299–312.

Davis, Huw/Nutley, Sandra/Tilley Nick (2000): Debates on the role of experimentation. In: Davis, Huw/Nutley, Sandra/Smith, Peter (Hrsg.): What Works? Evidence-based Policy and Practice in Public Services. Bristol: Policy Press, S. 251–275.

Deeks, Jonathan J./Higgins, Julian P. T./Altman, Douglas G. (2008): Analysing data and undertaking meta-analyses. In: Higgins, Julian P. T./Green, Sally (Hrsg.): Cochrane Handbook for Systematic Reviews of Interventions. Chichester: Wiley-Blackwell, S. 243–296.

Döring, Nicola/Bortz, Jürgen (2016): Forschungsmethoden und Evaluation in den Sozial- und Humanwissenschaften. 5., vollst. überarb., akt. u. erw. Aufl., Berlin und Heidelberg: Springer.

Donabedian, Avedis (1980): The definition of quality and approaches to its assessment and monitoring, Vol. 1. Ann Arbor, Mi.: Health Administration Press.

Fisher, Mike (2014): The Social Care Institute for Excellence and Evidence-Based Policy and Practice. In: British Journal of Social Work. (2014), S. 1–16.

Gambrill, Eileen (2006): Evidence-based practice and policy: Choices ahead. In: Research on Social Work Practice. 16. Jg. (3), S. 338–357.

Gambrill, Eileen (2003): Evidence-based practice: Sea change or the emperor's new clothes? In: Journal of Social Work Education, 39, S. 3–23.

Green, Sally/Higgins Julian P. T./Alderson, Philip/Clarke, Mike/Mulrow, Cynthia D./Oxman, Andrew D. (2008): Introduction. In: Higgins, Julian P. T./Green, Sally (Hrsg.): Handbook for Systematic Reviews of Interventions. Cochrane Book Series. Chichester: Wiley-Blackwell, S. 1–9.

Hawkins, Andrew J. (2014): The case for experimental design in realist evaluation. Learning Communities. In: International Journal of Learning in Social Contexts, Special Issue: Evaluation, 14, S. 46–59.

Haynes, Laura/Service, Owain/Goldacre Ben/Torgerson, David (2012): Test, Learn, Adapt: Developing Public Policy with Randomised Controlled Trials. Kew, London: UK Cabinet Office National Archives.

Hüttemann, Matthias (2006): Evidence-based Practice – ein Beitrag zur Professionalisierung Sozialer Arbeit? In: neue praxis 2/2006, S. 156–167.

Kaufmann, Franz Xaver/Herlth, Alois/Schulze, Hans-Joachim/Strohmeier, Klaus Peter (1979): Wirkungen öffentlicher Sozialleistungen auf den familialen Sozialisationsprozeß. In: Lüscher, Kurt (Hrsg.): Sozialpolitik für das Kind. Stuttgart: Klett-Cotta, S. 181–212.

Kivipelto, Minna/Kotiranta, Tuija/Kazi, Mansoor A. F./Borg, Pekka/Jauhianinen, Tuula/ Korteniemi, Pertti (2016): An Evaluation Model for Social Work with Substance Abusers. In: Open Science Journal 1(3).

Kromrey, Helmut (2000): Fallstricke bei der Implementations- und Wirkungsforschung sowie methodische Alternativen. In: Müller-Kohlenberg, Hildegart/Münstermann, Klaus (Hrsg.): Qualität von Humandienstleistungen. Opladen: Leske und Budrich, S. 19–58.

Kromrey, Helmut (1995): Evaluation. Empirische Konzepte zur Bewertung von Handlungsprogrammen und die Schwierigkeiten ihrer Realisierung. In: Zeitschrift für Sozialisationsforschung und Erziehungssoziologie (ZSE), Jg. 15, H. 4, S. 313–335.

Littell, Julia H./Corcoran, Jacqueline (2010): Meta-Analyses. In: Thyer, Bruce (Hrsg.): The Handbook of Social Work Research Methods. 2. Auflg., Los Angeles, London, New Dehli, Singapore und Washington DC: Sage, S. 313–337.

Luborsky, Lester/Diguer, Louis/Seligman, David A./Rosenthal, Robert/Johnson, Suzanne/ Halperin, Gregory/Bishop, Monica/Berman, Jeffrey/Schweizer, Edward (1999): The researcher's own therapy allegiances: A "wild card" in comparisons of treatment efficacy. In: Clinical Psychology 6, S. 95–132.

McNeece, Aaron/Thyer, Bruce A. (2004): Evidence-Based Practice and Social Work. In: Journal of Evidence-Based Social Work, Vol. 1, No. 1, S. 7–25.

Menold, Natalja (2007): Methodische und methodologische Aspekte der Wirkungsmessung. In: Sommerfeld, Peter/Hüttemann, Matthias (Hrsg.): Evidenzbasierte Soziale Arbeit. Nutzung von Forschung in der Praxis. Baltmannsweiler: Schneider Verlag Hohengehren, S. 26–39.

Micheel, Heinz-Günter (2018): Quantitative Forschung. In: Otto, Hans-Uwe/Thiersch, Hans/ Treptow, Rainer/Ziegler, Holger (Hrsg.): Handbuch Soziale Arbeit. 6., überarb. Aufl., München: Reinhardt, S. 1267–1278.

Micheel, Heinz-Günter (2013): Methodische Aspekte der Wirkungsforschung. In: Graßhoff, Gunther (Hrsg.): Adressaten, Nutzer, Agency. Akteursbezogene Forschungsperspektiven in der Sozialen Arbeit. Wiesbaden: Springer VS Verlag für Sozialwissenschaften, S. 181–193.

Micheel, Heinz-Günter (2010a): Quantitative empirische Sozialforschung. München, Basel: Reinhardt UTB.

Micheel, Heinz-Günter (2010b): Leistungsfähigkeit empirischer Sozialforschung im Kontext sozialpädagogischer Praxis. In: Otto, Hans-Uwe/Polutta, Andreas/Ziegler, Holger. (Hrsg.): What Works – Welches Wissen braucht die Soziale Arbeit. Zum Konzept Evidenzbasierter Praxis. Opladen, Farmington Hills: Verlag Barbara Budrich, S. 151–163.

Mullen, Edward J./Shlonsky, Aron/Bledsoe, Sarah E./Bellamy Jennifer L. (2005): From concept to implementation: challenges facing evidencebased social work. In: Evidence & Policy 1, S. 61–84.

Otto, Hans-Uwe/Albus, Stefanie/Polutta, Andreas/Schrödter, Mark/Ziegler, Holger (2007): What Works? Expertise im Auftrag der Arbeitsgemeinschaft für Kinder- und Jugendhilfe – AGJ. Berlin: AGJ.

Otto, Hans-Uwe/Polutta, Andreas/Ziegler, Holger (2009): A Second Generation of Evidence-Based Practice. In: Otto, Hans-Uwe/Polutta, Andreas/Ziegler, Holger (Hrsg.), Evidence-based Practice – Modernising the Knowledge Base of Social Work. Opladen und Farmington Hills: Barbara Budrich Publishers, S. 245–252.

Pawson, Ray/Tilley, Nick (2009): Realist Evaluation. In: Otto, Hans-Uwe/Polutta, Andreas/ Ziegler, Holger (Hrsg.): Evidence-based Practice – Modernising the Knowledge Base of Social Work. Opladen und Farmington Hills: Barbara Budrich Publishers, S. 151–180.

Pawson, Ray/Tilley, Nick (1994): 'What Works in Evaluation Research?' In: British Journal of Criminology, 34/3, S. 291–306.

Proctor, Enola K./Rosen, Aaron (2003): The structure and function of social work practice guidelines. In: Rosen, Aaron/Proctor, Enola K. (Hrsg.): Developing practice guidelines for social work intervention: Issues, methods, and research agenda. New York: Columbia University Press, S. 108–127.

Rubin, Allen (2013): Statistics for Evidence-Based Practice and Evaluation. 3. Auflg., Belmont, CA: Brooks/Cole.

Rubin, Allen/Babbie, Earl (2017): Research Methods for Social Work. 9. Auflg., Belmont, CA: CENGAGE Learning.

Rubin, Donald B. (2008): Comment: The Design and Analysis of Gold Standard Randomized Experiments. In: Journal of the American Statistical Association, Vol. 103, No. 484, S. 1350–1356.

Sackett, David L./Rosenberg, William M. C./Gray, J. A. Muir/Haynes, R. Brian/Richardson, W. Scott (1996). Evidence Based Medicine: what it is and what it isn't. In: British Medical Journal, 312, S. 71–72.

Schnell, Rainer/Hill, Paul B./Esser, Elke (2011): Methoden der empirischen Sozialforschung. 9., aktualisierte Aufl., München: Oldenbourgh.

Shadish, William R./Cook, Thomas D./Campbell, Donald T. (2002): Experimental and Quasi-Experimental Designs for Generalized Causal Inference. Boston und New York: Houghton Mifflin.

Soydan, Haluk (2009): Towards the gold standard of impact Research in Social Work. In: Otto, Hans-Uwe/Polutta, Andreas/Ziegler, Holger (Hrsg.): Evidence-based Practice – Modernising the Knowledge Base of Social Work. Opladen und Farmington Hills: Barbara Budrich Publishers, S. 111–137.

Suchman, Edward A. (1967): Evaluative research. Principles and practices in public service and social action programs. New York: Russel Sage Foundation.

Suchman, Edward A. (1970): Action for what? A critique of evaluative research. In: O'Toole, Richard (Hrsg.): The organization, management, and tactics of social research. Cambridge, Mass.: Schenkman.

Webb, Stephen A. (2001). Some Considerations on the Validity of Evidence-based Practice in Social Work. In: British Journal of Social Work 31, S. 57–79.

Webb, Stephen A. (2002). Evidende-based Practice and Decision Analysis in Social Work: An Implementation Model. In: Journal of Social Work 2, S. 45–64.

Wodarski, John S./Hopson, Laura M. (2012): Research Methods for Evidence-Based Practice. Los Angeles, London, New Dehli, Singapore und Washington DC: Sage.

Wong, Geoff/Greenhalgh, Trish/Westhorp, Gill/Buckingham, Jeanette/Pawson, Ray (2013): RAMESES publication standards: realist syntheses. In: BMC Med, 2013, S. 11–20.

Ziegler, Holger (2003). Diagnose, Macht, Wissen und ‚What Works?' – Die Kunst dermaßen zu regieren. In: Widersprüche. Zeitschrift für sozialistische Politik im Bildungs-, Gesundheits- und Sozialbereich, 88, S. 101–116.

Methodenintegrative empirische Forschung im Feld der Kinder- und Jugendhilfe: Die Kombination quantitativer und qualitativer Verfahren

Christian Erzberger und Udo Kelle

1. Einleitung

Forschungsfelder und Forschungsfragen im Bereich der Kinder- und Jugendhilfe können in vielen Fällen nicht allein mit Hilfe qualitativer oder quantitativer Methoden der empirischen Sozialforschung bearbeitet werden. Dies ist dem Untersuchungsgegenstand geschuldet, da in vielen Fällen eher subjektive Erfahrungen pädagogischer Interventionen als deren objektiv messbare Wirkungen untersucht werden müssen. In unserem Beitrag möchten wir daher erläutern, in welcher Weise sowohl quantitative als auch qualitative Verfahren der Datenerhebung und -auswertung, wenn sie allein eingesetzt werden, an der Komplexität von Strukturen und Prozessen in diesem Forschungsfeld scheitern können.

Anschließend werden wir aus der allgemeinen Debatte über das Verhältnis qualitativer und quantitativer Forschung berichten: Nach einer langen Periode des Methodendualismus, wobei von Forschenden erwartet wurde, dass sie sich grundsätzlich für einen der beiden Ansätze entscheiden, beginnt sich seit einiger Zeit die Idee durchzusetzen, dass die bei beiden Ansätzen vorhandenen, jeweils spezifischen Beschränkungen, Validitätsbedrohungen und Methodenprobleme bearbeitet und überwunden werden können, wenn beide Methodenstränge in sog. „Mixed-Methods-Designs" miteinander verbunden werden. Wir werden im zweiten Teil des Beitrags zeigen, wie typische Schwächen und Begrenzungen sowohl qualitativer als auch quantitativer monomethodischer Forschung im Bereich der Kinder- und Jugendhilfe durch die gezielte Nutzung der Stärken der jeweils anderen Tradition überwunden werden können.

2. Der Stellenwert quantitativer und qualitativer Methoden für Forschung in der Jugendhilfe

Wirkungsmessungen in der Jugendhilfe finden in sehr vielen Fällen im Bereich von Maßnahmen nach den Hilfen zur Erziehung (HzE) statt, wie sie im achten Teil des Sozialgesetzbuches (SGB VIII) beschrieben werden. Um hier die Effekte von Maßnahmen zu untersuchen und zu überprüfen, sind die Auswirkungen bzw. die Umsetzungen der rechtlichen Regelungen in der täglichen Arbeit der beteiligten Institutionen der Jugendhilfe mit zu beachten, d. h. das Recht definiert den Rahmen, die Institutionen der Jugendhilfe definieren dessen Umsetzung. Letzteres kann sich von Jugendamt zu Jugendamt sehr unterschiedlich darstellen. Jugendhilfe im Rahmen von HzE ist daher ein komplexer Prozess, der den Einbezug sehr unterschiedlicher Instanzen und natürlich der Hilfeempfänger selbst erfordert – was Konsequenzen für die Messung von Wirkungen von Maßnahmen nach dem SGB VIII mit sich bringt.

2.1 Hilfen zur Erziehung: ein komplexes System

Unter dem Begriff der Jugendhilfe werden sämtliche Leistungen und Aufgaben von freien und öffentlichen Trägern zugunsten junger Menschen[1] und deren Familien zusammengefasst. Die Jugendämter als öffentliche Träger übernehmen dabei hoheitliche Funktionen, wie die Initiierung und Steuerung der Hilfen zur Erziehung, während freien Trägern deren Durchführung obliegt. Im § 1 des SGB VIII wird unter der Überschrift „Recht auf Erziehung, Eigenverantwortung, Jugendhilfe", die grundsätzliche Ausrichtung der Jugendhilfen wie folgt beschrieben:

„(1) Jeder junge Mensch hat ein Recht auf Förderung seiner Entwicklung und auf Erziehung zu einer eigenverantwortlichen und gemeinschaftsfähigen Persönlichkeit.

(2) Pflege und Erziehung der Kinder sind das natürliche Recht der Eltern und die zuvörderst ihnen obliegende Pflicht. Über ihre Betätigung wacht die staatliche Gemeinschaft.

(3) Jugendhilfe soll zur Verwirklichung des Rechts nach Absatz 1 insbesondere

1. junge Menschen in ihrer individuellen und sozialen Entwicklung fördern und dazu beitragen, Benachteiligungen zu vermeiden oder abzubauen,

2. Eltern und andere Erziehungsberechtigte bei der Erziehung beraten und unterstützen,

---

1   Dabei gilt: Kind ist, wer noch nicht 14 Jahre alt ist, Jugendlicher ist, wer 14, aber noch nicht 18 Jahre alt ist, junger Volljähriger ist, wer 18, aber noch nicht 27 Jahre alt ist und junger Mensch ist, wer noch nicht 27 Jahre alt ist (§ 7 SGB VIII).

3. Kinder und Jugendliche vor Gefahren für ihr Wohl schützen,
4. dazu beitragen, positive Lebensbedingungen für junge Menschen und ihre Familien sowie eine kinder- und familienfreundliche Umwelt zu erhalten oder zu schaffen."

Das Gesetz definiert hier die Elternrechte (es existiert ein grundsätzliches Recht auf die Gewährung von Unterstützungsleistungen), legt aber auch deren Grenzen fest. Der Staat bzw. die staatliche Gemeinschaft wacht über die Betätigung der Eltern und kann bei Vorliegen von Hinweisen auf Verletzung der elterlichen Erziehungspflichten eingreifen. Im weiteren Gesetzestext werden unterschiedliche erzieherische Maßnahmen beschrieben, die von ambulanten Hilfen bis hin zu stationären Unterbringungen reichen können. Der Staat – und in ausübender Form das Jugendamt – kann als weitestgehender Eingriff in die Elternrechte ein Kind auch ohne Einwilligung der Eltern in Obhut nehmen, wenn eine Kindeswohlgefährdung vorliegt.[2]

Das Jugendamt initiiert die Hilfe, behält die Fallführung und steuert den Prozess. Die freien Träger der Jugendhilfe sind Auftragnehmer der Jugendämter und führen die Hilfen praktisch durch. Die Klient*innen – Kinder, Jugendliche, Eltern – sind in diesen Prozess in vielfältiger Weise eingebunden und diese Einbindung ist gesetzlich verankert. Hinzu kommen weitere, die Maßnahmen unterstützende Fachakteure (Kinder- und Jugendärzt*innen, Psycholog*innen, Vormünder, Suchtberater*innen u.v.m.).

Auch wenn es Aufgabe des Jugendamtes ist – hier des Allgemeinen Sozialdienstes (ASD) – im Rahmen der Fallsteuerung die Zielsetzungen der unterschiedlichen Akteure in einen konsistenten Hilfeverlauf einzubringen, der den Problemlagen der Kinder und ihrer Familien und Eltern am angemessensten ist, so kann dabei aber auch nicht immer ausgeschlossen werden, dass verschiedene konfligierende Interessen sich nicht in Einklang mit der grundsätzlichen Hilferichtung bringen lassen. Um den gesamten Prozess zu koordinieren, erstellen die Fachkräfte des ASD zusammen mit den signifikanten Beteiligten einen spezifischen Hilfeplan für jede Maßnahme, der in regelmäßigen Abständen überprüft und angepasst wird. Insofern findet eine ständige Evaluation der Hilfen durch das Jugendamt statt. Eine Hilfe wird dann beendet, wenn die definierten Ziele in ausreichendem Maße erreicht worden sind.

In dieser kurzen Beschreibung sollte schon deutlich geworden sein, dass die Jugendhilfe sich als ein sehr komplexes Feld darstellt, an dem über wechselnde Zeiträume hinweg sehr unterschiedliche Akteure beteiligt sind. Ambulante Hilfen können einige Wochen (z. B. eine Familienaktivierung bei drohender Fremdplatzierung) oder auch mehrere Jahre (z. B. eine sozialpädagogische

---

2 Dies muss allerdings umgehend durch das Familiengericht rechtlich legitimiert werden.

Familienhilfe) dauern. Fremdplatzierende Maßnahmen dagegen sind schon in der Regel auf längere Zeiträume angelegt – deren Dauer kann, z. B. in der Pflegekinderhilfe, weit über 18 Jahre betragen.

Die Bedeutung dieses Bereichs zeigt sich auch in der Anzahl der Hilfen und an den mit ihnen verbundenen Kosten: Am 31.12.2015 wurden mit 357.702 Kindern und Jugendlichen Maßnahmen nach dem SGB VIII durchgeführt. Für diese Hilfen wurden im gleichen Jahr 37,7 Milliarden Euro aufgewendet (Statistisches Bundesamt 2017, S. 246, Tabelle 8.4.19).

2.2 Wirkungsmessung in der HzE: Ein unübersichtliches Terrain

Die kurze Beschreibung der HzE zeigt, dass das System auf die Beteiligung unterschiedlicher Stakeholder angewiesen ist und daher einen sehr komplexen Charakter annehmen kann.

Allerdings sind es nicht nur die unterschiedlichen Akteure, die für die Vielschichtigkeit der Maßnahmen im Rahmen der Jugendhilfe verantwortlich sind, es sind darüber hinaus die der Hilfe inhärenten Unschärfen, die bei Forschungen in diesem Bereich eine besondere Aufmerksamkeit erfordern und den Einsatz entsprechender Methoden verlangen. Zu den Unschärfen zählen z. B.:

- Diffusität der Arbeit: Bei lang dauernden Maßnahmen „mäandert" die Arbeit der Fachkräfte. Sie changiert zwischen Einzelbetreuung des Kindes, Beziehungsklärung mit den Eltern, Suche nach Wohnraum, Verbesserung der Arbeitshaltung, Vermittlung von Grenzen usw. Diese Tätigkeiten betreffen in der Regel gleichzeitig eine ganze Reihe unterschiedlicher Probleme der betreffenden Familie.
- Interaktionen mit anderen Hilfen: Häufig werden in den Familien noch andere Hilfeleistungen angeboten und durchgeführt, die mit den Tätigkeiten der Fachkräfte interagieren (z. B. Therapien von Sorgeberechtigten, stationäre Unterbringungen von anderen Kindern der Familien usw.).
- Externe Faktoren: Häufig lösen sich Probleme nicht direkt durch die Hilfen, sondern durch externe Einflussfaktoren auf (z. B. der sehr schwierige Jugendliche lernt ein Mädchen kennen und verhält sich nun völlig anders).
- Schwierige Erfolgsdefinition: Was jeweils als Erfolg einer Hilfe gelten kann, muss dem Einzelfall angemessen sein. Dies kann von der Erwartung reichen, dass die Familie am Ende der Hilfe allein und ohne weitere Unterstützung leben kann, bis hin zur Einschätzung, dass die Familie dazu gewonnen werden kann, das Kind außerfamiliär unterzubringen. Um einen Erfolg oder eine Wirkung messen zu können, muss die Ziellinie der Maßnahme (was soll erreicht werden?) aber ex ante bestimmt werden.

Die Besonderheiten dieses Forschungsfeldes zusammenfassend kommen Gahleitner und Schulz zu dem Schluss:

„Das Bemühen, die Bedingungen zu erfassen, die erzieherische Hilfen wirkungsvoll machen, ist methodisch jedoch nicht leicht umzusetzen. Die Qualität der Hilfe in Jugendhilfeprozessen ist schwer quantifizierbar und nur schwer beschreibbar, am ehesten noch aus dem Verständnis einzelner Falldarstellungen heraus. Harte Kriterien sind eher die Ausnahme. Auch entlang des reflexionstheoretischen Professionsverständnisses Sozialer Arbeit ist eine Schematisierung individueller, biografisch bedingter Problemlagen schwierig. […] Auf der Suche nach Tragfähigkeit und Generalisierbarkeit von Ergebnissen haben daher in den letzten Jahren auch im Jugendhilfebereich evidenzbasierte Methoden an Gewichtung gewonnen. Nur solche Handlungsweisen sind demnach heranzuziehen, für die es eine hinreichende Evidenz gibt, dass sie tatsächlich bewirken, was man erreichen will. Die Ergebnisse dieser randomisierten Kontrollgruppenstudien erscheinen der Praxis jedoch häufig nur bedingt brauchbar. In praxisnaher Forschung wiederum ist eine Kontrolle über alle jeweiligen Einflussfaktoren und eine Standardisierung der komplexen biografischen und diversity-bedingten Einflüsse häufig nicht möglich" (Gahleinter/Schulz 2013, S. 3; zum Ursprung der evidenzbasierten Forschung s. Struhkamp-Munshi 2007).

In diesem Zitat deutet sich bereits die gesamte methodologisch-methodische Diskussion in der Jugendhilfeforschung und der damit verbundenen Evaluation von erzieherischen Hilfen an. Welche Verfahren sind angemessen? Welche Methoden müssen eingesetzt werden?

Die Produktion von quantitativ erhobenen, „harten" Daten ist offensichtlich in manchen Fällen nur schwer möglich und vielfach nicht ausreichend, um die schwierigen Prozesse zu erfassen und kann insgesamt nur ein Teil der zu verwendenden Forschungsstrategien sein. Vielmehr gilt es, den Uneindeutigkeiten des Feldes durch qualitative Strategien gerecht zu werden. Entsprechend kommt Hans-Uwe Otto zu folgender Einschätzung für die Jugendhilfeforschung:

„Versteht man Wirkungsorientierung als eine empirische Fundierung professionellen Reflexions- und Erklärungswissens, wird deutlich, dass die zentrale professionelle Frage ‚was ist im Einzelfall angemessen?' nicht allein durch noch so stark valide und reliabel geprüfte statistische Wirkungswahrscheinlichkeit zu erreichen sein würde. […] Kriterien für adressatenbezogene Wirkungsziele müssen sich nicht am Kriterium möglichst einfacher Messbarkeit ausrichten, sondern am Kriterium der Angemessenheit" (Otto 2007, S. 20).

Ziegler, der ebenfalls „harte" Messverfahren als ausschließliche Methode infrage stellt, begründet dies damit, dass quantitative Daten und Befunde oft nur schwer interpretierbar seien. „Soziale Arbeit hat es vielmehr überwiegend mit Ambiguitätsproblemen zu tun. Wenn Phänomene ein hohes Maß an Ambiguität, d. h. an nicht Eindeutigkeit aufweisen, existieren zwangsläufig weite Interpretationsräume. Überall wo Interpretationsräume existieren, sind aber strenge Messverfahren eher wenig tauglich, wenn es darum gehen soll, Praxis ‚anzuleiten' " (Ziegler 2006, S. 266).

Ein gutes Beispiel dafür, dass Verfahren, die rein quantitativ versuchen, eine Wirkung festzustellen, nicht den eigentlichen Effekt messen, ist die Jugendhilfeeffekte-Studie (JES). Hier wurde die Arbeit von sozialpädagogischen Fachkräften mit Blick auf die Durchführung unterschiedlicher Maßnahmen bewertet. Als Kriterien der Bewertung wurden die positiven Veränderungen des Problemverhaltens der Kinder und Jugendlichen nach Beendigung der Maßnahmen herangezogen. Dieses individuelle Verhalten wurde sehr aufwändig über quantitative Verfahren gemessen. Die Autor*innen der Studie stellen bei ihrer Beurteilung der Sozialpädagogischen Familienhilfe[3] eher geringe Veränderungsquoten fest (vgl. Bundesministerium für Familie, Senioren, Frauen und Jugend 2002, S. 396). So richtig dieses Ergebnis ist, so verkennt es doch den eigentlichen Charakter der jugendhilfebezogenen Arbeit sozialpädagogischer Fachkräfte. Sozialpädagogik ist keine Therapieform, vielmehr besteht die Arbeit in der Entwicklung von Haltungen, der Erzeugung einer neuen Rahmung des Problemfeldes, der Vermittlung von Entlastungsstrategien, der Anregung zum reflektierenden Verhalten u.v.m. Die konkrete Problembehandlung dagegen nimmt in der Regel nicht den überwiegenden Raum der Arbeit ein. Neben der Frage der Reduzierung der Probleme muss daher auch die Frage nach dem Umgang mit den noch vorhandenen Problemen gestellt werden. Diese ist an die Klient*innen – Jugendliche und Eltern – zu richten. Unter diesem Fokus wird dann sichtbar, dass die Probleme zwar nicht verschwunden sind, die Akteur*innen aber gelernt haben, mit diesen Problemen (besser) umzugehen. Ohne eine qualitative Ergänzung der quantitativen Befunde bleibt das Gesamtergebnis unvollständig. Bei einer Messung der Reduzierung des Problemverhaltens ist gerade in lang laufenden Sozialpädagogischen Familienhilfen zu beachten, dass in nicht geringem Maße zusätzliche therapeutische Hilfen für die Kinder und Jugendlichen und/oder Erziehungspersonen zum Einsatz kommen. Eine Problemreduzierung kann dann oft eher auf die

---

3 Sozialpädagogische Familienhilfe soll durch intensive Betreuung und Begleitung Familien in ihren Erziehungsaufgaben, bei der Bewältigung von Alltagsproblemen, der Lösung von Konflikten und Krisen sowie im Kontakt mit Ämtern und Institutionen unterstützen und Hilfe zur Selbsthilfe geben. Sie ist in der Regel auf längere Dauer angelegt und erfordert die Mitarbeit der Familie (Wiesner 2011, S. 392). Zur näheren Beschreibung der Sozialpädagogischen Familienhilfe vgl. Bundesministerium für Familie, Senioren, Frauen und Jugend 2002a.

Therapien als auf die eigentliche pädagogische Maßnahme zurückgeführt werden – letztere diente eher zur Stabilisierung des Familiensystems insgesamt.

Aber auch der Einsatz qualitativer Methoden ohne flankierende oder zusätzliche Erhebung quantitativer Daten kann den Bedarfen einer Wirkungsevaluation in der Kinder- und Jugendhilfe oftmals nicht gerecht werden. Ein Beispiel aus dem Bereich der qualitativen Forschung hier kann zeigen, dass bestimmte Fragestellungen zwar nur durch biografisch orientierte Methoden untersucht werden können, dass dann aber die Geltungsreichweite solcher Befunde oft fraglich bleiben muss. So wurde in einer Studie über biografische Deutungsmuster von Pflegekindern zur Rekonstruktion dieser Muster auf ein Interview mit einem ehemaligen Pflegekind zurückgegriffen, das aus 41 narrativen Interviews nach bestimmten Kriterien ausgewählt und mit Unterstützung einer Spezialsoftware für qualitative Daten ausgewertet wurde. Das dazu nötige Kategoriensystem wurde im Rahmen der Analyse generiert. In dieser aufwändigen Einzelfallanalyse konnte gezeigt werden, welche Bedeutung die Deutungsmuster für die Identitätsarbeit besitzen. Hierbei müssen zahlreiche Verknüpfungen zwischen konkreten Erklärungen, komplexen Betrachtungen der Lebensgeschichte und biografischen Kernaussagen hergestellt werden. Der Übergang von der Einzelfallanalyse zu einer allgemeineren Betrachtung bleibt hier allerdings problematisch. Er wird hier lediglich mit einem Satz eingeleitet: „Betrachtet man die beschriebenen Phänomene und die daraus resultierenden Kategorien nun in einer vom Einzelfall gelösten und generalisierenden Form, so lassen sich einige übergreifende Ergebnisse herausstellen" (Pierlings 2015, S. 101). Welche „generalisierende Form" das ist, mit der die Phänomene betrachtet werden, bleibt dabei offen. Auch wenn Deutungsmuster nur mit entsprechenden Methoden untersucht werden können, so bleibt die Frage nach der allgemeinen Bedeutung der Erkenntnisse gleichwohl bestehen.

Untersuchungen im Bereich der Jugendhilfe und speziell Bewertungen und Evaluationen von Maßnahmen im Rahmen von Hilfen zur Erziehung erfolgen sehr häufig primär auf der Ebene des Erlebens der Hilfeempfänger*innen (etwa indem diese intensiv über ihre Erfahrungen mit den Hilfen befragt werden), sie sind aber gleichzeitig immer an institutionelles Vorgehen – und damit konzeptionell gegründete praktische Arbeit – zurückgebunden. Um zu ermitteln, ob eine Hilfe als erfolgreich angesehen werden kann, sind Bewertungen von unterschiedlicher Seite einzuholen. Das Erleben der Adressat*innen der Hilfe spielt hier eine wichtige Rolle, aber auch die Einschätzungen der beteiligten Fachkräfte. Beides wiederum ist abhängig von der konzeptionellen Beschreibung der entsprechenden Maßnahme. Im Endeffekt möchten jene Organisationen und Akteure, die solche Untersuchungen in Auftrag geben (Ministerien, Jugendämter, Jugendhilfeträger usw.) wissen, ob ihre Konzeptionen „funktionieren" bzw. was getan werden muss, damit die Maßnahme eine höhere Erfolgswahrscheinlichkeit erhält. Um diesen Ansprüchen gerecht werden zu können, werden Methoden benötigt, die einerseits eine hohe interne Validität aufweisen, die aber andererseits in jedem Fall über subjektive Einzelerlebnisse hinausgehen (vgl. Wolff 2016). Angemerkt sei hier, dass gerade im politischen Raum quantitative Ergebnisse, die durch (möglichst überzeugend gestaltete) Grafiken verdeutlicht werden, eine wichtige Rolle spielen. Rein qualitative Verfahren werden hier selten als gleichwertig anerkannt.

3. Mixed Methods – die Kombination qualitativer und quantitativer Methoden

3.1 Der Methodenstreit in der empirischen Sozialforschung

Der Streit über qualitative und quantitative Methoden hat eine lange Vorgeschichte (s. auch Kelle 2008, S. 26 ff.; Kelle 2018). Seit den Anfängen empirischer Sozialforschung in den frühen 1920er Jahren haben Vertreter*innen beider Richtungen immer wieder, in manchmal scharfer Polemik, die Wissenschaftlichkeit von Verfahren der jeweils anderen Methodentradition in Zweifel gezogen. Von Seiten der quantitativ Forschenden wurden qualitativen Methoden die zu große Informalität ihres Vorgehens und das hieraus resultierende Risiko einer willkürlichen Interpretation von Daten und Befunden und eine Fallauswahl nach unklaren Kriterien vorgeworfen. Auch wenn heutzutage nicht sehr viele quantitativ Forschende das Verdikt aus dem Lehrbuch empirischer Sozialforschung von Schnell, Hill und Esser (1999) unterschreiben würden, dass für qualitative Forschung keinerlei „Gütekriterien jenseits subjektiver Evidenzerlebnisse formulier- und überprüfbar" seien (Schnell/Hill/Esser 1999, S. 110), so wird qualitativen Methoden im Kontext quantitativer Methodenlehre oft doch nur eine marginale Rolle (etwa im Rahmen von Einzelfallanalysen und Vorstudien) für „echte" wissenschaftliche Untersuchungen zugewiesen (s. dazu etwa Wellenreuther 2000, S. 13).

Von Seiten der qualitativen Sozialforschung wiederum wurde quantitativen Verfahren oft vorgehalten, dass sie zur Erfassung sozialer Realität nicht wirklich geeignet seien, weil durch die Formulierung von ex ante Hypothesen und die Konstruktion von standardisierten Datenerhebungsinstrumenten die subjektiven Sichtweisen der Akteur*innen, durch die die untersuchten sozialen Phänomene eigentlich erst konstituiert würden, gewissermaßen überblendet würden. Quantitative Methoden förderten eine „restringierte Erfahrung" (also eine sehr beschränkte Empirie, Lamnek 2005, S. 8), die auch noch zu einer „Verdoppelung" eines gesellschaftlichen Verblendungszusammenhangs und zur Herrschaftsstabilisierung (ebd., S. 9 f.) beitrage. Das starke Interesse an qualitativen Methoden in den Sozial- und Erziehungswissenschaften seit den 1980er Jahren und die seitdem erfolgte Entwicklung vielfältiger und teilweise sehr elaborierter Verfahren der Erhebung und Auswertung nicht-standardisierter Daten und der hierauf bezogenen Qualitätsstandards hat allerdings zu einem erheblichen Reputationsgewinn der qualitativen Methodentradition geführt. Im Rahmen der Förderung von Grundlagenforschung ist qualitative Forschung heute anerkannt und auch in den eher quantitativ orientierten klassischen Lehrbüchern empirischer Sozialforschung (etwa Kromrey/Roose/Strübingen 2016; Döring/Pöschl/Bortz 2016) finden nun auch qualitative Methoden häufiger Erwähnung.

Ein pragmatischer, an der Erfordernissen des Forschungsfeldes und der Forschungsfragen orientierter Methodeneinsatz, bei dem die verschiedenen Verfahren der Sozialforschung wie unterschiedliche Werkzeuge für unterschiedliche, aber dennoch aufeinander bezogene Ziele eingesetzt werden können, scheitert jedoch immer noch an einem Problem: beide methodologischen Traditionen haben sich in den vergangenen Jahrzehnten voneinander abgeschottet, sich in getrennten scientific communities in jeweils verschiedenen Fachgesellschaften oder deren Arbeitskreisen, mit Hilfe eigener Publikationsorgane und auf jeweils eigenen Konferenzen und Fachtagungen fortentwickelt. Man begegnet einander nur selten und diskutiert kaum je miteinander über Methoden, und wenn es um die Erörterung tiefer gehender methodischer Fragen geht, versteht man einander oft kaum. Denn innerhalb der beiden Traditionen war die zunehmende technische Verfeinerung der Verfahren natürlich begleitet von der Entwicklung jeweils eigener Sprachspiele und Codes.

Die „Paradigmenkriege" (Gage 1989) früherer Zeiten scheinen heute abgelöst worden zu sein durch eine friedliche Koexistenz zweier getrennter Methodenkulturen, bei der man sich eher wechselseitig ignoriert als miteinander diskutiert. Dass die Methodendebatte diesen Weg genommen hat, ist erstaunlich, da in zahlreichen berühmten und vielzitierten klassischen sozialwissenschaftlichen Studien qualitative und quantitative Methoden mit großem Gewinn kombiniert worden waren, etwa in der „Marienthal-Studie", die die Arbeitslosenforschung begründete (Jahoda/Lazarsfeld/Zeisel 1933/1982); in der „Hawthorne-Studie" (Roethlisberger/Dickson 1939), die den „Human Ressources Ansatz" in der Industriesoziologie und Personalführung ins Leben rief; in der Studie der Frankfurter Schule über die „autoritäre Persönlichkeit" (Adorno et al. 1950), deren Konzepte bis heute die Vorurteilsforschung beeinflussen; in der Untersuchung von Festinger, Riecken und Stanley (1956) über Weltuntergangskulte; im „Räuberhöhlenexperiment" von Sherif et al. (1954/1961); in Zimbardos bekanntem „Gefängnisexperiment" über die Folgen institutioneller Deindividuation (Haney/Banks/Zimbardo 1973), um nur einige zu nennen.

3.2 Die Mixed-Methods-Bewegung

Allerdings wurden solch fruchtbare Methodenkombinationen viele Jahrzehnte lang in der methodologischen Debatte nur am Rande berücksichtigt. Erst in den späten 1980er und den 1990er Jahren wurde das forschungspraktisch motivierte Interesse an einer Verbindung qualitativer und quantitativer Methoden in der US-amerikanischen erziehungswissenschaftlichen und Evaluationsforschung (vgl. Greene/Caracelli/Graham 1989; Gage 1989) aufgegriffen, während parallel zunehmend Publikationen über eine Kombination und den „Mix" von Methoden erschienen (etwa Fielding/Fielding 1986; Bryman 1988; Creswell 1994; Brannen 1992; Prein/Kelle/Kluge 1993; Kelle/Erzberger 1999). Spätestens seit dem Erscheinen von Tashakkoris und Teddlies Monographie über „Mixed Methodology" (Tashakkori/Teddlie 1998) hat sich für eine solche Kombination qualitativer und quantitativer Methoden zu einem Forschungsvorhaben der Begriff „Mixed Methods" durchgesetzt. Dabei geht es um eine durchdachte und strategische angelegte Kombination von Methoden, Daten und zugrundeliegenden erkenntnistheoretischen Konzepten, um ein Forschungsdesign zu entwickeln, bei dem komplementäre Stärken qualitativer und quantitativer Verfahren genutzt werden können (s. hierzu auch Johnson/Christensen 2014, S. 663), um deren jeweiligen Schwächen auszugleichen. Um den Begriff „Mixed Methods" herum hat sich nunmehr eine große und wachsende scientific community etabliert, die u. a. eine eigene internationale Fachgesellschaft (die „Mixed Methods International Research Association", MMIRA) und seit 2007 eine eigene Fachzeitschrift („Journal of Mixed Methods Research", JMMR) hervorgebracht und eine eigene Methodentradition begründet hat, die von manchen Autoren als ein „drittes Forschungsparadigma" (Johnson/Onwuegbuzie 2004, S. 14) jenseits qualitativer und quantitativer Methoden angesehen wird (vgl. hierzu ausführlicher Kelle 2017).

Die Entwicklung von Mixed-Methods-Verfahren (und den sie systematisierenden Taxonomien) nahm dabei den Ausgang vom Feld der erziehungswissenschaftlichen Evaluationsforschung, wo Greene, Caracelli und Graham (1989) spezifische Designtypen unterschieden und in einer Meta-Analyse einen Überblick über Motive und mögliche Begründungen für die Wahl von Mixed-Methods-Ansätzen gaben. Das in vielen Arbeiten betonte „Fundamentalprinzip von Mixed Methods" (Brewer/Hunter 1989; Johnson/Turner 2003) besteht dabei in der Einsicht, dass sowohl qualitative als auch quantitative Methoden spezifische Begrenzungen und Probleme aufweisen, die den Rückgriff auf Verfahren aus der jeweils anderen Tradition geradezu zwingend erforderlich machen:

„According to that principle, researchers should collect multiple data using different strategies, approaches and methods in such a way that the resulting mixture or combination is likely to result in complementary strengths and non-overlapping weaknesses" (Johnson/Onwuegbuzie 2004, S. 18).

Dieser Ansatz beruht auf der Einsicht, dass *alle* Methoden Begrenzungen und Schwächen aufweisen (Johnson/Turner 2003, S. 299), womit auch ein Ausweg aus jener Sackgasse gewiesen wird, in die die Methodenlehre der empirischen Sozial- und Evaluationsforschung in langjährigen Paradigmenkriegen geraten ist: hier war man nämlich in beiden Methodentraditionen dazu übergegangen, die Kritik der jeweils anderen Seite nur noch damit zu beantworten, dass wiederum auf deren Schwächen hingewiesen wurde. Das konstruktive Potenzial, das in methodischer Kritik steckt, die auch immer zur Überprüfung und Verbesserung des eigenen methodischen Werkzeugs anregen kann, wurde auf diese Weise verschenkt. Denn erst, wenn es gelingt, offen Rechenschaft abzulegen über die Grenzen qualitativer und quantitativer Methoden, wird es möglich, methodische Strategien zur Überwindung dieser Grenzen (möglicherweise eben gerade durch einen Einbezug der jeweils anderen Methodentradition) zu entwickeln. Die Schwerpunkte der Mixed Methods Debatte liegen bislang eher im Bereich erkenntnistheoretischer Grundlagen einerseits und der Systematisierung von Designs andererseits (s. hierzu Baur/Kelle/Kuckartz 2017), sodass sich ein genauer Blick auf die Potenziale wechselseitiger Methodenkritik lohnt. Im Folgenden möchten wir deshalb eine Reihe zentraler Methodenprobleme quantitativer und qualitativer Forschung mit Bezug auf die besonderen Herausforderungen der Kinder- und Jugendhilfeforschung diskutieren und Hinweise darauf geben, wie diese Probleme praktisch bearbeitet und gelöst werden, indem die komplementären Stärken des jeweils anderen Ansatzes genutzt werden.

3.3 Stärken und Schwächen qualitativer und quantitativer Methoden und Mixed Methods Designs

Beginnen wir dazu mit einem zentralen Merkmal quantitativer Methoden: Quantifizierung mit dem Ziel, statistische Aussagen zu treffen, erfordert stets eine Standardisierung der Datenerhebung, denn in Zahlen ausdrückbare Befunde können ohne eine Zählung von Einheiten oder eine Messung von Merkmalen nicht produziert werden. Damit diese Zählung und Messung nicht willkürlich, sondern einheitlich erfolgt, muss die Datenerhebung mit Hilfe standardisierter Instrumente, also etwa durch Fragebögen mit genau festgelegten Antwortalternativen für die Befragten, oder mit Hilfe von Beobachtungsinventaren mit genau definierten Kategorien erfolgen. Für die Wirkungsmessung im Bereich der Kinder- und Jugendhilfe bedeutet dies aber, dass die möglichen (positiven und negativen) Effekte, die durch eine bestimmte Maßnahme erzeugt werden können, bereits vor einer empirischen Untersuchung im Prinzip bekannt sein müssen.

Forschungspraktisch bedeutet dies, dass im Vorfeld einer empirischen Erhebung durch die Forschenden festgelegt werden muss, was als Erfolg zu gelten hat. Bei einer Evaluation wird man das v.a. auf die von den Forschenden oder Auftraggebenden definierten Ziele der entsprechenden Maßnahme beziehen. Nun machen aber gerade in der Evaluationsforschung aktive Sozialwissenschaftler*innen häufig die Erfahrung, dass es für Auftraggebende und Andere, die verantwortlich sind für die Durchführung der entsprechenden Interventionen oft gar nicht so einfach ist, deren einzelne Ziele explizit zu benennen. Bereits an dieser Stelle empfiehlt sich also ein Einbezug qualitativer Verfahren, mit deren Hilfe Interventionsziele in Einzel- oder Gruppeninterviews in diskursiver Weise herausgearbeitet und dann anhand der so erhobenen qualitativen Daten systematisch rekonstruiert werden können.

Hinzu kommt ein weiterer Punkt: ein partizipatorisches sozialpädagogisches Professionsverständnis strebt oft den Einbezug der Betroffenen in den Prozess einer Definition der Interventionsziele ein. Dem können sowohl grundsätzliche normative, aber auch pragmatische Erwägungen zugrunde liegen: Maßnahmen, deren Ziele über die Köpfe der Beteiligten festgelegt werden, können leicht an deren mangelnder Kooperationsbereitschaft scheitern. Der klassische deduktive Ansatz quantitativer Forschung, bei der die Forschenden vor der Datenerhebung zentrale theoretische Konzepte definieren und Hypothesen formulieren und sie dann mit Hilfe standardisierter Instrumente operationalisieren, kann leicht in Konflikt mit diesem sozialpädagogischen Professionsverständnis geraten, weil die Handlungsorientierungen wichtiger Akteur*innen im Feld so gar nicht in das Blickfeld kommen können. Stattdessen müsste man hier die Ziele aller beteiligten Stakeholder erst einmal empirisch erheben. Da aber Forschende vor einer konkreten Datenerhebung oft gar kein genaues Wissen darüber haben, welches die zentralen Interessen und Ziele der von Maßnahmen der Kinder- und Jugendhilfe betroffenen Jugendlichen und Familien sind, helfen hier auch standardisierte Instrumente nicht weiter. Vielmehr müssen die Forschenden auf qualitative Verfahren zurückgreifen, um die Relevanzen aller Stakeholder in den Blick nehmen zu können.

Des Weiteren sind auch die von den Verantwortlichen, den die Evaluationen beauftragenden Stellen, den Forschenden oder den Betroffenen definierten Ziele oft nicht die einzigen Folgen, die Maßnahmen der Kinder- und Jugendhilfe zeitigen können. Wie bei anderen Arten sozialer Interventionen auch können hier vorher unerwartete Effekte und „Nebenwirkungen" auftreten. Solche unerwarteten Folgen können natürlich nicht allein mit Hilfe standardisierter, quantitativer Methoden erfasst werden (weil sie in diesem Fall vor der Konstruktion der Messinstrumente bekannt sein müssten und dann eben qua Definition nicht mehr unerwartet sein könnten).

Schließlich enthalten quantitative Daten, mit deren Hilfe die Erreichung von Interventionszielen objektiv erfasst werden sollen, oft nicht ausreichende Informationen darüber, warum ein bestimmtes Ziel eigentlich erreicht oder nicht erreicht wurde, oder warum bestimmte unerwartete und ggfs. unerwünschte Effekte aufgetreten sind. Wie in anderen Feldern sozialer Intervention setzen Maßnahmen der Kinder- und Jugendhilfe oft sehr komplexe Prozesse in Gang, in deren Verlauf zahlreiche Handelnde einbezogen werden und interagieren. Diese Prozesse repräsentieren gewissermaßen unterschiedliche „kausale Pfade", durch die eine Maßnahme umgesetzt, aber auch blockiert und verzögert werden kann. Alle möglichen kausalen Pfade vor einer empirischen Untersuchung zu überblicken und explizite Hypothesen darüber in Untersuchungsinstrumente umzusetzen, ist oft noch deutlich schwieriger als eine umfassende ex ante Definition aller möglichen Effekte einer Intervention. Das im ersten Teil des Beitrags präsentierte Beispiel der vermeintlichen Wirkungslosigkeit einer Maßnahme mag hierfür als ein gutes Beispiel dienen. Die in einem solchen Zusammenhang oft zentrale Frage, warum eine bestimmte Wirkung einer Maßnahme nicht, oder nicht in zufriedenstellender Weise, eingetreten ist, kann mit Hilfe quantitativer Daten und Methoden dann gar nicht valide beantwortet werden. Damit wächst das Risiko, dass hilfreiche Interventionsmethoden ungerechtfertigt in einen schlechten Ruf geraten und aufgegeben werden, weil die sie blockierenden Einflüsse (mit denen man, wären sie bekannt, vielleicht gut umgehen könnte) unbekannt bleiben. Die zentrale Alternative zu einem monomethodischen quantitativen Vorgehen bietet auch hier der systematische Einbezug qualitativer Verfahren, mit deren Hilfe oft erst eine prozessorientierte Betrachtung von Maßnahmen und Vorgängen ermöglicht wird.

Nun hat aber auch qualitative Forschung mit einer Reihe von methodischen Problemen zu kämpfen:

1. Die Erhebung und Auswertung qualitativer Daten ist oft sehr aufwändig, sodass in der Regel nur eine begrenzte Anzahl von Fällen untersucht werden kann – im Unterschied zu einer quantitativen Erhebung, bei der man relativ schnell einige hundert oder auch tausend Personen befragen kann, muss man sich beim Einsatz qualitativer Interviews in der Regel auf eine niedrige zweistellige Zahl von Interviews beschränken. Repräsentativität im klassischen Sinne ist auf diese Weise oft kaum zu erreichen und es wächst die Gefahr, dass marginale und extreme Fälle die Ergebnisse verzerren.
2. Bei einer Auswertung qualitativen Datenmaterials zeigt sich häufig, dass verschiedene Forschende unterschiedliche, manchmal gleichermaßen plausible Interpretationen derselben Daten entwickeln.
3. Umfangreiches qualitatives, d. h. nicht-standardisiertes, wenig strukturiertes Datenmaterial (welches in der Regel in Form von Texten von verschriftlichten offenen Interviews oder von Beobachtungsprotokollen vorliegt),

bringt das Risiko mit sich, dass Forschende, v.a. dann, wenn sie unter Zeitdruck arbeiten müssen, einseitig auf solches Material in ihren Daten fokussieren, dass ihre ersten tentativen (und manchmal auch impliziten) Annahmen zu bestätigen scheint und Gegenevidenz vernachlässigen.

Wie kann nun die Kombination von qualitativen und quantitativen Methoden bei solchen Problemen helfen? In der umfangreichen Literatur zu Mixed Methods Designs (s. etwa Kelle 2014; 2018; Kuckartz 2014; Burzan 2016) werden eine große Fülle unterschiedlicher Untersuchungspläne, in denen qualitative und quantitative Methoden verbunden werden, detailliert beschrieben. Für unsere Überlegungen und für die hier beschriebenen methodischen Probleme und Grenzen qualitativer und quantitativer Forschung haben zwei wesentliche Grundformen von Mixed-Methods-Designs eine zentrale Bedeutung:

1. Beim Einsatz eines „sequentiell qualitativ-quantitativen Designs", manchmal auch als „exploratorisches Design" bezeichnet, wird in einem ersten Schritt eine qualitative Untersuchung durchgeführt, mit deren Hilfe bspw. in einer Evaluationsstudie im Feld der Kinder- und Jugendhilfe Interventionsziele, mögliche weitere Effekte einer Maßnahme, die Einstellung der verschiedenen Stakeholder zu dieser Maßnahme, verschiedene kausale Pfade, auf denen sie wirken kann, mögliche Hindernisse bei ihrer Umsetzung u.v.a.m. mit Hilfe einer offenen Erhebung qualitativer Daten (etwa durch qualitative Leitfadeninterviews) identifiziert werden können. Sind auf dieser qualitativen Basis die ersten Kategorien gefunden und Zusammenhänge entdeckt worden, kann die Objektivität und Relevanz der Kategorien und die Geltungsreichweite der qualitativen Befunde mit quantitativen Methoden, d. h. anhand standardisierter Daten und größerer Stichproben untersucht werden.

2. Bei einem sequentiell quantitativ-qualitativen Design, auch „explanatives Design" genannt, wird dieses Verhältnis zwischen qualitativen und quantitativen Methoden quasi umgekehrt. In einem ersten Schritt wird auf der Grundlage schon bekannter Konzepte und ausformulierter Zusammenhangshypothesen eine quantitative Untersuchung durchgeführt. Deren Ergebnisse werden dann mit Hilfe qualitativer Daten auf die ihnen zugrundeliegenden kausalen Mechanismen und Prozesse untersucht. Dabei können die quantitativen Befunde auch dazu genutzt werden, die Auswahl und Kontrastierung der Fälle im qualitativen Untersuchungsteil anzuleiten und zu steuern, um bspw. zu vermeiden, dass die Forschenden die Relevanz von marginalen und extremen Fällen in ihrer qualitativen Stichprobe überschätzen. Mit Hilfe eines explanativen Designs könnte man bspw. in der Kinder- und Jugendhilfeforschung in einem ersten Schritt mit Hilfe quantitativer Verfahren feststellen, welche der vorhergesagten Wirkungen eine be-

stimmte Intervention erzielt oder nicht erzielt hat, um danach mit qualitativen Methoden zu untersuchen, auf welchen kausalen Pfaden diese Wirkung eingetreten ist oder aber verzögert oder verhindert wurde.

Diese beiden Designs stellen allerdings nur einen kleinen Ausschnitt aus den zahlreichen Möglichkeiten dar, qualitative und quantitative Methoden in vielfältigen und möglicherweise recht komplexen Mixed-Methods-Designs für unterschiedliche Zwecke miteinander zu kombinieren (vgl. Kelle 2008; 2014; Kuckartz 2014).

4. Fazit und Schlussfolgerungen

Die lange, teilweise sehr kontrovers geführte Methodendebatte in den Sozialwissenschaften hat deutlich gemacht, dass quantitative und qualitative Methoden jeweils spezifische Erkenntnisgrenzen, Validitätsbedrohungen, Methodenprobleme und Fehlerquellen mit sich bringen. Die Arbeiten aus dem Kontext der Mixed-Methods-Bewegung haben wiederum deutlich gemacht, wie die Probleme, mit denen beide Methodentraditionen zu kämpfen haben, durch den Einsatz von Methoden aus der jeweils anderen Tradition erkannt und ggfs. überwunden werden können. Die Literatur zu Mixed-Methods-Designs beschreibt hier zahlreiche unterschiedliche Möglichkeiten, um Stärken und Schwächen qualitativer Forschung auf diese Weise auszubalancieren.

Gerade die Forschung im Bereich der Kinder- und Jugendhilfe kann auf vielen Wegen hiervon profitieren. Die Wirkungen von Interventionen im Rahmen von Hilfen zur Erziehung können häufig nicht durch quantitative Methoden den durchgeführten Maßnahmen kausal zugerechnet werden. Denn einerseits finden solche Maßnahmen stets vor dem Hintergrund der „Eigenartigkeit des privaten Lebens"[4] statt, d. h. ihre Wirkungen sind immer durch einen ganz konkreten, individuellen Kontext beeinflusst. Andererseits treten bei der Betrachtung einer bestimmten Intervention, gerade bei länger laufenden Hilfen, Interaktionseffekte mit anderen Hilfen auf, die in der Familie zusätzlich implementiert wurden oder die sich an das Kind bzw. an den Jugendlichen richten. Damit kann eine auf quantitative Methoden beschränkte Wirkungsmessung insofern starke Unschärfen in ihren Ergebnissen mit sich bringen, da sie die grundsätzliche Unberechenbarkeit der unterschiedlichen Einflussmöglichkeiten in der Regel nicht miterfassen kann. In der Folge werden oft entweder nur geringe Wirkungen konstatiert (obwohl in einem in die quantitativen Messungen

---

4   Klaus Wolf: Ringvorlesung „Hilfen zur Erziehung in Vollzeitpflege" am 29.01.2013, Universität Hildesheim.

nicht einbezogenen Bereich starke Wirkungen tatsächlich vorhanden sind) oder es werden Effekte beobachtet, die faktisch durch andere Einflussfaktoren hervorgerufen wurden. Auch wenn bei der Untersuchung von Maßnahmen im Bereich der Jugendhilfe sicherlich nicht in jedem Fall ein „Mixed-Methods-Design" notwendig ist, so sollte man sich aber der Komplexität des Forschungsgegenstandes bewusst sein und in jedem Fall den Untersuchungsplan so anlegen, dass der Dynamik der Veränderung von Familienkonstellationen und persönlichen Beziehungsstrukturen sowie der möglichen Interaktionen mit weiteren Hilfen Rechnung getragen wird. Nur unter diesen Bedingungen können valide Forschungsergebnisse im Bereich der Kinder- und Jugendhilfe – und im Besonderen im Feld der Hilfen zur Erziehung – erwartet werden.

Literatur

Adorno, Theodor W./Frenkel-Brunswik, Else/Levinson, Daniel J./Sanford, R. Nevit (1950): The Authoritarian Personality. www.ajcarchives.org/main.php?GroupingId=6490 (Abfrage: 23.2.2017).

Baur, Nina/Kelle, Udo/Kuckartz, Udo (2017): Mixed Methods. Stand der Debatte und aktuelle Problemlagen. In: Baur, Nina/Kelle, Udo/Kuckartz, Udo (Hrsg.): Mixed Methods. Sonderband der „Kölner Zeitschrift für Soziologie und Sozialpsychologie" 57. Wiesbaden: Springer Fachmedien. S. 1–38.

Brannen, Julia (1992): Mixing methods: qualitative and quantitative approaches. Aldershot: Avebury.

Bryman, Alan (1988): Quantity and Quality in Social Research. London: Routledge & Kegan Paul.

Brewer, John/Hunter, Albert (1989): Multimethod Research. Newbury Park: Sage.

Bundesministerium für Familie, Senioren, Frauen und Jugend (Hrsg.) (2002): Effekte erzieherischer Hilfen und ihre Hintergründe. Schriftenreihe des BMFSFJ, Band 219. Stuttgart: Verlag W. Kohlhammer. http://www.bmfsfj.de/RedaktionBMFSFJ/Broschuerenstelle/Pdf-Anlagen/PRM-23978-SR-Band-219,property=pdf,bereich=,rwb=true.pdf (Abfrage: 05.12017).

Bundesministerium für Familie, Senioren, Frauen und Jugend (Hrsg.) (2002a): Handbuch Sozialpädagogische Familienhilfe. Stuttgart.

Burzan, Nicole (2016): Methodenplurale Forschung. Chancen und Probleme von Mixed Methods. Weinheim, Basel: Beltz Juventa.

Creswell, John W. (1994): Research Design: Qualitative and quantitative approaches. Thousand Oaks: Sage.

Döring, Nicola/Pöschl, Sandra/Bortz, Jürgen (2016): Forschungsmethoden und Evaluation in den Sozial- und Humanwissenschaften. Berlin: Springer.

Festinger, Leon/Riecken, Henry W./Schachter, Stanley (1956): When Prophecy Fails. A social and psychological study of a modern group that predicted the destruction of the world. Minneapolis: University of Minnesota Press.

Fielding, Nigel G./Fielding, Jane L. (1986): Linking Data. (Qualitative Research Methods, Vol.4). London: Sage.

Gage, Nathaniel L. (1989): The paradigm wars and their aftermath: A "historical" sketch of research and teaching since 1989. In: Educational Researcher, 18 (7), S. 4–10.

Gahleitner, Silke Britta/Schulz, Andreas (2013): Editorial zum Themenschwerpunkt. Kinder- und Jugendhilfeforschung. In: Klinische Sozialarbeit. Zeitschrift für psychosoziale Praxis und Forschung. Ja. 9, Heft 3. S. 3.

Greene, Jennifer C./Caracelli, Valerie/Graham, Wendy F. (1989): Toward a conceptual framework for mixed methods evaluation designs. In: Educational Evaluation and Policy Analysis, 11(3), S. 255–274.

Haney, Craig/Banks, W. Curtis/Zimbardo, Philip G.: (1973) A study of prisoners and guards in a simulated prison. Naval Research Review, 30, 4–17.

Jahoda, Marie/Lazarsfeld, Paul F./Zeisel, Hans (1933/1982): Die Arbeitslosen von Marienthal. Allensbach: Verlag für Demoskopie.

Johnson, R. Burke/Christensen, Larry (2014): Educational research methods. Los Angeles: Sage.

Johnson, R. Burke/Onwuegbuzie, Anthony J. (2004): Mixed Methods Research. In: Educational Researcher, 33, S. 14–26.

Johnson, R. Burke/Turner, Lisa A. (2003): Data Collection Strategies in Mixed Methods Research. In: Tashakkori, Abbas; Teddlie, Charles. (Hrsg.): Handbook of Mixed Methods in Social & Behavioral Research, Thousand Oaks: Sage. S. 297–320.

Kelle, Udo (2008): Die Integration qualitativer und quantitativer Methoden in der empirischen Sozialforschung. Wiesbaden: VS.

Kelle, Udo (2014): Mixed Methods. In: Baur, Nina/Blasius, Jörg (Hrsg.): Handbuch Methoden der empirischen Sozialforschung. Wiesbaden: Springer VS, S. 153–166.

Kelle, Udo (2017): Die Integration qualitativer und quantitativer Forschung – theoretische Grundlagen von „Mixed Methods". In: Baur, Nina/Kelle, Udo/Kuckartz, Udo (Hrsg.): Mixed Methods. Sonderband der „Kölner Zeitschrift für Soziologie und Sozialpsychologie" 57. Wiesbaden: Springer Fachmedien. S. 39–61.

Kelle, Udo (2018): „Mixed Methods" in der Evaluationsforschung – mit den Möglichkeiten und Beschränkungen quantitativer und qualitativer Methoden arbeiten. In: Zeitschrift für Evaluation, 17 (1), S. 25–52.

Kelle, Udo/Erzberger, Christian (1999): Integration qualitativer und quantitativer Methoden: methodologische Modelle und ihre Bedeutung für die Forschungspraxis. In: Kölner Zeitschrift für Soziologie und Sozialpsychologie, 51 (3), S. 509–531.

Kromrey, Helmut/Roose, Jochen/Strübing, Jörg (2016): Empirische Sozialforschung. Modelle und Methoden der standardisierten Datenerhebung und Datenauswertung mit Annotationen aus qualitativ-interpretativer Perspektive. 13., völlig überarbeitete Auflage. Konstanz: uvk.

Kuckartz, Udo (2014): Mixed Methods. Methodologie, Forschungsdesigns und Analyseverfahren. Wiesbaden: Springer.

Lamnek, Siegfried (2005): Qualitative Sozialforschung. Ein Lehrbuch. Weinheim, Basel: Beltz PVU.

Otto, Hans-Uwe (2007): Zum aktuellen Diskurs um Ergebnisse und Wirkungen im Feld der Sozialpädagogik und Sozialarbeit – Literaturvergleich nationaler und internationaler Diskussion. In: Forum Jugendhilfe, Heft 1 2007. S. 45–47.

Pierlings, Judith (2015): Biografische Deutungsmuster von Pflegekindern. In: Wolf, Klaus (Hrsg.): Sozialpädagogische Pflegekinderforschung. Bad Heilbrunn.

Prein, Gerald/Kelle, Udo/Kluge, Susann (1993): Strategien zur Integration quantitativer und qualitativer Auswertungsverfahren. Bremen: Arbeitspapiere des Sfb 186 Nr. 19.

Roethlisberger, Fritz J./Dickson, William J. (1939): Management and the Worker. Cambridge: Harvard University Press.

Schnell, Rainer/Hill, Paul B./Esser, Elke (1999): Methoden der empirischen Sozialforschung. München: Oldenbourg.

Sherif, Muzafer/Harvey, O. J./White, B. Jack/Hood, William R./Sherif, Carolyn W. (1954/ 1961): Intergroup Conflict and Cooperation: the Robbers Cave Experiment. Norman, Ok.: University of Oklahoma, Institute of Intergroup Relations.

Statistisches Bundesamt (destatis) (2017): Statistisches Jahrbuch 2017. Tabelle einsehbar auch unter: www.destatis.de/DE/ZahlenFakten/GesellschaftStaat/Soziales/Sozialleistungen/ KinderJugendhilfe/Tabellen/AmbulanteHilfen.html (Abfrage: 05.11.2017).

Struhkamp-Munshi, Gerlinde (2007): Evidenzbasierte Ansätze in kinder- und jugendbezogenen Dienstleistungen der USA. Reine Recherche. Deutsches Jugendinstitut, Projekt EXE. München.

Tashakkori, Abbas/Teddlie, Charles (1998): Mixed methodology: combining qualitative and quantitative approaches. Thousand Oaks: Sage.

Wellenreuther, Martin (2000): Quantitative Forschungsmethoden in der Erziehungswissenschaft. Eine Einführung. Weinheim und München: Juventa.

Wiesner, Reinhard (2011): SGB VIII Kinder- und Jugendhilfe. Kommentar. 4. Auflage. München.

Wolf, Klaus (2006): Sozialpädagogische Familienhilfe aus der Sicht der Klientinnen und Klienten. Forschungsergebnisse und offene Fragen. In: Fröhlich-Gildhoff, Klaus (Hrsg.): Forschung und Praxis in den ambulanten Hilfen zur Erziehung. Freiburg, S. 83–100.

Ziegler, Holger (2006): What Works? – Probleme einer „Wirkungsorientierung" in der Sozialen Arbeit. In: Forum Erziehungshilfen, Jg. 12, Heft 5. S. 262–266.

II Arbeitsfeldspezifische Entwicklungen

Wirkungsforschung im Bereich der Kindertagesbetreuung

Katharina Kluczniok und Hans-Günther Roßbach

Der Beitrag thematisiert die Wirkungsforschung in der Kinder- und Jugendhilfe im Arbeitsfeld der Kindertagesbetreuung. Hierzu wird das System der Kindertagesbetreuung in Deutschland anhand charakteristischer Merkmale wie z. B. Beteiligungsquoten, Erzieher*innen-Kind-Schlüssel, Qualifikationsniveau frühpädagogischer Fachkräfte skizziert. Anschließend werden zentrale Annahmen zu Wirkungsweisen vorgestellt, bevor Ansätze zur Erfassung von Wirkungen bzw. Effekten im Bereich der Kindertagesbetreuung vorgestellt und anhand ausgewählter Beispiele verdeutlicht werden. Abschießend folgen Fazit und Ausblick auf zukünftige Wirkungsforschung im Bereich der Kindertagesbetreuung.

1. Strukturdaten zur Kindertagesbetreuung

Das System der Kindertagesbetreuung hat in den letzten Jahren infolge der Ergebnisse der PISA-Studien erneut einen Bedeutungszuwachs erhalten. Die institutionelle Kindertagesbetreuung hat sich zu einer elementaren Grundlage für lebenslanges Lernen entwickelt verbunden mit hohen Erwartungen an ihre Leistungsfähigkeit: Sie soll einen Beitrag zur Vereinbarkeit von Familien- und Erwerbstätigkeit leisten, sie soll helfen, das Bildungsniveau aller Kinder anzuheben, und einen besonderen Beitrag liefern, noch vor Schulbeginn sozial bedingte Benachteiligungen in den Entwicklungen der Kinder zu reduzieren bzw. auszugleichen. Hinzukommen bildungsökonomische Argumente, nach denen frühe Interventionen einen höheren „Gewinn" erzeugen als spätere (vgl. Cunha/Heckman 2007). Vor diesem Hintergrund soll nun das sehr heterogene System der Kindertagesbetreuung in Deutschland anhand charakteristischer Indikatoren beschrieben werden.

Institutionelle Kindertagesbetreuung hat den Auftrag, die Kinder zu erziehen, zu bilden und zu betreuen. Im deutschen Früherziehungssystem wird eine enge Verbindung zwischen diesen drei Funktionen Erziehung, Bildung und Betreuung gesehen und deshalb auch von einer „Einheit" (Trias) der drei

Funktionen gesprochen (vgl. Roßbach/Grell 2012). Früherziehungssysteme in anderen Ländern verfolgen ebenfalls diese Trias, allerdings in unterschiedlicher Gewichtung der drei Funktionen. So lässt sich das System der Kindertagesbetreuung in Deutschland der OECD-Einteilung (vgl. OECD 2006) zufolge dem „Kindergartentyp" („social pedagogy tradition") zuordnen, wonach eine breitere Sozialisations- und Betreuungsfunktion betont wird, ohne notwendigerweise Bildung auszuschließen. Verfolgt wird ein Angebot, das „ganzheitlich" auf die Bedürfnisse des Kindes zugeschnitten ist. Weitere internationale Beispiele für diesen Typ sind Dänemark, Norwegen oder Österreich. Der andere OECD-Typ wird als „Vorschultyp" („early education tradition") bezeichnet. Dabei wird frühe Bildung als Vorstufe bzw. Vorbereitung auf die Schule betont. Entsprechend liegt der Schwerpunkt auf der Förderung kognitiver Fähigkeiten sowie bereichsspezifischer Kompetenzen wie frühe Literacy oder Mathematik. Internationale Beispiele hierfür sind Großbritannien, USA oder Frankreich. Das deutsche Kindertagesbetreuungssystem weist insgesamt einen deutlich ausgeprägteren universellen Charakter auf als andere Früherziehungssysteme z. B. in den USA. Bei der Beschreibung des deutschen Systems der Kindertagesbetreuung muss zwischen der Erziehung, Bildung und Betreuung für Kinder unter drei Jahren (kurz: U3-Bereich) und der Erziehung, Bildung und Betreuung für Kinder über drei Jahren (kurz: Ü3-Bereich) unterschieden werden. Mit Blick auf die Betreuungsplätze zeigt sich im U3-Bereich ein starker Ausbau, bedingt durch die Einführung des Rechtsanspruchs auf einen Betreuungsplatz ab dem ersten Lebensjahr in einer Tageseinrichtung (Krippe) oder Tagespflege im Jahr 2013. Im Jahr 2017 standen etwa 645.000 Plätze für Kinder unter drei Jahren in Tageseinrichtungen sowie etwa 117.000 Plätze in der Tagespflege zur Verfügung (vgl. Autorengruppe Bildungsberichterstattung 2018). Betrachtet man die Inanspruchnahme altersspezifisch so zeigt sich, dass bundesweit 28 % der Kinder unter drei Jahren eine Tageseinrichtung und 5 % eine Tagespflege nutzen. Bei Kindern über drei Jahren liegt die Quote der Inanspruchnahme bei 93 % in Tageseinrichtungen und unter 1 % bei der Tagespflege (vgl. Autorengruppe Bildungsberichterstattung 2018). Zwischen Ost- und Westdeutschland zeigen sich Nutzungsunterschiede primär bei den Kindern unter drei Jahren, die in Ostdeutschland zu 47 % Tageseinrichtungen besuchen (Westdeutschland: 24 %; vgl. Autorengruppe Bildungsberichterstattung 2018). Insgesamt kann festgehalten werden, dass die Inanspruchnahme in den letzten Jahren kontinuierlich angestiegen ist. Immer mehr Kinder besuchen immer früher Angebote der institutionellen Kindertagesbetreuung und verbringen zugleich eine immer längere Lebenszeit in pädagogischen Institutionen. Somit ist der Besuch einer Kindertageseinrichtung zu einem festen Bestandteil der frühkindlichen Biografie geworden. Allerdings zeigen sich gewisse Nutzungsdisparitäten dahingehend, dass Kinder mit Migrationshintergrund sowie Kinder, deren Eltern einen niedrigeren Schulabschluss haben, seltener und später Angebote der institutionellen Kindertagesbetreuung nutzen (vgl. Autorengruppe Bildungsberichterstattung 2016). Vor dem Hintergrund, dass mit dem Besuch qualitativ hochwertiger Kindertageseinrichtungen positive Auswirkungen auf die Entwicklung der Kinder sowie auf ihre Familien verbunden sind (vgl. Kapitel 2 und 3), wäre es erstrebenswert, solche Nutzungsdisparitäten abzubauen.

Ein weiterer wichtiger struktureller Indikator zur Beschreibung des Systems der Kindertagesbetreuung ist der Erzieher*innen-Kind-Schlüssel, d. h. die Anzahl der Kinder pro Fachkraft in der Gruppe. Studien zeigen Zusammenhänge zwischen einem günstigeren Erzieher*innen-Kind-Schlüssel und einer positiven Entwicklung der Kinder im sprachlich-kognitiven und sozial-emotionalen Bereich (vgl. Viernickel/Schwarz 2009). Empfehlungen weisen einen Erzieher*innen-Kind-Schlüssel bei reinen Krippengruppen von 1:3 aus, für klassische Kindergartengruppen von 1:7,5, um ein kindgerechtes und pädagogisch sinnvolles Betreuungsverhältnis zu ermöglichen (vgl. Bock-Famulla/Strunz/ Löhle 2017). Der Erzieher*innen-Kind-Schlüssel lag bundesweit im Jahr 2016 bei Kindergartengruppen bei 9,2 Kindern pro Fachkraft (Vollzeitäquivalent) (vgl. Bock-Famulla/Strunz/Löhle 2017). Bei Krippengruppen kamen 2016 4,3 Kinder auf eine Fachkraft (vgl. Bock-Famulla et al. 2017). Insgesamt bestehen enorme Unterschiede in der Erzieher*innen-Kind-Relation zwischen den einzelnen Bundesländern (vgl. Bock-Famulla/Strunz/Löhle 2017), wonach die Personalressourcen sehr unterschiedlich ausgestaltet und die strukturellen Rahmenbedingungen sehr heterogen sind.

In diesem Zusammenhang muss ein weiterer wichtiger Indikator im System der Kindertagesbetreuung betrachtet werden, nämlich das pädagogische Personal bzw. die Ausbildung und das Qualifikationsniveau des pädagogischen Personals. In vielen europäischen Ländern mit Ausnahme von Deutschland und Österreich findet die Ausbildung des pädagogischen Personals für den Kindergartenbereich auf Hochschulebene statt. Allerdings ist dann meist nicht das gesamte frühpädagogische Personal hochschulisch ausgebildet, sondern nur ein Teil. Neben dem hochschulisch ausgebildetem Personal gibt es immer auch anderes Personal, das ein niedrigeres Ausbildungsniveau oder keinerlei Fachausbildung vorweisen kann. In Deutschland werden Erzieher*innen üblicherweise an Fachschulen für Sozialpädagogik ausgebildet. Seit Anfang der 2000er Jahren gibt es eine breite Diskussion um eine Anhebung der Ausbildung auf Hochschulniveau (Stichwort: Akademisierung; vgl. Vereinigung der Bayerischen Wirtschaft e.V. 2012; Pasternack 2015). Für eine solche Anhebung werden verschiedene Argumente genannt, z. B. steigende Anforderungen im Berufsfeld Kindertagesbetreuung im Hinblick auf das Erkennen und Fördern individueller Bildungsprozesse der Kinder, unzureichende Aufstiegsmöglichkeiten, Anschlussfähigkeit an internationale Entwicklungen und den europäischen Arbeitsmarkt, der Mangel an Männern im Berufsfeld. Empirische Absicherungen, die die Notwendigkeit einer hochschulischen Ausbildung stützen könnten, werden seltener ins Feld geführt, obwohl es durchaus dafür einige Hinweise gibt. So berichtet beispielsweise das „Effective Provision of Pre-School Education Project" in England, dass in den Einrichtungen mit einer sehr guten Praxis das Personal ein sehr gutes Fachwissen in den einzelnen Förderbereichen (z. B. Sprache, Mathematik) und ein grundlegendes Wissen über die Lernprozesse in diesen Bereichen aufweist (vgl. Sylva et al. 2004). Hierbei handelt es sich um theoretische Wissensbestandteile, wie sie üblicherweise auf Hochschulniveau vermittelt werden. Mit dem Ausbau der Angebote für Kinder unter drei Jahren stieg auch die Anzahl des pädagogischen Personals in Kindertageseinrichtungen auf über 556.000 Beschäftigte im Jahr 2017 an. Zusätzlich stehen knapp 44.000 Personen für die Kindertagespflege zur Verfügung (vgl. Autorengruppe Bildungsberichterstattung 2018). Die Kindertagesbetreuung hat sich damit zu einem bedeutsamen Arbeitsmarktsegment entwickelt, das v.a. von Frauen dominiert wird. Der Anteil an Männern innerhalb des pädagogischen Personals beträgt nur rund 5 % (vgl. Bock-Famulla/Strunz/Löhle 2017). Die größte Gruppe des pädagogischen Personals sind mit über 70 % Erzieher*innen, gefolgt von 13 % Kinderpfleger*innen (vgl. Autorengruppe Bildungsberichterstattung 2018). Einschlägig qualifizierte Akademikerinnen mit früh- bzw. kindheitspädagogischen oder jugendhilferelevanten, sozialpädagogischen Hochschulabschlüssen machen trotz der enormen Entwicklung entsprechender Studiengänge nur 5 % des gesamten pädagogischen Personals aus (vgl. Autorengruppe Bildungsberichterstattung 2018). Die beabsichtigte Akademisierung im Berufsfeld Kindertageseinrichtung schreitet demnach nur langsam voran.

Vor dem Hintergrund dieser Informationen zum System der Kindertagesbetreuung in Deutschland sind die im Folgenden dargestellten Annahmen zu möglichen Wirkungsweisen zu sehen.

2. Angenommene Wirkungen im Bereich der Kindertagesbetreuung

Studien zu den Auswirkungen im Bereich der Kindertagesbetreuung auf die Entwicklung von Kindern sind häufig von der Vermutung geleitet, dass die Qualität der institutionellen Betreuung insbesondere für benachteiligte Kinder (d. h. im Hinblick auf niedriges familiäres Einkommen/niedriger sozioökonomischer Status, Migrationshintergrund oder niedriges häusliches Anregungsniveau) relevant ist. Bei anderen Kindern (z. B. ohne Migrationshintergrund, aus höheren Einkommensschichten oder mit hohem häuslichem Anregungsniveau) finden sich dagegen schwächere, keine oder sogar negative Effekte. In der Literatur werden hierzu vier Hypothesen zu möglichen Auswirkungen formuliert, die auf die Wechselwirkungen zwischen institutioneller und familialer Bildung, Erziehung und Betreuung zielen (vgl. NICHD 2000; zusammenfassend Kluczniok 2017). *Kompensatorische Effekte* gehen davon aus, dass der Besuch oder die gute Qualität einer institutionellen Betreuung die negativen Auswirkungen von familialen Benachteiligungen (z. B. Armut, Migrationshintergrund, geringe häusliche Anregung) ausgleichen kann. Der *Matthäus-Effekt* besagt, dass Kinder mit guten Anregungsbedingungen zuhause auch in der Kindertagesbetreuung von einer qualitativ hochwertigen Qualität profitieren nach dem Motto „Wer hat, dem wird gegeben". Als *Verlorene Ressourcen* wird der Effekt bezeichnet, wonach sich eine schlechte Qualität in der Kindertagesbetreuung negativ bei Kindern mit guten familialen Anregungsbedingungen auswirkt. Schließlich spricht man von einem *Doppelten Risiko*, wenn eine schlechte Qualität in der Kindertagesbetreuung die negativen Auswirkungen von familialen Benachteiligungen, z. B. niedrige Anregungsqualität verstärkt. Diese vier Hypothesen können als Chancen und Risiken einer institutionellen Bildung, Erziehung und Betreuung angesehen werden. Zu den vier genannten Hypothesen liegt unterschiedlich umfangreiches Forschungswissen vor, so dass noch offen ist, welche Hypothese die meiste Überzeugungskraft hat. Im folgenden Abschnitt wird dies anhand ausgewählter Beispiele verdeutlicht.

3. Ansätze zur Erfassung von Wirkungen im Bereich der Kindertagesbetreuung

Um Auswirkungen im Bereich der Kindertagesbetreuung zu erfassen und methodisch nachzuweisen, gibt es unterschiedliche Ansätze bzw. Vorgehensweisen, die bei der Interpretation der Ergebnisse berücksichtigt werden müssen. Je nach Disziplin (Erziehungswissenschaft, Psychologie, Soziologie, Bildungsökonomie) wird die Frage nach den Auswirkungen sehr unterschiedlich angegangen. Für Deutschland muss hier ein Forschungsdefizit festgehalten werden, da nur sehr wenige Längsschnittstudien vorliegen, die eine entsprechende Wirkungsforschung ermöglichen. Die nachfolgend dargestellten Befunde zu Auswirkungen bzw. Effekten sind unter zwei Gesichtspunkten zu relativieren: Im Folgenden sprechen wir pragmatisch von Auswirkungen oder Effekten, wenn bei den Analysen andere bedeutsame Einflussfaktoren (z. B. kind- und familiale Hintergrundmerkmale wie Geschlecht, Alter, sozioökonomischer Status) bekannt und kontrolliert sind. Die Wirkungen beziehen sich dabei auf multivariate Analysen, sind aber dennoch mit Unsicherheiten belastet, da nicht immer sicher ist, ob alle Einflussfaktoren kontrolliert werden können (Problem der Drittvariablenkontrolle).

In längsschnittlich angelegten *erziehungswissenschaftlich-psychologischen* Studien werden einerseits die Auswirkungen institutioneller Betreuung in *Regeleinrichtungen* auf verschiedene kindliche Entwicklungsbereiche (z. B. sozial-emotional, kognitiv) untersucht. Beispiele hierfür sind die European Child Care and Education-Study (vgl. ECCE Study Group 1997; ECCE Study Group 1999), die Study of Early Child Care des National Institute of Child Health and Human Development (NICHD; vgl. McCartney et al. 2007; Dearing/McCartney/ Taylor 2009) sowie die Early Childhood Longitudinal Study – Kindergarten cohort (ECLS-K; vgl. Rathbun/West 2004; Morgan/Farkas/Hibel 2008) aus dem anglo-amerikanischen Raum, das Effective Provision of Pre-School Education Project (EPPE; vgl. Sylva et al. 2004; Sammons et al. 2011) sowie für Deutschland die Studie Bildungsprozesse, Kompetenzentwicklung und Selektionsentscheidungen im Vorschul- und Schulalter (BiKS-3–10; vgl. Anders et al. 2012; Lehrl/Anders/Kuger 2014) und die National Educational Panel Study (NEPS-Kindergartenkohorte; vgl. Linberg/Bäumer/Roßbach 2013). Dabei kommen die Kinder aus einem breiten Familienspektrum mit unterschiedlichen Benachteiligungsgraden. Auch die in solche Untersuchungen einbezogenen Institutionen weisen ein breites Spektrum an Förderung auf. Exemplarisch können Befunde aus der längsschnittlichen BiKS-Studie angeführt werden, wonach die Anregungsqualität im Kindergarten in positivem Zusammenhang mit der Entwicklung mathematischer Kompetenzen bei Kindern zwischen drei und fünf Jahren ohne Migrationshintergrund, Eltern mit höherem Bildungsabschluss und höherem sozioökonomischen Status steht (vgl. Lehrl/Anders/Kuger 2014). In Bezug auf mathematische Kompetenzen scheinen damit gegenwärtig besonders Kinder aus bildungsnahen und sozioökonomisch privilegierten Familien von einer guten Anregungsqualität zu profitieren und nicht Kinder mit schwachen sozialen Herkunftsmerkmalen. Des Weiteren berichten die Kinder, die in ihrer vorschulischen Zeit einen Kindergarten mit einer höheren allgemeinen Qualität besuchten, eine höhere Lernfreude und eine größere Anstrengungsbereitschaft in der 2. Klasse (vgl. Richter/Lehrl/Weinert 2016).

Andererseits gibt es spezielle *Modell- bzw. Interventionsprogramme*, die üblicherweise mit sozial benachteiligten Kindern durchgeführt werden und somit eine vergleichsweise engere Zielgruppe fokussieren. Da entsprechende Interventionsprogramme in Deutschland weitgehend fehlen, muss an dieser Stelle auf die Situation in den USA zurückgegriffen werden. Die Frage der Übertragbarkeit der Befunde auf die deutsche Situation aufgrund unterschiedlicher Kindertagesbetreuungssysteme muss dabei kritisch reflektiert werden (vgl. Kuger/ Sechtig/Anders 2012). Ein Teil dieser Modellprogramme ist zum Teil sehr umfangreich angelegt und enthält neben der institutionellen Betreuung weitere Hilfen für die Familien und weist sehr gute Rahmenbedingungen für die pädagogische Praxis auf (z. B. sehr guter Erzieher*innen-Kind-Schlüssel, sehr gut ausgebildetes Personal). Beispiele hierfür sind das Perry-Preschool-Project (vgl. Schweinhart et al. 2005; Schweinhart/Barnes/Weikart 1993) oder das Abecedarian Project (vgl. Ramey et al. 2000; Campbell et al. 2002). Andere Modellprogramme sind als breitere Interventionen im (öffentlichen) Bildungswesen angelegt. Ihre Qualität wird als niedriger als bei den erstgenannten Modellprogrammen eingeschätzt, da sie weniger positive Rahmenbedingungen aufweisen. Beispiele hierfür sind das Chicago Child-Parents Center Program (vgl. Clements/Reynolds/Hickey 2004; Reynolds et al. 2001) und das Head Start Program (vgl. Shager et al. 2013; U.S. Department of Health and Human Services, Administration for Children and Families 2010). Zusammenfassend kann festgehalten werden, dass diese Modellprogramme deutlich positive langfristige Auswirkungen der Teilnahme an solchen Programmen auf verschiedene Entwicklungsbereiche für benachteiligte Kinder nachweisen können (z. B. weniger Verhaltensprobleme, weniger Klassenwiederholungen, bessere Schulleistungen im Lesen und in Mathematik). Einschränkend muss dabei aber berücksichtigt werden, dass sich diese Programme explizit an (hochgradig) benachteiligte Kinder richten, so dass keine Aussagen über Kinder aus weniger bzw. nicht benachteiligten Familien getroffen werden können.

Für Deutschland können exemplarisch die Befunde des Bundesprogramms „Schwerpunkt-Kitas Sprache & Integration" (Roßbach/Anders/Tietze 2016) angeführt werden. Das Programm zielte darauf ab, insbesondere Kinder unter drei Jahren, Kinder aus bildungsfernen Familien und Kinder aus Familien mit Migrationshintergrund mit einer alltagsintegrierten sprachlichen Bildung in der Kita zu unterstützen. Mit Blick auf die Auswirkungen auf die Kinder zeigt sich, dass die allgemeine sprachbezogene Förderqualität in den Einrichtungen positiv mit der Wortschatzentwicklung der Kinder verbunden ist; kein Effekt zeigt sich dagegen für das Satzverständnis (vgl. Roßbach/Anders/Tietze 2016). Die Evaluatoren halten insgesamt positive, aber niedrige Effekte des Bundesprogramms auf die Entwicklung der Kinder fest (vgl. Roßbach et al. 2016). Dabei muss berücksichtigt werden, dass den beteiligten Kindertageseinrichtungen viele Freiheiten gelassen wurde, was zu sehr unterschiedlichen Umsetzungen vor Ort führte. Somit stellt die Evaluation dieses Bundesprogramms keine eng umrissene und streng kontrollierte Interventionsstudie dar. Weiteres Forschungswissen zur Effektivität solcher Programme ist demnächst von der wissenschaftlichen Evaluation des Anfang 2016 gestarteten Bundesprogramms „Sprach-Kitas: Weil Sprache der Schlüssel zur Welt ist" zu erwarten, bei dem neben der sprachlichen Bildung auch die Zusammenarbeit mit den Familien und Aspekte der inklusiven Bildung und Erziehung im Vordergrund stehen.

Bildungssoziologische Analysen in Deutschland fokussieren insbesondere auf die Inanspruchnahme von institutioneller Kinderbetreuung und untersuchen mögliche Nutzungsdisparitäten bzw. soziale Ungleichheiten. Fragen der Auswirkungen der institutionellen Förderqualität werden in diesem Forschungsstrang aber auch betrachtet. So zeigen beispielsweise Kratzmann und Schneider (2009) auf Basis repräsentativer Daten des sozioökonomischen Panels (SOEP), dass bei Kindern aus bildungsfernen Familien ein frühzeitiger Eintritt in den Kindergarten das Risiko einer späteren Zurückstellung bei der Einschulung reduzieren kann. Diese Befunde sprechen für einen kompensatorischen Effekt des Kindergartenbesuchs. Des Weiteren berichtet Becker (2010), dass ein längerer Kindergartenbesuch bei türkischen Kindern signifikant mit einer umfangreicheren Wortschatzentwicklung der Kinder in Beziehung steht und dass alle Kinder (mit und ohne Migrationshintergrund) von einer besseren Kindergartenausstattung (z. B. viele altersgerechte Bücher, viele Materialien für musikalische Erfahrung) profitieren können.

Schließlich befasst sich auch die *Bildungsökonomie* mit Fragen der Auswirkungen der Kindertagesbetreuung unter wirtschaftlichen Effektivitätsgesichtspunkten, weniger unter qualitativen. Dabei wird berechnet, inwieweit sich eine Investition in das Kindertagesbetreuungssystem auch volkswirtschaftlich gesehen lohnt bzw. inwieweit sich Bildungsrenditen in der frühen Kindheit einstellen (vgl. Spieß 2013). Ausgangspunkt sind demzufolge Kosten-Nutzen-Analysen, bei denen die Kosten von Bildungs- (und Betreuungs-)Programmen mit deren Nutzen verglichen werden. Für die deutsche Forschungssituation liegen hierzu vergleichsweise wenige Analysen vor. Spieß et al. (2002) untersuchen anhand von SOEP-Daten den volkswirtschaftlichen Nutzen eines Ausbaus von Kindertageseinrichtungen mit Blick auf Arbeitsmarkteffekte und kommen zu dem Ergebnis, dass die potentiellen Einnahmen- und Einspareffekte (d. h. mehr Steuereinnahmen und verringerte Sozialhilfeausgaben) erheblich sind. Diese können darauf zurückgeführt werden, dass erwerbswillige Mütter aufgrund einer verbesserten Kinderbetreuungsinfrastruktur einer Erwerbstätigkeit nachgehen können. Zu ähnlichen Befunden kommen auch Rainer et al. (2013) anhand der SOEP-Daten, wonach die institutionelle Kindertagesbetreuung eine positive Auswirkung auf die mütterliche Arbeitsmarktpartizipation und das monatliche Erwerbseinkommen hat. Des Weiteren liegen bildungsökonomische Analysen zu den Auswirkungen der Kindertagesbetreuung auf die kindliche Entwicklung vor. Diese Studien finden Effekte der Nutzung institutioneller Kindertagesbetreuung vor dem dritten Lebensjahr, und zwar insbesondere für Kinder aus eher benachteiligten Familien hinsichtlich ihrer kognitiven und nicht-kognitiven Fähigkeiten (vgl. Cornelissen et al. in Druck; Felfe/Lalive 2013). So zeigen Cornelissen et al. (in Druck) anhand von Schuleingangsuntersuchungen aus Niedersachsen, dass Kinder aus benachteiligten Familien tendenziell zwar eine Kindertageseinrichtung kürzer besuchen, im Hinblick auf ihre Schulfähigkeit aber mehr von dem Besuch profitieren als Kinder aus nicht benachteiligten Familien. Zusammenfassend kann festgehalten werden, dass bildungsökonomische Ansätze von einer hohen Rendite frühkindlicher Bildungs- und Betreuungsprogramme außerhalb der Familie ausgehen und positive Auswirkungen eher aus der Arbeitsmarkperspektive betrachten.

4. Fazit und Ausblick

Vor dem Hintergrund der skizzierten Wirkungsstudien soll abschließend ein Ausblick gegeben werden, wie in Zukunft eine Wirkungsforschung im Bereich der Kindertagesbetreuung aussehen könnte/sollte.

Dem System der Kindertagesbetreuung in Deutschland kann insgesamt eine mittelmäßige Qualität bescheinigt werden, die trotz der zahlreichen Reformen im Elementarbereich (u. a. Einführung von Bildungsplänen, quantitativer Ausbau der Kindertagesbetreuung, Akademisierungsdebatte) über die letzten 20 Jahre relativ stabil geblieben ist (vgl. ECCE Study Group 1997; ECCE Study Group 1999; Kuger/Kluczniok 2008; Tietze et al. 2013). Forschungsbefunde weisen allerdings darauf hin, dass deutlichere Auswirkungen auf die kindliche Entwicklung erst bei hoher Qualität der Kindertagesbetreuung zu finden sind (vgl. Sammons et al. 2011; für einen Überblick: Anders 2013), wobei Kinder aus benachteiligten Familien insbesondere von einer hohen Qualität profitieren können (vgl. Anders et al. 2011; Bierman et al. 2008). Daher erscheinen Maßnahmen sinnvoll, die auf eine Qualitätsverbesserung in den Einrichtungen abzielen. Auf Bundesebene können als Beispiele hierfür die Programme „Schwerpunkt-Kitas Sprache & Integration" (vgl. Roßbach/Anders/Tietze 2016) sowie „Sprach-Kitas: Weil Sprache der Schlüssel zur Welt ist" genannt werden. Ziel ist es dabei, die sprachliche Bildung und Förderung von Kindern mit Migrationshintergrund bzw. von Kindern aus bildungsfernen Familien durch eine in den pädagogischen Alltag integrierte frühe sprachliche Bildung zu unterstützen und somit pädagogische Qualität nachhaltig weiterzuentwickeln. Um Aussagen zur Effektivität solcher Programme evidenzbasiert treffen zu können, ist weiteres Forschungswissen z. B. aus begleitenden Evaluationsstudien notwendig. Zudem bedarf es weiterer Forschung, die einerseits einzelne Kindergruppen spezifisch betrachtet (z. B. Kinder aus benachteiligten Familien). Andererseits sollte das Zusammenspiel von institutioneller und familialer Bildung, Erziehung und Betreuung weiter untersucht werden, um die Mechanismen genauer herauszufiltern, die die kindliche Kompetenzentwicklung in verschiedenen Bereichen vorhersagen.

Des Weiteren werden Analysen zu den Auswirkungen der Akademisierung frühpädagogischer Fachkräfte benötigt. Die seit 2004 gestarteten frühpädagogischen Studiengänge zielen auf eine formale Anhebung der Erzieher*innenausbildung – auch mit der Erwartung einer Qualitätssteigerung in den Kindertageseinrichtungen. Pasternack (2015) nimmt zwar in seiner Zehnjahresbeobachtung „Qualitätseffekte in der unmittelbaren Arbeit mit den Kindern" (Pasternack 2015, S. 21) an und begründet dies damit, dass 70 % der hochschulisch ausgebildeten Frühpädagog*innen auf ihrer ersten Stelle nach dem Studium im Gruppendienst arbeiten (vgl. Kirstein/Fröhlich-Gildhoff/ Haderlein 2012). Inwieweit die erwarteten Qualitätseffekte tatsächlich in der

Praxis zutreffen und vor allem dauerhaft bestehen, muss weiter erforscht werden.

Schließlich sollten sich zukünftige Wirkanalysen auch Untersuchungen zu inhaltlichen Konzepten widmen wie z. B. zum vorherrschenden Situationsansatz oder zu pädagogischen Alternativkonzepten wie z. B. Waldorf-, Montessori-, Reggio- oder Waldpädagogik (für einen Überblick vgl. Grell in Druck). Dadurch kann der oftmals sehr programmatisch geführten Diskussion zu solchen pädagogischen (Alternativ-)Konzepten mit einer stärker sachlich-fundierten Auseinandersetzung entgegnet werden. Bislang liegen nur wenige – auch konzeptvergleichende – Analysen vor, die methodischen Ansprüchen genügen.

Zukünftige Wirkungsforschung in den genannten Aspekten kann somit dazu beitragen, die in Deutschland vergleichsweise junge Tradition von systematischen Untersuchungen zur Kindertagesbetreuung fortzusetzen. Dadurch können Fragen nach den längerfristigen Auswirkungen der institutionellen frühkindlichen Erziehung, Bildung und Betreuung auf die Entwicklung der Kinder auf eine breitere empirische Basis gestellt werden.

Literatur

Anders, Yvonne (2013): Stichwort: Auswirkungen frühkindlicher, institutioneller Bildung und Betreuung. In: Zeitschrift für Erziehungswissenschaft 16, H. 2, S. 237–275.

Anders, Yvonne/Rossbach, Hans-Günther/Weinert, Sabine/Ebert, Susanne/Kuger, Susanne/ Lehrl, Simone/von Maurice, Jutta (2012): Home and preschool learning environments and their relations to the development of early numeracy skills. In: Early Childhood Research Quarterly 27, H. 2, S. 231–244.

Anders, Yvonne/Sammons, Pam/Taggart, Brenda/Sylva, Kathy/Melhuish, Edward/Siraj-Blatchford, Iram (2011): The influence of child, family, home factors and pre-school education on the identification of special educational needs at age 10. In: British Educational Research Journal 37, H. 3, S. 421–441.

Autorengruppe Bildungsberichterstattung (2018): Bildung in Deutschland 2018: Ein indikatorengestützter Bericht mit einer Analyse zu Wirkungen und Erträgen von Bildung. Bielefeld: wbv.

Becker, Birgit (2010): Wer profitiert mehr vom Kindergarten? Die Wirkung der Kindergartenbesuchsdauer und Ausstattungsqualität auf die Entwicklung des deutschen Wortschatzes bei deutschen und türkischen Kindern. In: Kölner Zeitschrift für Soziologie und Sozialpsychologie 62, H. 1, S. 139–163.

Bierman, Karen L./Domitrovich, Celene. E./Nix, Robert L./Gest, Scott D./Welsh, Janet A./ Greenberg, Mark T./Blair, Clancy/Nelson, Keith E./Gill, Sukhdeep (2008): Promoting academic and social-emotional school readiness: The head start REDI program. In: Child Development 79, H. 6, S. 1802–1817.

Bock-Famulla, Kathrin/Strunz, Eva/Löhle, Anna (2017): Länderreport Frühkindliche Bildungssysteme 2017. Gütersloh: Verlag Bertelsmann Stiftung.

Campbell, Frances A./Ramey, Craig T./Pungello, Elizabeth/Sparling, Joseph/Miller-Johnson, Shari (2002): Early childhood education: Young adult outcomes from the Abecedarian Project. In: Applied Developmental Science 6, H. 1, S. 42–57.

Clements, Melissa A./Reynolds, Arthur J./Hickey, Edmond (2004): Site-level predictors of children's school and social competence in the Chicago Child-Parent Centers. In: Early Childhood Research Quarterly 19, H. 2, S. 273–296.

Cornelissen, Thomas/Dustmann, Christian/Raute, Anna/Schönberg, Uta (in Druck): Who benefits from universal child care? Estimating marginal returns to early child care attendance. In: Journal of Political Economy.

Cunha, Flavio/Heckman, James (2007): The technology of skill formation. In: American Economic Review 97, H. 2, S. 31–47.

Dearing, Eric/McCartney, Kathellen/Taylor, Beck A. (2009): Does higher quality early child care promote low-income children's math and reading achievement in middle childhood? In: Child Development 80, H. 5, S. 1329–1349.

European Child Care and Education (ECCE)-Study Group (1997): European Child Care and Education Study. Cross national analyses of the quality and effects of early childhood programmes on children's development. Berlin: Freie Universität Berlin, Fachbereich Erziehungswissenschaft, Psychologie und Sportwissenschaft, Institut für Sozial- und Kleinkindpädagogik.

European Child Care and Education (ECCE)-Study Group (1999): School-age assessment of child development: Long-term impact of pre-school experiences on school success, and family-school relationships. Report written by Wolfgang Tietze/Jutta Hundertmark-Mayser/Hans-Guenther Rossbach. European Union DG XII: Science, Research and Development. RTD Action: Targeted Socio-Economic Research. www.uni-bamberg.de/fileadmin/uni/fakultaeten/ppp_lehrstuehle/elementarpaedagogik/Team/Rossbach/Ecce_Study_Group.pdf (Abfrage: 30.01.2018).

Felfe, Christina/Lalive, Rafael (2013): Early child care and child development: For whom it works and why. In: SOEPpapers on Multidisciplinary Panel Data Research No. 536. Berlin: German Institute for Economic Research (DIW), The German Socio-Economic Panel (SOEP).

Grell, Frithjof (in Druck): Forschungen zu pädagogischen Ansätzen in der Pädagogik der frühen Kindheit – Klassische frühpädagogische Ansätze. In: Thilo Schmidt/Wilfried Smidt (Hrsg.): Handbuch empirische Forschung in der Pädagogik der frühen Kindheit. Münster: Waxmann.

Kirstein, Nicole/Fröhlich-Gildhoff, Klaus/Haderlein, Ralf (2012): Von der Hochschule an die Kita. Berufliche Erfahrungen von Absolventinnen und Absolventen kindheitspädagogischer Bachelorstudiengänge. Deutsches Jugendinstitut/WiFF: München.

Kluczniok, Katharina (2017): Längsschnittliche Analysen der Auswirkungen frühkindlicher Lernumwelten – Chancen und Risiken außerfamilialer Betreuung. *Pädagogische Rundschau 71, H.* 3-4, S. 247–259.

Kratzmann, Jens/Schneider, Thorsten (2009): Soziale Ungleichheiten beim Schulstart. Empirische Untersuchungen zur Bedeutung der sozialen Herkunft und des Kindergartenbesuchs auf den Zeitpunkt der Einschulung. In: Kölner Zeitschrift für Soziologie und Sozialpsychologie 61, H. 2, S. 211–234.

Kuger, Susanne/Sechtig, Jutta/Anders, Yvonne (2012): Kompensatorische (Sprach-)Förderung. Was lässt sich aus US-amerikanischen Projekten lernen? In: Frühe Bildung 1, H. 4, S. 181–193.

Kuger, Susanne/Kluczniok, Katharina (2008): Prozessqualität im Kindergarten: Konzept, Umsetzung und Befunde. In: Zeitschrift für Erziehungswissenschaft 11, S. 159–178.

Lehrl, Simone/Anders, Yvonne/Kuger, Susanne (2014): Soziale Disparitäten beim Zugang zu Kindergartenqualität und differenzielle Konsequenzen für die vorschulische mathematische Entwicklung. In: Unterrichtswissenschaft 42, H. 2, S. 133–151.

Linberg, Tobias/Bäumer, Thomas/Roßbach, Hans-Guenther (2013): Data on early child care and education learning environments in Germany. In: International Journal for Child Education and Care Policy 7, H. 1, S. 24–42.

McCartney, Kathleen/Dearing, Eric/Taylor, Beck A./Bub, Kristen L. (2007): Quality child care supports the achievement of low-income children: Direct and indirect pathways through caregiving and the home environment. In: Journal of Applied Developmental Psychology 28, H. 5–6, S. 411–426.

Morgan, Paul L./Farkas, George/Hibel, Jacob (2008): Matthew effect for whom? In: Learning Disability Quarterly 31, H. 4, S. 187–198.

NICHD Early Child Care Research Network (2000): The interaction of child care and family risk in relation to child development at 24 and 36 months. In: Applied Developmental Science 6, H. 3, S. 144–156.

OECD (2006): Starting Strong II: Early childhood education and care. OECD Publishing: Paris. dx.doi.org/10.1787/9789264035461-en.

Pasternack, Peer (2015): Die Teilakademisierung der Frühpädagogik. Eine Zehnjahresbeobachtung. Leipzig: Akademische Verlagsanstalt.

Rainer, Helmut/Bauernschuster, Stefan/Auer, Wolfgang/Danzer, Natalia/Hancioglu, Mine/ Hartmann, Bastian/Hener, Timo/Holzner, Christian/Ott, Notburga/Reinkowski, Janina/ Werding, Martin (2013): Kinderbetreuung (ifo Forschungsberichte Nr. 59). München: ifo Institut.

Ramey, Craig T./Campbell, Frances A./Burchinal, Margaret/Skinner, Martie L./Gardner, David M./Ramey, Sharon L. (2000): Persistent effects of early childhood education on high-risk children and their mothers. In: Applied Developmental Science 4, H. 1, S. 2–14.

Rathbun, Amy/West, Jerry (2004): From kindergarten through third grade: Children's beginning school experiences. Washington: National Center for Education Statistics.

Reynolds, Arthur J./Temple, Judy A./Robertson, Dylan I./Mann, Emily A. (2001): Long-term effects of an early childhood intervention on educational achievement and juvenile arrest: A 15-year follow-up of low-income children in public schools. In: The Journal of the American Medical Association 285, H. 18, S. 2339–2346.

Richter, David/Lehrl, Simone/Weinert, Sabine (2016): Enjoyment of learning and learning effort in primary school: The significance of child individual characteristics and stimulation at home and at preschool. In: Early Child Development and Care 186, H. 1, S. 96–116.

Roßbach, Hans-Günther/Grell, Frithjof (2012): Vorschulische Einrichtungen. In Uwe Sandfuchs/Wolfgang Melzer/Bernd Dühlmeier/Adly Rausch (Hrsg.): Handbuch Erziehung. Bad Heilbrunn: Klinkhardt, S. 332–338.

Roßbach, Hans-Günther/Anders, Yvonne/Tietze, Wolfgang (Hrsg.) (2016): Evaluation des Bundesprogramms „Schwerpunkt-Kitas Sprache & Integration". Bamberg: Abschlussbericht.

Sammons, Pam/Sylva, Kathy/Melhuish, Edward/Siraj-Blatchford, Iram/Taggart, Brenda/ Toth, Katalin/Draghici, Dana/Smees, Rebecca (2011): Influences on students' attainment and progress in key stage 3: Academic outcomes in English, Maths and Science in year 9. London: Institute of Education.

Schweinhart, Lawrence J./Barnes, Helen V./Weikart, David P. (1993): Significant benefits. The High/Scope Perry Preschool Study through age 27. Ypsilanti: High/Scope Press.

Schweinhart, Lawrence J./Montie, Jeanne/Xiang, Zongping/Barnett, W. Steven/Belfield, Clive R./Nores, Milagros (2005): The High/Scope Perry Preschool Study through age 40. Ypsilanti: High/Scope Press.

Shager, Hilary M./Schindler, Holly S./Magnuson, Katherine A./Duncan, Greg J./Yoshikawa, Hirokazu & Hart, Cassandra M. D. (2013): Can research design explain variation in Head Start research results? A meta-analysis of cognitive and achievement outcomes. In: Educational Evaluation and Policy Analysis 35, H. 1, S. 76–95.

Spieß, C. Katharina/Schupp, Jürgen/Grabka, Markus/Haisken-De New, John P./Jakobeit, Heike/Wagner, Gert G. (2002): Abschätzung der Brutto-Einnahmeneffekte öffentlicher Haushalte und der Sozialversicherungsträger bei einem Ausbau von Kindertageseinrichtungen. Baden-Baden: Nomos.

Spieß, C. Katharina (2013): Bildungsökonomische Perspektiven frühkindlicher Bildungsforschung. In Margrit Stamm & Doris Edelmann (Hrsg.): Handbuch frühkindliche Bildungsforschung. Wiesbaden: Springer, S. 121–130.

Sylva, Kathy/Melhuish, Edward C./Sammons, Pam/Siraj-Blatchford, Iram/Taggart, Brenda/Elliot, Karen (2004): The Effective Provision of Pre-school Education Project – Zu den Auswirkungen vorschulischer Einrichtungen in England. In: Gabriele Faust/Margarete Götz/Hartmut Hacker/Hans-Günther Roßbach (Hrsg.): Anschlussfähige Bildungsprozesse im Elementar- und Primarbereich. Bad Heilbrunn: Klinkhardt, S. 154–167.

Tietze, Wolfgang/Becker-Stoll, Fabienne/Bensel, Joachim/Eckhardt, Andrea M./Haug-Schnabel, Gabriele/Kalicki, Bernhard/Leyendecker, Birgit (2013). NUBBEK – Nationale Untersuchung zur Bildung, Betreuung und Erziehung in der frühen Kindheit. Forschungsbericht. Weimar: Verlag das netz.

U.S. Department of Health and Human Services, Administration for Children and Families (2010). Head Start Impact Study. Final report. Washington.

Vereinigung der Bayerischen Wirtschaft e.V. (Hrsg.) (2012). Professionalisierung in der Frühpädagogik. Qualifikationsniveau und -bedingungen des Personals in Kindertagesstätten. Münster: Waxmann.

Viernickel, Susanne/Schwarz, Stefanie (2009). Schlüssel zu guter Bildung, Erziehung und Betreuung – Wissenschaftliche Parameter zur Bestimmung der pädagogischen Fachkraft-Kind-Relation. Expertise. Herausgegeben vom Paritätischen Gesamtverband, dem Diakonischen Werk der Evangelischen Kirche Deutschland (EKD) e.V. und der Gewerkschaft Erziehung und Wissenschaft (GEW). Berlin.

Wirkungsforschung in der Schulsozialarbeit

Karsten Speck

In den letzten Jahren hat die Wirkungsdebatte in der Kinder- und Jugendhilfe enorm an Bedeutung gewonnen. Zum einen gehören Instrumente der Selbstevaluation und Qualitätsentwicklung inzwischen zum selbstverständlichen Repertoire in der Kinder- und Jugendhilfe. Zum anderen müssen Fachkräfte und Träger der Kinder- und Jugendhilfe gegenüber Fördermittelgebern frühzeitig Ziele, intendierte Wirkungen und Erfolgsindikatoren sowie Instrumente und Verfahren der Selbstevaluation angeben, werden zu den erreichten Ergebnissen, Effekten und Wirkungen ihrer Maßnahmen und Angebote gefragt und in Wirkungsdialoge eingebunden. Forschungseinrichtungen wiederum werden beauftragt, die Wirkungen von Maßnahmen, Angeboten, Projekten und Programmen in unterschiedlichen Arbeitsfeldern der Kinder- und Jugendhilfe zu erforschen und empirische Befunde oder zumindest Legitimationen für politische Entscheidungen zu liefern. Der Aufwuchs der Wirkungsdebatte in der Kinder- und Jugendhilfe manifestiert sich dementsprechend in zahlreichen Fachtagungen, Fachartikeln und Buchpublikationen. Mit leichter Verzögerung lässt sich eine solche Entwicklung auch für das Arbeitsfeld der Schulsozialarbeit nachweisen. Auch in der Praxis, Forschung und Fachöffentlichkeit der Schulsozialarbeit hat die Wirkungsdebatte Einzug gehalten. Der vorliegende Beitrag analysiert die Entwicklung der Wirkungsforschung in der Schulsozialarbeit im deutschsprachigen Raum und erläutert Befunde der Wirkungsforschung in diesem Arbeitsfeld.

1. Begriffsklärungen zum Arbeitsfeld Schulsozialarbeit

Obwohl Schulsozialarbeit seit den 1970er Jahren im deutschsprachigen Raum vielfach erprobt wird, gibt es bis heute keine Einigung über den Begriff. Während in der Schweiz und Österreich der Begriff Schulsozialarbeit weitgehend anerkannt ist und in Deutschland in zahlreichen Bundesländern und der schulischen Praxis der Begriff Schulsozialarbeit ebenfalls häufig genutzt wird (z. B. in Bremen, Mecklenburg-Vorpommern, Nordrhein-Westfalen, Rheinland-Pfalz, Sachsen, Sachsen-Anhalt, Schleswig-Holstein), werden in einigen Bundesländern in Deutschland auch andere Begriffe verwendet (z. B. „Jugendsozialarbeit an Schulen" in Baden-Württemberg, Berlin und Bayern; „School-worker" im Saarland; schulbezogene Jugendsozialarbeit in Thüringen; „Soziale Arbeit in schulischer Verantwortung" in Niedersachsen, „Sozialarbeit an Schulen" in Brandenburg). Für die fachliche Durchsetzung, die den fachlichen Diskurs und die internationale Anschlussfähigkeit des Arbeitsfeldes erscheinen die Gründe für diese Begriffsvielfalt wenig hilfreich (u. a. historische Vorbelastung des Begriffes Schulsozialarbeit, stärkere Betonung des Jugendhilfecharakters des Arbeitsfeldes, Vermeidung einer Fokussierung auf benachteiligte und beeinträchtigte Schüler*innen).

Eine international gebräuchliche Definition zur Schulsozialarbeit wurde vom International Network for School Social Work, dem 53 Länder angehören, entwickelt (2018): Mit Blick auf die Fachkräfte in der Schulsozialarbeit wird dort zu den Zielgruppen, Aufgaben, den Kooperationspartnern und den Zielen der Schulsozialarbeit Folgendes formuliert:

„School social workers are social workers especially trained to work with children in schools.

School social workers help students with:
- School problems
- Family problems
- Community problems

School social workers work with
- Children and teens
- Parents
- Teachers and other school staffs

School social workers
- Help students academically and socially
- Act a liaison between home and school
- Make referalls to community agencies
- Help in a crisis
- Provide prevention programs"

Um die Schulsozialarbeit von anderen Arbeitsfeldern an der Kooperations-schnittstelle von Jugendhilfe und Schule abzugrenzen und fachliche Standards einzuhalten, empfiehlt es sich, das Arbeitsfeld Schulsozialarbeit über Mindeststandards weiter einzugrenzen: Anhand der Fachdiskussion (vgl. Speck 2014; Spies/Pötter 2011; Drilling 2009) können folgende Mindeststandards für das Arbeitsfeld Schulsozialarbeit definiert werden: In der Schulsozialarbeit:

- findet die engste Form der Kooperation von Jugendhilfe und Schule bzw. von sozialpädagogischen Fachkräften und Lehrkräften im Rahmen einer konzeptionell und vertraglich vereinbarten Form statt,

- agieren sozialpädagogischen Fachkräfte weitgehend fachlich eigenständig und bringen dabei sozialpädagogische Grundsätze, Ziele, Methoden und Kompetenzen in die Institution Schule ein,
- sind sozialpädagogische Fachkräfte mit Hochschulabschluss (Diplompädagog*innen, Sozialpädagog*innen/Sozialarbeiter*innen u. ä.) ganztägig und kontinuierlich in der Schule präsent, d. h. es gibt in der Regel eine Zuständigkeit für max. eine Schule,
- werden die sozialpädagogischen Angebote prinzipiell auf alle Kinder und Jugendlichen (unter besonderer Berücksichtigung von Bildungsbenachteiligten) sowie die Erziehungsberechtigten und Lehrkräfte ausgerichtet,
- zielen die Angebote auf eine Förderung der schulischen, personalen, sozialen und beruflichen Entwicklung und Lebensbewältigung der Schüler*innen, eine Verringerung von Problemlagen, Belastungen und Benachteiligungen der Schüler*innen, eine Beratung von Erziehungsberechtigten und Lehrkräften sowie die Förderung einer schülerfreundlichen Umwelt ab,
- wird eine breite Palette an präventiven und intervenierenden Angeboten vorgehalten und unterschiedliche Methoden der Sozialen Arbeit am Ort Schule miteinander verknüpft (Einzelfallhilfe, Gruppenarbeit und Gemeinwesenarbeit) und
- wird mit Kindern und Jugendlichen, Erziehungsberechtigten, Lehrkräften sowie Beratungs- und Unterstützungsangeboten in und im Umfeld von Schulen kooperiert.

2. Entwicklung und Stand der deutschsprachigen Wirkungsforschung zur Schulsozialarbeit

Die Wirkungsforschung zur Schulsozialarbeit lässt sich grob in vier Phasen unterteilen (vgl. Speck/Olk 2010b): Die erste Phase begann mit der Etablierung der Schulsozialarbeit Anfang der 1970ere Jahre und dauerte bis Anfang/Mitte der 1980er Jahre. Sie war geprägt von Erfahrungsberichten und Begleitforschungen zu einzelnen Modellprojekten. Im Vordergrund standen oftmals projektbezogene Darstellungen an Einzelschulen. Die zweite Phase begann Anfang der 1980er Jahren mit einer umfassenden Bestandsaufnahme der Schulsozialarbeit in Deutschland durch das Deutsche Jugendinstitut (DJI) und einer bundesweiten Erhebung zur Schulsozialarbeit an Gesamtschulen durch die Gemeinnützige Gesellschaft Gesamtschule (GGG). Etwa ab Mitte der 1980er Jahre etablierten sich zudem Forschungen mit einem evaluierenden und einzelprojektübergreifenden Anspruch in der Schulsozialarbeit. In der dritten Phase wurde Ende der 1990er Jahre/Anfang der 2000er Jahre im Zuge des Ausbaus der Schulsozialarbeit in den ostdeutschen und später den westdeutschen Bundesländern eine stärker wirkungsorientierte Forschung zur Schulsozialarbeit im

Rahmen von Begleitforschungen von Landesprogrammen implementiert (z. B. Baden-Württemberg: Bolay/Flad/Gutbrod 2004; Berlin: Speck et al. 2018; Balluseck 2004; 2003; Brandenburg: Korus o.J.; Riedt 2006; 2012; Schmidt 2002; Mecklenburg-Vorpommern: Prüß/Binder/Helbig 2004; 2005; Prüß et al. 2000; 2001, Prüß/Maykus/Binder 2001; Niedersachsen: Busche-Baumann et al. 2014; Saarland: ISPO 2005; 2006; 2009; Sachsen: Elsner/Rademacker 1997; Sachsen-Anhalt: Speck 2004; Olk/Speck/Bathke 2003 und 2000; Olk/Bathke/Hartnuß 2000; Thüringen: Orbit 2014; Bauer et al. 2005; Seithe 1998a und b). Zugleich liegen zahlreiche regional- und schulbezogene Studien mit einem wirkungs- bzw. nutzerorientierten Forschungsanspruch vor (z. B. Engel/Waibel 2008; Nieslony/Stehr 2008; Fischer et al. 2008; Müller 2007;2004; Schumann/Sack/ Schumann 2006; Streblow 2005; Ganser et al. 2004; Bolay/Flad/Gutbrod 2003; Niederbühl 2001, S. 217 ff.; Bolay/Arbeitsgruppe Jugendhilfe – Schule 1999). Die vierte Phase der Wirkungsforschung in der Schulsozialarbeit begann etwa Mitte/Ende der 2000er Jahre. Sie beinhaltete zum einen komplexere Untersuchungsdesigns im Sinne der Evidenzbasierung mit Längsschnittanalysen, Kontrollgruppen und quasi-experimentellen Designs (vgl. Speck et al. 2018; Resch/Haffner/Jantzer 2013; Olk/Speck 2010; Niederbühl 2010; Fischer et al. 2008; Fabian et al. 2008 a; 2008 b; Ganser 2004; Landert 2002) und zum anderen zahlreiche Überblicksdarstellungen zu den Wirkungen von Schulsozialarbeit im deutschsprachigen Raum (vgl. Speck/Olk 2014; Speck/Jensen 2014; die Beiträge in Speck/Olk 2010a; Baier/Heeg 2010; Drilling 2009; Olk/Speck 2009; Bassarak 2008; Fabian et al. 2008 a; 2008 b; Drilling/Müller/Fabian 2006; Speck 2006; Streblow 2005).

2.1 Allgemeine Befunde zu den Wirkungen von Schulsozialarbeit

In zahlreichen Forschungsprojekten werden Nutzer*innen (Schüler*innen, Eltern, Lehrkräfte, Pädagogische Mitarbeiter*innen sowie Kooperationspartnern (z. B. Jugendämter, Schulämter) zu den Wirkungen der Schulsozialarbeit befragt. Im Regelfall sollen die Befragten beantworten, inwiefern mit der Schulsozialarbeit bestimmte Ziele erreicht worden sind. Die Befunde liefern einen wichtigen Einblick in die Selbsteinschätzungen der Akteursgruppen. Da davon ausgegangen werden kann, dass diese Akteursgruppen einen sehr guten Einblick in die unmittelbare Bedeutung und Praxis der Schulsozialarbeit haben und deren Selbsteinschätzungen wiederum handlungswirksam für die Praxis sind.

Die Wirkungsforschung zur Schulsozialarbeit belegt, dass mit dem Angebot der Schulsozialarbeit im günstigsten Fall nicht nur Wirkungen bei benachteiligten und beeinträchtigten Kinder und Jugendlichen erreicht werden können. Die empirischen Befunde machen vielmehr darauf aufmerksam, dass Schulsozialarbeit Wirkungen bei grundsätzlich allen Schüler*innen, aber auch Eltern und Lehrkräften erbringen kann. Die adressatenbezogenen Wirkungspotenziale von Schulsozialarbeit sind also äußerst vielfältig (Tab. 1).

Tab. 1: Adressatenbezogene Wirkungen von Schulsozialarbeit

Adressat*in	Wirkung
Schüler*in	Ansprechpartner für ausgegrenzte Schüler*innen, Öffnung für ihre die Lebenswelt, Verbesserung der Freizeitsituation, besseres Wohlbefinden, außerunterrichtliche Kompetenzförderung (schulische Sozialisation, Leistungsorientierung, Persönlichkeitsentwicklung, Übergangsbetreuung), Lerngewinne (z. B. Gruppenverhalten, Verantwortungsgefühl, Engagement), Reduzierung von schulischen und allgemeinen Problemen und Belastungen, schnellere Hilfen, Konfliktvermittlung zwischen Schüler*innen, häufigere Schulabschlüsse, weniger Klassenwiederholer*innen
Eltern	Abbau von Hemmschwellen gegenüber der Institution Schule und Lehrkräften, intensivere Zusammenarbeit mit der Schule
Lehrkräfte	Entlastung der Lehrkräfte, veränderte Sichtweisen auf die Schüler*innen, besserer Informationsstand über die Jugendhilfe, intensivere Kooperation mit Eltern und außerschulischen Partnern

Quelle: Speck/Olk 2014; 2010b

Die vorliegenden Studien verdeutlichen, dass Schulsozialarbeit nicht nur adressatenbezogene Wirkungen erzielt. Es kann vielmehr davon ausgegangen werden, dass mit Schulsozialarbeit auch organisationsbezogene Wirkungen im Hinblick auf die Schule und ihr Umfeld sowie die Jugendhilfe erreicht werden (Tab. 2).

Tab. 2: Organisationsbezogene Wirkungen von Schulsozialarbeit

Organisation	Wirkung
Schule	Verbesserung der Schulqualität und -freude, des Schulklimas und -lebens, häufigere Kontakten zu Eltern und zur Jugendhilfe, Ausbau des Unterstützungsnetzwerkes sowie der Schulentwicklungsprozesse, Rückgang von Aggressionen und Sachbeschädigungen, Verringerung der Fehlzeiten und Unterrichtsausschlüsse
Jugendhilfe	Öffnung von Schulen gegenüber Jugendhilfeträgern und weiteren Kooperationspartnern, Verbesserung der Kooperation von Schulen und Jugendhilfeeinrichtungen, leichterer und früherer Zugang des Jugendamtes zu Problemfällen in den Schulen, Reduzierung der Kosten im Bereich der Hilfen zur Erziehung

Quelle: Speck/Olk 2014; 2010b

Die Wirkungsforschung hat insofern zahlreiche Belege für die Sinnhaftigkeit und die Wirkung von Schulsozialarbeit geliefert. Vor diesem Hintergrund erscheinen Diskussionen, ob Schulsozialarbeit tatsächlich Wirkungen erzielen kann, überholt zu sein. Klärungsbedürftig ist jedoch für das Arbeitsfeld im

Allgemeinen und jedes Projekt der Schulsozialarbeit im Besonderen, welche Ziele und Wirkungen in der Schulsozialarbeit erreicht werden sollen. Erst auf der Basis einer solchen Zielklärung ist eine Bestimmung der Wirkungen der Schulsozialarbeit lohnenswert.

2.2 Konkrete Befunde zu den Wirkungen von Schulsozialarbeit

Inzwischen liegen zahlreiche Befunde zu den Wirkungen von Schulsozialarbeit aus landesweiten Begleitforschungsprojekte, regional- und schulbezogenen Forschungen vor. Konzentriert man sich auf die Hauptzielgruppe der Schüler*innen, dann lassen sich folgende Befunde zusammenfassen:

- Schüler*innen werden mit dem Angebot der Schulsozialarbeit relativ gut erreicht (Der Zugang zu ihren Eltern ist hingegen offenbar deutlich schwieriger). Schüler*innen an Grund- und Förderschulen sowie jüngere Schüler*innen und Mädchen weisen dabei eine höhere Inanspruchnahme von Schulsozialarbeit auf.
- Konzeptionell werden höhere Quoten der Inanspruchnahme von Schulsozialarbeit vor allem dann erreicht, wenn sie nicht auf die Lösung eines bestimmten Problems (z. B. Schulabsentismus, Gewalt) bzw. eine Zielgruppe (z. B. auffällige, störende Schüler*innen) fokussiert ist und wenn die Schule und Lehrkräfte von den Schüler*innen bewertet werden. Dies könnte dafür sprechen, dass eine erfolgreiche Schulsozialarbeit mit einem breiten konzeptionellen Ansatz (niedrigschwellige, gruppenbezogene Angebote, offene Kontaktangebote und Sprechstunde) und einer „guten" Schulqualität einhergeht.
- Schulsozialarbeit erreicht Schüler*innen mit einem geringeren Selbstbewusstsein, größeren sozialen Auffälligkeiten, ungünstigeren familiären Unterstützungsressourcen und Ausgrenzungserfahrungen. Sie fungiert damit als ein niedrigschwelliges Angebot der Jugendhilfe am Ort Schule und bietet den Schüler*innen neutrale, vertrauenswürdige, engagierte und kompetente Ansprechpartner und Konfliktvermittler. Sie führt zudem zu Lerngewinnen bei den Schüler*innen (z. B. Gruppenverhalten, Verantwortungsgefühl, Engagement). Mit Schulsozialarbeit können – im günstigsten Fall und den vorliegenden Studien zufolge – auch die Schulerfolgschancen für Schüler*innen, die Schulqualität und -freude sowie das Schulklima und -leben verbessert werden.
- Über die Zielgruppe der Schüler*innen hinaus erzielt die Schulsozialarbeit auch Einstellungsänderungen bei Lehrkräften (z. B. positivere Sicht auf Schüler*innen, Anerkennung der Notwendigkeit einer Kooperation von Jugendhilfe und Schule) sowie sehr positive Bewertungen bei Schulämtern (z. B. Unterstützung von Einzelschülern, Konfliktreduzierung in Schulen,

Öffnung der Schulen zum Umfeld und zu Eltern). Die Jugendämter verhalten sich zum Teil – nicht zuletzt aufgrund der Finanzierungsverantwortung – ambivalenter. Dessen ungeachtet kann das Angebot der Schulsozialarbeit – empirischen Analysen zufolge – auch dazu beitragen, kostenintensive Maßnahmen und Hilfen in der Jugendhilfe einzusparen.

- Schulsozialarbeit ist auf bestimmte Rahmenbedingungen angewiesen: Mit verpflichtenden (Zwangs-)Beratungen und Teilzeitstellen der Fachkräfte wird beispielsweise nur eine begrenzte Inanspruchnahme und Reichweite der Schulsozialarbeit erzielt (z. B. Schülerkontakte, Begleitung von Einzelfallhilfen).

Von Interesse erscheint, welche Faktoren einen Einfluss auf die Nutzung, Umsetzung und Wirkung von Schulsozialarbeit haben. Legt man die vorliegenden Forschungsbefunde zugrunde, dann haben vor allem folgende Faktoren einen positiven Einfluss (Speck/Olk 2010b, S. 321): „a) ein breites, niedrigschwelliges und sozialpädagogisch ausgerichtetes Konzept und Angebot der Schulsozialarbeit, b) eine langfristig abgesicherte und gut ausgestattete Schulsozialarbeit, c) eine personelle Kontinuität, fachliche Autonomie und Vollzeitstelle bei den Schulsozialarbeitern, d) fachlich qualifizierte und kooperationsbereite Schulsozialarbeiter, e) eine aktive Unterstützung durch die Schulleitungen, f.) eine Unterstützung der Schulsozialarbeiter durch den Träger und ein aktives Zugehen des Trägers auf die Schule, g) eine Offenheit der Schüler für das sozialpädagogische Angebot und relativ einfache Fallkonstellationen, h) eine Offenheit der Lehrer sowie regelmäßige Kooperationsabsprachen und gemeinsame Angebote mit den Lehrern, i) eine bereits bestehende Schulfreude der Schüler und j) ein niedriges Alter der Schüler und eine geringe Schulgröße".

Nur in wenigen Forschungsprojekten wird im deutschsprachigen Raum mittels längsschnittlicher Analysen untersucht, welche Wirkungen die Schulsozialarbeit im Hinblick auf ausgewählte Wirkungsindikatoren entfaltet. Hierfür einzelne Beispiele aus den 2000er Jahren (Speck et al. 2018; Resch/Haffner/Jantzer 2013; Olk/Speck 2010; Niederbühl 2010; Fischer et al.2008; Fabian et al. 2008 a; 2008 b; Ganser et al. 2004; Landert 2002):

- Landert (2002) hat eine differenzierte Studie zur Evaluation der Schulsozialarbeit in der Stadt Zürich erstellt. Die empirischen Befunde der Evaluation deuten darauf hin, dass die Kosten für die Schulsozialarbeit zu einem großen Teil durch Minderausgaben kompensiert werden können, weil Ressourcen aus dem Umfeld aktiviert (z. B. Lehrkräfte, Klasse, Familie, Schule, Schulkultur, Vereine, ambulante Sozialdienste) und kostenintensive Maßnahmen (z. B. Sonderbeschulung/Heim, Justiz oder Medizin) vermieden werden konnten. Belegt wurde des Weiteren, dass in den Schulkreisen mit Schulsozialarbeit die Fremdplatzierung von Schüler*innen in Heime oder Heilpädagogische Pflegefamilien deutlich stärker reduziert werden konnten als in den Schulkreisen ohne Schulsozialarbeit.

- Ganser et al. (2004) konnten in ihrer Untersuchung an Berufsschulen keine direkte Wirksamkeit von Schulsozialarbeit feststellen. Geprüft wurden unter anderem Effekte der Schulsozialarbeit auf das Schulversagen, die Zufriedenheit mit der Ausbildung im Betrieb, die Ausbildungsabbrüche, familiäre Probleme sowie die Gewaltausübung der Schüler*innen. Die Autor*innen deuten die mangelnden Wirksamkeitsbefunde als Grenzen der Schulsozialarbeit: Schulsozialarbeit kann demnach zwar Problemlagen im Einzelfall beeinflussen, jedoch nicht systematisch. Sie plädieren vor diesem Hintergrund für eine realistischere Einschätzung der Aufgaben von Schulsozialarbeit an Berufsschulen.

- Die Untersuchungsbefunde von Fabian et al. (2008a und 2008b) machen vor allem auf die Belastungen und Probleme von Schüler*innen, die zur Schulsozialarbeit gehen, sowie auf die Möglichkeiten zur Früherkennung und Weitermittlung durch die Schulsozialarbeiter*innen aufmerksam. So gab es in der Untersuchung bereits zum ersten Befragungszeitpunkt einige Unterschiede zwischen den zwei Interventionsgruppen (Teilnahme an Einzel- bzw. Gruppenberatung der Schulsozialarbeit) und der Kontrollgruppe (keine Teilnahme an Beratungsangeboten der Schulsozialarbeit): So verfügten diejenigen Schüler*innen, die an einer Einzelberatung teilnahmen, im Vergleich zu den anderen Gruppen unter anderem über ungünstigere Voraussetzungen beim Selbstwert, dem emotionsorientierten Coping, dem subjektiven Wohlbefinden, der Anzahl der kritischen Lebensereignisse sowie dem Familienstatus auf. Im Untersuchungsverlauf nahm bei den Schüler*innen mit Einzelberatung das Wohlbefinden sogar nochmals stärker ab und die Konsumhäufigkeit von Alkohol stärker zu als in den beiden anderen Gruppen. Fabian et al. (2008a und 2008b), interpretieren die Befunde dahingehend, dass die Früherkennung von Schüler*innen mit Belastungen und Problemen in der Schulsozialarbeit funktioniert (Früherkennung) und über die Schulsozialarbeit eine Beratung an externe Fachstellen (Frühintervention) stattfinden kann. Zugleich machen sie darauf aufmerksam, dass sich Belastungen und Probleme im Rahmen der Beratungen der Schulsozialarbeit auch verstärken können.

- Eine Studie von Fischer et al. (2008) belegt anhand einer längsschnittlichen Untersuchung objektive Daten zahlreiche positive Effekte der Schulsozialarbeit für die Zielgruppe der Schüler*innen sowie die Institutionen Schule und Jugendhilfe. So gingen in den Schulen längere Unterrichtsausschlüsse zurück, reduzierten sich die unentschuldigten Fehlzeiten und nahmen Klassenwiederholungen ab. Zugenommen haben jedoch kürzere Unterrichtsausschlüsse. Unabhängig davon besuchten mehr Schüler*innen weiterführende Schulen. Zudem blieben die beruflichen Perspektiven der Schulabgänger*innen trotz des sich verschlechternden Arbeits- und Ausbildungsmarktes eher stabil. Schließlich konnten die Schulsozialarbeiter*innen zu einer Verringerung der Hilfen zur Erziehung und der entsprechenden Kosten beitragen. Grenzen der Schulsozialarbeit deuten sich anhand der Studie unter anderem bei der Verringerung der Problembelastung der Lehrkräfte und Schulleitungen an.

- Eine Studie von Niederbühl (2010) belegt, dass mit Schulsozialarbeit Kosteneinsparungen im Bereich der Hilfen zur Erziehung erzielt werden können. Während in der Stadt insgesamt die Anzahl und Kosten der Hilfen für Erziehung im Untersuchungszeitraum zugenommen haben, sanken die Anzahl und Kosten der Hilfen für Erziehung in den Stadtteilen der Schulsozialarbeit.

- Die Untersuchungsbefunde von Olk und Speck (2010) belegen vielfältige Veränderungen im Nutzungs-/Kooperationsverhalten, in der Zufriedenheit und in den Einstellungen zur Schulsozialarbeit bei Schüler*innen, Lehrkräften und Eltern im Zuge von Schulsozialarbeitsprojekten: So gaben in der zweiten Befragungswelle im Vergleich zur ersten Befragungswelle mehr ältere Schüler*innen an, dass sie gerne zu den Schulsozialarbeiter*innen gehen, die Hausaufgaben dort machen, sich vor und nach dem Unterricht bei der Schulsozialarbeiter*innen aufhalten und die Schulsozialarbeiter*innen bei einem Problem potenziell ansprechen würden. Bei den jüngeren Schüler*innen konnten solche Entwicklungen nicht bestätigt werden. Legt man die Aussagen der befragten Lehrkräfte in der Studie zugrunde, dann nahmen im Projektverlauf auch die Kontakte zwischen den Lehrkräften auf der einen Seite und den Schulsozialarbeiter*innen auf der anderen Seite deutlich zu: In der Erstbefragung gab lediglich ein Fünftel der Lehrkräfte (18 %) regelmäßige Kontakten zu den Schulsozialarbeiter*innen an. Drei Jahre später war es bereits knapp ein Drittel der Lehrkräfte (29 %). Zeitgleich ging der relative Anteil der Lehrkräfte ohne entsprechende Kontakte zurück. Ähnlich positive Befunde zeigten sich bei den Urteilen der Lehrkräfte über die Schulsozialarbeit. So gaben in der Wiederholungsbefragung mehr Lehrkräfte an, dass sich der Einsatz der Schulsozialarbeiter*innen schon positiv an der Schule bemerkbar gemacht hätte (79 % vs. 66 %), und dass die Schulsozialarbeiter*innen eine wirksame Unterstützung für die Sicherung der schulischen Aufgaben der Lehrkräfte sei (64 % vs. 50 %). Vor diesem Hintergrund nicht ganz unerwartet stieg im Projektverlauf auch die Zufriedenheit der Lehrkräfte mit der Schulsozialarbeit. In der Ersterhebung waren zwei Drittel der Lehrkräfte (65 %) mit der Arbeit der Schulsozialarbeiter*innen zufrieden. In der Abschlussmessung äußerten immerhin knapp vier Fünftel der Lehrkräfte eine Zufriedenheit (78 %). Die Eltern verfügten in der zweiten Befragungswelle zwar etwa über dieselben Kontaktquoten zu den Schulsozialarbeiter*innen wie in der ersten Welle, sie berichteten aber von einer deutlich häufigeren Nutzung der Schulsozialarbeit durch ihr eigenes Kind (18 % vs. 11 %). Im Projektverlauf ist es zudem gelungen, die Zufriedenheit der Eltern zu erhöhen. So konnte der Anteil von Eltern, der mit der Arbeit der Schulsozialarbeiter*innen- unzufriedenen ist, reduziert werden (von 20 % auf 13 %).

- Die Untersuchungsbefunde von Resch, Haffner und Jantzer (2013) belegen ebenfalls Vorteile der Schulsozialarbeit beim Zugang zu Jugendlichen mit Problemen und Belastungen. Im Vordergrund der Untersuchung stand der Zugang der Schulsozialarbeit zu sogenannten Risikoschüler*innen (z. B. Substanzmissbrauch, Delinquenz, Autoaggression). Den Ergebnissen zufolge haben Risikoschüler*innen einen bis zu acht Mal so hohen, mehrmaligen Kontakt zur Schulsozialarbeit, wie die unauffälligen Schüler*innen (16,1 % vs. 2,1 %). Das Team interpretiert die Ergebnisse dahingehend, dass sich die Schulsozialarbeiter*innen offenbar verstärkt um Risikoschüler*innen kümmern. Gleichzeitig wird konstatiert, dass knapp zwei Drittel der Risikoschüler*innen nicht durch die Schulsozialarbeit erreicht werden. Plädiert wird dafür, die Eltern stärker in der Schulsoziarbeit einzubinden und die Schulsozialarbeit hauptsächlich auf die Schüler*innen zu richten, die Probleme mit Regelverhalten haben (z. B. mangelnde Grenzsetzung und Konfliktlösefähigkeit der Eltern, Regelverletzungen, Verhaltensprobleme).
- Speck et al. (2018) haben Daten der Berliner Bildungsverwaltung ausgewertet, um Effekte des Berliner Landesprogramms Jugendsozialarbeit an Berliner Schulen zu analysieren. Hierzu wurde die Entwicklung von Schulen mit Schulsozialarbeit und Schulen ohne Schulsozialarbeit anhand von vier Bildungsindikatoren (Schuldistanz, Schulabbrüche, Schulabschlüsse, Gewaltvorfälle) über einen längeren Zeitraum verglichen. Im Rahmen des Kontrollgruppenvergleichs konnte für die allgemeinbildenden Schulen eine signifikante Reduktion vom Schuldistanz (unentschuldigt Fehlquote) durch die Teilnahme am Landesprogramm festgestellt werden. Die Reduktion war allerdings praktisch eher klein. Bei den Schulabbrüchen konnten im Kontrollgruppenvergleich keine Unterschiede zwischen Programmschulen und Nicht-Programmschulen festgestellt werden. Im Unterschied dazu entwickelten sich die Programmschulen bei der Anzahl der Schulabschlüsse signifikant positiver als die Nicht-Programmschulen. Bei der Häufigkeit von Gewaltmeldungen ließ sich im Kontrollgruppenvergleich keine unterschiedliche Entwicklung von Programmschulen und Nicht-Programmschulen nachweisen. Insgesamt betrachtet hat das Landesprogramm also vor allem bei den Themen Schuldistanz und Schulabschlüsse empirisch nachweisbare Effekte erbracht.

Einen sehr differenzierten Einblick in die Nutzung, die Nutzungsstrategien und die individuelle Aneignung von Schulsozialarbeit liefern zudem Studien von

Flad und Bolay (2006) zu den Perspektiven von Schüler*innen auf Schulsozialarbeit, die Fallstudie von Schumann, Sack und Schumann (2006) zur Bewertung der Schulsozialarbeit aus der Nutzerperspektive, die qualitative Fallstudie von Streblow (2005) zum Erleben und den Erfahrungen von Jugendlichen mit Schulstationen/Schulsozialarbeit und eine qualitative Fallstudie von Bolay (1999).

3. Zusammenfassung

Die Darstellung hat gezeigt, dass inzwischen zahlreiche Befunde zu den Wirkungen und der Effizienz von Schulsozialarbeit aus Landesprogrammen und Regionalstudien vorliegen. Dabei wird zumeist auf Selbsteinschätzungen von unterschiedlichen Befragtengruppen zurückgegriffen (Schüler*innen, Lehrkräften, Eltern, Jugendämtern, Schulämtern). Die deutschsprachige Wirkungsforschung zur Schulsozialarbeit zeichnet sich mehrheitlich durch folgende Merkmale aus (Speck/Olk 2010b):

a) eine starke Anwendungsforschung (und geringe Grundlagenforschung),
b) beschreibende und evaluierende Forschungsziele (aber deutlich seltener hypothesenprüfende Ziele),
c) Einschätzungen von unterschiedlichen Befragtengruppen zur Wirkung der Schulsozialarbeit,
d) einen kommunalen oder bundeslandesweiten Fokus (Evaluation von kommunalen oder landesweiten Programmen),
e) zumeist einfache Fragebogenerhebungen sowie uni- und bivariate Auswertungen,
f) einmalige Erhebungsansätze (Querschnittsbefragungen),
g) die Berücksichtigung unterschiedlicher Befragtengruppen in den Untersuchungsdesigns (neben den Sozialarbeiter*innen z. T. auch Lehrkräfte, Schüler*innen und Eltern) sowie
h) eine eingeschränkte Veröffentlichung der Untersuchungsergebnisse (z. B. über Berichte, Broschüren, Internetveröffentlichungen).

Im Zuge des Ausbaus der Bildungsforschung und der Beschäftigung unterschiedlichster Fachdisziplinen mit sozialpädagogischen Forschungsthemen haben in den letzten Jahren auch hypothesenprüfende Untersuchungsziele, Längsschnittuntersuchungen, multivariate Auswertungsverfahren sowie qualitative Erhebungs- und Auswertungsverfahren in der Wirkungsforschung zur Schulsozialarbeit an Bedeutung gewonnen. So existieren beispielsweise Längsschnittstudien, die zum Teil mit Kontroll- und Vergleichsgruppen und mittels komplexerer und belastbarer Untersuchungsdesigns die Wirkungen von Schulsozialarbeit analysieren. Die Wirkung von Schulsozialarbeit bei unterschiedlichen Adressatengruppen (Schüler*innen, Eltern, Lehrkräften) und Institutionen (Schule und Jugendhilfe) ist dadurch – trotz zum Teil widersprüchlicher Befundlage – inzwischen gut belegt. Dies gilt beispielsweise für den Zugang zu Risikoschüler*innen, die Reduzierung von Fehltagen bei Schüler*innen, die Abnahme von Klassenwiederholungen, die Senkung der Kosten bei den Hilfen zur Erziehung sowie Einstellungsänderungen bei Lehrkräften.

Unabhängig davon weisen vorliegende Untersuchungen auch auf Grenzen der Schulsozialarbeit hin. Die Forschungsbefunde deuten beispielsweise darauf hin, dass Schulsozialarbeit a) für eine Wirksamkeit auf ein bestimmtes Maß an Schulqualität angewiesen ist (Olk/Speck 2010), b) nicht alle Kinder und Jugendlichen erreicht und insofern zu einer „doppelten Randständigkeit" von bestimmten Schüler*innengruppen in der Schule und der Schulsozialarbeit führt (Bolay 2004, S. 1016), c) zwar Kinder- und Jugendliche mit Problemen, Belastungen und Risiken erreicht, die Folgewirkungen jedoch nicht vollkommen ausgleichen kann (vgl. Fabian et al. 2008 a; 2008b) und d) bei gesellschaftlichen Problemlagen, schulischen Innovationen und zugespitzten Problemlagen an Grenzen stößt (Olk/Speck 2010; Fischer 2008; Fischer et al. 2008, Fabian et al. 2008 a; 2008b; Ganser et al. 2004). Zu den Grenzen der Schulsozialarbeit liegt jedoch bislang noch keine systematische Analyse vor. Die Befundlage zu den Wirkungen und vor allem den Grenzen ist bislang eher uneinheitlich und bedarf eines weiteren Forschungsbedarfs. Bislang ist auch kaum untersucht unter welchen Konzepten, Rahmenbedingungen, Kooperations- und Prozessverläufen sowie professionellen Handlungsmustern Schulsozialarbeit besonders erfolgreich ist. Unabhängig davon sollte künftig in der Forschung den Grenzen von Schulsozialarbeit mehr Aufmerksamkeit gewidmet und gleichzeitig darauf geachtet werden, das präventive Angebot der Schulsozialarbeit nicht aus dem überholten Blickwinkel einer fürsorglich eingreifenden und risikominimierenden Kinder- und Jugendhilfe zu betrachten, sondern aus dem subjektiven und kollektiven Nutzen für die Kinder und Jugendlichen (sowie die Eltern und Lehrkräfte). Schulsozialarbeit hat nicht den vorrangigen Auftrag, als Zwangsmaßnahme zur Verhaltensmodifikation abweichender Kinder und Jugendlicher oder als Kostensenkungsprogramm der Kinder- und Jugendhilfe zu dienen.

Literatur

Baier, Florian/Heeg, Rahel (2010): Praxis und Evaluation von Schulsozialarbeit: Sekundäranalysen von Forschungsdaten aus der Schweiz. Wiesbaden.
Balluseck, Hilde von (2004): Die Beziehung zwischen Sozialpädagogik und Grundschule. Ergebnisse einer Evaluationsstudie in Berliner Schulstationen. In: Soziale Arbeit, Jg. 53, H. 8, S. 290–296.

Balluseck, Hilde von (2003): Schulstationen in Berlin. In: Soziale Arbeit, Jg. 52, H. 7, S. 256–263.

Bassarak, Herbert (2008): Aufgaben und Konzepte der Schulsozialarbeit, Jugendsozialarbeit an Schulen im neuen sozial- und bildungspolitischen Rahmen. Düsseldorf.

Bauer, Petra/Brunner, Ewald Johannes/Morgenstern, Ines/Volkmar, Susanne (2005): Sozialarbeit an berufsbildenden Schulen. Das Thüringer Modell, Freiburg.

Bolay, Eberhard (2004): Kooperation von Jugendhilfe und Schule. Forschungsstand und Forschungsbedarf. In: Archiv für Wissenschaft und Praxis der sozialen Arbeit, 35. Jg., H.2, S. 18–39.

Bolay, Eberhard/Arbeitsgruppe Jugendhilfe-Schule (1999): Unterstützen, Vernetzen, Gestalten. Eine Fallstudie zur Schulsozialarbeit, Materialien zur Schulsozialarbeit VIII, herausgeben vom Landeswohlfahrtsverband Württemberg-Hohenzollern Landesjugendamt, Stuttgart.

Bolay, Eberhard/Flad, Carola/Gutbrod, Heiner (2003): Sozialraumverankerte Schulsozialarbeit. Eine empirische Studie zur Kooperation von Jugendhilfe und Schule, Nr. 7, herausgeben vom Landeswohlfahrtsverband Württemberg-Hohenzollern, Stuttgart.

Bolay, Eberhard/Flad, Carola/Gutbrod, Heiner (2004): Jugendsozialarbeit an Hauptschulen und im BVJ und Baden-Württemberg, Abschlussbericht der Begleitforschung zur Landesförderung, Tübingen.

Busche-Baumann, Maria/Becker, Matthias/Rainer, Heike/Oelker, Stefanie (2014): Einblick. Schulsozialarbeit in Niedersachsen. Hildesheim.

Drilling, Matthias (2009): Schulsozialarbeit. Antworten auf veränderte Lebenswelten, 4. Aufl., Bern.

Drilling, Matthias/Müller, Caroline/Fabian, Carlo (2006): Schulsozialarbeit im Fürstentum Liechtenstein. Basel: Abschlussbericht der Evaluation im Auftrag des Schulamtes des Fürstentum Liechtenstein. /www.llv.li/en/pdf-llv-sa-ssa_evaluationsbericht.pdf (Abfrage: 07.06.2010).

Elsner, Grit/Rademacker, Hermann (1997): Soziale Differenzierung als neue Herausforderung für die Schule. Erfahrungen aus einem Modellversuch zur Schulsozialarbeit in Sachsen. In: Zeitschrift für Pädagogik, Kindheit, Jugend und Bildungsarbeit im Wandel. Ergebnisse der Transformationsforschung, 37. Beiheft, Weinheim und Basel.

Engel, Eva-Maria/Waibel, Karin (2008): Abschlussbericht: Evaluation der Schulsozialarbeit in Trägerschaft der Stadt Balingen. Zentrum für Kinder- und Jugendforschung an der Evangelischen Hochschule Freiburg, Balingen.

Fabian, Carlo/Drilling, Matthias/Müller, Caroline/Galliker Schrott, Bettina/Egger-Suetsugu, Sawako (2008a): Wirksamkeit von Schulsozialarbeit auf der Ebene der Schülerinnen und Schüler. In: Soziale Innovation, Jg. 3, S. 68–74.

Fabian, Carlo/Drilling, Matthias/Müller, Caroline/Galliker Schrott, Bettina/Egger-Suetsugu, Sawako (2008a): Wirksamkeit von Schulsozialarbeit in der Schweiz und in Liechtenstein. In: Sozial Extra, S. 1–5.

Fischer, Sabine (2008): Schulsozialarbeit im Kontext sozialer und emotionaler Probleme von Kindern und Jugendlichen in der Hauptschule. Dissertationsschrift, Mannheim.

Fischer, Sabine/Haffner, Johann/Parzer, Peter/Resch, Franz (2008): Abschlussbericht der Wissenschaftlichen Begleitung. Modellprojekt Schulsozialarbeit Heidelberg, Heidelberg.

Flad, Carola/Bolay, Eberhard (2006): Schulsozialarbeit aus der Perspektive von Schülerinnen und Schülern; in: Bitzan, Maria/Bolay, Eberhard/Thiersch, Hans (Hrsg.): Die Stimme der Adressaten. Empirische Forschung über Erfahrungen von Mädchen und Jungen mit der Jugendhilfe, Weinheim/München, S. 159–174.

Ganser, Christian/Hinz, Thomas/Mircea, Roxana/Wittenberg, Anna (2004): Problemlagen beruflicher Schulen in München. Abschlussbericht zur Evaluation von Schulsozialarbeit an beruflichen Schulen in München. München.

Gemeinnützige Gesellschaft Gesamtschule (GGG) (1980): Schulsozialarbeit an Gesamtschulen, Arbeitsmaterialien 1, Ammersbek.

Institut für Sozialforschung, Praxisberatung und Organisationsentwicklung GmbH (ISPO) 2005: Evaluation „Schoolworker": Ergebnisse der Schoolworker/innenbefragung und der Schulleitungsbefragung, erstellt von Dirk Groß, Saarbrücken.

Institut für Sozialforschung, Praxisberatung und Organisationsentwicklung GmbH (ISPO) 2006: Modellprojekt zur Förderung einer Kooperation von Jugendhilfe und Schule „Schoolworker" Abschlussbericht der wissenschaftlichen Begleitung, erstellt von Dirk Groß und Melanie Bitterlich, Saarbrücken.

Institut für Sozialforschung, Praxisberatung und Organisationsentwicklung GmbH (ISPO) 2009: Modellvorhaben zur Förderung der Kooperation von Jugendhilfe und Schule „Schoolworker" Jahresbericht 2007/2008 der wissenschaftlichen Begleitung, erstellt von Erik Schäffer und Melanie Schnabel-Bitterlich, Saarbrücken.

International Network for School Social Work (2008): School Social Work. internationalnetwork-schoolsocialwork.htmlplanet.com/International%20Network/Index.html (Abfrage: 25.03.2018).

Korus – Beratung in Brandenburg BIUF e.V. (Korus) o.J. Sozialarbeit an Schulen im Land Brandenburg, Ergebnisse der landesweiten schriftlichen Befragung 1999, im Auftrag des Ministeriums für Bildung, Jugend und Sport (MBJS), Potsdam.

Landert, Charles (2002): Schulsozialarbeit in der Stadt Zürich. Bericht über die Evaluation 1996–2002 im Auftrag der gemeinsamen Steuergruppe des Sozialdepartementes und des Schul- und Sportdepartements der Stadt Zürich, Zürich.

Landesinitiative Jugend- und Schulsozialarbeit 2004: Vierteljahreszeitschrift zur Landesinitiative Jugend- und Schulsozialarbeit, Ausgabe 15, Greifswald.

Müller, Stephan (2007): Aktuelle Forschungsergebnisse. Vortrag auf der Tagung Schulsozialarbeit im Kanton Zürich.www.infostelle.ch/user_content/editor/files/Tagungsunterlagen/ssa_referat_mueller_ok.pdf (Abfrage: 25.10.2010).

Müller, Stephan (2004): Schulsozialarbeit im Kanton Zürich. Schlussbericht. Dübendorf.

Niederbühl, Reinhard (2001): Evaluation von Schulsozialarbeit. In: Heil, K./Heiner, M./Feldmann, U. (Hrsg.): Evaluation sozialer Arbeit. Eine Arbeitshilfe mit Beispielen zur Evaluation und Selbstevaluation, Frankfurt a. M., S. 217–227.

Niederbühl, Reinhard (2010): Wirksamkeit und Effizienz von Schulsozialarbeit. In: Speck, Karsten; Olk, Thomas (Hrsg.): Forschung zur Schulsozialarbeit. Weinheim, S. 297–308.

Nieslony, Frank/Stehr, Johannes (2008): Evaluation der Schulsozialarbeit. Dokumentation des Jugendhilfeplanungsprojektes 2006–2008 der Wissenschaftsstadt Darmstadt.

Olk, Thomas/Speck, Karsten (2009): Was bewirkt Schulsozialarbeit? – Theoretische Konzepte und empirische Befunde an der Schnittfläche zwischen formaler und nonformaler Bildung, in: Zeitschrift für Pädagogik, 55 (6), S. 910–927.

Olk, Thomas/Speck, Karsten 2010: Schulsozialarbeit in Sachsen-Anhalt. In: Speck, Karsten/ Olk, Thomas (Hrsg.): Forschung zur Schulsozialarbeit. Stand und Perspektiven, Weinheim und München, S. 103–118.

Olk, Thomas/Bathke, Gustav-Wilhelm/Hartnuß, Birger (2000): Jugendhilfe und Schule. Theoretische Reflexionen und empirische Befunde zur Schulsozialarbeit, Edition Soziale Arbeit, Weinheim/München.

Olk, Thomas/Bathke, Gustav-Wilhelm/Speck, Karsten (2000): 2. Zwischenbericht zur wissenschaftlichen Begleitforschung Schulsozialarbeit in Sachsen-Anhalt. „Zusammenarbeit von Schule und Jugendhilfe – Schulsozialarbeit in Schulen Sachsen-Anhalt". Forschungsbericht im Auftrag Ministeriums für Arbeit, Soziales und Gesundheit und des Kultusministeriums des Landes Sachsen-Anhalt, Martin-Luther-Universität Halle-Wittenberg. www.schulsozialarbeit.net (Abfrage: 07.06.2010).

Olk, Thomas/Bathke, Gustav-Wilhelm/Speck, Karsten (2003): Abschlussbericht zur wissenschaftlichen Begleitforschung. Schulsozialarbeit in Sachsen-Anhalt: „Zusammenarbeit von Schule und Jugendhilfe – Schulsozialarbeit in Schulen Sachsen-Anhalts", Forschungsbericht im Auftrag des Kultusministeriums und des Ministeriums für Arbeit, Soziales und Gesundheit des Landes Sachsen-Anhalt, Martin-Luther-Universität Halle-Wittenberg www.schulsozialarbeit.net (Abfrage: 07.06.2010).

Orbit (2014): Bestandsanalyse im Landesprogramm „Schulbezogene Jugendsozialarbeit" Ergebnisse aus den Befragungen der Schulsozialarbeiter/innen und Schulleiter/innen. Eigendruck: Jena.

Prüß, Franz/Bettmer, Franz/Hartnuß, Birger/Maykus, Stephan (2000): Forschungsbericht. Entwicklung der Kooperation von Jugendhilfe und Schule in Mecklenburg-Vorpommern, Greifswald.

Prüß, Franz/Bettmer, Franz/Hartnuß, Birger/Maykus, Stephan (2001): Kooperation von Jugendhilfe und Schule in Mecklenburg-Vorpommern. Empirische Analysen zur Entwicklung eines innovativen Handlungsfeldes, Greifswald.

Prüß, Franz/Binder, Henriette/Helbig, Esther (2004): Forschungsbericht: Wissenschaftliche Begleitung der Schulsozialarbeit an Beruflichen Schulen des Landes Mecklenburg-Vorpommern unter besonderer Berücksichtigung des Modellprojekts „Schulsozialarbeit an Beruflichen Schulen mit sonderpädagogischer Aufgabenstellung", Greifswald.

Prüß, Franz/Binder, Henriette/Helbig, Esther (2005): Lebensbedingungen junger Heranwachsender an Beruflichen Schulen in Mecklenburg-Vorpommern – Empirische Analysen zur Weiterentwicklung der Schulbezogenen Jugendhilfe, Greifswald.

Prüß, Franz/Maykus, Stephan/Binder, Henriette (2001): Forschungsbericht. Wissenschaftliche Begleitung der Landesinitiative Jugend- und Schulsozialarbeit in Mecklenburg-Vorpommern. Analyse von Rahmenbedingungen und Effekten der Landesinitiative auf die regionale Angebotsstruktur aus Sicht kommunaler Akteure, Greifswald.

Riedt, Roman (2006): Schulsozialarbeit an den Ganztagsschulen der Sekundarstufe I in Brandenburg. Auswertung einer schriftlichen Befragung von SchulsozialarbeiterInnen an den Ganztagsschulen der Sek. I in Brandenburg zu deren Mitwirkung im Rahmen der schulischen Ganztagsangebote, Potsdam.

Riedt, Roman (2012): Sozialarbeit an Grundschulen im Land Brandenburg. Positionsbestimmung und Auswertung einer landesweiten Befragung. Herausgegeben von der Landeskooperationsstelle Schule-Jugendhilfe. Potsdam.

Resch, Franz/Haffner, Johann/Jantzer, Vanessa (2013): Projekt Weichensteller. Eine wissenschaftliche Begleituntersuchung zur Schulsozialarbeit in Heidelberg. Bericht zum Messzeitpunkt 2 (2012), Heidelberg.

Schmidt, Bernd (2002): Zusammenfassende Ergebnisse einer landesweiten Befragung zur Sozialarbeit an Schulen. In: Kantak, Katrin: Schulsozialarbeit: Sozialarbeit am Ort Schule, herausgegeben von der Landeskooperationsstelle Schule-Jugendhilfe Brandenburg, Berlin, S. 39–53.

Schumann, Michael/Sack, Anja/Schumann, Till (2006): Schulsozialarbeit im Urteil der Nutzer, Weinheim/München.

Seithe, Mechthild/Thüringer Ministerium für Soziales und Gesundheit (THMSG) (1998a und b): Abschlussbericht der wissenschaftlichen Begleitung des Landesprogramms „Jugendarbeit an Thüringer Schulen", Band 1+2, Teil A-D, Erfurt.

Speck, Karsten (2004): Kooperation von Jugendhilfe und Schule in Sachsen-Anhalt. In: Hartnuß, Birger/Maykus, Stephan (Hrsg.): Handbuch Kooperation von Jugendhilfe und Schule. Ein Leitfaden für Praxisreflexionen, theoretische Verortungen und Forschungsfragen, Frankfurt a. M., S. 799–816.

Speck, Karsten (2006): Qualität und Evaluation in der Schulsozialarbeit. Konzepte, Rahmenbedingungen und Wirkungen, Opladen.

Speck, Karsten (2014): Schulsozialarbeit. Eine Einführung, 3. Auflage, München.

Speck, Karsten/Jensen, Sandra (2014): Kooperation von Jugendhilfe und Schule im Bildungswesen. Ein vergleichender Blick mit Fokus auf die Schulsozialarbeit in Deutschland, den USA und Schweden. In: Die deutsche Schule, 106 (2014) 1, S. 9–29.

Speck, Karsten/Olk, Thomas (2014): Wie wirkt Schulsozialarbeit? Ein Überblick über die Wirkungs- und Nutzerforschung. In: Archiv für Wissenschaft und Praxis der sozialen Arbeit, 45 (2014) 1, Profil und Position der Schulsozialarbeit, S. 38–47.

Speck, Karsten/Olk, Thomas (2010b): Stand und Perspektiven der Wirkungs- und Nutzerforschung zur Schulsozialarbeit im deutschsprachigen Raum. In: Speck, Karsten/Olk, Thomas (Hrsg.): Forschung zur Schulsozialarbeit. Stand und Perspektiven, Weinheim und München, S. 309–346.

Speck, Karsten/Olk, Thomas (Hrsg.) (2010a): Forschung zur Schulsozialarbeit. Stand und Perspektiven, Weinheim und München.

Speck, Karsten/Wulf, Carmen/Dehnbostel, Lisa/Langerfeldt, Alexander/Waal, Margarita/Cording, Lena-Marie (2008). Abschlussbericht zur Evaluation des Landesprogramms Jugendsozialarbeit an Berliner Schulen. Empirische Analyse der Jugendsozialarbeit an Berliner Schulen im Hinblick auf Schuldistanz, Schulentwicklung und multiprofessionelle Kooperation, Oldenburg.

Spies, Anke/Pötter, Nicole (2011): Soziale Arbeit an Schulen – Einführung in das Handlungsfeld Schulsozialarbeit. Wiesbaden.

Streblow, Claudia (2005): Schulsozialarbeit und Lebenswelten Jugendlicher. Ein Beitrag zur rekonstruktiv-lebensweltorientierten Evaluationsforschung, Opladen.

Wirkungsforschung in Frühen Hilfen

Claudia Buschhorn

1. Einleitung

Als Frühe Hilfen werden interdisziplinäre Bildungs-, Beratungs- und Unterstützungsangebote auf kommunaler Ebene für werdende Eltern und Eltern mit Kindern in den ersten drei Lebensjahren verstanden, die der Förderung der elterlichen Beziehungs-, Erziehungs- und Versorgungskompetenz dienen. Mit Gründung des Nationalen Zentrums Frühe Hilfen (NZFH) im Jahr 2007 wurden Frühe Hilfen institutionalisiert, im Jahr 2009 fachlich definiert und mit der Einführung des Bundeskinderschutzgesetzes im Jahr 2012 erfolgte dann die Legaldefinition.

Als Zielgruppe von Frühen Hilfen werden in der Begriffsbestimmung des NZFH (2009) zunächst alle Schwangeren, Väter und Mütter mit Kindern zwischen null und drei Jahren genannt. *Insbesondere*, so heißt es in der Definition des NZFH weiter, richten sich die Angebote jedoch an Schwangere und Eltern in Problemlagen. Frühe Hilfen sollen zu einer Vernetzung bzw. einer Kooperation von Angeboten der Schwangerschaftsberatung, des Gesundheitswesens, der Frühförderung, der Kinder- und Jugendhilfe sowie der sozialen Sicherungssysteme beitragen. Ziel ist es, eine flächendeckende Versorgung von Familien mit individuellen, bedarfsgerechten Unterstützungsangeboten einzurichten bzw. die Qualität der Versorgung zu verbessern, um Bedingungen zu schaffen bzw. zu erhalten, die Kindern ein gelingendes Aufwachsen ermöglichen (vgl. ebd.).

Darüber hinaus finden sich in der Begriffsbestimmung des NZFH Aussagen, die eine besondere Sensibilität der Angebote für das Wohlergehen von Kindern in Familie unterstreichen: Frühe Hilfen, so heißt es dort, tragen in der Arbeit mit den Familien dazu bei, dass Risiken für das Wohl und die Entwicklung des Kindes frühzeitig wahrgenommen und reduziert werden (vgl. ebd.). Reicht das Angebot nicht aus, um erkennbare Risiken für das Wohl der Kinder zu reduzieren, so ist es Aufgabe der Frühen Hilfen bzw. der hier tätigen Fachkräfte, eine Weitervermittlung der (werdenden) Eltern in (unter Umständen) intensivere Maßnahmen, wie bspw. Hilfen zur Erziehung im Sinne der §§ 27 ff. SGB VIII, zu initiieren.

Frühe Hilfen sind rechtlich normiert in dem zum 01.01.2012 in Kraft getretenen Bundeskinderschutzgesetz (insbesondere im Artikel 1, dem Gesetz zur Kooperation und Information im Kinderschutz – KKG) sowie auch in einer Erweiterung des § 16 SGB VIII. Unter § 1 KKG *Kinderschutz und staatliche Mitverantwortung* heißt es – in Anlehnung an die Begriffsdefinition des NZFH:

> „Aufgabe der staatlichen Gemeinschaft ist es, soweit erforderlich, Eltern bei der Wahrnehmung ihres Erziehungsrechtes und ihrer Erziehungsverantwortung zu unterstützen damit sie im Einzelfall ihrer Verantwortung besser gerecht werden können, im Einzelfall Risiken für die Entwicklung ihrer Kinder frühzeitig erkannt werden können und im Einzelfall eine Gefährdung des Wohls eines Kindes vermieden werden kann" und weiter heißt es: „[...] *zu diesem Zweck* umfasst die Unterstützung der Eltern bei der Wahrnehmung ihres Erziehungsrechtes und ihrer Erziehungsverantwortung durch die staatliche Gemeinschaft insbesondere auch Information, Beratung und Hilfe [...]. Kern ist die Vorhaltung eines möglichst frühzeitigen, koordinierten und multi-professionellen Angebots im Hinblick auf die Entwicklung von Kindern vor allem in den ersten Lebensjahren für Mütter und Väter sowie schwangere Frauen und werdende Väter (*Frühe Hilfen*)" (§ 1 KKG, Hervorhebungen C.B.).

Das Wort „Frühe" innerhalb der Bezeichnung Frühe Hilfen bezieht sich somit auf zwei Aspekte. Einerseits ist hier die biografische Perspektive im Sinne einer besonderen Aufmerksamkeit der Angebote für die Anfangszeit des Lebens eines Kindes gemeint. Andererseits bezieht sich das Attribut auf die präventive Absicht der Angebote, welche Familien erreichen sollen, bevor das Wohl der in den Familien lebenden Kinder gefährdet ist (vgl. Buschhorn 2018). Im fachlichen Diskurs und in der Praxis Früher Hilfen finden sich unterschiedliche Verständnisse zwischen den beiden skizzierten Polen *Verhinderung von Kindeswohlgefährdung* auf der einen und *Allgemeiner Förderung der Erziehung in der Familie* auf der anderen Seite. Dies wird auch in der rechtlichen Verortung deutlich, die einerseits im Bundes*kinderschutz*gesetz erfolgte und andererseits – im Kontext der Kinder- und Jugendhilfe – in einer Erweiterung des § 16 SGB VIII im Absatz 3:

> „Müttern und Vätern sowie schwangeren Frauen und werdenden Vätern sollen Beratung und Hilfe in Fragen der Partnerschaft und des Aufbaus elterlicher Erziehungs- und Beziehungskompetenzen angeboten werden."

Hier werden nun ausdrücklich auch schwangere Frauen und werdende Väter als Adressat*innen von Angeboten der Allgemeinen Förderung der Erziehung in der Familie, die dem Aufbau und der Förderung der elterlichen Beziehungs-, Erziehungs- und Versorgungskompetenzen dienen (hierunter sind dann auch Angebote Früher Hilfen zu fassen), benannt.

2. Wirkungsforschungen im Kontext Früher Hilfen

Fragen nach der Wirksamkeit von Angeboten im Kontext der Kinder- und Jugendhilfe nehmen insgesamt zu und so wird diese Frage auch an Angebote Früher Hilfen gestellt. Hinsichtlich der Wirksamkeit der vielfältigen Angeboten für (werdende) Eltern, die sich unter dem Label „Frühe Hilfen" fassen lassen, gibt es derzeit jedoch kaum wissenschaftliche Erkenntnisse, so führen etwa Kindler und Künster (2013) aus. Die bis 2011 vom NZFH koordinierten formativen Evaluationen von Bundesmodellprojekten Früher Hilfen beziehen sich überwiegend auf *ein* Programm oder Angebot, welches teilweise an verschiedenen Standorten durchgeführt wird (vgl. Renner/Heimeshoff 2010). Nachfolgend werden einige Studien exemplarisch angeführt:

So liegt bspw. eine Wirkungsevaluation zum Modellprojekt „Keiner fällt durchs Netz" des NZFH vor (vgl. Renner 2012). Ein wesentlicher Baustein des Angebotes ist der Einsatz von Familienhebammen im Rahmen des Elternkurses „Das Baby verstehen" (Cierpka 2004). Der Einsatz von Familienhebammen steht auch im Zentrum der wirkungsorientierten Analyse, d. h. hier liegt eine Evaluation vor, die ein Angebot überprüft, welches an verschiedenen Standorten durchgeführt wird. Mit Blick auf das Design der Untersuchung handelt es sich um eine Längsschnittstudie mit drei Messzeitpunkten sowie einer Kontrollgruppe (vgl. Renner 2012). Im Rahmen der Studie konnten geringe, jedoch positive Veränderungen durch den Einsatz von Familienhebammen insbesondere hinsichtlich der Mutter-Kind-Beziehung aufgezeigt werden. Die Beschreibung der Veränderungen erfolgt über Mittelwertvergleiche.

Ebenfalls über Mittelwertvergleiche werden Veränderungen der mütterlichen Kompetenzen im Rahmen des NZFH-Modellprojektes „Familienhebammen in Sachsen-Anhalt" nachgezeichnet: In Hausbesuchen boten Familienhebammen gesundheitsbezogene Beratungsleistungen und Maßnahmen zur Förderung der Mutter-Kind-Beziehung sowie informative bzw. unterstützende Maßnahmen (Vereinbarung von Vor- und Nachsorgeterminen, Begleitung zu Terminen, Ausfüllen von Formularen etc.) an. Die Kompetenzen der Mütter wurden primär durch die Familienhebammen zu zwei Messzeitpunkten mit Blick auf drei Bereiche erfasst: die direkte Versorgung des Kindes, die Selbsthilfe und Organisation des Familienlebens sowie die Suche und Inanspruchnahme (weiterer) Hilfen. Insgesamt konnten im Rahmen dieser Studie geringe, jedoch positive Veränderungen nachgewiesen werden, wobei auf eine Kontrollgruppe aufgrund ethischer Bedenken verzichtet wurde (s. hierzu und weiterführend Ayerle 2012).

Ein anderes Beispiel für eine wirkungsorientierte Studie im Kontext Früher Hilfen, welches zudem einen Bezug zu ökonomischen Aspekten herausarbeitet, stellt die Kosten-Nutzen-Analyse im Modellprojekt „Guter Start ins Kinderleben" (Meier-Gräwe/Wagenknecht 2011) dar. Im Rahmen dieser Untersuchung wurden anhand fiktiver Szenarien mögliche finanzielle Einsparmöglichkeiten durch Frühe Hilfen berechnet. Den Szenarien liegt die Annahme zu Grunde, dass Frühe Hilfen zu einer Nicht-Inanspruchnahme von Hilfen zur Erziehung und anderen Formen der Unterstützung vor allem auf Grundlage des SGB VIII sowie des Gesundheitswesens führen. Wagenknecht, Meier-Gräwe und Ziegenhain (2017) stellen heraus, „wie gering die Kosten Früher Hilfen" gegenüber „mögliche[n] Folgekosten" aufgrund von Misshandlung und Vernachlässigung sind und „welche immensen Kosten der Gesellschaft entstehen, wenn zu Beginn eine angemessene Förderung ausbleibt" (ebd., S. 153). Eine Modellierung von Wirkfaktoren, die über ökonomische Aspekte hinausgehen und die erweiterte Adressat*innenperspektive berücksichtigen, bspw. durch die Inblicknahme der allgemeinen Lebenszufriedenheit oder der Selbstwirksamkeit von Adressat*innen, und eine Berechnung möglicher Veränderungen dieser im Zuge der Wahrnehmung eines Angebotes Früher Hilfen erfolgt nicht.

Darüber hinaus finden sich unter den Evaluationen der Modellprojekte einige Selbstevaluationen, was jedoch aufgrund der „Forscherloyalität" (Luborsky et al. 1999) zu einer Verzerrung der erhobenen Effekte führen kann. Auf diese Studien wird hier nicht näher eingegangen – Beispiele sind die Durchführung und gleichzeitige Evaluation des Modellprojektes „Guter Start ins Kinderleben" durch das Universitätsklinikum Ulm oder die des Modellprojektes „Wie Elternschaft gelingt" durch das Institut für Forschung, Fortbildung und Entwicklung an der Fachhochschule Potsdam (vgl. NZFH 2014).

Eine Modellierung und Erhebung von programm- bzw. angebotsübergreifenden Wirkfaktoren zur Überprüfung der Effekte, die mit unterschiedlich ausgestalteten Angeboten intendiert werden, fand auf nationaler Ebene bisher kaum statt. Das Design sowie ausgewählte Ergebnisse einer dieser Studie werden im späteren Verlauf des Beitrags skizziert. Studien, welche anhand formulierter Wirkfaktoren übergreifend Effekte familienbegleitender und -unterstützender Angebote untersuchen, existieren ansonsten bislang nur im internationalen Kontext, wie folgende Ausführungen zeigen (vgl. hierzu und weiterführend auch Buschhorn 2012).

Metaanalyse I: Layzer und Goodson

Die Metaanalyse mit dem Titel „National Evaluation of Family Support Programs" beinhaltet 260 untersuchte Programme, die jeweils eine angeschlossene Evaluation vorweisen konnten. Die formativen Evaluationen waren experimentell mit einer Kontrollgruppe oder quasiexperimentell angelegt und untersuchten den Effekt dieser Programme entweder bei Familien mit Intervention im Vergleich zu Familien ohne Intervention oder – als vergleichende Evaluation – mit solchen Familien, die an einer anderen Maßnahme teilnahmen (vgl. Lengning/Zimmermann 2009).

Die zusammengetragenen Studien stammen nahezu ausschließlich aus dem angelsächsischen Sprachraum, insbesondere den USA. Für die Recherche wurden sowohl Datenbanken als auch Monographien sowie graue Literatur hinzugezogen (vgl. Layzer/Goodson 2001). Die Notwendigkeit hierfür wird aus dem Anspruch der Vermeidung eines Publication Bias abgeleitet, welches oftmals die Ergebnisse von Metaanalysen verzerrt (vgl. ebd.), da Studien mit nicht-signifikanten oder negativen Ergebnissen häufig nicht veröffentlicht werden (vgl. Bortz/Döring 2006). Hinzu kommt die Problematik der auf den Umfang der Stichprobe bezogenen Teststärke in Verbindung mit dem Publication Bias: Je größer der Stichprobenumfang ist, desto eher wird ein gemessener Effekt statistisch signifikant, was die Endergebnisse von Metaanalysen nochmals verzerren kann (vgl. ebd.). Eine Möglichkeit zur Kontrolle des Publication Bias ist der Ausschluss von sämtlichen Studien mit geringer Teststärke bzw. kleinen Stichproben (vgl. ebd.). In der vorliegenden Metaanalyse wurde jedoch ein anderer Weg gewählt, nämlich der, eine möglichst umfassende Auswahl aller zur Verfügung stehenden Studien in die Analyse einzubeziehen.

Die nun in die Metaanalyse einbezogenen Studien wurden in Hinblick auf gemeinsame Wirksamkeitsdimensionen untersucht: 98 % der einbezogenen Projekte hatten dabei das explizite Ziel, die Erziehungskompetenz und -fähigkeit der Eltern zu stärken, insgesamt 91 % der Studien zielten auf eine positive kindliche Entwicklung. Weitere gemeinsame Wirksamkeitsdimensionen waren sehr viel seltener in den entsprechenden Studien zu finden. Die soziale Unterstützung der Eltern wurde in 22 % der Studien als Ziel definiert, während beispielsweise die Veränderung des kindlichen Verhaltens nur in insgesamt sechs Untersuchungen fokussiert wurde; das entspricht 2 % aller metaanalytisch ausgewerteten Studien[1] (vgl. Layzer/Goodson 2001).

Eine weitere Betrachtung bezieht sich auf die Angebotsstrukturen im Rahmen der Maßnahmen. 49 % der untersuchten Projekte arbeiten aufsuchend, 45 % bieten Elterngruppen an und 18 % Eltern-Kind-Gruppen. Nur 13 % der Studien beziehen sich auf Angebote mit ausschließlich fördernden Maßnahmen für Kinder (vgl. ebd.). Bezüglich der personellen Ausstattung der Projekte berichten die Studien über einen hohen Anteil an professionellen Fachkräften (87 % der Programme), während 9 % der Maßnahmen mit ehrenamtlichen Kräften durchgeführt worden sind. In 28 % der Programme sind sozialpädagogische Fachkräfte tätig, während 22 % auf medizinisches Fachpersonal zurückgreifen. Weitere beteiligte Berufsgruppen sind speziell ausgebildete Lehrer*in-

---

1   Weitere intendierte Wirkdimensionen beziehen sich bspw. auf die Förderung der elterlichen Lesekompetenz (8 %) oder die Integration der Eltern in den Arbeitsmarkt (3 %). Diese Dimensionen werden jedoch mit den Angeboten Früher Hilfen im nationalen Kontext nicht primär intendiert, weshalb hier auf eine detaillierte Auflistung verzichtet wird.

nen (19 %), Expert*innen für kindliche Entwicklung (7 %) und disziplinüber-greifende Berufsgruppen (insgesamt 25 %) (vgl. ebd.).

Interessant für die Einordnung der Metaanalyse in die Diskussionen um Frühe Hilfen für (werdende) Eltern mit Kindern zwischen null und drei ist die Altersstruktur der untersuchten Stichprobe. Die Hälfte der untersuchten Programme umfasst Familien mit Kindern von der Geburt bis zum dritten Lebensjahr. Weitere 16 % erweiterten die Alterspanne der Kinder bis zum fünften Lebensjahr. Die restlichen Angebote richten sich an Jugendliche, an drei- bis fünfjährige Kinder, oder es ist keine spezifische Altersangabe vorhanden (vgl. ebd.).

Die untersuchten Gruppen stammen aus einer Stichprobe, die bestimmte Merkmale aufweist. Da ein Teil der Programme auf nachbarschaftlichen Hilfeleistungen basiert, die von nahezu allen – damit auch tendenziell nicht belasteten – Familien in der entsprechenden Region angenommen werden, wurde eine Auswahl vorgenommen, weil der Fokus der Analyse auf dem Einfluss der Intervention bei belasteten Familien liegen sollte. Die Auswahl erfolgte anhand vorab definierter Risikofaktoren wie Armut, Abhängigkeit von sozialstaatlichen Leistungen, dem Risiko oder dem Auftreten von Ablehnung oder Missbrauch des Kindes, dem jugendlichen Alter der Mütter, dem Vorhandensein einer mütterliche Depressionen oder Isolation, Migrationshintergrund etc. (vgl. ebd.).

Letztendlich konnten 665 Evaluationsstudien zu den eingangs erwähnten 260 Programmen, die den genannten Merkmalen entsprachen, gefunden werden. Nach dem Ausschluss von Evaluationsstudien, die zwei verschiedene Programme miteinander vergleichen, sowie Studien, die keinen Pretest zur Effektstärkenbestimmung heranziehen, stehen noch 562 Studien und insgesamt 11.112 Effektstärkedaten zur Verfügung, die entweder quasi-experimentell oder experimentell die Unterschiede zwischen zwei oder mehr Gruppen repräsentieren und zwei Erhebungszeitpunkte umfassen (vgl. ebd.). Die zu untersuchenden Merkmale mit Blick auf die eigentlichen Angebote sind die Dauer der Maßnahme sowie deren Intensität[2]. Darüber hinaus werden die Art der Maßnahme, die Professionalität der Fachkräfte etc. miteinbezogen. Weitere Variablen in diesem Zusammenhang umfassen sowohl die allgemeinen Ziele und Ausrichtungen der übergeordneten Programme wie auch die Zielgerichtetheit der jeweiligen Angebote selbst (vgl. ebd.). Neben diesen interventionsbezogenen Faktoren beinhaltet die Metaanalyse eine Beschreibung von Kontrollvariablen, die die Aussagekraft der Ergebnisse zu beurteilen helfen soll: So wird etwa eine Einschätzung über die mögliche Manipulation der Effekte durch das Instrumentendesign abgegeben. Darüber hinaus wird die Stichprobengröße mit

---

2   Hier ist die Anzahl der aufgewendeten Stunden pro Monat gemeint.

der Effektstärke für jede Gruppe (Interventions- und Kontrollgruppen) in Verhältnis gesetzt (vgl. ebd.).

Zusammenfassend zeigen sich geringe positive Effekte in den Bereichen der kindlichen kognitiven, sozialen und emotionalen Entwicklung sowie hinsichtlich des Erziehungsverhaltens der Eltern, dem Wissen und der Haltung der Eltern und der Organisation des familiären Alltags (vgl. ebd.). Statistisch signifikante, positive Effekte umfassen die kindliche Gesundheit und Entwicklung, die Sicherheit des Kindes, die psychische Gesundheit der Eltern sowie das Risikoverhalten und die ökonomische Selbststeuerung. Dabei wird jedoch das Vorhandensein eines praktisch bedeutsamen Effektes über die statistische Signifikanz hinaus angezweifelt (vgl. ebd.; Lengning/Zimmermann 2009). Einschränkend zu diesen zunächst positiven Ergebnissen kommt hinzu, dass die Effektstärken bei mehr als der Hälfte aller Programme unter einem Wert von $d = 0{,}20$ liegen, was ein Indikator für einen geringen Effekt ist (vgl. Cohen 1988).

Weitere Varianzanalysen unter Einbezug möglicher Einflussfaktoren auf die Effektivität der Maßnahmen haben gezeigt, dass sich bei speziellen Programmen für Kinder mit besonderen Bedarfen (bspw. chronischen Erkrankungen) größere Effekte auf die kognitive Entwicklung der Kinder nachzeichnen lassen (vgl. Lengning/Zimmermann 2009). Dies trifft auch auf die Kinder zu, die an einer Intervention teilgenommen haben, welche insbesondere direkt an die Kinder adressiert ist. Weitere positive Effekte ergeben sich bei Programmen, die den Eltern Zugänge zu weiterführenden Angeboten ermöglichen.

Programme, bei denen professionelle Fachkräfte die Eltern bezüglich ihres Erziehungsverhaltens beraten und gleichzeitig die Teilnahme an Elterngruppen eröffnen, zeigen positive Wirkungen in Bezug auf die Eltern selbst (vgl. ebd.). Des Weiteren erweisen sich Programme, die junge Mütter adressieren, in Verbindung mit Case-Management effektiver als andere Hilfeformen, um Verletzungen durch Unfälle, Missbrauch oder Ablehnung der Kinder zu vermeiden (vgl. Layzer/Goodson 2001). Weitere Effekte beziehen sich auf eine generell positive kognitive Entwicklung der Kinder in der Altersgruppe bis einschließlich fünf Jahren ($d = 0{,}35$). Ähnlich positive Ergebnisse zeigen sich in der emotionalen und sozialen Entwicklung des Kindes ($d = 0{,}22$). Die Effektstärken bezüglich der Gesundheit der Kinder und der körperlichen Entwicklung liegen jedoch mit $d = 0{,}12$ deutlich niedriger; hinsichtlich der Steigerung der Sicherheit der Kinder wird eine Effektstärke von $d = 0{,}13$ erreicht. Mit Blick auf die Sicherheit ist jedoch kritisch anzumerken, dass die zugrunde liegenden Evaluationsstudien nur sehr selten Daten über akute Gefährdung der Kinder erheben, was dazu führt, dass eine reale Veränderung nur schwer nachgewiesen werden kann, zumal selbst in sogenannten „Hochrisikopopulationen" die Anzahl der Misshandlungen nur gering vertreten ist (vgl. ebd.).

Mit Blick auf die Eltern ergeben sich in drei Bereichen signifikante positive Effektstärken. Die Einstellung der Eltern sowie das Wissen über kindliche Entwicklung und Erziehung erreicht eine Verbesserung mit einer Effektstärke von d= 0,23. Das Erziehungsverhalten verbessert sich mit einer Effektstärke von d= 0,26. In Bezug auf die Organisation des Familienalltags kann eine Effektstärke von d= 0,28 nachgezeichnet werden (vgl. ebd.).

Zusammenfassend lässt sich feststellen, dass die untersuchten familienunterstützenden Programme zwar geringe, aber durchaus signifikante, positive Effekte bzw. Wirkungen erzielen.

Metaanalyse II: Sweet und Appelbaum

Eine weitere Metaanalyse wurde 2004 von Sweet und Appelbaum angefertigt. Insgesamt werden in dieser Analyse 60 Maßnahmen der aufsuchenden Arbeit („Home visiting") in Kombination mit Gruppenangeboten in Einrichtungen, die sich an (werdende) Eltern/Väter/Mütter richten, betrachtet (vgl. Sweet/ Appelbaum 2004).

Diese Metaanalyse bezieht ausschließlich Programme ein, die in den USA durchgeführt werden. Aufgrund der insgesamt, im nationalen wie auch internationalen Kontext, hohen Anzahl an Programmen und dem vergleichsweise niedrigen Anteil an aussagefähigen Metaanalysen zu diesem Themenbereich ist es Ziel von Sweet und Appelbaum (2004), mit der von ihnen durchgeführten Analyse detaillierte Wirkungsaufklärung in Bezug auf verschiedene Wirkindikatoren, wie die Verbesserung der elterlichen Erziehungsfähigkeit, die Förderung der kindlichen Entwicklung oder der Interaktion zwischen Eltern und Kindern, zu leisten. Weitere fokussierte Wirkdimensionen sind die Prävention von Kindesmissbrauch und -misshandlung, die Stärkung der elterlichen Selbsthilfe und die der elterlichen Selbstversorgung (vgl. ebd.).

Der präventive Charakter der untersuchten Maßnahmen wird als ein zentraler Aspekt der Hilfen aufgefasst. Es werde in vielen Fällen die Notwendigkeit einer frühen Hilfestellung konstatiert, so Sweet und Appelbaum (2004), da bestimmte problematische Verhaltensweisen oder Entwicklungsverzögerungen später nicht mehr bearbeitet oder aufgeholt werden könnten. Dennoch bestehe eine hohe Variabilität bezüglich der inhaltlichen Ausrichtung und der konkreten Arbeit der einzelnen Programme, sodass – ebenso wie im nationalen Diskurs um Frühe Hilfen – nicht per se von einem Interventionstyp gesprochen werden könne. Diese Differenzen in den einzelnen Programmen erstrecken sich über vielfältige Dimensionen wie Zielgruppendefinitionen, Risikofaktoren, Verhaltensauffälligkeiten, Einsatz und Qualifikation der Fachkräfte, die Altersspannen der Kinder, die Intensität und Dauer der Maßnahmen etc. (vgl. ebd.).

Wie auch bei Layzer/Goodson erstreckte sich die Literatursuche über eine große Anzahl von Datenbanken. Um einem Publication Bias (s. o.) entgegenzuwirken, wurden Autor*innen von bereits veröffentlichten Arbeiten, aber auch die Programmverantwortlichen direkt nach unveröffentlichter Evaluationsliteratur befragt, um diese im Rahmen einer Metaanalyse berücksichtigen zu können. Standardisierte Effektstärken wurden unter der Berücksichtigung der unterschiedlichen Stichprobengröße generiert, sodass die statistischen Verzerrungen dadurch gemindert werden konnten. Auch musste die Metaanalyse auf eine Vielzahl unterschiedlicher statistischer Maße zur Herleitung dieser Effektgrößen zurückgreifen, darunter auf Angaben zu Mittelwerten, Standardabweichungen, F-Tests, t-Tests, Korrelationen oder auch nur Signifikanzniveaus und Stichprobenumfänge. Ein Ausschlusskriterium war die Veröffentlichung der jeweiligen Studienergebnisse vor 1965. Des Weiteren wurden Programme ausgeschlossen, die hochspezialisiert auf bestimmte Erkrankungen oder Hilfearten festgelegt waren, wie z. B. Fördermaßnahmen bei Entwicklungsstörungen, bei chronischen Krankheiten oder vorhandener Behinderung. Dies war nötig, um sicherzustellen, dass keine systematischen Verzerrungen durch Spezialangebote in der Metaanalyse auftraten, da der Fokus der Metaanalyse auf der Untersuchung der Wirkung von universell ausgerichteten Programmen liegen sollte (vgl. ebd.). Nach Anwendung dieser Selektionskriterien blieben 60 Programme für die Metaanalyse übrig, deren Ergebnisse zusammenfassend dargestellt werden.

Die primären Ziele der Maßnahmen und Angebote (Mehrfachnennungen möglich) sind mit 96,7 % die Verbesserung des Erziehungsverhaltens der Eltern sowie mit 85 % die Förderung der kindlichen Entwicklung. Weitere Ziele sind die Gesundheitsfürsorge (30 %), die soziale Unterstützung der Eltern (28 %), die Vermeidung von Kindesmissbrauch (18,3 %) sowie die Befähigung der Eltern zur Selbsthilfe (10 %). Die am seltensten genannten intendierten Ziele sind die Förderung der Eltern hinsichtlich ihrer Bildung sowie ihrer wirtschaftlichen Unabhängigkeit von staatlichen Transferleistungen (je 8,3 %) (vgl. ebd.). 6,7 % der Programme adressieren universell (werdende) Familien/Mütter/Väter ohne die Definition weiterer Risikofaktoren. Demgegenüber stehen 75 % der Programme, die ihren Fokus auf durch Risikofaktoren belastete (werdende) Familien/Mütter/Väter legen. Sweet und Appelbaum (2004) weisen an dieser Stelle darauf hin, dass sich die Risikobemessung an allgemeinen Einschätzungen zur Wirkung von Kontextfaktoren wie Abhängigkeit von Sozialleistungen, Einkommen oder junger/früher Elternschaft auf die kindliche Entwicklung bezieht (vgl. ebd.).

So richten sich 55 % der Programme speziell an Familien mit geringem Einkommen und weiteren Risikofaktoren (niedriges Geburtsgewicht des Kindes, junge Mütter, psychische Erkrankungen der Eltern/Mutter, von öffentlicher Hilfe abhängige Familien etc.) (vgl. ebd.).

Die genannten konkreten Angebotsformen (Mehrfachnennungen möglich) sind in 98,3 % der Fälle Programme der Elternbildung und in 58,3 % Angebote zur sozialen Unterstützung der Eltern. Weitere genannte Formen sind Elternberatung (41,7 %) oder die grundlegende Förderung der Eltern etwa hinsichtlich der Alphabetisierung dieser oder aber des Erwerbs eines Schulabschlusses (1,7 %). Die genannten Angebote zeichnen sich sowohl durch die Informationsvermittlung zur kindlichen Entwicklung (91,7 %) wie auch durch eine Fokussierung auf die Verbesserung der Eltern-Kind-Interaktion (58,3 %) aus (vgl. ebd.).

Bezüglich der Altersspanne der Kinder ist festzustellen, dass 75 % der Programme Kinder im Alter zwischen null und drei Jahren fokussieren. Die Länge bzw. Dauer der Programme variiert zwischen neun und 36 Monaten, wobei die Mehrheit zwischen zwölf und 24 Monate lang durchgeführt wird (30 %). 75 % der Programme und Angebote wurden von pädagogischen oder medizinischen Fachkräften organisiert, 45 % von semi-professionellem Personal. In 8,3 % der Fälle wurden die Maßnahmen von ehrenamtlichem Personal angeboten (vgl. ebd.).

Die Ergebnisse der Metaanalyse zeigen für einige der definierten Wirkdimensionen signifikant positive Ergebnisse. Stark signifikante Effekte sind in den Bereichen der kindlichen kognitiven Entwicklung, der Vorbeugung von Misshandlung durch die Eltern sowie die Beendigung von latenter Misshandlung nachweisbar. Darüber hinaus zeigen sich positive Effekte hinsichtlich der Verbesserung der elterlichen Einstellung zum Erziehungsverhalten sowie der Verbesserung des Erziehungsverhaltens selbst, aber auch hinsichtlich der Selbststeuerung der Mütter in Bezug auf ihre Erziehungsfähigkeiten. Schwächer signifikant zeigt sich die präventive Wirkung auf subjektiv empfundenen elterlichen Erziehungsstress (vgl. ebd.). Die Effektstärken (gewichtet und mittelwertstandardisiert) sind dabei in allen Bereichen ähnlich den signifikanten Effekten, wobei die Wirkung in Bezug auf Prävention von akuter Missbrauchsgefahr nicht mehr signifikant ist. Dies trifft ebenfalls auf den Bereich der Vorbeugung von Erziehungsstress zu. Hingegen ist eine hoch signifikante Effektstärke im Bereich der sozio-emotionalen kindlichen Entwicklung festzustellen. Die Bandbreite der unterschiedlichen Effektstärken variiert zwischen d= -0,04 und d= 0,32 (vgl. ebd.).

Wie auch in der vorherigen Metaanalyse sind sämtliche Effektstärken in der Studie von Sweet und Appelbaum unter Berücksichtigung der Kriterien von Cohen (1988) als gering einzustufen. Dennoch ist festzuhalten, dass die untersuchten Programme messbare, positive Wirkungen auf die teilnehmenden (werdenden) Familien/Mütter/Väter haben.

Differierende Organisationsformen der Angebote und Programme erweisen sich für verschiedene Zielgruppen unterschiedlich effektiv. So zeigen sich für die kognitive Entwicklung der Kinder und zur Verringerung der Fälle mit Verdacht auf Kindesmisshandlung reine Hausbesuchsprogramme als effektiv. Um das Erziehungsverhalten der Eltern zu verbessern, sind diejenigen Angebote und Maßnahmen am erfolgreichsten, die längerfristig angelegt sowohl im häuslichen Rahmen als auch in einer Einrichtung Beratung und Unterstützung anbieten. Die Anzahl der Kontakte zu den jeweiligen Adressat*innen insgesamt hatte (wenn auch nur geringe) positive Effekte auf die Wirksamkeit der Programme (vgl. Lengning/Zimmermann 2009).

Metaanalyse III: Geeraert, Van den Noortgate, Grietens und Onghena

Die Metaanalyse von Geeraert et al. (2004) ist ähnlich angelegt wie die beiden zuvor beschriebenen Untersuchungen. Die inhaltliche Ausrichtung der metaanalytisch betrachteten Programme und Angebote ist jedoch stärker auf die Verhinderung von Missbrauch und Vernachlässigung von Kindern gerichtet. Diese Auswahl wurde getroffen unter der Annahme, dass eine frühe Vernachlässigung oder Misshandlung von Kindern weitreichende Folgen bis in das Erwachsenenalter der betroffenen Kinder haben kann. Darüber hinaus wurde den Ausführungen von Geeraert et al. (2004) folgend festgestellt, dass sich einmal auftretendes schädliches Verhalten der Eltern im Sinne von Missbrauch oder Vernachlässigung der Kinder schnell verfestigt. Ein weiteres Kriterium für diese Dimensionsauswahl liegt in den Kosten für die Gesellschaft begründet, die aus diesem Verhalten entstehen könnten (vgl. ebd.).

Die Forschungsfragen in dieser Metaanalyse sind im Kern dieselben, wie sie in den bereits vorgestellten Metaanalysen formuliert worden sind.

Fokussierte Bereiche sind hier insbesondere Veränderungen in der Eltern-Kind-Interaktion, die Organisation des familiären Alltags sowie Kontextfaktoren der Familie, wie bspw. der sozioökonomische Status und das soziale Netzwerk von Familien. Eine weitere Frage thematisiert die Möglichkeit der Angebote und Maßnahmen, die Verfestigung von misshandelndem oder ablehnendem Verhalten der Eltern gegenüber ihren Kindern zu reduzieren. Um diese Fragen adäquat beantworten zu können, werden auch in dieser Metaanalyse erneut die Daten und die Literatur der Primärstudien analysiert (vgl. ebd.). Um die Auswirkungen des Publication Bias zu reduzieren, wurden in diese Metaanalyse ebenfalls unpublizierte Studien einbezogen (vgl. ebd.).

Die Auswahlkriterien für die Primärstudien beinhalten, wie bereits weiter oben erwähnt, die Fokussierung der Maßnahmen auf die Verhinderung bzw. das Wiederauftreten von Missbrauch und Vernachlässigung von Kindern. Es wurden Studien aussortiert, die zwar mögliche Rahmenbedingungen (im Sinne von Risikofaktoren für Missbrauch oder Vernachlässigung) für das schädliche Verhalten einbeziehen (z. B. Konflikte in der Familie), in denen jedoch im Sinne eher universell angelegter Präventionsprojekte nicht ausdrücklich ein Schwerpunkt auf schwieriges Verhalten der Eltern gelegt worden ist. Darüber hinaus wurden nur Programme in die Metaanalyse einbezogen, die Kinder im Alter zwischen null und drei Jahren in den Blick nehmen. Weitere Kriterien umfassen die Art des Missbrauchs und der Vernachlässigung, den Zeitpunkt der Problemmanifestation (zur Abgrenzung zwischen therapeutischen und präventiven Interventionen) sowie das Studiendesign. So wurden Studien mit mindestens einer Kontrollgruppe zugelassen, gleichzeitig sind aber auch Studien aufgenommen worden, die lediglich einen Pretest-Posttest-Plan aufweisen (vgl. ebd.).

Insgesamt wurden so 40 Primärstudien in die Analyse einbezogen, von denen jedoch 17 einen festen Bezug zum gleichen Programm haben.[3] Zahlreiche Studien weisen nur wenige Angaben über konzeptionelle Rahmenbedingungen sowie Befunde zu Ursache, Genese oder Prävention von Missbrauch und Vernachlässigung auf. Für die Erfassung der familiären Risiken wurden sowohl selbst konstruierte als auch bereits existierende Indikatoren- und Checklisten benutzt. Die meisten der Programme werden im Rahmen der aufsuchenden Arbeit im häuslichen Umfeld der Familien durchgeführt. Die Bandbreite der Programmdauer reicht von wenigen Monaten bis hin zu fünf Jahren, wobei der Beginn der Maßnahme oftmals schon vor oder kurz nach der Geburt liegt. Die Intensität der Maßnahmen wird stets bedarfsorientiert bestimmt, sodass diesbezüglich keine allgemeinen Angaben gemacht werden können (vgl. ebd.). Nahezu alle untersuchten Programme werden in den USA durchgeführt, ein Projekt wird in England angeboten, ein weiteres stammt aus Australien. Die Ziele der Programme sind primär auf die Erweiterung der Erziehungskompetenzen und -fähigkeiten der Eltern, die Förderung der Eltern-Kind-Interaktion sowie die elterliche Kompetenzüberzeugung ausgerichtet. Auch in dieser Metaanalyse überwiegen Angebote und Programme, die hauptsächlich von pädagogischen und medizinischen Fachkräften angeboten und durchgeführt werden (vgl. ebd.).

Insgesamt wurden für diese Metaanalyse 587 Effektgrößen ausgewertet. 70 % davon sind zwar nicht signifikant ($p < 0,05$), wobei jedoch der größte Teil der Studien positive Effekte in den Programmen nachweisen konnte und somit eine generelle Wirksamkeit unterstellt werden kann. Die Streuung der Wirksamkeit über alle Programme ist allerdings hoch, dieser Varianzeffekt ist hoch signifikant ($p < 0,001$). Mit Blick auf die fokussierten Wirkindikatoren, die elterlichen Erziehungskompetenzen und -fähigkeiten, die Eltern-Kind-Interaktion sowie die Kompetenzüberzeugung der Eltern, ist festzustellen, dass hinsichtlich jeder definierten und intendierten Dimension, positive – wenn auch nicht signifikante – Effekte festgestellt werden konnten (vgl. ebd.).

Zusammenfassung von Einzelstudien Lengning und Zimmermann

Die Expertise von Lengning und Zimmermann (2009) fasst über 150 weitere Studien zu Frühen Hilfen aus dem internationalen Raum zusammen, die in den

---

3   Diese Studien beziehen sich alle auf das „Healthy Families America home visitation program".

Jahren 1979 bis 2007 herausgegeben worden sind. 80 dieser Studien basieren auf einem Kontrollgruppendesign, sind also mindestens quasi-experimentell angelegt, hiervon basieren wiederum 63 % auf randomisierter Zuweisung zu den Gruppen. Die untersuchten Studien haben im Durchschnitt eine Stichprobengröße von 430 Fällen, wobei dieser Wert aufgrund einer großen Streuung nicht sehr aussagekräftig ist.[4] Die untersuchten Programme richten sich vor allem an (werdende) Eltern mit Kindern bis ins vierte Lebensjahr mit ganz unterschiedlichen inhaltlichen Schwerpunkten, wie bspw. Förderung der elterlichen Feinfühligkeit oder die Vermeidung von Vernachlässigungen (vgl. Lengning/Zimmermann 2009).

Ebenfalls sehr deutlich variieren die Effektstärken der einzelnen Studien, die meisten Studien weisen jedoch eher geringe positive Effektstärken nach, die mit den durchschnittlichen Effektstärken der zuvor dargestellten Metaanalysen vergleichbar sind. Diese Wirkungen beziehen sich auf vielfältige Dimensionen. So zählen Lengning und Zimmermann (2009) eine verbesserte Inanspruchnahme von Kindergesundheitsdiensten, weniger Krankenhaus-aufenthalte aufgrund von Verletzungen/Vergiftungen, positives und nicht körperlich strafendes Elternverhalten als positive Effekte der Angebote auf (vgl. ebd.).

Insgesamt zeigen sich bei den untersuchten Angeboten Früher Hilfen Effektstärken im niedrigen oder mittleren Bereich, die jedoch je nach definierter Zielgruppe und Zeitpunkt Angebotsbeginns stark differieren. In den oben angeführten internationalen Studien werden allerdings primär Angebote untersucht, die sich vor allem auf eine kritisch zu reflektierende Lesart Früher Hilfen beziehen (s. hierzu weiterführend u. a. Schone 2011; Buschhorn 2012): so werden im Rahmen der Forschungsübersichten und Metaanalysen vor allem Angebote einbezogen, die explizit Risikofaktoren definieren und die Familien entsprechend in (Hoch-)Risiko- und Nichtrisiko-Familien klassifizieren. Darüber hinaus operiert die überwiegende Anzahl der Programme mit dem Begriff der Kindeswohlgefährdung als Bezugsgegenstand und zielt entsprechend größtenteils darauf ab, neben der Misshandlung und der Vernachlässigung auch den sexuellen Missbrauch von Kindern zu verhindern; Ziele, welche Angebote der Frühen Hilfen im nationalen Kontext in der Regel so nicht primär verfolgen. Dennoch wird im Fachdiskurs auf diese Metaanalysen insofern Bezug genommen, als dass bislang nur innerhalb dieser Studien angebotsübergreifend Wirkungen bzw. Effekte von familienunterstützenden Angeboten für die vom NZFH genannte Zielgruppe Früher Hilfen, werdende Eltern und Eltern mit Kindern bis zum dritten Lebensjahr, untersucht wurden.

Nachfolgend werden zunächst allgemeine Überlegungen zur wirkungsorientierten Forschung im Kontext Früher Hilfen skizziert, bevor das Forschungs-

---

4   Hierbei umfasst die kleinste Studie vier Fälle, die größte Studie hingegen 14084.

design sowie zusammenfassend Ergebnisse der wirkungsorientierten Evaluation eines Projektes der Frühen Hilfen vorgestellt werden.

3. Forschungsmethodische Überlegungen zur wirkungsorientierten Evaluations-forschung im Kontext Früher Hilfen

Den Ausführungen von Rossi, Freemann und Hofmann (1988) folgend ist das Hauptziel von Wirkungsanalysen insgesamt gültige Aussagen darüber zu ermöglichen, ob bei einem geplanten oder bereits implementierten Angebot bedeutsame Nettowirkungen[5] in der gewünschten Richtung zu beobachten oder zu erwarten sind. Hierzu seien zwei Voraussetzungen zu erfüllen: Einerseits müssen die Ergebnisse reproduzierbar, andererseits generalisierbar sein (vgl. ebd., sowie weiterführend Micheel in diesem Band).

Wirkungsanalysen sollten zudem nicht lediglich auf möglichst genaue situative Wirksamkeits- bzw. Kausal*beschreibungen* (d. h. nicht nur auf die Beantwortung der Frage, ob ein bestimmtes Angebot an einem bestimmten Ort erfolgreich war) gerichtet sein, sondern auf möglichst aussagekräftige, situationsübergreifende und kontextsensible Wirkungs*erklärungen* zielen (vgl. Shadish/ Cook/Campbell 2002). Ziel ist die Beantwortung der Frage danach, welches Angebot für welche Adressat*innen unter Berücksichtigung von Kontexten welche Wirkung zeigt.

Daher wird im Folgenden auf das Konzept einer *realistic Evaluation* (Pawson/Tilley 2004) Bezug genommen. Die Autor*innen vertreten die Auffassung, dass ein Angebot nicht direkt eine Wirkung auslöst, sondern erst durch die Aktivierung bestimmter Mechanismen messbare Effekte erzielt werden. Hintergrund für diese vertretene Theorie von Wirkungsverläufen ist die Annahme der Autor*innen, dass zwischen einer Maßnahme/einem Angebot und deren Effekten kein linearer Ursache-Wirkungszusammenhang nachweißbar ist. In der von Pawson und Tilley (2004) gewählten naturwissenschaftlichen Analogie löst eine Aktion einen Mechanismus aus, der erst „durch sein chemisches Mischverhältnis in einem bestimmten Kontext, unter bestimmten physischen Bedingungen bestimmte Effekte bzw. Reaktionen auslöst" (ebd., S. 58).

Bezogen auf Frühe Hilfen kann dies bedeuten, dass der durch ein Angebot ausgelöste Mechanismus wirksam sein kann, indem er die Teilnehmer*innen,

---

5 Rossi, Freemann und Hofmann (1988) unterscheiden zwischen der Brutto- und der Nettowirkung eines Programms. Als Bruttowirkungen werden die nach Beendigung des Programms bei den Ergebnisindikatoren insgesamt beobachteten Veränderungen bezeichnet. Mit dem Begriff *Nettowirkungen* sind hingegen die Veränderungen, welche allein der Intervention zuzuschreiben sind, gemeint, wobei die Einflüsse anderer Faktoren im sozialen Umfeld berücksichtigt werden (vgl. ebd.).

etwa durch die Wissensvermittlung, dazu befähigt, eine Veränderung zu bewirken (vgl. Bastian et al. 2008). Die Wirkung sozialer Interventionen ist hiernach nicht unmittelbar dem Angebot zuzuschreiben, sondern entsteht durch das Handeln der Akteure innerhalb eines Angebots. Diesen Mechanismus beschreiben Pawson und Tilley (2004) als einen Prozess, der die Ressourcen und Entscheidungen der Teilnehmer*innen so miteinander verbindet, dass diese sowohl das Bedürfnis als auch die Fähigkeiten und Möglichkeiten dazu erlangen, eine Veränderung, bspw. mit Blick auf die elterliche Versorgungskompetenz, selbst zu gestalten (vgl. ebd.). Die genaue Kenntnis über Wirkmechanismen und einflussnehmende Kontexte lassen dann wiederum eine Wiederholung und Weiterentwicklung bestimmter Angebote zu (vgl. Bastian et al. 2008).

In Anlehnung an das Designs eines Experimentes, welches der Überprüfung der Wirksamkeit eines Angebotes dient und häufig als „Goldstandard" (Ziegler 2010b, S. 1061) der Evaluationsforschung bezeichnet wird, ist es den Ausführungen von Rossi, Freemann und Hofmann (1988) folgend notwendig, dass ein Vergleich zwischen Personen, die das zu untersuchende Angebot in Anspruch nehmen, und Personen, die nicht an dem zu untersuchenden Angebot oder an anderen, vergleichbaren Maßnahmen teilnehmen, stattfindet (vgl. ebd.). Eine der effektivsten Methoden, eine Kontrollgruppe zu bilden und gleichzeitig eine möglichst große Ausschaltung aller Störvariablen, die das Ergebnis verzerren könnten, zu erreichen, ist die Randomisierung (vgl. Bortz/Döring 2006). Die Anwendung dieser Technik ist jedoch aus mehreren Gründen nicht für wirkungsorientierte Forschung im Kontext Früher Hilfen geeignet. Ein wichtiger Grund ist die Schwierigkeit der gezielten Veränderung der unabhängigen Variablen, also des Angebotes. Die zufällige Zuordnung zu zwei Untersuchungsgruppen erfordert, dass eine Gruppe das Angebot so durchlaufen kann, wie es im formulierten Konzept beschrieben wurde, die Kontrollgruppe hingegen anderen Bedingungen ausgesetzt wird. Da es jedoch in sozialpädagogischen Angeboten schwierig ist, diese unabhängige Variable präzise zu isolieren und somit auch zu manipulieren (vgl. ebd.), besteht diese Möglichkeit nicht.

Eine weitere Lösung könnte sein, dass ein zufällig ausgewählter Teil der Stichprobe an dem Angebot teilnimmt, ein anderer Teil hingegen nur an einem Placebo-Angebot teilnimmt oder gar kein Angebot durchläuft. Dieses Vorgehen ist ethisch kaum vertretbar (vgl. Kindler/Suess 2010). Eine Vertretbarkeit ist nur dann gewährleistet, wenn ein alternatives Angebot oder eine leichte Manipulation der unabhängigen Wirksamkeitsvariablen innerhalb des Angebotes möglich wäre (vgl. ebd.).

Durch diese Einschränkungen ist das Erreichen eines experimentellen Studiendesigns nicht möglich, sodass zur hier vorgeschlagenen wirkungsorientierten Evaluation auf ein quasi-experimentelles Studiendesign, welches auf dem „Einsatz möglichst umfassender, relevanter und aussagekräftiger Variablen und Dimensionen zur Kontextkontrolle beruh[t]" (Schrödter/Ziegler 2007, S. 19), zurückgegriffen wird. Im Rahmen eines quasi-experimentellen Designs werden Versuchsgruppen mit Angebotsteilnehmer*innen konstruierten Kontrollgruppen gegenübergestellt. Letztere bestehen den Ausführungen Rossi, Freemann und Hofmann (1988) folgend aus Nichtteilnehmer*innen, die abgesehen von der Angebotsteilnahme im Wesentlichen die gleichen Merkmale aufweisen sollten wie die Teilnehmer*innen an einem Angebot (vgl. ebd.). Ein solches quasi-experimentelles Verfahren könne sogar angemessener als Experimente mit Randomisierung soziale Realität abbilden, da es den Blick auf das Programm selbst und vor allem seine Kontexte richte und damit Licht in die Black-Box werfe, in die ein Experiment so gar nicht schaue, so Ross (2007).

Auch dann, wenn Untersuchungen nicht nur Effekte – bestenfalls positive Effekte – belegen sollen, sondern auch das Ziel verfolgen, im Sinne einer formativen Evaluation Informationen zu ermitteln, um Programme und Angebote weiterzuentwickeln, ist ein quasi-experimentelles Design erfolgsversprechend.

Überlegungen zu einem wirkungsorientierten Forschungsdesign im Kontext Früher Hilfen

Wesentliches Ziel der an die realistic Evaluation nach Pawson und Tilley (2004) sowie an das Quasi-Experiment nach Rossi, Freemann und Hofmann (1988) angelehnten Untersuchung ist es nun, Ergebnis- bzw. Wirkindikatoren (vgl. ebd.) zu formulieren und zu überprüfen, die aussagekräftige Beurteilungen darüber erlauben, wie wirkungsvoll Frühe Hilfen für (werdende) Eltern mit Kindern in den ersten drei Lebensjahren sein können. Hierzu werden zunächst Ergebnis- bzw. Wirkindikatoren modelliert, die mit den unterschiedlichen Angeboten intendiert werden. Kontextfaktoren werden in die wirkungsorientierte Analyse jeweils mit einbezogen[6], um zu überprüfen, ob und wenn ja wie stark sie Einfluss auf die zur Beantwortung der Forschungsfrage formulierten Wirkindikatoren nehmen.[7]

Folgende Annahmen liegen dem hier vorgeschlagenen Modell zur wirkungsorientierten Forschung zu Grunde, das im Rahmen der Begleitforschung zum Projekt „Guter Start ins Leben" erprobt wurde: Angebote im Rahmen der Frühen Hilfe haben das Ziel, das elterliche Erziehungskonzept zu beeinflussen,

---

6 Die Auflistung der möglicherweise die (werdenden) Eltern(teile) beeinflussenden Kontextfaktoren erhebt keinen Anspruch auf Vollständigkeit. Es soll lediglich gezeigt werden, dass im Rahmen der vorliegenden Untersuchung ein Bewusstsein dafür besteht, dass neben den Angeboten Früher Hilfen vielfältige Faktoren das elterliche Beziehungs- und Erziehungsverhalten beeinflussen können.

7 Hinweise und Überlegungen zu den getesteten und validierten Skalen, die hier zur Erhebung der Wirk- und Kontextfaktoren verwendet wurden sowie zu empirisch nachgewiesenen Zusammenhängen zwischen diesen Wirk- und Kontextfaktoren finden sich bei Buschhorn (2012).

welches wiederum auf das elterliche Beziehungs- und Erziehungsverhalten einwirkt. Das Beziehungs- und Erziehungsverhalten wird zudem von externen Einflüssen (der sozialen/finanziellen Lage der Eltern usw.), kindbezogenen Einflüssen (dem kindlichen Temperament, u. U. Behinderung usw.) sowie von elternbezogenen Einflüssen (Partnerschaft, Lebenszufriedenheit etc.) als Kontextfaktoren beeinflusst (vgl. Bastian et al. 2008), die im Rahmen der kontextsensiblen Wirkanalyse der untersuchten Angebote mitberücksichtigt werden.

Das elterliche Erziehungskonzept setzt sich, so die Annahme, zusammen aus der elterlichen Kompetenzüberzeugung und der elterlichen Versorgungskompetenz als zentralen Inhalten der Angebote Früher Hilfen, die die elterliche Erziehungseinstellung beeinflussen. Durch das Erlernen von Versorgungskompetenz, also dadurch, dass Eltern einen Wissenszuwachs und damit Sicherheit im Umgang und in der Pflege ihrer Kinder erlangen, verändern sich die elterliche Kompetenzüberzeugung und damit schließlich auch die Erziehungseinstellung. Fühlen sich die Eltern kompetenter und sind sie ihrer Erziehung gegenüber positiv eingestellt, zeigen sie auch ein Erziehungsverhalten, welches förderlich für das Kind ist, so die hier vertretene Hypothese (s. hierzu auch Bastian et al. 2008).

Erhoben werden also nicht Aspekte des elterliche Beziehungs- und Erziehungsverhaltens, sondern das elterliche Selbstvertrauen in die eigene Versorgungskompetenz, das diesbezügliche Wissen und die Kompetenzüberzeugung, die die elterliche Erziehungseinstellung beeinflussen sowie die Kontextfaktoren, die Einfluss nehmend auf das Beziehungs- und Erziehungsverhalten wirken.

Eine der vielen Schwierigkeiten für wirkungsorientierte Evaluationen – nicht nur, aber auch im Kontext Früher Hilfen – besteht darin, dass Ergebnisse eines Programmes oder Angebotes durch externe Ereignisse mit beeinflusst werden. So können bspw. Veränderungen in der Umgebung, wie Umzug oder neue Nachbarn, oder besondere Ereignisse, wie die Geburt eines Kindes, die Trennung von dem Partner/von der Partnerin und auch entwicklungsbedingte Veränderungen der Adressat*innen Einfluss nehmen. Identifizierte Effekte sind also nicht zwingend durch Programmaktivitäten zu erklären und Angebote werden, egal wie stringent sie geplant sind, von unterschiedlichen Menschen in heterogenen Kontexten (Trägerschaften, Räumlichkeiten, Team- und Gruppenzusammensetzungen etc.) durchgeführt.

Die Komplexität sozialer Kontexte verhindert nicht nur das Nachzeichnen eines linearen Wirkungszusammenhangs – sollte der Nachweis eines positiven Effektes erbracht werden – sondern auch die Generalisierung von Angeboten, Maßnahmen etc. Ein einfacher Ursache-Wirkungs-Zusammenhang lässt sich also für pädagogische Angebote nicht formulieren.

Das hier vorgeschlagene quasi-experimentelle Design zielt daher, wie bereits erläutert, darauf ab, programm- bzw. angebotsexterne Einflüsse statistisch zu kontrollieren, anstatt sie durch Randomisierung auszuschalten.

In dem hier skizzierten Forschungsprojekt wurden Daten zu den durch ein Angebot Früher Hilfen erreichten Familien, primär waren es Mütter[8], zu Beginn des Kontaktes und nach spätestens eineinhalb oder anderthalb Jahren in Form eines standardisierten Telefoninterviews erhoben. Die Inhalte der Angebote sowie sozioökonomische Daten über die Mütter und deren Kinder – so bereits vorhanden – wurden insbesondere in Form eines für die Untersuchung entwickelten Dokumentationssystems durch die Fachkräfte erhoben.[9] Zur Analyse lagen 23 Datensätze (vollständige Telefoninterviews zu t1 und t2 und ausgefüllte Dokumentationsbögen) zu Müttern vor, die ein Angebot im Rahmen des hier fokussierten Projektes wahrgenommen haben (Experimentalgruppe EG), sowie 20 Fälle aus der Kontrollgruppe (KG). Die Mütter aus der KG wurden ebenfalls mittels Telefoninterview zu zwei Zeitpunkten befragt.

Die KG wurde nachträglich modelliert, daher wurde zunächst überprüft, ob es hinsichtlich der formulierten Wirkfaktoren sowie der die Mütter beeinflussenden Kontextfaktoren gelungen ist, eine mit der EG vergleichbare KG zu bilden. Durch statistische Tests konnte gezeigt werden, das hinsichtlich der Wirk- und Kontextfaktoren eine mit der EG vergleichbare KG gebildet worden ist, sodass eine wirkungsorientierte Analyse der Angebote möglich war; wenngleich die vorliegende Studie aufgrund der Stichprobengröße eher als explorative Untersuchung anzusehen ist.

Mit Blick auf die oben skizzierten Wirkindikatoren entwickeln sich die Mütter, die an dem hier untersuchten Projekt teilgenommen haben, aus ihrer subjektiven Sicht im Laufe der Angebote durchaus positiv. Nach der Teilnahme an einem Angebot fühlen sich die Mütter kompetenter im Umgang mit ihrem Kind (d= 0.18) und haben vor allem Wissen und Vertrauen hinsichtlich ihrer Versorgungskompetenz erworben (d= 0.50).

Allerdings hat sich die mit der Experimentalgruppe weitgehend vergleichbare Kontrollgruppe sehr ähnlich entwickelt, sodass insgesamt eher geringe Effekte des Projektes nachgewiesen werden konnten.

Ein wesentlicher Unterschied zwischen den beiden Gruppen besteht darin, dass die Mütter der Experimentalgruppe im Gegensatz zu den Müttern der

---

8 Obwohl dies konzeptionell nicht intendiert war, haben ausschließlich Mütter an den hier untersuchten Angeboten der Frühen Hilfen und auch an den Telefoninterviews teilgenommen. Daher wird im Folgenden stets von Müttern gesprochen.

9 Während mit den Telefoninterviews die Sicht der Mütter erfasst wurde, wird im Rahmen des Dokumentationssystems die Einschätzung der Fachkräfte fokussiert. Das Dokumentationssystem dient vor allem dazu, die Ausgangslage der Familien, Mütter, Väter und Kinder sowie die konkreten Inhalte der Angebote zu erfassen. Darüber hinaus gilt, es Kontextfaktoren – wie etwa die Art der wahrgenommenen Angebote bzw. deren Intensität, die möglicherweise Einfluss auf die Eltern und Kinder haben – zu dokumentieren.

Kontrollgruppe einen größeren Beratungsbedarf hinsichtlich des Umgangs mit ihren Kindern, aber auch bezüglich struktureller Unsicherheiten äußern. Die Bereitstellung der diesen Bedarfen entsprechenden Angebote könnte durch eine Reflexion bereits etablierter Angebote, etwa im Bereich der Familienbildung, erfolgen, mit dem Ziel, diese unter Einbezug der Erkenntnisse aus der Evaluation der Modellstandorte auszubauen bzw. zu erweitern. Dies ist bspw. durch den Einsatz interdisziplinärer Teams oder den Auf- und Ausbau lokaler (interdisziplinärer) Kooperationsnetzwerke möglich, wie sie im Rahmen der Bundesinitiative Frühe Hilfen entstanden sind bzw. im Rahmen der Bundesstiftung Frühe Hilfen aktuell stetig weiterentwickelt werden.

Weiterhin wird anhand der erfolgten Analysen deutlich, dass Kontextfaktoren, die unter der Annahme erhoben wurden, dass sie das elterliche Erziehungsverhalten beeinflussen, zum Teil signifikant mit den empfundenen Belastungen der Mütter korrelieren. Darüber hinaus zeigen sich bisweilen signifikante Einflüsse der Kontextfaktoren auf die modellierten Wirkindikatoren.

Ein bedeutsames Ergebnis stellt in diesem Zusammenhang die signifikante Korrelation zwischen den Wirkindikatoren Wissen/Vertrauen hinsichtlich der eigenen Versorgungskompetenz und der Intensität der Angebote zum Erhebungszeitpunkt t2 dar. Auch eine durchgeführte Regressionsanalyse bestätigt eine bedeutende Einflussnahme dieses Kontextfaktors auf die Wirkindikatoren Wissen/Vertrauen hinsichtlich der eigenen Versorgungskompetenz sowie elterliche Kompetenzüberzeugung. Deutlich wird, dass weniger die Art[10] als vielmehr die Intensität der Angebote einen bedeutsamen Einfluss auf die hier nachgewiesenen positiven Effekte zu haben scheint. Darüber hinaus haben sich die allgemeine Selbstwirksamkeit sowie die Lebenszufriedenheit einflussreich auf den fokussierten Wirkfaktor Wissen/Vertrauen hinsichtlich der eigenen Versorgungskompetenz erwiesen. Daher scheint es empfehlenswert, diese Kontextfaktoren bei der Planung und Durchführung von Angeboten Früher Hilfen mitzudenken, um möglicherweise die Effektivität dieser zu steigern und (werdende) Eltern hinsichtlich ihrer Fragen und Bedürfnisse adäquat unterstützen zu können.

Im Anschluss an Kindler und Suess (2010), die anführen, dass angesichts nach wie vor weitgehend fehlender Erkenntnisse über Effekte Früher Hilfen im nationalen Kontext alle Untersuchungsansätze, die die Wirkung in den Blick nehmen, einen wertvollen Beitrag zur Diskussion um die Effektivität Früher

---

10 Unterschieden wurde in der Analyse anhand der Angaben der Fachkräfte im Dokumentationssystem zwischen niedrigschwelligen (bspw. Beratung), mittelschwelligen (bspw. Gruppenangebot) und hochschwelligen (bspw. Hausbesuche durch eine sozialpädagogische Fachkraft) Angeboten.

Hilfen leisten können, sind die vorliegenden Untersuchungsergebnisse als Erweiterung dieses Diskurses anzusehen (vgl. ebd.).

Darüber hinaus konnte in den vorangegangenen Ausführungen gezeigt werden, dass die hier untersuchten Angebote Früher Hilfen positive Effekte – wenn auch geringer Stärke – zeigen. Die nachgewiesenen Effektstärken decken sich mit denen, die in internationalen Kontexten für ähnliche Angebote nachgewiesen wurden (s. o.).

4. Aktuelle Forschungsvorhaben

Nach wie vor finden sich im nationalen Kontext Früher Hilfen kaum wirkungsorientierte Forschungen. Ein noch bis 2019 laufendes Projekt, welches Daten generiert bzw. aufbereitet, die auch für wirkungsorientierte Perspektiven auf Frühe Hilfen genutzt werden könnten, stellt das Vorhaben „Indikatoren Frühe Hilfen – Entwicklung eines kleinräumigen Indikatorensystems zur Steuerung der Frühen Hilfe" des Forschungsverbundes der TU Dortmund und dem DJI München dar. Um die Entwicklung der Frühen Hilfen auf kommunaler Ebene systematisch und einheitlich abbilden zu können, bedarf es, so die Grundannahme des Projektes, aussagekräftiger Indikatoren zur Erfassung sowohl der Lebenslagen und Bedarfe von Kindern und Familien als auch des Ausbaustandes der Infrastruktur im Bereich Früher Hilfen. Schwerpunkte des geplanten Vorhabens sind die Entwicklung eines Indikatorenmodells sowie die Erprobung dieses Indikatorenmodells auf kommunaler Ebene.

Ausgehend von konzeptionellen Leitlinien der Frühen Hilfen, wie bspw. der Begriffsbestimmung (s. o.), sollen zunächst die theoretischen Annahmen über das Zusammenwirken der einzelnen Programmelemente in den Frühen Hilfen in einem theoretischen Modell veranschaulicht werden. Anschließend werden die einzelnen Elemente des theoretischen Modells in Form von bereits erfassten und fortschreibbaren Kennzahlen (bspw. amtliche Statistiken zu Lebenslagen und Gesundheit junger Kinder) messbar gemacht. Die Auswahl einzelner Merkmalswerte und die Operationalisierung des Indikatorenmodells erfolgt derzeit im Dialog mit einzelnen Kommunen sowie im Rahmen von ersten Fachveranstaltungen. Ob und inwiefern sich aus diesem Modell zu einem späteren Zeitpunkt auch Veränderungen der elterlichen Erziehungs-, Beziehungs- und Versorgungskompetenzen im Zuge der Wahrnehmung von Angeboten Früher Hilfen nachzeichnen lassen, werden die weiteren Auswertungen des Projektes zeigen (s. hierzu und weiterführend DJI/TU Dortmund o.J.).

5. Abschließende Überlegungen

Als eine wesentliche Herausforderung mit Blick auf die wirkungsorientierte Analyse von Angeboten im Kontext der Kinder- und Jugendhilfe insgesamt und damit auch im Kontext Früher Hilfen kann den Ausführungen Zieglers (2010a) folgend formuliert werden, dass die Gefahr besteht, wissenschaftliche Evidenz an die Stelle des professionellen Urteilsvermögens treten zu lassen. Dies könnte dazu führen, dass die Möglichkeiten demokratischer und auf Partizipation der Adressat*innen basierenden Überlegungen über Art, Zweck und Ziel der Aufgaben und Angebote verloren gehen. Zudem hätten in diesem Fall professionelle Handlungsentscheidungen und lebensweltlich orientierte Formen der Angebote, die auf kaum standardisierbaren sozialen Prozessen und Kontexten basieren, keinen Raum mehr, so Ziegler (2010a) weiter. Micheel (2014) weist in diesem Kontext darauf hin, dass mit der Formulierung von Wirkindikatoren immer auch eine Reduktion der Praxis stattfindet und normative Setzungen vorgenommen werden, die es zu reflektieren gilt (vgl. ebd.).

Auf der anderen Seite formulieren bspw. Albus et al. (2009) als Perspektive einer wirkungsorientierten Betrachtung von Angeboten, dass Wissenschaft Wissen um Wirkung für eine professionelle Praxis produzieren kann, in der die sozialpädagogisch Handelnden um relevante Wirkindikatoren und -mechanismen wissen, diese für ihre jeweilige Praxis formulieren können und vor dem Hintergrund der Interessen, Wünsche, Problemlagen der Adressat*innen reflektieren, um dann hieraus individuelle, einzelfallangemessene praktische Entscheidungen ableiten zu können (vgl. ebd.). Hier meint Wirkungsorientierung dann die Bereitstellung empirisch fundierter Deutungs- und Erklärungsangebote als eine Wissensbasis professioneller Praxis (vgl. Ziegler 2010a).

In sozialpädagogischen Kontexten nehmen mit Blick auf Wirkungsforschung neben inferenzstatistischen Zugängen, die sich als sehr komplex darstellen, auch qualitative Methoden eine bedeutsame Rolle ein, um Mechanismen sozialer Interaktion und Kontexte angemessen verstehen, beschreiben und analysieren zu können (s. hierzu auch Kelle/Erzberger in diesem Band).

Albus et al. (2009) bzw. Micheel (2014) entwickeln auf Basis dieser Überlegungen Ideen zu einer „evidenzbasierte[n] Professionalisierung" (Albus et al. 2009, S. 43; Micheel 2014, S. 110) als Gegenentwurf zu einer rationalisierten, durchkalkulierten Jugendhilfepraxis. Diese Perspektive erscheint insgesamt auch für das Handlungsfeld der Frühen Hilfen vielversprechend.

Literatur

Albus, Stefanie/Micheel, Heinz-Günther/Otto, Hans-Uwe/Polutta, Andreas (2009): Wirkungsforschung in der Jugendhilfe. Erfordernisse für angemessene Indikatoren und methodisches Design in der wissenschaftlichen Wirkungsevaluation. In: Böttcher, Wolfgang/Dicke, Jan/Ziegler, Holger (Hrsg.): Evidenzbasierte Bildung. Münster: Waxmann. S. 35–57.

Ayerle, Gertrud (2012): Frühstart: Familienhebammen im Netzwerk Früher Hilfen. Köln: NZFH.www.fruehehilfen.de/fileadmin/user_upload/fruehehilfen.de/downloads/Fruehstart.pdf (Abfrage: 09.03.2018).

Bastian, Pascal/Böttcher, Wolfgang/Lenzmann, Virginia/Lohmann, Anne/Ziegler, Holger (2008): Frühe Hilfen und die Verbesserung elterlicher Erziehungskompetenzen. Ein Konzept zur wirkungsorientierten Programmevaluation. In: Bastian Pascal/Diepholz, Annerieke/Lindner, Eva (Hrsg.): Frühe Hilfen für Familien und soziale Frühwarnsysteme. Münster: Waxmann. S. 83–101.

Bortz, Jürgen/Döring, Nicola (2006): Forschungsmethoden und Evaluation für Human- und Sozialwissenschaftler. Berlin: Springer.

Buschhorn, Claudia (2018): Förderung der Erziehung in Familie und Frühe Hilfen. In: Böllert, Karin (Hrsg.): Kompendium Kinder- und Jugendhilfe. Wiesbaden: VS-Springer. S. 783–804.

Buschhorn, Claudia (2012): Frühe Hilfen – Versorgungskompetenz und Kompetenzüberzeugung von Eltern. Wiesbaden: VS Verlag.

Cierpka, Manfred (2004): Das Baby verstehen. Das Handbuch zum Elternkurs für Hebammen. Karl Kübel Stiftung.

Cohen, Jacob (1988): Statistical power analysis for the behavioral sciences. New York/London: Academic Press.

DJI/TU (Forschungsverbund Deutsches Jugendinstitut/TU Dortmund) (o.J.): Indikatoren Frühe Hilfen – Entwicklung eines kleinräumigen Indikatorensystems zur Steuerung der Frühen Hilfen. ifh.forschungsverbund.tu-dortmund.de/ (Abfrage:09.03.2018).

Geeraert, Liesel/Van den Noortgate, Wim/Grietens, Hans/Onghena, Patrick (2004): The Effects of Early Prevention Programs for Families With Young Childen At Risk for Physical Child Abuse and Neglect: A Meta Analysis. In: Child Maltreatment, 9, Nr. 3. S. 277–291.

Kindler, Heinz/Künster, Anne-Katrin (2013): Prävalenz von Belastungen und Risiken in der frühen Kindheit. In: NZFH (Hrsg.): Datenreport 2013. Köln: NZFH. S. 8–13.

Kindler, Heinz/Suess, Gerhard (2010): Forschung zu Frühen Hilfen. Eine Einführung in Methoden. In: Forschung und Praxisentwicklung Früher Hilfen. Köln: NZFH. S. 11–38.

Layzer, Jean/Goodson, Barbara (2001): National Evaluation of Family Support Programs. Final Report. Volume A: The Meta-Analysis. Cambridge.

Lengning, Anke/Zimmermann, Peter (2009): Expertise: Interventions- und Präventionsmaßnahmen im Bereich Früher Hilfen. Internationaler Forschungsstand, Evaluationsstandards und Empfehlungen für die Umsetzung in Deutschland. Köln: NZFH

Luborsky, Lester/Diguer, Louis/Seligman, David/Rosenthal, Robert/Johnson, Sam (1999): The researcher's own therapy allegiances: A „wild card" in comparisons of treatment efficacy. In: Clinical Psychology: Science and Practise 6. S. 95–132.

Maier-Gräwe, Uta/Wagenknecht, Inga (2011): Kosten und Nutzen Früher Hilfen. Eine Kosten- und Nutzen-Analyse im Projekt „Guter Start ins Kinderleben". Köln: NZFH.

Micheel, Heinz-Günther (2014): Wirkungsorientierung in der Kinder- und Jugendhilfe. In: Arbeitsgemeinschaft für Kinder- und Jugendhilfe-AGJ (Hrsg.): Gesellschaftlicher Wandel – Neue Herausforderungen für die Kinder- und Jugendhilfe?! Berlin: AGJ. S. 103–115.

Micheel, Heinz-Günther (2010): Quantitative empirische Sozialforschung. München: Reinhardt.

Nationales Zentrum Frühe Hilfen (2009): Begriffsbestimmung Früher Hilfen. Köln: NZFH. www.fruehehilfen.de/fruehe-hilfen/was-sind-fruehe-hilfen/ (Abfrage: 09.03.2018).

Nationales Zentrum Frühe Hilfen (2014): Modellprojekte in den Ländern – Zusammenfassende Ergebnisdarstellung. Köln: NZFH. www.fruehehilfen.de/fileadmin/ user_upload/ fruehehilfen.de/pdf/Publikation_Modellprojekte_in_den_Laendern_Nachdruck2014_low. pdf (Abfrage: 21.08.2018)

Pawson, Ray/Tilley, Nick (2004): Realistic evaluation. Trowbrigde Wiltshire: Cromwell Press Lds.

Renner, Ilona (2012): Wirkungsevaluation „Keiner fällt durchs Netz". Ein Modellprojekt des NZFH. Köln: NZFH.

Renner, Ilona/Heimeshoff, Viola (2010): Modellprojekte in den Ländern – Zusammenfassende Ergebnisdarstellung. Köln: NZFH.

Ross, Steven (2007): Achievements, Challenges, and Potential Advancements in Reviewing Educational Evidence of Consumers. In: Journal of Education of Students Placed at Risk, 12. University of Louisville. S. 91–100.

Rossi, Peter/Freemann, Howard/Hofmann, Gerhard (1988): Programm-Evaluation. Einführung in Methoden angewandter Sozialforschung. Stuttgart: Enke Verlag.

Schone, Reinhold (2011): Kinderschutz – zwischen Frühen Hilfen und Gefährdungsabwehr. In: Frühe Kindheit. Heft 3/2011. S. 16–19.

Schrödter, Marc/Ziegler, Holger (2007): Was wirkt in der Kinder- und Jugendhilfe? Internationaler Überblick und Entwurf eines Indikatorensystems von Verwirklichungschancen. Wirkungsorientierte Jugendhilfe 2. Münster: ISA.

Shadish, William/Cook, Thomas/Campbell, Donald (2002): Experimental and quasi-experimental designs for generalized causal inference. Boston: Houghton Mifflinn.

Sweet, Monica/Appelbaum, Marc (2004): Is Home Visiting an Effective Strategy? A Meta-Analytic Review of Home Visiting Programs for Families With Young Children. In: Child Development, 75, Nr. 5. S. 1435–1456.

Wagenknecht, Inga/Meier-Gräwe, Uta/Ziegenhain, Ute (2017): Kosten und Nutzen Früher Hilfen. In: Fischer, Jörg/Geene, Raimund (Hrsg.): Netzwerke in Frühen Hilfen und Gesundheitsförderung. Weinheim/Basel: Beltz. S. 136–157.

Ziegler, Holger (2010a): Wirkungsorientierung als Herausforderung der Profession. In: Macsenaere, Michael/Hiller, Stephan/Fischer, Klaus (Hrsg.): Outcome in der Jugendhilfe gemessen. Freiburg im Breisgau: Lambertus-Verlag. S. 193–197.

Ziegler, Holger (2010b): Ist der experimentelle Goldstandard wirklich Gold wert für eine Evidenzbasierung der Praxis Früher Hilfen? In: Bundesgesundheitsblatt – Frühe Hilfen zum gesunden Aufwachsen von Kindern, 10/2010. S. 1061–1066.

Wirkungsforschung in den Hilfen zur Erziehung

Michael Macsenaere

1. Einführung in das Arbeitsfeld „Hilfen zur Erziehung"

Hilfen zur Erziehung (HzE) stellen einen Teilbereich der Kinder- und Jugendhilfe dar. Sie umfassen eine Vielzahl beratender, ambulanter und stationärer Leistungen. Die rechtliche Grundlage für die Hilfen zur Erziehung stellt das Achte Buch des Sozialgesetzbuchs (SGB VIII) dar, das 1991 in Kraft getreten ist. Es ist – in Abgrenzung zu dem bis dahin gültigen und eher kontroll- und eingriffsorientierten Jugendwohlfahrtsgesetz (JWG) – an Angeboten und Leistungen für junge Menschen sowie deren Familie orientiert. Nach § 27 Abs. 1 SGB VIII hat ein Personensorgeberechtigter „bei der Erziehung eines Kindes oder eines Jugendlichen Anspruch auf Hilfe (Hilfe zur Erziehung), wenn eine dem Wohl des Kindes oder des Jugendlichen entsprechende Erziehung nicht gewährleistet ist und die Hilfe für seine Entwicklung geeignet und notwendig ist." Pro Jahr nehmen gut eine Million junger Menschen Hilfe zur Erziehung in Anspruch (vgl. Fendrich/Pothmann/Tabel 2016). Die Hilfen decken eine große Spannbreite ab: Von niedrigschwelliger Erziehungsberatung über ambulante Hilfen und teilstationären Hilfen bis hin zu hochschwelligen stationären Hilfen. Daraus resultieren insgesamt acht, stark differierende Hilfearten (vgl. Hammer/ Hermsen/Macsenaere 2015), die nachfolgend skizziert werden:

Erziehungsberatung nach § 28 SGB VIII: „Erziehungsberatungsstellen und andere Beratungsdienste und Beratungseinrichtungen sollen Kinder, Jugendliche, Eltern und andere Erziehungsberechtigte bei der Klärung und Bewältigung individueller und familienbezogener Probleme und der zugrunde liegenden Faktoren, bei der Lösung von Erziehungsfragen sowie bei Trennung und Scheidung unterstützen. Dabei sollen Fachkräfte verschiedener Fachrichtungen zusammenwirken, die mit unterschiedlichen methodischen Ansätzen vertraut sind." (SGB VIII) Erziehungsberatung ist im HzE-Spektrum die am häufigsten in Anspruch genommene Hilfeart. Dabei stehen oft familiäre Konflikte und/oder kindbezogene Entwicklungsauffälligkeiten im Vordergrund. Ein durchschnittlicher Beratungsfall dauert fünf Monate und setzt sich ca. zehn Kontakten zusammen (vgl. Arnold/Macsenaere/Hiller 2018). Aufgrund des niedrigschwelligen Zugangs und der Gebührenfreiheit kommt Erziehungsberatung auch eine präventive Funktion zu.

Soziale Gruppenarbeit nach § 29 SGB VIII: „Die Teilnahme an sozialer Gruppenarbeit soll älteren Kindern und Jugendlichen bei der Überwindung von Entwicklungsschwierigkeiten und Verhaltensproblemen helfen. Soziale Gruppenarbeit soll auf der Grundlage eines gruppenpädagogischen Konzepts die Entwicklung älterer Kinder und Jugendlicher durch soziales Lernen in der Gruppe fördern." (SGB VIII) Soziale Gruppenarbeit ist eine selten gewählte Hilfeart, die sich bevorzugt an Jugendliche mit Verhaltensauffälligkeiten, schulischen/beruflichen Problemen und/oder Entwicklungsstörungen richtet. Im Rahmen von „Kursgruppen" und „fortlaufenden Gruppen" werden gezielt Gruppenprozesse genutzt.

Erziehungsbeistand, Betreuungshelfer nach § 30 SGB VIII: „Der Erziehungsbeistand und der Betreuungshelfer sollen das Kind oder den Jugendlichen bei der Bewältigung von Entwicklungsproblemen möglichst unter Einbeziehung des sozialen Umfelds unterstützen und unter Erhaltung des Lebensbezugs zur Familie seine Verselbstständigung fördern." (SGB VIII) Erziehungsbeistandschaft ist eine mäßig verbreitete Hilfeart, die vom männlichen Klientel doppelt so häufig in Anspruch genommen wird wie von weiblichen Klient*innen. Sie ist fokussiert auf den jungen Menschen und bietet ihm Beratung und Unterstützung in seiner/ihrer Lebenswelt. Die Hilfedauer beträgt in der Regel zwischen einem und 18 Monaten (vgl. Hammer/Hermsen/Macsenaere 2015).

Sozialpädagogische Familienhilfe (SPFH) nach § 31 SGB VIII: „Sozialpädagogische Familienhilfe soll durch intensive Betreuung und Begleitung Familien in ihren Erziehungsaufgaben, bei der Bewältigung von Alltagsproblemen, der Lösung von Konflikten und Krisen sowie im Kontakt mit Ämtern und Institutionen unterstützen und Hilfe zur Selbsthilfe geben. Sie ist in der Regel auf längere Dauer angelegt und erfordert die Mitarbeit der Familie." (SGB VIII) Jede fünfte Hilfe zur Erziehung ist mittlerweile eine SPFH. Seit Inkrafttreten des SGB VIII weist sie die mit Abstand höchsten Zuwachsraten auf. Sie richtet sich an benachteiligte Familien mit Erziehungs- und Versorgungsproblemen, Suchtproblemen, Krankheit und/oder Behinderung. Dabei werden die Familien, bei einem durchschnittlichen Betreuungsumfang von sechs Stunden pro Woche, zu Hause aufgesucht (vgl. Hammer/Hermsen/Macsenaere 2015).

Erziehung in der Tagesgruppe nach § 32 SGB VIII: „Hilfe zur Erziehung in einer Tagesgruppe soll die Entwicklung des Kindes oder des Jugendlichen durch soziales Lernen in der Gruppe, Begleitung der schulischen Förderung und Elternarbeit unterstützen und dadurch den Verbleib des Kindes oder des Jugendlichen in seiner Familie sichern. Die Hilfe kann auch in geeigneten Formen der Familienpflege geleistet werden." (SGB VIII) Tagesgruppen richten sich bevorzugt an männliche Klientel häufig mit ausgeprägten Konzentrations- und Motivationsproblemen, Lern- und Leistungsproblemen und/oder Entwicklungsverzögerungen im Alter von sechs bis 14 Jahren. Diese mittlerweile nur noch selten genutzte teilstationäre Hilfeart soll die Erziehung in der Familie nicht ersetzten, sondern erhalten und stärken. In einer Tagesgruppe werden üblicherweise sechs bis acht junge Menschen von zwei pädagogischen Fachkräften betreut (vgl. Hammer/Hermsen/Macsenaere 2015).

Vollzeitpflege nach § 33 SGB VIII: „Hilfe zur Erziehung in Vollzeitpflege soll entsprechend dem Alter und Entwicklungsstand des Kindes oder des Jugendlichen und seinen persönlichen Bindungen sowie den Möglichkeiten der Verbesserung der Erziehungsbedingungen in der Herkunftsfamilie Kindern und Jugendlichen in einer anderen Familie eine zeitlich befristete Erziehungshilfe oder eine auf Dauer angelegte Lebensform bieten. Für besonders entwicklungsbeeinträchtigte Kinder und Jugendliche sind geeignete Formen der Familienpflege zu schaffen und auszubauen." (SGB VIII) Vollzeitpflege wird von gut 80.000 jungen Menschen in Anspruch genommen. (vgl. Fendrich/Pothmann/Tabel 2016). Der Anteil junger Kinder ist gegenüber anderen stationären Hilfearten sehr hoch. Sie weisen oft Entwicklungsbeeinträchtigungen und internalisierende Auffälligkeiten, wie z. B. soziale Unsicherheit, auf. Nicht selten stellt auch Kinderwohlgefährdung den zentralen Aufnahmeanlass dar.

Heimerziehung und sonstige Wohnformen nach § 34 SGB VIII: „Hilfe zur Erziehung in einer Einrichtung über Tag und Nacht (Heimerziehung) oder in einer sonstigen betreuten Wohnform soll Kinder und Jugendliche durch eine Verbindung von Alltagserleben mit pädagogischen und therapeutischen Angeboten in ihrer Entwicklung fördern. Sie soll entsprechend dem Alter und Entwicklungsstand des Kindes oder des Jugendlichen sowie den Möglichkeiten der Verbesserung der Erziehungsbedingungen in der Herkunftsfamilie

1. eine Rückkehr in die Familie zu erreichen versuchen oder
2. die Erziehung in einer anderen Familie vorbereiten oder
3. eine auf längere Zeit angelegte Lebensform bieten und auf ein selbstständiges Leben vorbereiten.

Jugendliche sollen in Fragen der Ausbildung und Beschäftigung sowie der allgemeinen Lebensführung beraten und unterstützt werden." (SGB VIII) Heimerziehung als mäßig oft genutzte stationäre Hilfeart zielt auf junge Menschen ab, die nicht mehr in ihrer Herkunftsfamilie leben können, wollen oder dürfen. Gründe hierfür können die Einschränkung der Erziehungskompetenz, Kindeswohlgefährdung, mangelnde Versorgung und Förderung des jungen Menschen und (häufig externalisierende) Auffälligkeiten in seinem Sozialverhalten sein.

Intensive sozialpädagogische Einzelbetreuung nach § 35 SGB VIII: „Intensive sozialpädagogische Einzelbetreuung soll Jugendlichen gewährt werden, die einer intensiven Unterstützung zur sozialen Integration und zu einer eigenverantwortlichen Lebensführung bedürfen. Die Hilfe ist in der Regel auf längere

Zeit angelegt und soll den individuellen Bedürfnissen des Jugendlichen Rechnung tragen." (SGB VIII) Die sehr selten genutzte Hilfeart richtet sich an Jugendliche und junge Erwachsene mit ausgeprägten Problemlagen (insbesondere dissozialem Verhalten) und zumeist langer Jugendhilfe-Vorerfahrung. Die Durchführung ist im Inland als auch im Ausland möglich und erfolgt in einem Eins-zu-eins-Setting zumeist außerhalb einer Einrichtung

2. Historie der Wirkungsforschung in den Hilfen zur Erziehung

Mit über 100 Wirkungsstudien sind Hilfen zur Erziehung im Vergleich zu anderen Bereichen der Kinder- und Jugendhilfe und der Sozialwirtschaft gut beforscht (vgl. Macsenaere/Esser 2015). Dabei fällt allerdings auf, dass die Studien sich sehr ungleich auf die oben beschriebenen Hilfearten verteilen. Die mit Abstand am häufigsten beforschte Hilfeart ist die Heimerziehung (vgl. Knab 1999; Lambers 1996; Ziegler 2016). Zur sozialen Gruppenarbeit, Erziehungsbeistandschaft (vgl. Macsenaere 2015) und Vollzeitpflege (vgl. Ziegler/Macsenaere 2017) liegen hingegen nahezu keine Wirkungsstudien vor.

Trotz der zumindest ordentlichen Forschungslage im Bereich der Heimerziehung zeigt der Vergleich zu anderen Humanwissenschaften, wie z. B. Medizin und Psychologie, noch einiges an Entwicklungspotential für die Jugendhilfeforschung auf. Dies betrifft sowohl die zurzeit meist eher undifferenzierten Fragestellungen wie auch das nicht hinreichend genutzte Methodenrepertoire der empirischen Sozialforschung.

Zunächst aber ein Blick zurück über die letzten fünf Jahrzehnte der Jugendhilfeforschung: Es offenbart, dass nicht nur der sog. Zeitgeist, sondern auch das wissenschaftliche Vorgehen Moden unterliegt. Bis in die 70er-Jahre des vergangenen Jahrhunderts war Forschung in den Erziehungshilfen kaum existent. Verstreut über mehrere Jahrzehnte liegen lediglich einzelne Untersuchungen vor, so z. B. eine historische Arbeit von Scherpner (1966). Im Laufe der 70er-Jahre änderte sich dies insbesondere mit Arbeiten zum „labelling approach" (z. B. Herriger 1979; Keckeisen 1974; Schumann 1975) und zu Organisationsformen von Heimerziehung (z. B. Fühne et al. 1979; Piorkowski-Wühr 1978).

Bis zu Beginn der 80er-Jahre herrschte noch ein Mangel an empirischen Arbeiten – in der Folge nimmt deren Anteil aber sukzessiv zu. Ab Mitte der 80er-Jahre wurden Studien zur Elternarbeit (vgl. Conen 1990) und zur Verortung von Heimerziehung im Sozial- und Gesundheitswesen (vgl. Elger/Jordan/Münder 1987; Gintzel/Schone 1989) durchgeführt. Auch liegen Arbeiten zu verschiedenen Angebotsstrukturen von Heimerziehung vor. Birtsch, Eberstaller und Halbleib (1980) untersuchten beispielsweise Außenwohngruppen, die Forschungsgruppe Klein-Zimmern (1992) Familienwohngruppen, Spindler (1991) geschlossene Unterbringung und Niederberger/Bühler-Niederberger

(1988) untersuchten verschiedene Formen der Fremdplatzierung. Brombach und Schäuble (1984) nahmen ältere Pädagogen im Heim in den Blick, Schoch (1989) befasste sich mit der Personalfluktuation und Mitransky (1990) mit der Belastung von Erziehern im Heimalltag. Einen differenzierten Einblick in die Leistungsfelder und Organisationsstrukturen von stationärer Erziehungshilfe ermöglicht die Arbeit der Planungsgruppe Petra (1987). Einige Studien richteten ihren Blick auf die Klientel und ihre z. T. ambivalenten Erfahrungen innerhalb der Heimerziehung: Freigang (1986) befasste sich mit dem Problem des Abschiebens und Verlegens, Landenberger und Trost (1988) mit den Ausdrucks- und Bewältigungsformen von Kindern in der Heimgruppe und Lambers (1996) mit Heimerziehung als kritischem Lebensereignis. Auch erste Ansätze einer Wirkungsforschung werden ab Mitte der 80er-Jahre sichtbar (vgl. Heim Mariahof Hüfingen 1986).

Die Forschung der 90er-Jahre war durch zwei methodologische Besonderheiten geprägt: Einerseits nahm der Anteil empirischer Arbeiten mit quantitativer Ausrichtung zu – in wenigen Fällen sogar gekoppelt mit anspruchsvolleren, quasiexperimentellen Untersuchungsdesigns wie z. B. die Jugendhilfe-Effekte-Studie (JES) (vgl. Schmidt et al. 2002). Andererseits widmeten sich die Forscher verstärkt der Frage, welche Wirkungen Heimerziehung aufweist. Bürger (1990) analysierte mit einem Prä-Post-Design das Legalverhalten und die schulische bzw. berufliche Qualifikation von Heimklientel. Hebborn-Brass (1991) untersuchte ebenfalls auf Basis eines Prä-Post-Designs die durch Heimerziehung erreichten Veränderungen und die hierfür verantwortlichen Bedingungen. Das Forschungsprojekt Leistungen und Grenzen der Heimerziehung (JuLe) war die erste Wirkungsstudie, die überregional drei Hilfearten (§§ 32, 34 und 41 SGB VIII) evaluierte (BMFSFJ 1998). Die darauffolgende – bereits erwähnte – multizentrische JES war die bisher aufwendigste Wirkungsstudie (vgl. Schmidt et al. 2002). In einem ersten Schritt wurden Instrumente zur Messung von Struktur-, Prozess- und v.a. Ergebnisqualität entwickelt und – ein Novum in der Jugendhilfeforschung – auch testtheoretisch überprüft. Diese Instrumente wurden daraufhin in einem quasiexperimentellen Untersuchungsdesign eingesetzt, um fünf Hilfearten (§§ 28, 30, 31, 32 und 34 SGB VIII) in fünf Bundesländern vergleichend zu untersuchen. Auf der Basis der JES-Instrumente konnten bis heute eine Reihe von Studien (s. u.) durchgeführt werden.

Die ersten Wirkungsstudien befassten sich eher mit globalen Fragestellungen, so z. B. ob und ggf. in welchem Ausmaß Jugendhilfe erfolgreich ist. Nachdem die o. g. Studien belegen konnten, dass ein Großteil der Hilfen zur Erziehung positive Effekte aufweist und die Erfolgsquote in der Regel zwischen 60 % und 75 % liegt, verlor die Frage, ob bzw. in welchem Umfang in der Jugendhilfe insgesamt Effekte erreicht werden, zunehmend an Bedeutung. Stattdessen befasste sich die (Wirkungs-)Forschung in den Nullerjahren mit folgenden Themenschwerpunkten und methodischen Zugängen:

- Spezialangebote: Therapeutische Übergangshilfe (s. Caritas Rheine 2000), Kick-Off-Gruppen (s. Scholten et al. 2005; Scholten et al. 2010), Kinderdorf-Effekte-Studie (s. Klein/Erlacher/Macsenaere 2003), Geschlossene Unterbringung (s. Stadler 2009), Traumapädagogik (s. Schmid et al. 2007), Psychomotorik (s. Klein/Knab/Fischer 2005; Macsenaere 2006), Individualpädagogik (s. Klein/Arnold/Macsenaere 2011)
- Indikation: EST! (s. Macsenaere/Paries/Arnold 2009), WOS (s. Macsenaere/Paries 2006)
- Strukturelle Rahmenbedingungen: INTEGRA (s. IGFH 2003), SEH (s. Kurz-Adam/Sumser/Frick 2008), Casemanagement (CM4JU) (s. Löcherbach et al. 2008)
- Ökonomie und Kosten-Nutzen-Analysen: Kosten-Nutzen-Analyse von Heimerziehung (Roos 2005), Bundesmodellprogramm Wirkungsorientierte Jugendhilfe (s. ISA 2008), Kosteneffektivität sozialräumlicher Erziehungshilfen (SEH) (s. Kurz-Adam/Sumser/Frick 2008)
- Regionalvergleiche: Bundesmodellprogramm Wirkungsorientierte Jugendhilfe (s. ISA 2008), EVAS auf der Basis einer Stichprobengröße n > 25.000 (s. IKJ 2008)
- Kontrollgruppenstudien: EST! (s. Macsenaere/Paries/Arnold 2009), CM4JU (s. Löcherbach et al. 2008)
- Katamnesen: Erfolg und Misserfolg in der Heimerziehung (s. LWV Baden 2000; Stohler 2005)
- Qualitätsentwicklung auf der Grundlage systematischer empirischer Daten: EVAS (s. IKJ 2008), EFFIZIENZ (s. IKJ 2008), WOS (s. Macsenaere/Paries 2006), WIMES (s. Tornow 2007), moses (s. Schneider 2005), Überblick (s. Frey 2008), EQUALS (s. Schmid 2016)
- Wirkfaktoren: Schrödter und Ziegler (2007), Wolf (2007), EVAS (s. Macsenaere/Herrmann 2004), Würzburger Evaluationsstudie (s. ÜBBZ/IKJ 2000), Überblick (s. Ochs 2008)

In den 2010er Jahren wurden diese Themen empirisch weiter beforscht. Eine besondere Bedeutung erlangte dabei zunehmend die Frage nach den Wirkfaktoren (s. Kap. 4). Abschließend der Versuch, die zurückliegenden Jahrzehnte der Wirkungsforschung in den HzE kursorisch zu gliedern (s. Abb. 1):

In den Anfängen der Wirkungsforschung stand die Frage „Welche Wirkungen erreichen wir?" im Vordergrund. Hierzu war es notwendig, reliable und valide Instrumente zur Wirkungsmessung zu entwerfen und in der Praxis einzusetzen (Ergebnisse hierzu s. Kap. 3). Wirkungsorientierung wurde nicht selten gleichgesetzt mit Wirkungsmessung – oft verbunden mit verkürzten und untauglichen Steuerungsphantasien.

Nach dem in den Nullerjahren Erfolgsquoten und Effektstärken der Hilfen zur Erziehung in Grundzügen bestimmt waren, wurde zunehmend die Frage

„Was wirkt?" als forschungs- wie auch praxisrelevant angesehen (Ergebnisse hierzu s. Kap. 4).

Nachdem mittlerweile eine Vielzahl von Wirkfaktoren empirisch bestätigt worden sind, beginnt aktuell die Frage „Wie wird Praxis auf der Basis der Wirkfaktoren optimiert?" virulent zu werden. Kontrollierte Studien zum Praxistransfer der Wirkfaktoren fehlen bislang aber noch -- von wenigen Ausnahmen abgesehen (z. B. Macsenaere/Paries/Arnold 2009).

Abb. 1: Fragestellungen und Trends in der HzE-Wirkungsforschung

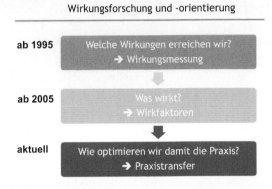

Wirkungsforschung und -orientierung

ab 1995 — Welche Wirkungen erreichen wir? → Wirkungsmessung

ab 2005 — Was wirkt? → Wirkfaktoren

aktuell — Wie optimieren wir damit die Praxis? → Praxistransfer

3. Welche Wirkungen werden in den Hilfen zur Erziehung erreicht?

Um den „Erfolg" bzw. „Misserfolg" von Hilfen zur Erziehung zu bewerten, bieten sich verschiedene Kriterien an. Werden ökonomische Aspekte ausgeklammert, ist die Effektivität – also das Ausmaß und die Qualität der erreichten Veränderungen – ein geeignetes Maß. Wird die Effektivität in Bezug zu den eingesetzten Kosten gesetzt, spricht man hingegen von Effizienz bzw. Wirtschaftlichkeit.

Zuerst zur Effektivität von Hilfen zur Erziehung: Sie lässt sich einerseits über die Erfolgsquote (Wie viele Hilfen (in Prozent) schneiden erfolgreich ab?) und andererseits über die Effektstärke (Welches Ausmaß erreichen die Veränderungen?) operationalisieren.

Zur Erfolgsquote: Schon die ersten großen Wirkungsstudien (JuLe und JES) ergaben eine Erfolgsquote von ca. 70 % (vgl. BMFSFJ 1998; Schmidt et al. 2002). Auch die meisten der späteren Studien lagen auf diesem Niveau – und das trotz eines teils unterschiedlichen Verständnisses von Erfolg und unterschiedlicher Untersuchungsdesigns. Je nach Studie und untersuchter Hilfeart können die Werte zwar differieren, in aller Regel liegen die dokumentierten Erfolgsquoten aber trotzdem in einem Bereich von 55 % bis hin zu 85 %. Da viele dieser Studien mit kleinen und z. T. selektiven Stichproben arbeiteten, dürfte die Erfolgsquote der Grundgesamtheit allerdings etwas geringer ausfallen. Dies bestätigt ein Blick auf insgesamt 13.864 beendete Hilfen zur Erziehung, deren gesamter Verlauf mit dem Evaluationssystem „EVAS" evaluiert wurde. Trotz z. T. äußerst ungünstiger Ausgangssituationen konnten zwar bei 61,3 % der untersuchten Hilfen positive Entwicklungen nachgewiesen werden, aber die 70 % Marke wurde hier unterschritten.

Zur Effektstärke: Ein differenzierter Blick auf den beschriebenen EVAS-Datensatz zeigt bei 33 % große Effektstärken (Cohens d) und damit im Verlauf der Hilfen das Erreichen von erheblichen Verbesserungen (vgl. Macsenaere 2013). Allerdings sind bei 16 % der Hilfeverläufe auch ausgeprägte negative Entwicklungen belegt, sodass die Effektivität eine ausgeprägte Variabilität aufweist (s. Abb. 2).

Abb. 2: Effektstärkenverteilung in Prozent in den Hilfen zur Erziehung; EVAS; n = 13.864 abgeschlossene Hilfen

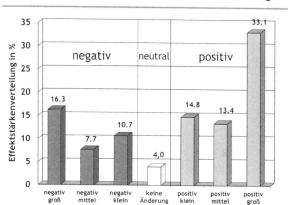

Von der Frage der Effektivität hin zur Effizienz: Zu ihrer Bestimmung werden sog. Kosten-Nutzen-Analysen durchgeführt. Dazu werden die Effekte der Hilfen mit ökonomischen Daten verknüpft und die volkswirtschaftlichen Auswirkungen von Erziehungshilfen etwa auf der Grundlage des Humankapitalansatzes und den Erkenntnissen der Entwicklungspsychopathologie bestimmt (vgl. Roos 2005). Für Heimerziehung wird eine Kosten-Nutzen-Relation von 1:3 erreicht. Das bedeutet, dass ein Euro, der heute für Heimerziehung an Ausgaben anfällt, langfristig für die Gesellschaft zu drei Euro Nutzeneffekten führt, die in den Bereichen Erwerbstätigkeit und Arbeitslosigkeit, gesundheitsbezogenes Verhalten und Delinquenz erreicht werden. Dieses Ergebnis wurde mittlerweile auch im Rahmen der „EFFIZIENZ"-Studie mehrfach repliziert, mit der stationäre Einrichtungen seit zehn Jahren ihre Kosten-Nutzen-Relation evaluieren. Heimerziehung erweist sich demnach als volkswirtschaftlich sinnvolle

Investition. Die EFFIZIENZ-Studie zeigt auch, dass gerade die längeren wie auch die teureren Hilfen trotz ihrer vergleichsweise hohen Kosten nicht nur eine höhere Effektivität, sondern auch eine höhere volkswirtschaftliche Effizienz aufweisen. Auch für andere Hilfen zur Erziehung liegen erste Kosten-Nutzen-Analysen vor: So konnte für individualpädagogische Hilfen im In- und Ausland nach § 35 SGB VIII eine Kosten-Nutzen-Relation von 1:6 nachgewiesen werden (vgl. Klein et al. 2011).

4. Welche Wirkfaktoren in den Hilfen zur Erziehung sind empirisch bestätigt?

In höchstem Maße praxisrelevant ist die Frage „Was wirkt?". Wenn es durch Wirkungsforschung gelingt, wirkmächtige Faktoren empirisch nachzuweisen, so kann oder besser so sollte dies von der Praxis aufgegriffen und Qualitätsentwicklungsprozessen zugeführt werden. Mittlerweile liegt eine Vielzahl von Studien zu empirisch belegten Wirkfaktoren vor. Nachfolgend werden daraus die zentralen Wirkfaktoren dargestellt. Sie verteilen sich auf insgesamt fünf Bereiche: Sie betreffen Ausgangslagen, Hilfegewährung, strukturale, prozessuale und im engen Sinne pädagogische Aspekte (s. Abb. 3).

Abb. 3: Wirkfaktoren in den Hilfen zur Erziehung, differenziert nach Bereichen

Wirkfaktoren betreffen 5 Bereiche

Ausgangslagen	Alter, Sorgerecht, Aufenthalt vor der Hilfe, Straffälligkeit, Drogenkonsum
Hilfegewährung	Sozialpäd. Diagnostik Indikation
Strukturale Wirkfaktoren	Mitarbeiterqualifikation Klinische Orientierung
Prozessuale Wirkfaktoren	Hilfedauer Wirkungsor. Hilfeplanung
Pädagogische Wirkfaktoren	Partizipation Beziehungsqualität Kooperation

Folgende Aspekte der *Ausgangslagen* erwiesen sich als wirkmächtig:

- Bereits in Anspruch genommene Erziehungshilfen reduzieren die Erfolgs-wahrscheinlichkeit. Dies gilt insbesondere für hochschwellige Hilfen im Vorfeld, wie z. B. Psychiatrie und Heimerziehung (vgl. IKJ 2015).
- Das Alter der jungen Mensch ist als Risikofaktor belegt: Je älter der Hilfe-adressat zu Beginn der Hilfe ist, desto wahrscheinlicher ist ein Misserfolg. In der Altersgruppe der 14–17-Jährigen ist beispielsweise die Abbruchquote ca. doppelt so hoch wie bei Sechs-Jährigen (vgl. Macsenaere/Esser 2015).
- Entscheidend für den Hilfeerfolg ist die Kooperationsbereitschaft der Hilfe-adressaten und inwieweit es Einrichtung und ASD gelingt, diese zu fördern und die Hilfeadressaten zur aktiven Kooperation zu befähigen.
- Als weitere Risikofaktoren gelten Straffälligkeiten (vgl. IKJ 2015), Drogen-konsum (vgl. IKJ 2015), Sorgerecht bei alleinerziehendem Elternteil (vgl. IKJ 2015) und Transferleistungsbezug (vgl. Arnold/Macsenaere/Hiller 2018).
- Keinen Einfluss auf die erreichten Effekte übt das *Geschlecht* aus. Obwohl sich die Ausgangslagen von Mädchen und Jungen in der Erziehungshilfe merklich unterscheiden. Jungen weisen eher externalisierende Auffälligkei-ten wie Aggressivität und Dissozialität auf, Mädchen dagegen eher internali-sierende Auffälligkeiten wie soziale Unsicherheit.

Hinsichtlich der *Hilfegewährung* kommen zwei Faktoren eine besondere Be-deutung zu: Einer fundierten sozialpädagogischen Ausgangsdiagnostik und der Indikationsgüte:

In einer Kontrollgruppenstudie mit einer Laufzeit von fünf Jahren haben sich „Sozialpädagogische Diagnose-Tabellen" des Bayerischen Landesjugend-amtes, die zur Feststellung des erzieherischen Bedarfs dienen, dem bislang übli-chen Vorgehen als überlegen erwiesen (vgl. Macsenaere/Paries/Arnold 2009). Hiermit wird eine systematische Erfassung von Merkmalen des Erlebens und Handelns des betreffenden jungen Menschen und der Erziehungs- sowie Ent-wicklungsbedingungen in der Familie ermöglicht. Dabei zeigten sich folgende Effekte: Die Diagnostik stellt eine Strukturierungshilfe dar und führt zu einer einheitlicheren Terminologie. Dies begünstigt auch beispielsweise im Rechts-streit, die Fachlichkeit von Entscheidungen zu untermauern. Die Zuweisungs-qualität wurde merklich erhöht, was zu einer verringerten Abbruchquote und insgesamt effektivere Hilfen führte. In der Folge waren damit Anschlusshilfen seltener nötig. Dies lässt langfristig eine bessere volkswirtschaftliche Kosten-Nutzen-Relation erwarten. Eine Reihe weiterer Studien belegen die zentrale Bedeutung von Diagnostik für gelingende Hilfeverläufe (z. B. AK TWG 2009; Gahleitner 2017a; Heiner 2010; Macsenaere et al. 2017; EREV 2012; EREV 2014).

Die Indikation betrifft die Frage, welche Hilfe die richtige ist. In anderen Bereichen der Humanwissenschaften steht diese Frage nach der Eignung bzw. Indikation im Zentrum des wissenschaftlichen und fachlichen Diskurses. Dies gilt bislang (leider) nicht für den Bereich der Hilfen zur Erziehung. Dass hier trotzdem schon Vieles gelingt aber auch noch merklich „Luft nach oben" vorhanden ist, zeigt das nachfolgend beschriebene Vorgehen, das den EVAS-Datenbestand nutzt: Er setzt sich aus ca. 50.000 evaluierten Hilfen zur Erziehung zusammen. Mit diesem Datenpool ist es mit multiplen Regressionsanalysen möglich, für jede Ausgangslage die zu erwartende Effektstärke getrennt für unterschiedliche Hilfearten (z. B. Erziehungsbeistand, SPFH, Tagesgruppe) zu prognostizieren (vgl. Arnold 2014). Auf diese Weise wurden 17.619 abgeschlossene Hilfen analysiert. Die Ergebnisse zeigen, dass es dem ASD zwar in 61 % der Fälle gelingt, die am besten geeignete Hilfe zu erkennen und zu wählen, also die Hilfe, für die die stärksten Effekte zu erwarten sind. Andererseits werden in 27 % der Fälle nicht geeignete Hilfen gewählt, bei denen in der Folge negative Verläufe hochwahrscheinlich sind. Drei Ursachen standen bei den Kontraindikationen im Vordergrund: Erstens die mangelnde Verfügbarkeit geeigneter Hilfen, d. h. eine geeignete Hilfe wurde zwar erkannt, war aber zu diesem Zeitpunkt nicht verfügbar. Grundsätzlich deckt das bestehende HzE-Spektrum aber hervorragend die gesamte Bandbreite an Hilfebedarfen ab. Nur in 0,5 % der Fälle erweist sich keine Hilfeart als geeignet (vgl. Macsenaere et al. 2009). Zweitens erhebliche Arbeitsbelastung und Fluktuation im ASD und drittens Entscheidungen, die primär an den Kosten und nicht an der Eignung der Hilfen orientiert waren.

Im Rahmen der Leistungserbringung zeigten sich auch diverse *strukturale Wirkfaktoren* als bedeutsam. So z. B.

- Mitbestimmung der Fachkräfte in ihren Organisationen (s. Universität Bielefeld 2009, S. 55 f.),
- Fortbildung (s. Arnold/Macsenaere/Hiller 2018),
- Breite des Methodenspektrums (s. Arnold 2002),
- Personelle Konstanz und Qualitätsentwicklung (s. Arnold 2002),
- Trägerübergreifender Austausch/Wirkungsdialog (s. Universität Bielefeld 2009, S. 56),
- Qualität des Teamklimas (s. Rudeck/Sierwald/Strobel-Dümer 2015; Sierwald/Strobel-Dümer 2017),
- Zusammenarbeit mit dem Herkunftssystem (s. Koch/Lambach 2007),
- Nicht-materielle Anreizstrukturen (s. Universität Bielefeld 2009, S. 57),
- Verbindliche Festlegung von Aufgaben, Terminen und Fristen (Verfahrensabläufen) (s. Universität Bielefeld 2009),
- und ein qualifiziertes Case Management (s. Arnold et al. 2011).

Schon die Jugendhilfe-Effekte-Studie zeigte, dass den Qualitätsaspekten, die auf der Einzelfallebene ablaufen (Prozessqualität), eine größere Bedeutsamkeit für gelingende Hilfeverläufe zukommt, als rein strukturalen, einzelfallübergreifenden Faktoren. So liegt dann auch eine Vielzahl von empirischen Befunden für wirkmächtige *prozessuale Faktoren* vor:

- Passung, d. h. Personen im Helfersystem werden von den Kindern und Jugendlichen und den Erwachsenen der zu betreuenden Familie angenommen und akzeptiert,
- Biographiearbeit (s. Kreher 2002),
- Elternarbeit EVAS (s. Arnold/Macsenaere 2015; Arnold 2002; Baur et al. 1998; Conen 1990; Lambers 1996; Finkel 2004),
- Ressourcenorientierte Angebote (s. Macsenaere/Esser 2015),
- ressourcenorientierte Hilfeplanung (s. Gahleitner/Pauls 2013; Gahleitner/ Hahn/Glemser 2013; IKJ 2015; Macsenaere/Esser 2015).

In vielen Studien hat sich die Hilfedauer von zentraler Bedeutung für die Effektivität erwiesen: Zwischen beiden Größen besteht ein fast linearer Zusammenhang. So weisen die im ersten Jahr beendeten Hilfen im Durchschnitt keine merklichen Effekte auf, was u. a. durch die hohe Zahl der Abbrüche in diesem Zeitraum bedingt ist. Das Effektivitätsmaximum wird in der Regel erst nach drei bis vier Jahren erreicht. Dabei fallen eine Reihe von Unterschieden zwischen den Hilfearten auf (s. Tracking Footprints (unveröffentlicht); AK TWG 2009; Gahleitner et al. 2015; Gahleitner et al. 2016; Schmidt et al. 2002; Baur et al. 1998; Arnold/Macsenaere/Hiller 2018; Macsenaere et al. 2017; Klein/ Macsenaere/Arnold 2011; Klein 2017; Klein/Erlacher/Macsenaere 2003):

- (Teil-)Stationäre Hilfen zur Erziehung erreichen nach eineinhalb bis zwei Jahren ein hohes Effektivitätsniveau. Die höchsten Effektstärken werden nach 31 bis 36 Monaten erreicht (Tagesgruppen und Mutter-Kind-Einrichtungen). In der Heimerziehung gelingt dies erst nach über 36 Monaten. Die durchschnittliche Dauer dieser Hilfearten liegt erheblich darunter. Das Potenzial dieser Hilfearten scheint also in vielen Fällen nicht ausgeschöpft zu werden.
- SPFH erreicht nach 25 bis 30 Monaten das Maximalniveau – und damit erst gut ein Jahr später, als eine SPFH im Durchschnitt dauert (s. AKJStat 2014).
- Flexible Hilfen erzielen bereits nach ein bis eineinhalb Jahren ausgeprägte Effekte und nach eineinhalb bis zwei Jahren das höchste Effektniveau, das im dritten Jahr gehalten werden kann.
- Erziehungsbeistandschaften weisen schon nach sieben bis zwölf Monaten ausgeprägte Effektstärken auf und erreichen schon nach eineinhalb bis zwei Jahren das maximale Effektniveau.

- Bei der ISE (§ 35 SGB VIII) werden ebenfalls nach sieben bis zwölf Monaten hohe Effektstärken erreicht, die bis in das dritten Jahr der Hilfe noch gesteigert werden können.

Abschließend seien drei prozessuale Wirkfaktoren herausgegriffen, da sie einen Großteil der Varianz hinsichtlich der Effektivität aufklären: Partizipation, Beziehungsqualität und Kooperation. Sie betreffen originär pädagogische Aspekte und werden daher pädagogische Wirkfaktoren genannt:

- Beteiligung und Partizipation (s. Sierwald/Wolff 2008; Richardt 2017; Wolff/ van Calker 2017; Universität Bielefeld 2009, S. 57; EREV 2012; EVAS Macsenaere/Esser 2015; Macsenaere 2016; Esser 2010; Rücker/Büttner 2017; Modellprogramm 2003/2005): Nach Esser (2010) hat Partizipation zumindest in der Heimerziehung über die zurückliegenden Jahrzehnte merklich zugenommen. Dies ist erfreulich, da eine aktive Beteiligung der jungen Menschen und ihrer Familien nachweislich zu höheren Effekten führt: Bei ausgeprägter Partizipation werden weit überdurchschnittliche Effektstärken erreicht, während bei geringer Partizipation im Durchschnitt nahezu keine positiven Veränderungen vorliegen (vgl. IKJ 2015).
- Beziehungsqualität (s. Gahleitner 2017b; AK TWG 2009; Gahleitner et al. 2015; Gahleitner et al. 2016; Kühn 2009, S. 31; Herrmann/Macsenaere/ Wennmann 2017; Macsenaere/Esser 2015; Macsenaere et al. 2017): Eine hohe Beziehungsqualität, die durch Verlässlichkeit, Vertrauen und eine klare Orientierung gekennzeichnet ist, stellt einen bedeutenden Wirkfaktor dar. Wenn diese Beziehungsqualität gegeben ist, wird eine weit überdurchschnittliche Effektivität erreicht (vgl. IKJ 2015). Sie zeigt sich in ausgeprägten Veränderungen, die den Aufbau von Ressourcen, den Abbau von Defiziten und deutlich verbesserte Schulleistungen betreffen. Wenn diese Beziehungsqualität hingegen nicht gegeben ist (was durchaus nicht selten vorkommt), so werden über den Verlauf der Hilfe im Durchschnitt keine oder sogar negative (!) Effekte erreicht.
- Kooperation: Schon in der Jugendhilfe-Effekte-Studie wurde als einflussreichster Wirkfaktor die sog. Kooperation von jungem Mensch und Eltern identifiziert (s. Schmidt et al. 2002; Macsenaere/Esser 2015; Arnold/Macsenaere/Hiller 2018; Esser 2010). Um die Hilfeadressaten zur aktiven Kooperation zu befähigen, sollte pädagogisch an den Ressourcen der Beteiligten angesetzt werden (s. Ressourcenorientierung), ohne allerdings die Defizite aus dem Blick zu verlieren. Eine hohe Kooperation setzt natürlich auch eine hinreichende Beteiligung „auf Augenhöhe" voraus: Ohne Partizipation keine Kooperation.

5. Welche Untersuchungsdesigns kommen zum Einsatz?

Bei der Analyse der Studien, die Aussagen zu den Wirkungen erzieherischer Hilfen treffen, werden völlig unterschiedliche Untersuchungsansätze sichtbar: Von qualitativen (Einzel)Fallstudien über Kohortenstudien bis hin zu Experimentalstudien. Nach McNeece und Thyer (2004) unterscheiden sich diese Ansätze allerdings in der Zuverlässigkeit ihrer Wirkungsaussagen. Sie schlagen folgende Hierarchie zur Zuverlässigkeit von Wirkungsstudien (s. Schrödter/ Ziegler 2007) vor:

1. Systematische Metaanalysen von randomisierten Kontrollstudien
2. Randomisierte Kontrollstudien (Experimentalstudien)
3. Quasi-Experimentalstudien
4. Fall-Kontroll- und Kohortenstudien
5. Pre-Experimentale Gruppenstudien
6. Befragungen
7. Qualitative Studien

In Anbetracht der hier postulierten Bedeutung von Kontrollstudien erstaunt es, dass in der empirischen Kinder- und Jugendhilfeforschung kaum (quasi-)experimentelle Kontrollstudien vorliegen. In der Regel wird auf die ethische Problematik, die durch die Praxis vorgegebenen Rahmenbedingungen und/oder auf den hohen methodischen sowie finanziellen Aufwand verwiesen. Gewählt wird stattdessen häufig ein Ein-Gruppen-Plan („One Shot Case Study"): Die zu untersuchende Maßnahme wird eingeführt und die darauffolgenden Veränderungen werden dokumentiert. Diese Vorgehensweise führt allerdings zu nicht eindeutigen Befunden, da nicht gewährleistet ist, dass die dokumentierten Ergebnisse auch tatsächlich auf die Maßnahme zurückzuführen sind. Eine Kontrollgruppenstudie kann dagegen präzisere Aussagen treffen, indem (im einfachsten Fall) zwei Gruppen miteinander verglichen werden: Eine „Experimentalgruppe" mit der zu evaluierenden Maßnahme und eine „Kontrollgruppe" ohne diese Maßnahme. Damit ist es möglich, verzerrende Einflüsse zu erkennen und ggf. zu eliminieren.

Interessant ist auch die Frage, ob experimentelle oder quasiexperimentelle Designs für die Jugendhilfeforschung besser geeignet sind: Während eine experimentelle Untersuchung zufällig zusammengestellte (randomisierte) Gruppen miteinander vergleicht, sind es bei dem praxisnäheren quasiexperimentellen Ansatz natürliche Gruppen. Im Sinne einer höheren Güte der Untersuchungsbefunde ist bei der Auswahl der Untersuchungsmethoden zu berücksichtigen, dass die Ergebnisse möglichst eindeutig interpretierbar (interne Validität) sowie auch über die untersuchte Stichprobe hinaus generalisierbar sein sollten (externe Validität). Während experimentelle Designs die interne Validität begünstigen, haben quasiexperimentelle Untersuchungen eine höhere externe Validität. Da in der Regel eine höhere interne Validität aufgrund der künstlicheren Untersuchungsanlage zu einer geringeren externen Validität führt, kann für die Jugendhilfe-Wirkungsforschung durchaus auch ein quasiexperimentelles Design Sinn machen, wenn die Vergleichbarkeit der beiden Gruppen hinsichtlich konfundierender Variablen kontrolliert wird (ggf. durch mehrfaktoriellen Untersuchungsplan, Parallelisierung der Stichproben nach Mittelwert und Streuung, paarweise Zuordnung, rechnerische Kontrolle durch Kovarianzanalysen, etc.).

6. Wie sieht eine zukünftige Wirkungsforschung in dem Arbeitsfeld aus?

Es liegt eine Vielzahl an Forschungsarbeiten in den Erziehungshilfen und insbesondere in der Heimerziehung vor. Damit ist dieser Bereich im Vergleich zu Nachbarbereichen (z. B. Behindertenhilfe) mittlerweile gut erforscht. Ein Vergleich zu anderen Humanwissenschaften, wie z. B. Medizin und Psychologie, zeigt allerdings auch einiges an Entwicklungspotential für die Jugendhilfeforschung auf: Dies betrifft sowohl die nicht selten eher undifferenzierten Fragestellungen wie auch das nicht hinreichend genutzte Methodenrepertoire der empirischen Sozialforschung. Hier sollten zukünftig stärker kontrollierte Studien und auch auf dieser Basis durchgeführte Metaanalysen zum Einsatz kommen. Hinsichtlich der Auswertungsmethoden sollten die bislang dominierenden uni- und bivariaten Ansätze durch multivariate ergänzt werden. Sie sind erheblich besser geeignet, um sich dem komplexen Wirkungsgefüge anzunähern und deren zentrale Größen abzubilden.

Auch der Dialog zwischen Wissenschaft und Praxis ist noch zu optimieren: Viele der mittlerweile vorliegenden wissenschaftlichen Befunde haben noch keinen Eingang in den Erziehungshilfealltag gefunden. Nur die Existenz einer Wirkungsforschung führt offensichtlich noch nicht zu einer Ablösung von immanenten Überzeugungen durch empirisch gesicherte Ergebnisse. Hier muss wohl noch einiges hinsichtlich der vielzitierten „Arroganz der Forscher" und der „Ignoranz der Praktiker" abgebaut werden. Gelingt dies, so kann Wirkungsforschung einen ganz erheblichen Beitrag zu Gestaltung zukunftsfähiger Hilfen zur Erziehung leisten.

Literatur

AK TWG (Arbeitskreis Therapeutischer Jugendwohngruppen Berlin) (Hrsg.) (2009): Abschlussbericht der Katamnesestudie therapeutischer Wohngruppen in Berlin. ATA-TWG. Berlin: Verlag allgemeine jugendberatung. Online verfügbar: www.forschung-stationaere-jugendhilfe.de/downloads/kata-twg_bericht.pdf (Abfrage: 06.12.2017).

Arbeitsstelle Kinder- & Jugendhilfestatistik (2014). KOMDAT 16(3): Dortmund: akjstat.

Arnold, Jens (2002): Qualitätsentwicklung in der Jugendhilfe. Analyse des Zusammenhangs zwischen Struktur- und Ergebnisqualität erzieherischer Hilfen. Institut für Kinder- und Jugendhilfe, Mainz.

Arnold, Jens (2014): Gretchenfrage Indikation: Grundlagen für eine passgenaue Hilfewahl. Pädagogischer Rundbrief, 64 (3/4), S. 7–19.

Arnold, J., Hermsen, T., Löcherbach, P., Mennemann, H. & Poguntke-Rauer, M. (2011). Erfolg-reiche Hilfesteuerung im Jugendamt. St. Ottilien: EOS Verlag.

Arnold, Jens/Macsenaere, Michael (2015): Auswirkungen von Elternarbeit in (teil-)stationären Hilfen zur Erziehung auf Hilfeverläufe der Kinder und Jugendlichen. Unsere Jugend, 67 (9), S. 364–374.

Arnold, Jens/Macsenaere, Michael/Hiller, Stephan (2018): Wirksamkeit der Erziehungsberatung. Ergebnisse der bundesweiten Studie Wir.EB. Freiburg: Lambertus.

Baur, Dieter/Finkel, Margarete/Hamberger, Matthiass/Kühn, Axel D. (1998): Leistungen und Grenzen der Heimerziehung. Ergebnisse einer Evaluationsstudie stationärer und teilstationärer Erziehungshilfen. Schriftenreihe des Bundesministeriums für Familie, Senioren, Frauen und Jugend, Bd. 170. Stuttgart: Kohlhammer.

Birtsch, Vera/Eberstaller, Michael/Halbleib, Egon (1980): Außenwohngruppen – Erziehung außerhalb des Heims. Frankfurt a. M.: ISS-Eigenverlag.

Brombach, Rüdiger/Schäuble, Waltraud (1984): Zur psychischen Situation von Heimerziehern unter besonderer Berücksichtigung ihres Alters. Stuttgart: Kohlkammer.

BMFSFJ (Bundesministerium für Familie, Senioren, Frauen und Jugend) (Hrsg.) (1998): Leistungen und Grenzen der Heimerziehung. Ergebnisse einer Evaluationsstudie stationärer und teilstationärer Erziehungshilfen. Bd. 170. Stuttgart: Kohlhammer.

Bürger, Ulrich (1990): Heimerziehung und soziale Teilnahmechancen. Pfaffenweiler: Centaurus-Verlagsgesellschaft.

Conen, Marie-Louise (1990): Elternarbeit in der Heimerziehung. Frankfurt a. M.: IGFH-Eigenverlag.

Elger, Wolfgang/Jordan, Erwin/Münder, Johannes (1987): Erziehungshilfen im Wandel. Münster: Votum.

EREV (Evangelischer Erziehungsverband) (Hrsg.); Tornow, Harald/Ziegler, Holger/Sewing, Julia (2012): Abbrüche in den stationären Erziehungshilfen (ABiE): Praxisforschungs- und Praxisentwicklungsprojekt – Analysen und Empfehlungen. EREV-Schriftenreihe 3/2012. Hannover: Schöneworth Verlag.

EREV (Evangelischer Erziehungsverband) (Hrsg.); Tornow Harald (2014): Abbrüche in stationären Erziehungshilfen (ABiE): Praxisforschungs- und Praxisentwicklungsprojekt – Wirkfaktoren, Systemmodelle, Strategien. EREV-Beiträge zu Theorie und Praxis der Jugendhilfe 8 (TPJ 8), Dähre: Schöneworth Verlag.

Esser, Klaus (2010): Zwischen Albtraum und Dankbarkeit. Ehemalige Heimkinder kommen zu Wort. Freiburg im Breisgau: Lambertus.

Fendrich, Sandra/Pothmann, Jens/Tabel, Agathe (2016): Monitor Hilfen zur Erziehung 2016. Dortmund: Eigenverlag Forschungsverbund DJI/TU Dortmund.

Finkel, Margarete (2004): Selbständigkeit und etwas Glück. Einflüsse öffentlicher Erziehung auf die biographischen Perspektiven junger Frauen. Weinheim u. München: Juventa.

Forschungsgruppe Klein-Zimmern (1992): Familiengruppen in der Heimerziehung. Frankfurt a. M. u. a.: Peter Lang.

Freigang, Werner (1986): Verlegen und Abschieben. Zur Erziehungspraxis im Heim. Weinheim u. München: Juventa.

Frey, Franz (2008): Chancen und Grenzen von Wirkungsorientierung in den Hilfen zur Erziehung. Wiesbaden: Deutscher Universitäts-Verlag und VS Verlag für Sozialwissenschaften.

Führe, Bernd/Kohorst, Christa/Schone, Reinhold/Stickdorn, Dieter (1979): Verbundsysteme der Heimerziehung. Frankfurt a. M.: IgfH.

Gahleitner, Silke Birgitta (2017a): Das pädagogisch-therapeutische Milieu in der Arbeit mit Kindern und Jugendlichen. Trauma- und Beziehungsarbeit in stationären Einrichtungen (2., überarb. u. akt. Aufl.). Köln: Psychiatrie-Verlag.

Gahleitner, Silke Birgitta (2017b): Soziale Arbeit als Beziehungsprofession. Bindung, Beziehung und Einbettung professionell ermöglichen. Weinheim: Beltz Juventa.

Gahleitner, Silke Birgitta/Frank, Christina/Gerlich, Katharina/Hinterwallner, Heidemarie/ Koschier, Alexandra/Leitner, Anton (2015): Anders verstehen – Neues bewirken. Ergebnisse der Implementierung von Traumapädagogik bei der Tabaluga Kinderstiftung. Tutzing: Tabaluga Kinderstiftung.

Gahleitner, Silke Birgitta/Frank, Christina/Hinterwallner, Heidemarie/Gerlich, Katharina/ Schneider, Martha (2016): „Ich vertrau' ihr, ich vertrau' auch der anderen Betreuerin – und noch einer Betreuerin vertrau' ich auch – aber normalerweise selten, dass ich wem viele Geheimnisse anvertraue". Begleitevaluation Therapeutische Gemeinschaften. Abschlussbericht. Krems, Österreich: Donau-Universität Krems, Department für Psychotherapie und Biopsychosoziale Gesundheit. www.t-gemeinschaften.org/attachments/article/ 125/Begleitevulation_Therapeutische_Gemeinschaften.pdf (Abfrage: 06.12.2017).

Gahleitner, Silke Birgitta/Hahn, Gernot/Glemser, Rolf (Hrsg.) (2013): Psychosoziale Diagnostik. Reihe: Klinische Sozialarbeit – Beiträge zur psychosozialen Praxis und Forschung, Bd. 5. Bonn: Psychiatrie-Verlag.

Gahleitner, Silke Birgitta/Pauls, Helmut (2013): Biopsychosoziale Diagnostik als Voraussetzung für eine klinisch-sozialarbeiterische Interventionsgestaltung: Ein variables Grundmodell. In: Gahleitner, Silke Birgitta/Hahn, Gernot/Glemser, Rolf (Hrsg.), Psychosoziale Diagnostik. Reihe: Klinische Sozialarbeit – Beiträge zur psychosozialen Praxis und Forschung, Bd. 5. S. 61–77. Bonn: Psychiatrie-Verlag.

Gintzel, Ulrich/Schone, Rreinhold (1989): Erziehungshilfe im Grenzbereich von Jugendhilfe und Jugendpsychiatrie. Frankfurt a. M.: IgfH.

Hammer, Richard/Hermsen, Thomas/Macsenaere, Michael (2015): Hilfen zur Erziehung. Ein Lehrbuch für sozialpädagogische Berufe (Ausbildung und Studium, 1. Auflage). Köln: Bildungsverlag EINS.

Hebborn-Brass, Ursuala (1991): Verhaltensgestörte Kinder im Heim. Freiburg: Lambertus.

Heiner, Maja (2010): Diagnostik in der Sozialen Arbeit: Zielsetzung, Gegenstand und Dimensionen. Archiv für Wissenschaft und Praxis der sozialen Arbeit, 41(4), 14–28.

Herriger, Norbert (1979): Verwahrlosung. Eine Einführung in Theorien sozialer Auffälligkeit. München: Juventa.

Herrmann, Timo/Macsenaere, Michael/Wennmann, Oliver (2017): Ergebnisse. In: Macsenaere, Michael/Köck, Thomas/Hiller, Stephan (Hrsg.): Unbegleitete minderjährige Flüchtlinge in der Jugendhilfe – Erkenntnisse aus der Evaluation von Hilfeprozessen. S. 25–85. Freiburg: Lambertus.

Hochmair, Gerd/Möllhof, Beate/Möllhof, Manfred/Völker, Petra (1976): Kinderhäuser. Frankfurt a. M.: IGfH-Eigenverlag.

Heim Mariahof Hüfingen (Hrsg.) (1986): Abschlußbericht der katamnestischen Untersuchung über die Wirkung der Erziehung im Heim Mariahof Hüfingen. Hüfingen: Eigenverlag.

IKJ (Institut für Kinder- und Jugendhilfe (2008): EFFIZIENZ-Jahresbericht. Mainz: Institut für Kinder- und Jugendhilfe.

IKJ (Institut für Kinder- und Jugendhilfe) (2015): EVAS-Gesamtbericht 2014.

ISA (Institut für Soziale Arbeit) (Hrsg.) (2008): Zwischenberichte der Regiestelle und der Evaluation zum Modellprogramm. Wirkungsorientierte Jugendhilfe, Bd. 06. Münster: ISA.

IGFH (Internationale Gesellschaft für erzieherische Hilfen) (2003): Abschlussbericht zum Modellprojekt „INTEGRA – Implementierung und Qualifizierung integrierter, regionalisierter Angebotsstrukturen in der Jugendhilfe am Beispiel von fünf Regionen". Frankfurt: IGFH.

Keckeisen, Wolfgang (1974): Die gesellschaftliche Definition abweichenden Verhaltens. München: Piper.

Klein, Joachim (2017): Tiergestützte Pädagogik – ein Erfolgsmodell für die Jugendhilfe? In: Knab, Ernst/Mastalerz, Daniel/Esser, Klaus/Scheiwe, Norbert (Hrsg.): Entwicklungen in der Erziehungshilfe. Freiburg: Lambertus.

Klein, Joachim/Erlacher, Meinhard/Macsenaere, Michael (2003): Die Kinderdorf-Effekte-Studie. Mainz: Institut für Kinder- und Jugendhilfe.

Klein, Joachim/Knab, Ernst/Fischer, Klaus (2005): Forschungsbericht zur Evaluation psychomotorischer Effekte. In: Motorik, 28 (1), S. 64–66.

Klein, Joachim/Arnold, Jens/Macsenaere, Michael (2011): InHAus. Individualpädagogische Hilfen im Ausland: Evaluation, Effektivität, Effizienz. Freiburg im Breisgau: Lambertus.

Knab, Ernst (1999): Sport in der Heimerziehung. Frankfurt: Peter Lang.

Koch, Günter/Lambach, Rolf (2007): Zusammenarbeit zwischen Kinderdorf und Herkunftssystem – Forschungsstudie. Unveröffentlichter Forschungsbericht.

Kreher, Simone (2002): Sich anpassen und sich behaupten: Wie Kinder Fremduntergebrachtsein verarbeiten. In: Sozialpädagogisches Institut im SOS-Kinderdorf e.V. Glücklich an einem fremden Ort. Weinheim: Juventa.

Kurz-Adam, Maria/Sumser, Martina/Frick, Ulrich (2008): Evaluation der Hilfequalität und Kosteneffektivität der sozialräumlichen Erziehungshilfen. Abschlussbericht. München.

Kühn, Martin (2009): „Macht eure Welt endlich wieder mit zu meiner!" Anmerkungen zum Begriff der Traumapädagogik. In: Bausum, Jakob/Besser, Lutz/Kühn, Martin/Weiß, Wilma (Hrsg.): Traumapädagogik. Grundlagen, Arbeitsfelder und Methoden für die pädagogische Praxis. Weinheim und München: Juventa, S. 23–35.

Lambers, Helmut (1996): Heimerziehung als kritisches Lebensereignis. Münster: Votum.

Landenberger, Georg/Trost, Rainer (1988): Lebenserfahrung im Erziehungsheim. Frankfurt a. M.: Brandes u. Apsel.

LWV (Landeswohlfahrtsverband) Baden (Hrsg.) (2000): Praxisforschungsprojekt „Erfolg und Misserfolg in der Heimerziehung. Eine katamnestische Befragung ehemaliger Heimbewohner. Karlsruhe: Eigenverlag.

Löcherbach, Peter/Arnold, Jens/Hermsen, Thomas/Macsenaere, Michael/Paries, Gabriele/ Mennemann, Hugo/Poguntke-Rauer, Markus/Meyer, Friedrich-Wilhelm (2008): Computergestütztes Case Management in der Kinder- und Jugendhilfe. Case Management, 5(1), S. 28–32.

Macsenaere, Michael (2006): 10 Jahre Wirkungsforschung in der Kinder- und Jugendhilfe: Welche Befunde lassen sich daraus für die Psychomotorik gewinnen? Motorik. 29(4), S. 194–200.

Macsenaere, Michael (2013). Wirkungsforschung in den Hilfen zur Erziehung. In Gunther Graßhoff (Hrsg.): Adressaten, Nutzer, Agency: Akteursbezogene Forschung in der Sozialen Arbeit. Wiesbaden: Springer VS, S. 211–228.

Macsenaere, Michael (2015): Wirkfaktoren und Wirkungen der ambulanten Erziehungshilfe. Jugendhilfe, 53 (5), S. 389–395.

Macsenaere, Michael (2016): Partizipation. In Weiß, Wilma/Kessler, Tanja/Gahleitner, Silke Birgitta (Hrsg.): Handbuch Traumapädagogik. Beltz Handbuch, S. 106–114. Weinheim und Basel: Beltz.

Macsenaere, Michael/Esser, Klaus (2015): Was wirkt in der Erziehungshilfe? Wirkfaktoren in Heimerziehung und anderen Hilfearten, 2. aktualisierte Aufl. München: Reinhardt.

Macsenaere, Michael/Herrmann, Timo (2004): Klientel, Ausgangslage und Wirkungen in den Hilfen zur Erziehung. unsere jugend, 56(1), S. 32–42.

Macsenaere, Michael/Köck, Thomas/Hiller, Stephan (Hrsg.). (2017): Unbegleitete Minderjährige Flüchtlinge in der Jugendhilfe. Freiburg im Breisgau: Lambertus.

Macsenaere, Michael/Paries, Gabriele (2006): Wirkungsorientierte Steuerung im Dialog: Mehr Einblick, Übersicht und Effizienz im Bereich der Hilfen zur Erziehung. In: Das Jugendamt, 79 (3), S. 113–119.

Macsenaere, Michael/Paries, Gabriele./Arnold, Jens (2009): EST! Evaluation der Sozialpädagogischen Diagnose-Tabellen – Abschlussbericht, Bayerisches Staatsministerium für Arbeit und Sozialordnung, Familie und Frauen. www.blja.bayern.de/imperia/md/content/ blvf/bayerlandesjugendamt/familie/abschlussbericht.pdf (Abfrage: 14.08.2017).

McNeece, C. Aaron/Thyer, Bruce A. (2004): Evidence-Based Practice and Social Work. Journal of Evidence-Based Social Work, 1, S. 7–25.

Mitransky, Uwe (1990): Belastung von Erziehern. Frankfurt a. M. u. a.: Peter Lang.

Modellprogramm Fortentwicklung des Hilfeplanverfahrens (Hrsg.) (2003): Hilfeplanung als Kontraktmanagement? Erster Zwischenbericht des Forschungs- und Entwicklungsprojekts „Hilfeplanung als Kontraktmanagement?". Nördlingen: Verlag Steinmeier.

Niederberger, Josef M./Bühler-Niederberger, Doris (1988): Formenvielfalt in der Fremderziehung. Stuttgart: Enke.

Ochs, Matthias (2008): Kooperation und Partizipation als Kernprozesse in der Jugendhilfe – systematische Folgerungen aus JULE, JES, EVAS und Co. Zeitschrift für systemische Therapie und Beratung, 26(3), 175–186.

Piorkowski-Wühr, Irmgard (1978): Empirische Untersuchung über die Erziehungsstellen des Landeswohlfahrtsverbandes Hessen. In: Blandow, Jürgen/Faltermaier, Josef/Widemann, Peter (Hrsg.): Fremdplatzierung und präventive Jugendhilfe, S. 187 ff. Frankfurt a. M.: DV-Eigenverlag.

Planungsgruppe Petra (1987): Analyse von Leistungsfeldern der Heimerziehung. Frankfurt a. M. u. a.: Peter Lang.

Richardt, Vincent (2017): Zielsicher im Sozialraum – Handeln und Bewerten in den Erziehungshilfen. Wiesbaden: Springer VS.

Roos, Klaus (2005): Kosten-Nutzen-Analyse von Jugendhilfemaßnahmen. In: Petermann, F. (Hrsg.): Studien zur Jugend- und Familienforschung, Bd. 23. Frankfurt: Peter Lang.

Rudeck, Reinhard/Sierwald, Wolfgang/Strobel-Dümer, Claudia (2015): Leben und Arbeiten in der SOS-Kinderdorffamilie. Herausgegeben vom Sozialpädagogischen Institut des SOS-Kinderdorf e.V. München: Unveröffentlichter Endbericht.

Rücker, Stefan/Büttner, Peter (2017): Beteiligung von Kindern und Jugendlichen in der Inhobhutnahme (§ 42, SGB VIII): Welche Rolle spielen partizipative Prozesse im Kinderschutz? Blickpunkt Jugendhilfe, 22 (5), S. 10–14.

Scherpner, Hans (1966): Die Geschichte der Jugendfürsorge. Göttingen: Vandenhoeck & Ruprecht.

Sierwald, Wolfgang/Strobel-Dümer, Claudia (2017): Soziales Klima als Qualitätsmerkmal in der stationären Jugendhilfe. In: Jugendhilfe 3/2017, S. 255–263.

Sierwald, Wolfgang/Wolff, Mechthild (2008): Beteiligung in der Heimerziehung – Sichtweisen von Jugendlichen und Perspektiven für die Praxis. In: Sozialpädagogisches Institut im SOS-Kinderdorf e.V. (Hrsg.): Kinderschutz, Kinderrechte, Beteiligung. Dokumentation der Tagung vom 15.–16.11.2007 in Berlin, S. 160–175.

Schmid, Marc (2016): Ist die Seele eines Kindes messbar? Nutzen von psychometrischen Testverfahren in Sozialpädagogischen Settings. In: Integras (Hrsg.), Wirkung! Immer schneller, immer besser? Referate der Integras Fortbildungstage, S. 37–52. Zürich: Integras.

Schmidt, Martin/Schneider, Karsten/Hohm, Erika/Pickartz, Andrea/Macsenaere, Michael/Petermann, Franz/Flosdorf, Peter/Hölzl, Heinrich/Knab, Eckart (Hrsg.). (2002): Effekte erzieherischer Hilfen und ihre Hintergründe. Schriftenreihe des BMFSFJ, Bd. 219. Stuttgart: Kohlhammer. www.bmfsfj.de/RedaktionBMFSFJ/Broschuerenstelle/Pdf-Anlagen/PRM-23978-SR-Band-219,property=pdf,bereich=,rwb=true.pdf (Abfrage: 20.04.2017).

Schmid, Marc/Wiesinger, Detlev/Lang, Birgit/Jaszkowic, Karol/Fegert, Jörg M. (2007): Brauchen wir Traumapädagogik? Kontext, 38(4), S. 330–357.

Schneider, Karsten (2005): Wirksamkeitsorientierte Qualitätsentwicklung mit moses. Pädagogischer Rundbrief, 2005 (3).

Schoch, Jürg (1989): Heimerziehung als Durchgangsberuf? Weinheim u. München: Juventa.

Scholten, Hans/Hoff, Björn/Klein, Joachim/Macsenaere, Michael (2005): Kick-Off-Gruppen: Intensive Pädagogik für eine extreme Klientel. Unsere Jugend, 57(3), S. 131–141.

Scholten, Hans/Lachnitt, Jörg/Klein, Jens/Macsenaere, Michael (2010): Den Drehtüreffekt in der Jugendhilfe stoppen: Die Otmar-Alt-Gruppe für sexuell übergriffige Jungen.

Schrödter, Mark/Ziegler, Holger (2007): Was wirkt in der Kinder- und Jugendhilfe? Internationaler Überblick und Entwurf eines Indikatorensystems von Verwirklichungschancen. Münster: ISA. Kindesmisshandlung und -vernachlässigung, 13 (2), S. 42–61.

Schumann, Carola (1975): Heimerziehung und kriminelle Karrieren. In: Brusten, Manfred/Hohmeier, Jürgen (Hrsg.): Stigmatisierung, Bd. 2, S. 33 ff. Neuwied u. Darmstadt.

Spindler, Manfred (1991): Leben im Heim. Identitätsrelevante Umweltdimensionen aus der Sicht von Kindern, Jugendlichen und Betreuerinnen in zwei heilpädagogisch orientierten Einrichtungen. Diss., München.

Stadler, Bernhard (2009): Therapie unter geschlossenen Bedingungen – ein Widerspruch? Eine Forschungsstudie einer Intensivtherapeutischen individuell-geschlossenen Heimunterbringung dissozialer Mädchen am Beispiel des Mädchenheims Gauting. Tectum (in Druck).

Stohler, Rennte (2005): Nachuntersuchung Lernstatt Känguruh. Zürich.

Tornow, Harald (2007): Befunde zur Wirksamkeit erzieherischer Hilfen – Erste Ergebnisse mit WIMES. EREV-Schriftenreihe, 2007(4), S. 60–90.

Universität Bielefeld (2009): Wirkungsorientierte Jugendhilfe. Praxishilfe zur wirkungsorientierten Qualifizierung der Hilfen zur Erziehung. ISA Planung und Entwicklung, Bd. 9. Verfügbar www.wirkungsorientierte-jugendhilfe.de/seiten/material/wojh_schriften_heft_9.pdf. (Abfrage: 03.07.2018).

ÜBBZ (Überregionales Beratungs- und Behandlungszentrum)/IKJ (Würzburg/Institut für Kinder- und Jugendhilfe) (Hrsg.) (2000): Würzburger-Evaluationsstudie (WJE). Würzburg: Überregionales Beratungs- und Behandlungszentrum.

Wolf, Klaus (2007): Metaanalyse von Fallstudien erzieherischer Hilfen hinsichtlich von Wirkungen und „wirkmächtigen" Faktoren aus Nutzersicht. Münster: ISA.

Wolff, Mechthild/van Calker, Jan Thomas (2017): Beteiligung von Kindern und Jugendlichen in bayerischen Heimen. Ergebnisse einer Befragung zum Stand der Beteiligung und des Landesheimrates. Mitteilungsblatt Zentrum Bayern Familie und Soziales – Bayerisches Landesjugendamt 2014/04, S. 4–13.

Ziegler, Holger (2016): Wirkfaktoren und Wirkungen der Heimerziehung. Blickpunkt Jugendhilfe, 21 (1), S. 3–10.

Ziegler, Holger/Macsenaere, Michael (2017): (Wirkungs-)Forschung in der Pflegekinderhilfe: Aktueller Stand und Ausblick. In: Macsenaere, Michael/Esser, Klaus/Hiller, Stephan (Hrsg.): Pflegekinderhilfe – zwischen Profession und Familie. Beiträge zur Differenzierung und Qualifizierung eines der größten Bereiche erzieherischer Hilfe. Freiburg: Lambertus.

Mobile Jugendarbeit: Wirkungsforschung in einem „flüchtigen" Arbeitsfeld

Hemma Mayrhofer

1. Einleitung

Die Forderung nach empirisch nachweisbaren Wirkungen stellt Angebote und Maßnahmen vor spezielle Herausforderungen, die sich einer niedrigschwelligen Arbeitsweise verpflichtet sehen und mit sehr unverbindlichen und flexiblen, auf Partizipation und Mitgestaltung der Adressat*innen aufbauenden Angebotsstrukturen arbeiten. Dies trifft auf Offene Jugendarbeit allgemein zu (vgl. hierzu Liebig/Begemann 2008) – und auch auf Mobile Jugendarbeit als ein Teilbereich der Offenen Jugendarbeit, der aufsuchend im Sozialraum arbeitet und sich als „flüchtiges" Forschungsfeld beschreiben lässt, sind doch die Zielgruppen der niedrigschwelligen sozialpädagogischen Interventionen auch für Forschung teils schwer bzw. unzuverlässig erreichbar. Die Einrichtungen und Träger weichen gegenwärtig bevorzugt auf input- oder outputorientierte „Erfolgsdarstellungen" aus, indem sie etwa in Jahresberichten die eingesetzten Mittel (z. B. Ressourcen, Methoden etc.) oder die durchgeführten Aktivitäten und die Anzahl der Kontakte zu Jugendlichen anstelle des Ausmaßes der Zielerreichung nachweisen. Zudem werden subjektive Einschätzungen als Erfolgsmaße herangezogen und behilft man sich oft mit beispielhaften Beschreibungen von als erfolgreich eingestuften Fallverläufen, ohne Wirkzusammenhänge und -dynamiken forschungsmethodisch fundiert rekonstruieren zu können.

Wer Wirkungen Mobiler Jugendarbeit empirisch-wissenschaftlich erfassen und nachweisen will, nimmt sich auch einiges vor. Denn einerseits sind die Wirkmöglichkeiten besonders vielfältig, die Wirkzusammenhänge gestalten sich nichtlinear und multikausal und sind generell mit den Methoden der empirischen Sozialforschung schwer zu erfassen. Dieser Aspekt wird nach einer allgemeinen Beschreibung des Arbeitsfeldes, seiner Zielgruppen, Zielsetzungen und Arbeitsprinzipien (Punkt 2) eingehend dargelegt und auf die Konsequenzen für aussagekräftige Wirkungsforschung hin befragt (Punkt 3). Andererseits stehen kaum gegenstandsangemessene Forschungsdesigns zur Wirkungsforschung und -evaluation[1] in der Mobilen Jugendarbeit (und auch allgemein der Offenen Jugendarbeit) zur Verfügung. Die bereits vorliegenden Studien in diesem Feld geben aber vielfältige Anregungen für vielversprechende Forschungsdesigns: zum einen durch die aus Forschungsansätzen mit eingeschränkter Aussagekraft ableitbaren Erfahrungen und Hinweise zur Weiterentwicklung der Designs und Methoden. Zum anderen liegen neuerdings auch methodische Ansätze zur Wirkungsevaluation Mobiler Jugendarbeit vor, die exemplarisch aufzeigen, wie sich wissenschaftlich fundiertes Wissen über kausale Wirkzusammenhänge in diesem Teilbereich der Offenen Jugendarbeit gewinnen lässt. Diese Erfahrungen werden unter Punkt 4 ausführlich dargestellt und diskutiert. Abschließend sollen die für solche Wirkungsforschung nötigen Rahmenbedingungen sowie methodische Weiterentwicklungs- und Forschungsbedarfe skizziert werden.

2. Zielsetzungen, Zielgruppen und Arbeitsweisen Mobiler Jugendarbeit

Mobile Jugendarbeit soll hier als ein spezifischer Teilbereich bzw. ein Arbeitsfeld der Offenen Kinder- und Jugendarbeit betrachtet werden, der sich zunächst durch eine aufsuchende Arbeitsweise auszeichnet. Das Arbeitsfeld adressiert Jugendliche und junge Erwachsene im öffentlichen oder halböffentlichen Raum, die häufig von anderen sozialen Diensten nicht (mehr) erreicht werden (vgl. BAG Streetwork/Mobile Jugendarbeit 2008). Im Unterschied zu standortbezogenen Angeboten der Offenen Jugendarbeit zeichnet sich Mobile Jugendarbeit dabei weniger durch eine „Komm-Struktur" aus. Zentral ist vielmehr eine „Geh-Struktur", durch die andere Bedingungen für sozialpädagogisches Arbeiten geschaffen sind. Deinet/Krisch (2013, S. 416) sprechen auch von einer „niedrigschwellige(n) pädagogische(n) Situation im öffentlichen Raum, die von den Fachkräften ‚als Gäste in den Lebensräumen der Jugendlichen' auch einen völlig anderen Zugang erfordert macht" als etwa in einem Jugendzentrum.[2]

---

1 Unter Wirkungsevaluation wird hier wissenschaftlich-empirische Evaluationsforschung zu Wirkungen sozialer Interventionen, im konkreten Fall zu solchen der Mobilen Jugendarbeit, verstanden. Sie ist eine spezifische Form der Wirkungsforschung und strebt die Bewertung von Maßnahmen, Interventionen, Projekten oder Programmen an. Es stellt sich aber die Frage, ob eine empirisch fundierte Bestimmung von Wirkungen nicht zwangsläufig evaluative Ansätze enthält und somit die Unterscheidung einer spezifischen Wirkungsevaluation wenig gewinnbringend sein könnte.

2 Die fachliche Diskussion, ob Streetwork ein eigenes Arbeitsfeld der Sozialen Arbeit oder ein methodisches Vorgehen bzw. eine spezifische aufsuchende Arbeitsform in unterschiedlichen Praxisfeldern ist, wird hier nicht weiter verfolgt, da sie für die hier interessierende Thematik nicht weiter relevant erscheint.

Die Frage nach den Zielen Mobiler Jugendarbeit ist zugleich die Frage nach den intendierten Wirkungen – d. h. sie ist essenziell in der Wirkungsforschung, auch wenn nicht-intendierte Wirkungen ebenfalls von Belang sind. Liest man die Zielsetzungen unterschiedlicher Projekte bzw. Angebote Mobiler Jugendarbeit, dann fällt insbesondere deren Vielfalt und Komplexität, aber auch der oft hohe Abstraktionsgrad der Zielformulierungen auf. Als übergeordnete Zielsetzung Mobiler Jugendarbeit kann die Verbesserung der aktuellen und/oder künftigen Lebenssituation Jugendlicher und junger Erwachsener in unterschiedlichen Lebensbereichen sowie auf individueller und sozialräumlicher Ebene benannt werden (vgl. Mayrhofer/Haberhauer et al. 2017, S. 42). Relevante Umwelten wie Fördergeber*innen, kommunalpolitische Akteur*innen, andere Bewohner*innen bzw. Nutzer*innen des spezifischen sozialräumlichen Kontextes etc. richten zugleich nicht selten verschiedene und tendenziell auch widersprüchliche Erwartungen an Mobile Jugendarbeit. So kann etwa die Erwartung, für Ruhe und Ordnung im Ort oder Stadtteil zu sorgen, mit dem eigenen fachlichen Auftrag, die Jugendlichen dabei zu unterstützen, sich den öffentlichen Raum selbstbestimmt anzueignen, potenziell konfligieren.

Die Arbeitsformen und -prinzipien erscheinen in den deutschsprachigen Ländern grundsätzlich ähnlich, wenn auch mit kontextspezifischen Umsetzungen (vgl. beispielhaft Fuchs 2013; Reuting 2010 sowie VJZ 2006). Mobile Jugendarbeit wendet sich in Kombination der Arbeitsformen Streetwork, Cliquenarbeit, Gemeinwesenarbeit und Einzelfallhilfe bzw. -arbeit an die Jugendlichen und über Vernetzung und Kooperationen an den jeweiligen Sozialraum bzw. das Gemeinwesen (vgl. Reuting 2010, S. 32 ff.). Als weitere Arbeitsform kann Lobbying und Öffentlichkeitsarbeit für die Anliegen und Perspektiven der Jugendlichen genannt werden (vgl. VJZ 2006, S. 13).

Den Arbeitsformen liegen bestimmte Arbeitsprinzipien zugrunde, die als Grundlage für die Definition von Qualitätskriterien in der Mobilen Jugendarbeit dienen. Zentrale Prinzipien sind Ganzheitlichkeit (z. B. Offenheit für verschiedenste Problemlagen), Beziehungsarbeit (Aufbau tragfähiger, vertrauensvoller Beziehungen zu den Jugendlichen), reflektierte Parteilichkeit, Ressourcenorientierung, Freiwilligkeit der Teilnahme, Niedrigschwelligkeit und Flexibilität in der Arbeitsweise (Zeiten, Orte und Methoden werden von den Jugendarbeiter*innen flexibel auf die Bedürfnisse der Zielgruppe abgestimmt), Akzeptanz (Achtung und Wertschätzung der Jugendlichen unabhängig von deren Verhalten), gendersensibles Arbeiten mit dem Ziel, geschlechtsspezifische Benachteiligungen abzubauen, sowie interkulturell sensibles Arbeiten (vgl. u. a. Reuting 2010; BAST 2007).

3. Wirkungsmöglichkeiten und -charakteristika

Auch für Mobile Jugendarbeit gilt, was für gegenstandsangemessene Wirkungsforschung und -evaluation sozialer Interventionen generell essenzielle Voraussetzung ist: Es braucht vorweg ein ausreichend komplexes Verständnis des zu erforschenden Interventionsfeldes und der dort möglichen Wirkweisen und -zusammenhänge. Auf Basis der Selbstbeschreibungen des Arbeitsfeldes der Mobilen Jugendarbeit (Leitbilder, Maßnahmenbeschreibungen, Jahresberichte, Qualitätshandbücher etc.) und bereits vorliegender Evaluationsstudien (s. Abschn. 4, vgl. zudem Delmas 2009; LAG Baden-Württemberg 2011) lassen sich folgende Wirkcharakteristika identifizieren (vgl. Mayrhofer/Haberhauer et al. 2017, 41 ff.):

- Die beschriebenen Zielsetzungen Mobiler Jugendarbeit und ihre niedrigschwellige und ganzheitliche Arbeitsweise haben zur Folge, dass die Wirkungsmöglichkeiten so breit und diffus wie die gesamten Lebensbereiche eines jungen Menschen sein können. In der österreichischen Wirkungsstudie (vgl. ebd., Anhang 1) werden auf individueller und sozialräumlicher sowie institutioneller Wirkungsebene[3] insgesamt 14 Hauptdimensionen und 37 Unterdimensionen möglicher Wirkfelder ausgemacht, obwohl gar nicht jede Unterdimension erschöpfend spezifiziert wurde. Diese Breite setzt dem Bemühen bedeutsame Grenzen, alle potenziellen Wirkungsdimensionen in der Forschung (ausreichend) abzudecken. Zugleich lassen sich nur sehr begrenzt überindividuell gültige Wirkindikatoren für die nicht direkt messbaren Zielsetzungen bestimmen, da diese jeweils personenspezifisch konkretisiert werden müssen. Weiter ist angesichts des Umstandes, dass unterschiedliche relevante Umwelten teilweise verschiedene und mitunter auch widersprüchliche Zielerwartungen an Mobile Jugendarbeit adressieren, darauf zu achten, die Erreichung welcher und wessen Ziele in den Forschungsfokus gerückt wird.
- Mobile Jugendarbeit setzt vorrangig sanfte, unverbindliche Impulse, über Interventionen wird häufig situativ entschieden, gilt es doch oft, die Gunst des Augenblickes zu nutzen. Ungeplante positive Nebenwirkungen sind erwünscht und erhofft und Wirkkreise setzen sich in der Regel aus vielen ‚Miniwirkungen' zusammen. Somit wissen Wirkungsforscher*innen bzw. -evaluator*innen vorweg zumeist nicht genau, welche Interventionen wann

---

3   Die gesamtgesellschaftliche Ebene wurde in der Studie nicht näher ausgearbeitet, da auf dieser Ebene eine valide Erfassung von Wirkungen Mobiler Jugendarbeit aufgrund der komplexen Wirkungszusammenhänge generell methodisch nicht realisierbar erscheint.

und wo auf mögliche Wirkungen hin erforscht werden können. Sukzessive kumulierende ‚Miniwirkungen' sind methodisch generell schwer erfassbar.

- Allgemein ist in diesem niedrigschwelligen, auf Beziehungen aufbauenden Interventionsfeld davon auszugehen, dass nicht spezifische sozialpädagogische Interventionstechniken als bereichsübergreifend wirksame Faktoren ausmachbar sind. Vielmehr kommt „allgemeinen Wirkfaktoren" (Pfammatter/Junghan/Tschacher 2012)[4] wie einer positiv-emotionalen, vertrauensvollen Beziehung zwischen Jugendarbeiter*innen und Jugendlichen und dem Ermöglichen von Anerkennungs- und Selbstwirksamkeitserfahrungen zentrale Wirkkraft zu. Damit soll keinesfalls behauptet werden, dass spezifischen Interventionstools keine Bedeutung zukommt, ihre Wirkmöglichkeiten entfalten sie aber im Kontext von und Zusammenwirken mit den allgemeinen Wirkfaktoren.

- Mobile Jugendarbeit unterstützt bestimmte Wirkungen, verursacht diese aber in der Regel nicht allein, sondern ist einer von vielen komplex zusammenwirkenden Einflussbereichen, die sich nur unzureichend isolieren lassen. Bedeutsame Einfluss- bzw. Wirkfaktoren, die die Möglichkeiten der individuellen Entwicklung und Lebensführung mitformen, sind etwa das familiäre Umfeld, Schule und Beruf, die Peergroup bzw. Clique, andere soziale Einrichtungen und Angebote für Jugendliche, diverse Freizeitvereine, u. U. Kirchen bzw. religiös gebundene Institutionen, die Medien sowie das gesellschaftliche Umfeld allgemein, in dem die Jugendlichen aufwachsen (ökonomische Situation, Arbeitsmarktsituation, rechtliche Rahmenbedingungen, kulturelle Faktoren etc.).

- Die diversen Wirkfaktoren sind nicht immer gleichzeitig und gleichförmig relevant, sondern kumulieren im Laufe der Zeit, oft auch über viele Jahre hinweg. Sie tragen als sich aufschichtende Lebenserfahrungen zu Persönlichkeitsentwicklung und biografischen Lern- und Bildungsprozessen bei. Damit wird Wirkung oft erst langfristig sichtbar bzw. erfahrbar und ist schwer methodisch erfass- und kontrollierbar. Verstärkt wird dies durch die im Arbeitsfeld wichtigen Prinzipien der Anonymität und Unverbindlichkeit. Häufig wird keine personenbezogene Dokumentation geführt und die Nutzer*innen sind nicht verlässlich über einen längeren Zeitraum erreichbar.

---

4 Die Autoren beziehen sich allerdings auf allgemeine Wirkfaktoren der Psychotherapie, die begriffliche Unterscheidung zwischen diesen und den Wirkungen spezifischer Techniken erscheint aber für den psychosozialen und sozialpädagogischen Bereich insgesamt brauchbar – vgl. hierzu auch die Ausführungen von Ziegler (2017, S. 41), der allerdings den Begriff „generelle Wirkfaktoren" verwendet.

- Mobile Jugendarbeit zielt u. a. auf die Prävention möglicher künftiger Probleme ab. Solche präventiven Effekte lassen sich grundsätzlich schwer empirisch erforschen, da die zu verhindernde Entwicklung auf einer Hypothese beruht und im Nachhinein nicht geprüft werden kann, ob die vermutete Entwicklung auch tatsächlich eingetreten wäre, hätte die Intervention nicht stattgefunden. Hier, d. h. bei Vorbeugung im Sinne von Vermeidung bzw. Verhinderung, steht Wirkungsevaluation in der Mobilen Jugendarbeit generell vor Grenzen und kann keine validen Erkenntnisse generieren. Anders verhält es sich bei Prävention als Vorsorge (vgl. Lindenau 2012, S. 327 f.) für den Fall, dass später Probleme auftreten. Konkret geht es dabei um den Aufbau tragfähiger Vertrauensbeziehungen zu den Jugendlichen in der Gegenwart, damit diese im Bedarfsfall, etwa bei großen Problemen bzw. Konflikten, darauf unterstützend zurückgreifen können. Wirkungen manifestieren sich, indem Nutzer*innen Mobiler Jugendarbeit sich in solchen Situationen an die Jugendarbeiter*innen wenden.

Die skizzierten Merkmale der Wirkdynamiken und -zusammenhänge Mobiler Jugendarbeit verweisen bereits auf die großen methodischen Herausforderung von Wirkungsforschung und -evaluation in diesem Arbeitsfeld. Insofern ist generell davon auszugehen, dass erzielbare empirische Erkenntnisse in erster Linie als größtmögliche Annäherungen an valide Wirkungsnachweise zu betrachten sind.

4. Stand der Wirkungsforschung zu Mobiler Jugendarbeit

Der bisherige Forschungsstand zu Mobiler Jugendarbeit im deutschsprachigen Raum ist nicht allzu umfangreich (vgl. Buschmann 2009; Cloos/Schulz 2011; Mayrhofer 2017c). Bei den vorliegenden Studien handelt es sich in der Regel um Evaluationsforschung, manche von ihnen zielen dezidiert auf die Erfassung von Wirkungseffekten ab. Konkret sind dies zwei Studien zu Angeboten Mobiler Jugendarbeit in Stuttgart (vgl. Wittmann/Kampermann 2008 sowie Stumpp et al. 2009), eine begleitende Evaluationsstudie zu einem aufsuchend arbeitenden Modellprojekt der Stadt Eppelheim (vgl. Hermann 2009) und eine inhaltlich und methodisch breit angelegte Wirkungsevaluation Mobiler Jugendarbeit zu vier entsprechenden Einrichtungen in Wien und Niederösterreich (vgl. Mayrhofer 2017a). Diese vier Studien stehen im Zentrum der nachfolgenden Ausführungen.

Die anderen Studien stellen in erster Linie Struktur-, Prozess- und Ergebnisevaluationen zu Angeboten Mobiler Jugendarbeit dar. Dies trifft etwa auf die Studie von Tossmann et al. (2008) zu, die differenzierte Erkenntnisse über das Arbeitsfeld der Mobilen Jugendarbeit in Berlin anstrebte. Darüber hinaus sollten aber auch mögliche Erfolgsindikatoren identifiziert werden, auch wenn gemäß eigener Beschreibung keine fundierte Wirksamkeitsanalyse realisiert, sondern lediglich „weiche" Parameter für Erfolgskriterien erfasst werden konnten. Deinet (2009a) verfolgte mit einer prozessbegleitenden Evaluierung zu neuen sozialräumlichen Beteiligungsprojekten für Jugendliche in Nordrhein-Westfalen ebenfalls nicht vorrangig Wirkungsevaluation, auch wenn diesem Aspekt neben anderen Aufmerksamkeit geschenkt wurde. In nachfolgende Darstellung wurden für das Erkenntnisinteresse dieses Beitrags relevante Aspekte der zwei Studien ebenfalls mitberücksichtigt. Nur die begleitende Evaluation von Fabian (2002) zu einem neu eingeführten aufsuchenden Angebot für Jugendliche in Basel, die vorrangig auf die Qualität der Projektumsetzung und erbrachten Leistung sowie die Bekanntheit und Akzeptanz des neuen Angebots abzielte, wird nicht weiter einbezogen, da sie in Bezug auf feststellbare Wirkungen sehr unbestimmt bleibt (vgl. ebd., S. 46).

Zu berücksichtigen ist, dass die Rahmenbedingungen und Auftragskonstellationen, in denen Wirkungsforschung bzw. -evaluation stattfindet, deren Möglichkeiten – hinsichtlich Zielsetzungen und Fragestellungen, Forschungsdesign und Methoden – dies v.a. auch mit Blick auf die zur Verfügung stehenden Ressourcen sowie Erkenntnisverwertung in unterschiedlichem Ausmaß mitstrukturieren. Die hier näher vorgestellten sechs Studien zur Mobilen Jugendarbeit unterscheiden sich in beiden Aspekten – Auftragskonstellation und Rahmen – teilweise erheblich.

4.1 Inhaltlicher Fokus der Wirkungsstudien

Aus der Vielgestaltigkeit möglicher Wirkungen Mobiler Jugendarbeit ergibt sich bei in der Regel begrenzten Zeit- und Personalressourcen für Wirkungsforschung die Konsequenz, auf ausgewählte Wirkaspekte fokussieren zu müssen – oder nur auf der Ebene von Einzelfällen (z. B. in biografischen Fallrekonstruktionen) in die Tiefe gehen zu können. Entsprechend gilt es zunächst zu identifizieren, welche Wirkdimensionen in der empirischen Erforschung in den Blick genommen werden sollen – bzw. auf welche die bereits vorliegenden Studien fokussieren und was sie nicht im Blickwinkel haben.

Drei der berücksichtigten Studien wählten grundsätzlich einen thematisch relativ breiten Zugang zu Wirkungen Mobiler Jugendarbeit. Allerdings begrenzte die Evaluationsforschung von Tossmann et al. (2008) in Berlin die Ziele des Projekts auf die Identifizierung relevanter Wirkdimensionen sowie Kriterien für Wirkung und Erfolg und erhebt keinen Anspruch, diese Wirkungen auch empirisch „nachzuweisen". Die beiden Wirkungsevaluationen unter der Leitung von Mayrhofer (2017a) und Stumpp (2009) hingegen strebten evidenzbasierte Erkenntnisse über die Wirkungen Mobiler Jugendarbeit auf breiter Ebene an. Beide Studien wollen zudem nicht nur Interventionsergebnisse und kurzfristige Effekte, sondern auch längerfristige Wirkungen erfassen. Während die Wirkungsevaluation zur Mobilen Jugendarbeit in Stuttgart von Stumpp et al. (ebd.) vorrangig auf der individuellen Wirkungsebene (inkl. der familiären Ebene) bleibt, bezieht die österreichische Studie zusätzlich die sozialräumliche und institutionelle Wirkungsebene (Mesoebene) stark mit ein. In eingeschränktem Ausmaß lassen sich auch Wirkungen auf der Makroebene ableiten (s. u. Kapitel zu statistischen Sekundäranalysen). Diese Studie von Mayrhofer et al. verfolgte darüber hinaus als einzige Studie dezidiert die Zielsetzung, gegenstandsadäquate Methoden der Wirkungsevaluation zu entwickeln bzw. adaptieren und zu erproben.

Die anderen drei Studien nehmen thematisch engere Perspektiven ein. So fokussieren Wittmann/Kampermann (2008) auf Aspekte abweichenden Verhaltens Jugendlicher sowie darauf bezogene Wirkungen und bleiben in erster Linie auf einer individuellen Wirkungsebene. Ziel der Untersuchung war die „Analyse der kriminalpräventiven und delinquenzreduzierenden Wirkungen der Mobilen Jugendarbeit Stuttgart für ihre Zielgruppe" (ebd., S. 93). Auch Hermann (2009) legte den Schwerpunkt der Evaluation dezidiert auf kriminalpräventive Wirkungen und nimmt dabei zugleich eine stärker sozialräumliche bzw. kommunale Wirkungsebene in den Blick. In beiden Studien wurden nichtkriminologische Wirkaspekte weitgehend ausgeklammert. Deinet et al. (2009a; 2009b) hingegen fokussierten auf sozialräumliche Aneignungs- und Beteiligungsprozesse von Jugendlichen im öffentlichen Raum sowie die damit einhergehenden Chancen und Probleme der Interventionen der Fachkräfte im Kooperationszusammenhang mit anderen Stakeholdern (Politik, Verwaltung, Anrainern etc.). Beschriebene Wirkungen bezogen sich „insbesondere auf Politik, unbeteiligte Jugendliche und Nachbarn" (ebd., S. 45), allerdings wurden auch Aneignungsprozesse beteiligter Jugendlicher infolge der Praxisprojekte empirisch erfasst und damit ebenfalls entsprechende Wirkungen aufgezeigt (ders. 2009b, S. 114).

4.2 Forschungsdesigns

Die Forschungsdesigns der empirischen Untersuchungen weisen nicht nur beachtliche Differenzen hinsichtlich der inhaltlichen Schwerpunkte bzw. Zielsetzungen auf, sondern zeichnen sich auch durch große Unterschiede in Bezug auf den methodologischen Bezugsrahmen, die zeitlichen und räumlichen Strukturierungen, die inkludierten Erfahrungsperspektiven bzw. Erhebungszielgruppen, die eingesetzten Erhebungs- und Auswertungsmethoden respektive das erschlossene empirische Material und den Abstrahierungs- bzw. Verallgemeinerungsgrad der erzielten Ergebnisse aus. Nachfolgend sollen die einzelnen Forschungsdesigns dargestellt werden[5], um im daran anschließenden Kapitel die Erfahrungen mit verschiedenen Erhebungs- und Auswertungsmethoden zusammenzufassen und die damit erzielbaren Wirkerkenntnisse zu diskutieren.

Wittmann und Kampermann (2008) führten in ihrer Forschung zu kriminalpräventiven Wirkungen Mobiler Jugendarbeit in Stuttgart eine Querschnittstudie (nur ein Erhebungszeitpunkt) mit Untersuchungs- und Kontrollgruppe durch. Befragt wurden mit standardisiertem Fragebogen ausschließlich Jugendliche bzw. junge Menschen, nämlich aktuelle Nutzer*innen mobiler Angebote (n = 100) und als Kontrollgruppe Schüler*innen einer Berufsvorbereitungsschule (n = 58). Drei qualitative Interviews dienten zur Illustration der quantitativen Befunde. Aussagen über mögliche Veränderungen durch Mobile Jugendarbeit wurden im Vergleich mit der Kontrollgruppe und über retrospektive Selbsteinschätzungen der Jugendlichen gewonnen. Die retrospektiven Fragen sollten die im Rahmen der Qualifizierungsarbeit fehlenden Möglichkeiten für ein Prä-Post-Design kompensieren, auch wenn die Autorinnen einschränkend anmerken, dass dies damit nur begrenzt leistbar war (vgl. ebd., S. 96). Das Vergleichsgruppendesign ist dem Bemühen geschuldet, sich einem quasiexperimentellen Design möglichst anzunähern. Allerdings führt die Studie zugleich die Grenzen solch eines Designs im speziellen Arbeitsfeld der Mobilen Jugendarbeit vor Augen: Es stellt sich das generell bei quasiexperimentellen Untersuchungen virulente Problem der internen Validität (vgl. Bortz/Döring 2003, S. 530; Müller 2017, S. 211) in besonderer Weise, da keine hinreichende Kontrolle von Dritt- bzw. Störvariablen möglich ist; dies wurde in der Studie auch nicht ansatzweise versucht.

Auch die zweite Evaluationsstudie mit dezidiert kriminalpräventivem Fokus, durchgeführt von Hermann (2009) in Eppelheim, strebte ein Kontrollgruppendesign, verbunden mit einer Panelerhebung (Prä-Post- bzw. Längsschnittdesign) an. Die schriftliche Befragung mittels standardisiertem Fragebogen richtete sich einerseits an erwachsene Bewohner*innen von „Problemgebieten" des Ortes und andererseits an in Eppelheim lebende Jugendliche. Die Befragung der Jugendlichen stellte eine Prä-Post-Studie ohne Kontrollgruppe dar. Die Bürger*innen-Befragung war als Prä-Post-Kontrollgruppenuntersuchung angelegt, wobei Bürger*innen der Gemeinde, die über das neue Projekt Mobiler Jugendarbeit informiert waren, mit solchen, die davon nicht wussten, verglichen wurden. Dieser Vergleich begründete sich auf der Hypothese, dass

---

5 Tossmann et al. (2008) weisen bereits einleitend darauf hin, dass sie aus forschungsmethodischen bzw. -ökonomischen Gründen keine fundierte Wirksamkeitsanalyse mit einem multifaktoriellen Forschungsdesign, Prä-/Post-Messungen etc. realisieren konnten. Deshalb wird ihr Forschungsdesign nicht näher vorgestellt.

eine Einflussnahme durch das Projekt v.a. in der „wissenden" Gruppe zu erwarten sei, während in der Kontrollgruppe Veränderungen nur bedingt auf das Projekt zurückgeführt werden könnten. Diese Hypothese, auf der kausale Wirkungsschlüsse aufbauen sollten, überzeugt aber m. E. nur bedingt oder ist zumindest nicht ausreichend plausibilisiert. So könnten wahrgenommene Verbesserungen der Gruppe, die um das Projekt wusste, auch aus einem entsprechenden Erwartungseffekt ähnlich einem „Placebo-Effekt" entstehen. Der insgesamt niedrige Rücklauf und Verknüpfungsprobleme zwischen den Fragebögen aus erster und zweiter Erhebungswelle führten schlussendlich zu einer Stichprobengröße von n = 37 bei den Jugendlichen und n = 56 bei den Erwachsenen (das dürfte in etwa einem Rücklauf von 5 % der angeschriebenen Grundgesamtheit entsprechen), über die Repräsentativität der Stichprobenzusammensetzung liegen keine näheren Informationen vor. Der Anteil an Jugendlichen unter den Befragten, die selbst tatsächlich direkten Kontakt zur Mobilen Jugendarbeit hatten, wird als „vernachlässigbar klein" (ebd., S. 345) beschrieben.

Die Studie von Stumpp et al. (2009) basiert auf einer Methodentriangulation aus einer standardisierten Fragebogenerhebung (n = 400) unter ehemaligen Nutzer*innen Mobiler Jugendarbeit in Stuttgart (d. h. Personen, die aktuell die Angebote nicht mehr nutzen) und qualitativen Leitfadeninterviews einerseits ebenfalls mit „Ehemaligen" (n = 6), andererseits mit Eltern von Jugendlichen (n = 6), die zum Studienzeitpunkt Angebote Mobiler Jugendarbeit nutzten. Bei den Eltern konnte somit vor allem deren subjektive Wirkungseinschätzung zum Zeitpunkt des aktiven Kontakts ihrer Kinder mit Mobiler Jugendarbeit exemplarisch erhoben werden. Die „Ehemaligen"-Befragung mittels eines umfangreichen standardisierten Erhebungsinstruments wurde als Einmalerhebung durchgeführt, Wirkungshinweise sollten durch retrospektiv-bilanzierende Fragen gewonnen werden. In der Datenerhebung wurde keine Zufallsstichprobe realisiert, vielmehr verteilten die Jugendarbeiter*innen die Fragebögen persönlich an ehemalige Nutzer*innen (vermutlich an alle, an die sie sich noch erinnerten). Damit einhergehende Fragen der Repräsentativität der Stichprobe wurden in der Studie nicht näher reflektiert. Die Studie zeichnet sich durch einen äußerst hohen Rücklauf von 70 % der ausgeteilten Fragebögen aus.

In den Evaluationen sozialräumlicher Projekte in Nordrhein-Westfalen von Deinet (2009a) kam ein qualitatives Forschungsdesign zur Anwendung, das prinzipiell Ähnlichkeiten mit einem ethnografischen Vorgehen aufweist, auch wenn es nicht explizit so genannt wurde: Ortsbegehungen und teilnehmende Beobachtungen unterschiedlicher Events bzw. Treffen oder anderer Umsetzungsschritte im Laufe der Realisierung der zehn Praxisprojekte wurden mit qualitativen Leitfadeninterviews mit verschiedenen Stakeholdern (sozialpädagogische Fachkräfte, Kommunalpolitiker*innen, Jugendamtsvertreter*innen – offenbar aber nicht mit Jugendlichen selbst) kombiniert. Zusätzlich konnten zur Verfügung gestellte Projektdokumente, aber auch Filme, Fotos etc. ausgewertet werden. Über Anzahl der durchgeführten Interviews und Beobachtungen bzw. den quantitativen Umfang des insgesamt in die Analyse einbezogenen Datenmaterials liegen keine näheren Angaben vor.

Die österreichische Studie ist die jüngste und umfassendste der vorgestellten Untersuchungen (vgl. Mayrhofer 2017e). Sie konnte bereits auf den Erfahrungen der vorangegangenen (Wirkungs-)Evaluationen zu Mobiler Jugendarbeit aufbauen und die dort gewonnenen Erkenntnisse in die Entwicklung des Forschungsdesigns und der Methoden einfließen lassen. In einer ersten Forschungsphase wurden die Merkmale der Wirkweisen und Wirkmöglichkeiten Mobiler Jugendarbeit in einer explorativen Voruntersuchung rekonstruiert, um anschließend das Methodenset gegenstandsangemessen zu konkretisieren und zu adaptieren. Die gesamte methodische Umsetzung war von einer ethnografischen Forschungshaltung getragen, um zu gewährleisten, dass die Gegebenheiten des Forschungsfeldes besondere Berücksichtigung finden. Das triangulative Forschungsdesign kombinierte unterschiedliche quantitative als auch mehrere qualitative Forschungsmethoden miteinander bzw. führte die jeweils gewonnenen Ergebnisse zusammen. Dabei wurde zugleich ein multiperspektivischer Ansatz verfolgt und unterschiedliche Stakeholder (die jugendlichen Nutzer*innen, ehemalige Nutzer*innen, Jugendarbeiter*innen, andere Nutzer*innen des Sozialraumes, Vertreter*innen der kommunalen Ebene und soziale Institutionen, Exekutive, in begrenztem Ausmaß Eltern etc.) mit zielgruppenadäquaten Erhebungsmethoden in die Forschung einbezogen. Konkret umfasste das Forschungsdesign folgende methodischen Zugänge:

- Standardisierte Fragebogenerhebungen (n = 130, Einmalerhebung) unter aktuellen Nutzer*innen in vier Einrichtungen Mobiler Jugendarbeit in Wien und Niederösterreich zur statistischen Erfassung von Interventionseffekten auf Einstellungen und Handlungsweisen Jugendlicher, Vergleich von Teilgruppen, die Mobile Jugendarbeit verschieden lang und in unterschiedlicher Intensität nutzen, zur Annäherungen an zeitliche Effekte der Interventionen.
- Vier ethnographisch-sozialräumliche Fallstudien (in Summe 25 teilnehmende Beobachtungen und 22 ethnographische oder themenzentrierte Leitfadeninterviews sowie Analyse von relevantem Datenmaterial, Fotos, Artefakte etc.) über einen Zeitraum von bis zu einem Jahr an verschiedenen Standorten bzw. zu unterschiedlichen Initiativen, um Wirkungsimpulse auf Ebene der professionellen Interaktion mit Jugendlichen sowie Wirkungsmöglichkeiten und realisierte Wirkungen mobiler Jugendarbeit auf Gemeinwesen-Ebene (z. B. in der Konfliktvermittlung mit Anrainer*innen etc.) zu erfassen.
- Narrativ-biographische Gespräche mit ehemaligen Nutzer*innen (n = 9) im Alter von Mitte zwanzig bis Mitte dreißig, umfassende qualitativ-interpre-

tative Rekonstruktion der individuellen Verarbeitungsweisen von Ereignissen und sozialarbeiterischen Interventionen – und damit der Wirkungsweisen auf individueller Basis eingebettet im sozialen Kontext (exemplarische anhand von zwei Einzelfallanalysen).

- Netzwerkerhebungen und -analysen unter Einsatz von Netzwerkkarten auf sozialräumlicher bzw. institutioneller Ebene zur Beleuchtung möglicher Effekte dieser Vernetzungen auf individueller und sozialräumlicher Ebene.

- Sekundärstatistische Auswertungen von Längsschnittdaten (2005–2014) des Sicherheitsmonitors der Polizei zu acht Interventionsgebieten mobiler Jugendarbeit sowie sechs strukturähnlichen Vergleichsgebieten (Prä-Post- und Vergleichsgruppendesign), um Erkenntnisse über Kriminalitätsentwicklung bei Jugendlichen und jungen Erwachsenen in den Gebieten, in denen Mobile Jugendarbeit neue Interventionen setzt, zu gewinnen und statistisch abgesicherte Rückschlüsse auf delinquenzpräventive Wirkungen entsprechender Angebote ziehen zu können.

In das Forschungsprojekt waren Prozesse der kooperativen Wissensbildung (Hüttemann 2016) zwischen Forschung und Praxis, aber auch mit Ausbildung und Kommunalpolitik sowie Vertreter*innen der Exekutive und des Bundesministeriums für Inneres integriert, um günstige Voraussetzungen für eine hohe Praxiswirksamkeit der gewonnenen Erkenntnisse zu schaffen.

Zusammengefasst lassen die beschriebenen Forschungsdesigns mehrfach deutlich werden, dass eine Realisierung valider Kontrollgruppendesigns im speziellen Forschungsfeld sehr unrealistisch ist, da sich aufgrund komplexer Wirkzusammenhänge kaum ausreichend vergleichbare Kontrollgruppen identifizieren bzw. die diversen konfundierenden Drittvariablen zu wenig kontrollieren lassen. Somit ist in solchen Untersuchungsdesigns nur unzureichend interne Validität sichergestellt, wodurch kausale Schlussfolgerungen nicht möglich sind. Zugleich zeigen die Erfahrungen mit Prä-Post-Designs, dass Panel-Erhebungen (d. h. Mehrfachbefragung gleichen Personen zu verschiedenen Zeitpunkten) aufgrund der „Flüchtigkeit" des Forschungsfeldes kaum umsetzbar sind, auch wenn sie aussagekräftige Ergebnisse bringen könnten. Allerdings erlaubten manche der erschlossenen Daten und eingesetzten Methoden (z. B. sozialräumliche Fallstudien über einen längeren Zeitraum, sekundärstatistische Auswertungen von vorliegenden Paneldaten, biografische Fallrekonstruktionen) sehr wohl eine Annäherung an Längsschnittdesigns, wie anschließend dargestellt wird.

4.3 Erfahrungen mit einzelnen Forschungsmethoden zur Wirkungsevaluation

Nachfolgend werden sechs unterschiedliche methodische Zugänge, zu denen Erfahrungen in der Wirkungsforschung zu Mobiler Jugendarbeit vorliegen, näher beschrieben und die damit erzielbaren Wirkerkenntnisse erörtert.

Standardisierte Fragebogenerhebungen und statistische Datenanalyse

Die Befragung mittels standardisierten Erhebungsinstruments stellt wohl den bekanntesten methodischen Zugang der empirischen Sozialforschung dar. Auch in den oben dargestellten Forschungsdesigns waren Fragebogenerhebungen abgesehen von einer Ausnahme (Deinet 2009a) immer integriert und standen teilweise im Zentrum der eingesetzten Methodik. Allerdings zeigen die vorliegenden Erfahrungen, dass mit diesem methodischen Zugang nur dann eine ausreichend aussagekräftige Annäherung an kausale Ursachen-Wirkungs-Zusammenhänge (nicht nur) in der Mobilen Jugendarbeit möglich ist, wenn hohe methodische Ansprüche realisiert werden.

Abgesehen von den bereits thematisierten Problemen der Realisierung von Vergleichsgruppen- und Prä-Post-Designs in der Befragung stellt bereits die Entwicklung des Erhebungsinstruments eine anspruchsvolle Aufgabe dar. Die Operationalisierung der interessierenden Ursache-Wirkungs-Zusammenhänge gestaltet sich als schwieriges Unterfangen. Die vorliegenden Erhebungsinstrumente zur Wirkungsevaluation Mobiler Jugendarbeit reflektieren beispielsweise überwiegend das realisierbare und angemessene Skalen- bzw. Messniveau der Antwortformate nicht, meist wurden nominal- und ordinalskalierte Daten gewonnen. Lediglich die österreichische Studie achtete bei der Ausarbeitung des Erhebungsinstruments darauf, Antwortformate mit einem hohen Messniveau zu realisieren (vgl. Mayrhofer/Bengesser/Neuburg 2017, S. 50). Nach Möglichkeit sollten intervallskalierte Daten generiert werden, da sie höhere mathematische Operationen bzw. statistische Analyseverfahren erlauben. Zugleich wurde reflektiert, ob die Skalenniveaus der Antwortformate „strukturerhaltend" sind, denn ein empirisches Relativ kann nur dann in einem numerischen Relativ abgebildet werden, wenn dessen Zahlen „die Objektrelationen des empirischen Relativs korrekt repräsentieren" (Bortz/Döring 2003, S. 69).

Die Herausforderungen der Datenerhebung und der Realisierung einer repräsentativen Stichprobe klangen bereits bei den Beschreibungen der Forschungsdesigns an, auf sie soll hier nicht weiter eingegangen werden. Ergänzend sei das unterschiedliche Vorgehen bei den Datenerhebungen erwähnt: Teilweise fanden schriftliche Erhebungen statt (vgl. Hermann 2009; Stumpp et al. 2009), d. h. die Befragten füllten den Fragebogen allein aus, teilweise wurden persönlich-mündliche Erhebungen (in beiden Fällen bei aktuellen Nutzer*innen) durch Interviewer*innen durchgeführt (vgl. Wittmann/Kampermann

2008 und Mayrhofer/Bengesser/Neuburg 2017). Während ersteres Vorgehen kostengünstiger ist und ein von Intervieweinflüssen „ungestörtes" Beantworten der Fragen erlaubt, ermöglicht die relativ zeitintensive persönlich-mündliche Befragung durch geschulte Interviewer*innen ein höheres Ausmaß an Qualitätssicherung der erhobenen Daten. Dies bietet den großen Vorteil, dass auch ein anspruchsvolleres Erhebungsinstrument, das gehaltvollere Daten liefert, bei einer überwiegend als „bildungsfern" zu beschreibenden Befragungszielgruppe realisiert werden kann.

Die mit dem Erhebungsinstrument gewinnbaren Daten und deren Messniveaus, aber auch die statistischen Methodenkompetenzen der Forschenden determinieren die einsetzbaren statistischen Auswertungsverfahren. Hier zeigt der Großteil der vorliegenden Studien starke Limitationen: Die Datenauswertungen von Stumpp et al. (2009) und Hermann (2009) bewegen sich etwa ausschließlich auf deskriptivstatistischem Niveau und können somit keine Aussagen zu statistisch gesicherten Zusammenhängen bzw. Differenzen machen, sie beschreiben beobachtbare Unterschiede zwischen unterschiedlichen Datengruppen bzw. Messzeitpunkten lediglich.

Die Datengrundlage von Wittmann/Kampermann (2008) weist insofern prekäre Grundlagen für statistische Aussagen über Ursache-Wirkungs-Zusammenhänge auf, als die Vergleichbarkeit der beiden Gruppen an vielen Stellen fragwürdig erscheint – etwa wenn die Untersuchungs- bzw. Treatmentgruppe signifikant häufiger Konflikte im öffentlichen Raum aufweist, sich zugleich aber auch signifikant häufiger im öffentlichen Raum aufhält als die Kontrollgruppe. Die Vergleichsgruppen wurden auch mittels bivariater Analyseverfahren auf Differenzen in Hinblick auf jeweils zwei verschiedene Variablen untersucht, wobei sich mehrfach signifikante bzw. hochsignifikante Unterschiede im Freizeitverhalten oder in Bezug auf Regelverstöße generell (ohne Bezug auf Interventionen Mobiler Jugendarbeit) feststellen ließen. Die Effektgröße unterschiedlicher unabhängiger Variablen wurde allerdings nicht mit geeigneten multivariaten Verfahren, etwa multiplen Regressionsanalysen, geprüft, sodass keine Aussagen über kausale Zusammenhänge möglich sind. Bei den für Wirkungserkenntnisse zentralen Vorher-Während-Vergleichen (vgl. ebd., S. 184 ff.) wurden überhaupt keine inferenzstatistischen Verfahren eingesetzt, sondern liegen Ergebnisse lediglich auf deskriptivstatistischer Ebene vor, obwohl gerade bei diesen Daten multivariate Auswertungen unter Berücksichtigung unterschiedlicher Einflussfaktoren interessant gewesen wären.

Auch die mit dem vergleichsweise elaborierten Erhebungsinstrument der Wirkungsstudie von Mayrhofer et al. erzielbaren Ergebnisse verweisen auf die begrenzte Komplexität, die mit dem methodischen Zugang grundsätzlich erfassbar ist und valide Aussagen über Wirkzusammenhänge allgemein einschränkt. Zudem ist zu berücksichtigen, dass Handlungsweisen der jugendlichen Nutzer*innen nicht direkt erfasst werden. Vielmehr nähert man sich ihnen und möglichen Wirkeffekten Mobiler Jugendarbeit über Einschätzungen und Selbstrepräsentationen der Befragten an. Eingeschränkte Aussagekraft zeigen die Ergebnisse auch hinsichtlich der Langfristigkeit der Effekte, da aufgrund ungesicherter mehrfacher Erreichbarkeit der befragten Jugendlichen und begrenzter Ressourcen kein Paneldesign realisiert werden konnte. Dennoch ließen sich aus den Daten durch den Vergleich verschiedener Teilstichproben bzw. mittels bi- und multivariater statistischer Analyseverfahren einigermaßen gut fundierte empirische Hinweise auf Wirkungen Mobiler Jugendarbeit gewinnen. Insbesondere der Vergleich unterschiedlich langer bzw. intensiver Nutzer*innen-Gruppen mit entsprechenden statistischen Analyseverfahren (multiple Regressionsanalysen) brachte Wirkerkenntnisse von größerer Aussagekraft. Hierdurch ließ sich der simultane Einfluss mehrerer unabhängiger Variablen (Alter, Geschlecht, frequentierte Einrichtung, Kontaktdauer und -häufigkeit zur Mobilen Jugendarbeit) auf eine metrisch abhängige Variable analysieren (die Effektparameter sind dabei um Überlappungen mit den anderen im Modell enthaltenen Einflussgrößen bereinigt – vgl. Mayrhofer/ Bengesser/Neuburg 2017, S. 57). Das Problem sozial erwünschter Antworten ließ sich nicht endgültig kontrollieren, die tatsächlich erzielten Antworten wiesen aber oft deutliche Differenzierungen auf, was für eine hohe Güte der Ergebnisse spricht.

Zusammengefasst stellt die Gewinnung aussagekräftiger Wirkerkenntnisse mittels standardisierter Befragungen und durch geeignete statistische Analyseverfahren ein äußerst anspruchsvolles Unterfangen dar, das im besten Fall eine einigermaßen belastungsfähige Annäherung an kausale Wirkzusammenhänge ermöglicht und eine breite Grundlage an Wirkerkenntnissen Mobiler Jugendarbeit bereitstellen kann (vgl. Mayrhofer 2017d). Mit dem methodischen Zugang lässt sich aber nur ein begrenzter Teil der vielen konfundierenden Variablen bzw. multikausal zusammenwirkenden Kontextfaktoren erfassen. Zur zusätzlichen Validierung der Wirkerkenntnisse empfiehlt sich deshalb eine Verknüpfung mit anderen methodischen Verfahren, die vertiefende Erkenntnisse darüber erlauben, *wie* die Wirkungen in der Einbettung im sozialen Kontext zustande kommen, die also zu einem tieferen Verständnis der Wirkmechanismen Mobiler Jugendarbeit beitragen.

Qualitative Leitfadeninterviews und inhaltsanalytische Auswertungen

Neben standardisierten Fragebogenerhebungen wurden in den vorliegenden Wirkungsstudien zu Mobiler Jugendarbeit meist auch qualitative Leitfadeninterviews als Erhebungsmethode eingesetzt – teilweise als eigenständiger methodischer Zugang, teilweise eingebettet in sozialräumliche Fallstudien mit einem Mix an Erhebungs- und Auswertungsmethoden. Das Erhebungsinstrument wurde dabei in den unterschiedlichen Studien für sehr verschiedene Erhebungszielgruppen (sozialpädagogische Fachkräfte, Anrainer*innen, Eltern, kommunalpolitische Akteur*innen, Vertreter*innen von Behörden oder anderen Sozialen Diensten, aktuelle oder ehemalige Nutzer*innen Mobiler Jugendarbeit etc.) eingesetzt.

Die entwickelten Leitfäden können als themen- bzw. problemzentrierte teilstandardisierte Erhebungsinstrumente beschrieben werden. Häufig dürfte es sich um Ein-Personen-Gespräche gehandelt haben, in der Studie von Mayrhofer et al. kamen zudem Mehrpersonengespräche bzw. Gruppeninterviews zum Einsatz. Zusätzlich wurden dort im Rahmen der sozialräumlichen Fallstudien auch ethnografische Interviews geführt. Wenn die Leitfadeninterviews als eigener – zumeist standardisierte Erhebungen ergänzender – methodischer Zugang eingesetzt wurden, dann hatte die faktische Anwendung entweder explorativen oder illustrativen Charakter.

Generell weisen die vorliegenden Studien zur Wirkungsforschung bzw. -evaluation meist eine unzureichende Explikation und Reflexion des methodischen Vorgehens insbesondere in Bezug auf die angewandten Verfahren der qualitativen Datenauswertung auf. Stumpp et al. 2009 machen hierzu beispielsweise keine Angaben, lediglich dass im Team ausgewertet wurde, ist kurz angegeben (vgl. ebd., S. 9). Wittmann/Kampermann (2008, S. 210) geben zur Auswertungsmethode lediglich „illustrativ" an. Eine Ausnahme bildet die österreichische Wirkungsevaluation zu Mobiler Jugendarbeit (vgl. Haberhauer et al. 2017, S. 178; Werdenigg/Mayrhofer 2017, S. 280), wobei auch hier die Darstellungen des methodischen Vorgehens (strukturierende Inhaltsanalyse, verknüpft mit interpretativen, wenn auch wenig in die Tiefe gehenden Ansätzen der Themenanalyse nach Froschauer/Lueger 2003) nicht übermäßig ausführlich ausfallen.

Zu resümieren ist, dass qualitative Leitfadeninterviews für sich allein – d. h. ohne Einbindung in ein beispielsweise sozialräumlich-ethnografisches Fallstudiendesign – und in Kombination mit wenig elaborierten Auswertungsverfahren (d. h. theoretisch unreflektierten ad-hoc-Verfahren – vgl. Reichertz 2007, S. 7) kaum einen eigenständigen methodischen Beitrag zu aussagekräftiger Wirkungsforschung allgemein leisten können. Sie haben bestenfalls explorative bzw. exemplifizierende Funktion, vermögen aber keine evidenzbasierten Erkenntnisse über Kausalzusammenhänge bereitzustellen. Hierfür fehlt es u. a. in den meisten Studien an ausreichend elaborierten Auswertungsverfahren, denn auch für die Deutung von Wirkmechanismen und -zusammenhängen gilt, was Soeffner für sozialwissenschaftliche Deutungsprozesse generell formuliert: „Wer über die Akte der Deutung nichts weiß und sich über ihre Prämissen und Ablaufstrukturen keine Rechenschaftspflicht auferlegt, interpretiert – aus der Sicht wissenschaftlicher Überprüfungspflicht – einfältig, das heißt auf der Grundlage impliziter alltäglicher, *undercover* wirksamer Deutungsroutinen und Plausibilitätskriterien." (Soeffner 2014, S. 36; Hervorhebung im Original)

Sozialräumliche Fallstudien mit einem qualitativ-ethnografischen Forschungs-ansatz finden einerseits in der Evaluationsstudie von Deinet (2009a) und ande-rerseits in der österreichischen Wirkungsevaluation (vgl. Haberhauer et al. 2017) Anwendung. In beiden Studien sind auch qualitative Leitfadeninterviews integriert, dabei ermöglichte die Kombination mit anderen Erhebungsmetho-den wie teilnehmender Beobachtung und ethnografischen Interviews sowie die Integration unterschiedlicher Dokumente, visuellen Materials etc. vielschichti-gere und gehaltvollere Einblicke. Besonders relevant für Wirkungsforschung ist die Beobachtung bzw. forschende Begleitung bestimmter Interventionen, Pro-jekte o. ä. über einen längeren Zeitraum, sodass im günstigsten Fall ein qualita-tives Längsschnittdesign realisiert werden kann und sich Veränderungen in-folge der Interventionen empirisch festhalten lassen. Da bei Deinet (2009a; 2009b) das methodische Vorgehen nur relativ knapp dargestellt ist und in der Publikation kaum Reflexionen der damit gewonnenen Erfahrungen festgehal-ten sind sowie insgesamt nur teilweise eine explizite Wirkungsperspektive ein-genommen wurde, wird nachfolgend nur auf die Erfahrungen mit dem metho-dischen Ansatz in der österreichischen Wirkungsevaluation Mobiler Jugendar-beit Bezug genommen (vgl. Haberhauer et al. 2017, S. 178 ff. sowie Mayrhofer 2017 f., S. 315).

Die vier im Rahmen dieser Studie durchgeführten sozialräumlichen Fallstu-dien ermöglichten zunächst allgemein umfassende Einblicke in die Arbeitswei-sen der Jugendarbeiter*innen. Dies unterstützte dabei, die in der Studie insge-samt erzielten Wirkerkenntnisse ausreichend zu kontextualisieren und ange-messen zu interpretieren. Tatsächliche Erkenntnisse zu kausalen Wirkzusam-menhängen ließen sich mit den ethnografischen Forschungszugängen aller-dings in sehr unterschiedlichem Ausmaß gewinnen. Als gewinnbringend zeigte sich einerseits eine Kombination von Beobachtungen und ethnografischen oder themenzentrierten Leitfadeninterviews mit unterschiedlichen Akteursgruppen sowie anderem Datenmaterial, während die Beobachtung allein relativ wenige Wirkungserkenntnisse bereitstellen konnte. Zudem erwiesen sich sozialräumli-che Fallstudien in jenen Fällen als erkenntnisreicher, in denen klar abgrenzbare Ereignisketten bzw. Interventionen im Fokus der Studien standen und die Komplexität des Geschehens durch den Kontext limitiert war.

Die Auswertung des vielgestaltigen Materials, das in den ethnografisch ori-entierten sozialräumlichen Fallstudien gewonnen wurde, stellte vor einige Her-ausforderungen, da dies ein breites Methodenrepertoire und entsprechende Expertise bei den ForscherInnen erforderte. Jede Fallstudie wurde für sich ana-lysiert, wobei im Zentrum der Analyse immer die in Protokollen festgehaltenen Beobachtungen standen. Konkret wurden zuvor erarbeitete Reflexionsfragen an die Beobachtungsprotokolle gerichtet, die als Hilfsinstrument für eine tiefergehende Erschließung des Materials zu verstehen sind. Anschließend wurden die anderen erschlossenen Daten in die Analyse integriert (zum detaillierten methodischen Vorgehen vgl. Haberhauer et al. 2017, S. 176 ff.).

Die im günstigsten Fall erzielbaren Ergebnisse der sozialräumliche Fallstudien boten vielschichtige Wirkungserkenntnisse, die zugleich in gewissem Ausmaß *Interventions*-Wirkungs-Zusammenhänge herzustellen erlaubten, wie sich etwa über die sozialräumliche Fallstudie zum Prozess der Konfliktlösung rund um einen von Jugendlichen genutzten Fußballplatz erkennen ließ (vgl. Mayrhofer/Neuburg 2017). Solche Zusammenhangsbildungen mit spezifischen Interventionen erweisen sich im Forschungsfeld der Mobilen Jugendarbeit ansonsten als relativ schwierig (vgl. Punkt 2 dieses Beitrags).

Narrativ-lebensgeschichtliche Interviews
und biografische Fallrekonstruktionen

Solch ein methodischer Ansatz kam nur in der österreichischen Wirkungsstudie zum Einsatz (vgl. Mayrhofer 2017b), obwohl er aufgrund der Strukturbesonderheiten dieses Handlungsfeldes vielversprechend erscheint. Die soziologische und erziehungswissenschaftliche Biografieforschung verdeutlicht, wie sich mit diesem methodischen Zugang Entwicklungsverläufe abbilden und Prozessstrukturen des Lebenslaufes herausarbeiten lassen. Über qualitativ-rekonstruktive Auswertungsverfahren kann erschlossen werden, wie der Biograf bzw. die Biografin Ereignisse im Lebenslauf verarbeitet hat (vgl. Fuchs-Heinritz 2009, S. 138 f.), sie ermöglichen es, „[…] die Wirksamkeit von Sozialisationsinstanzen, die lebensgeschichtliche Konstituierung von Sinn und Bedeutung im vergangenen Lebensalltag in der Familie, der Nachbarschaft, in den pädagogischen Institutionen und die daraus entstehenden subjektiven Verarbeitungsformen (zu) analysieren […]" (Krüger 2006, S. 14). Dies erlaubt auch über den Einzelfall hinaus relevante Erkenntnisse über biografische Lern- und Bildungsprozesse.

Auch bei dieser methodischen Annäherung (zur genauen Methodenbeschreibung vgl. Mayrhofer 2017b) zeigten sich beachtliche Schwierigkeiten beim Feldzugang: Einerseits verfügten die Einrichtungen Mobiler Jugendarbeit nur sehr begrenzt über noch gültige Kontaktdaten ehemaliger Nutzer*innen, diese waren somit generell schwer erreichbar. Andererseits schienen manche kontaktierten Personen Scheu davor zu haben, sich auf das Ansinnen einzulassen, ihre Lebensgeschichte zu erzählen. Dies könnte u. a. damit zu tun haben, dass einige der Lebensgeschichten in der alltäglichen Deutung nicht als ‚Erfolgsstories' gelten würden bzw. eine sinnstiftenden Biografisierung (noch) nicht gelungen ist und das eigene Leben aus Sicht des Biografen bzw. der Biografin nicht berichtenswert erscheint.

Zur Auswertung der geführten Gespräche erwies es sich als notwendig, bestehende, auf den theoretischen Grundannahmen einer interpretativen Methodologie basierende qualitativ-rekonstruktive Verfahren der Narrationsanalyse (vgl. u. a. Schütze 1983; Riemann 1987; Rosenthal 1995) für die Zwecke der Wirkungsevaluation weiterzuentwickeln bzw. der spezifischen Beschaffenheit des erschlossenen biografischen Materials anzupassen (vgl. Mayrhofer 2017b, S. 120 ff.). Damit konnten die in den Interviews mitgeteilten Lebenserfahrungen und Erfahrungsverarbeitungen in ihrem prozesshaften Verlauf verstehend nachgezeichnet werden. Besonderes Augenmerk wurde in der zusammenfassenden Rekonstruktion auf die Frage gelegt, inwieweit und in welcher Weise die durch Mobile Jugendarbeit ermöglichten Erfahrungen in eine sinnstiftende Biografisierung eingebunden wurden und im späteren Leben handlungswirksam werden. Für einen breiteren Einsatz des erkenntnisreichen methodischen Zugangs dürfte sich einschränkend erweisen, dass das Analyseverfahren sehr zeitaufwändig ist sowie hohe Analysekompetenz und -erfahrung auf Seiten der Forschenden voraussetzt. Zugleich erscheint eine Kombination dieses Ansatzes mit anderen methodischen Zugängen wie etwa standardisierten Befragungen, die Wirkerkenntnisse auf eine breitere Basis (wenn auch bei geringerer Tiefe und Komplexität) zu stellen vermögen, empfehlenswert.

Statistische Sekundäranalyse von Längsschnittdaten

Die Nutzung vorhandener Daten stellt grundsätzlich eine verhältnismäßig unaufwändige Alternative zur Erhebung eigener Daten dar, wenn auch die Daten dem eigenen Erkenntnisinteresse entsprechen und zugänglich sein müssen. Im Rahmen des österreichischen Wirkungsevaluation Mobiler Jugendarbeit ermöglichte die Kooperation mit dem Bundeskriminalamt (BM.I) den Zugang zu Daten des österreichischen Sicherheitsmonitors (SIMO), die an sich nicht öffentlich zugänglich sind. Der SIMO ist ein bundesweites Datenanalyse- und Speicherungssystem, das die erste Verdachtslage umfassend abbilden und Exekutivbeamten zur Aufklärung und Prävention von Straftaten dienen soll. Die Daten enthalten u. a. genaue Angaben über die Art und den Zeitpunkt der Delikte, den Tatort, aber auch Hinweise auf die Tatverdächtigen (u. a. Alter sowie Geschlecht), sofern diese bekannt sind.

Für die sekundärstatistischen Auswertungen zur Wirkungsevaluation Mobiler Jugendarbeit wurden Längsschnittdaten über zehn Jahre (2005–2014) zu acht Interventionsgebieten der Einrichtungen – die Delikte ließen sich räumlich präzise mit deren Tätigkeitsgebieten verknüpfen – sowie sechs strukturähnlichen Vergleichsgebieten zur Verfügung gestellt. Um eine Eingrenzung auf Delikte der Zielgruppe von Interventionen Mobiler Jugendarbeit zu erreichen, wurden nur Delikte mit tatverdächtigen Personen berücksichtigt. Insofern beziehen sich die Erkenntnisse nur auf Straftaten mit bekannten Tatverdächtigen, nicht aber auf die (bei manchen Deliktsgruppen durchaus erheblichen) Delikte, bei denen keine Tatverdächtigen bekannt waren.

Die Datenanalysen steuerten statistisch abgesicherte Wirkungshinweise in Bezug auf strafrechtlich relevantes Verhalten der Zielgruppen Mobiler Jugendarbeit bei: Das Datenmaterial erlaubte ein Prä-Post-Vergleichsgruppendesign, da die Einrichtungen an manchen Einsatzgebieten ihre Tätigkeit erst nach 2005 aufgenommen hatten. Die Datenanalyse in vier Fixed-effect-Panelmodellen (vgl. Bengesser 2017, S. 298 ff.) berücksichtigte differierende Variablen (Intervention & Interventionsdauer, allgemeine Trendwende nach 2007, saisonale Unterschiede, Periodeneffekte etc.), alle Modelle wurden auf Multikollinearität[6] überprüft. Die Ergebnisse zeigten tatsächlich signifikante Zusammenhänge, d. h. statistisch gesicherte Nachweise über die Reduktion von Delikten mit jugendlichen Tatverdächtigen in den Tätigkeitsgebieten und -zeiträumen Mobiler Jugendarbeit.

Für sich allein würden diese Ergebnisse aber schwierig zu interpretieren sein, da in den Berechnungen erstens viele nicht näher bekannte Kontextfaktoren nicht berücksichtigt werden konnten; es erscheint insofern angemessener, von starken Wirkungsindizien zu sprechen. Zweitens ermöglichen die statistischen Analysen keine Erkenntnisse darüber, *wie* Mobile Jugendarbeit wirkt. Um etwa zu wissen, ob die Reduktion der durch die Polizei festgehaltenen Delikte mit jugendlichen Tatverdächtigen tatsächlich auf Verhaltensänderungen bei den Jugendlichen zurückzuführen ist oder beispielsweise auch dadurch mit bewirkt wird, dass straffällige Jugendliche in andere Gebiete ausweichen, ob möglicherweise durch die Jugendarbeit die Toleranz des sozialräumlichen Umfeldes erhöht wurde und mehr informelle Konfliktlösungen realisiert werden (auch dies wäre als positive Wirkung Mobiler Jugendarbeit einzustufen) oder noch ganz andere Wirkweisen hinter den statistisch feststellbaren Deliktsrückgängen stehen, braucht es andere methodische Zugänge. Die Ergebnisse der SIMO-Sekundäranalysen stellen insofern eine gewinnbringende Ergänzung des breiten Methodenspektrums der österreichischen Wirkungsevaluation dar und gewinnen durch die Erkenntnisse der anderen Zugänge erheblich an Aussagekraft.[7]

---

6 Multikollinearität bedeutet, dass zwei oder mehrere erklärende Variablen hoch untereinander korreliert sind – vgl. Bengesser 2017, S. 310.

7 In der österreichischen Wirkungsstudie waren zudem ursprünglich formale Netzwerkanalysen zu institutionellen Vernetzungen der Einrichtungen Mobiler Jugendarbeit als Teil von Fallstudien zu ausgewählten Interventionen bzw. Projekten geplant, um mögliche Effekte dieser Vernetzungen auf individueller und sozialräumlicher Ebene zu prüfen. Dies ließ sich aber nicht umsetzen bzw. stellte sich als nicht zielführend heraus. Bei der Prüfung der Eignung dieses methodischen Zugangs wurde der Eindruck gewonnen, dass sich die sehr flexible und sich laufend verändernde Beschaffenheit und Arbeitsweise der Netzwerke Mobiler

5. Fazit, methodische Weiterentwicklungen und Forschungsbedarfe

Die vorgestellten Forschungserfahrungen zu den Wirkungen Mobiler Jugendarbeit unterstreichen die große Bedeutung eines komplexen Forschungsdesigns mit einem passenden Perspektiven- und Methodenmix, die erst in ihrer Kombination ausreichend valide Erkenntnisse zu den Wirkungen dieses Arbeitsfeldes gewähren. Die österreichische Wirkungsevaluation verdeutlicht exemplarisch, wie jeder zum Einsatz gekommene Forschungszugang spezielle Stärken, aber auch Schwächen oder Begrenzungen aufweist. Diese lassen sich wechselseitig ausgleichen und erlauben so eine wissenschaftlich gehaltvolle Annäherung an Wirkungsnachweise im untersuchten Tätigkeitsfeld. Besondere Aussagekraft gewinnen die Ergebnisse zu bestimmten Wirkungsdimensionen durch die Synthese der verschiedenen Teilergebnisse, die aus den unterschiedlichen methodischen Zugängen resultieren. Dabei dürfen allerdings die grundsätzlichen Limitationen für kausale Wirkungsevaluation in diesem Interventionsfeld nicht außer Acht gelassen werden.

Solch komplexe Forschungsdesigns erfordern breite und elaborierte Methodenkompetenzen bei den Forschenden, beachtliche Zeit- und finanzielle Ressourcen sowie eine ausreichende Unterstützung in der Umsetzung durch die beforschten Einrichtungen und Fachkräfte. Insbesondere ressourcenmäßig werden allerdings in herkömmlichen Settings der Auftragsforschung nur selten geeignete Bedingungen zur Realisierung komplexer Mixed-Methods-Ansätze vorliegen. Es dürfte kein Zufall sein, dass ein entsprechendes Design nur in der über ein Forschungsförderungsprogramm finanzierten österreichischen Wirkungsstudie zu Mobiler Jugendarbeit realisiert wurde. Dort ermöglichten die Rahmenbedingung auch, unterschiedliche methodische Ansätze hinsichtlich ihrer Eignung für Wirkungsforschung im spezifischen Arbeitsfeld auszuprobieren – und damit u. U. auch zu scheitern, was im Kontext von Auftragsforschung schwer denkbar ist, wird doch dort die Erbringung der beauftragten Wirknachweise erwartet. Wer evidenzbasierte Erkenntnisse über die Wirkungen Mobiler Jugendarbeit oder vergleichbarer sozialer Angebote einfordert, muss auch mit Nachdruck daran arbeiten, hierfür die benötigten Rahmenbedingungen zu schaffen.

Die Erfahrungen zeigen zudem Weiterentwicklungsbedarfe bei den Methoden der Wirkungsforschung. So wurde zwar narrationsorientierte Biografiefor-

---

Jugendarbeit über standardisierte Erhebungsinstrumente, wie sie der strukturalen oder formalen Netzwerkanalyse entsprechen, nicht adäquat erfassen lassen. Diese würden eine unzulässige Komplexitätsreduktion der Beziehungsstrukturen und -dynamiken „erzwingen". Doch auch die stattdessen umgesetzten qualitativen Netzwerkanalysen ermöglichte nur eingeschränkt Wirkerkenntnisse (vgl. Werdenigg/Mayrhofer 2017, S. 276 ff.).

schung als besonders vielversprechender methodischer Ansatz zur Wirkungsevaluation Mobiler Jugendarbeit identifiziert. Allerdings zeigen sich Limitationen bei den damit erreichbaren Personengruppen, und zwar v.a. in Bezug auf
Personen, die eine geringe verbale Erzählkompetenz mitbringen oder denen es
schwer fällt, dem eigenen Leben eine zusammenhängende Bedeutung zuzuschreiben und es in eine sinnhafte Gesamtgestalt zu ordnen. Hierfür ist es notwendig, niedrigschwelligere Erhebungsverfahren zu entwickeln und zu erproben. Ein großer Entwicklungsbedarf zeigt sich auch in Bezug auf elaborierte
qualitative Auswertungsverfahren zur Wirkungsforschung im fokussierten
Arbeitsfeld – und wohl darüber hinaus. Dabei ist davon auszugehen, dass durch
die Integration qualitativ-rekonstruktiver Methoden in die Forschungsdesigns
die spezifischen Arbeitsweisen Mobiler Jugendarbeit und die Wirkzusammenhänge dieses Handlungsfeldes gegenüber Dritten (z. B. kommunalen Fördergeber*innen etc.) in besonderer Weise vermittelt werden können.

Abschließend soll auf einen wichtigen Forschungs- und Entwicklungsbedarf
hingewiesen werden: Insgesamt konnten über die Forschungen kaum internet-
und mediengestützte Interventionen Mobiler Jugendarbeit wahrgenommen
werden. Angesichts der herausragenden Bedeutung, die Soziale Medien in der
Lebenswelt der Jugendlichen einnehmen, zeigt sich eine intensive fachliche
Auseinandersetzung mit Chancen und Risiken von Ansätzen digitaler Jugendarbeit auch in der Mobilen Jugendarbeit als Gebot der Stunde. Hierzu bedarf es
zugleich begleitender Forschung – auch mit Fokus auf Wirkungen, um der
Praxis für diese herausfordernde Weiterentwicklung ihrer Arbeitsweisen und
fachlichen Haltungen evidenzbasiertes Reflexionswissen zur Verfügung zu
stellen.

Literatur

BAG – Bundesarbeitsgemeinschaft Streetwork/Mobile Jugendarbeit (2008): Fachliche Stan-
dards. In: Gillich, Stefan (Hrsg.): Bei Ausgrenzung Streetwork. Handlungsmöglichkeiten
und Wirkungen. Gelnhausen: TRIGA, S. 229–236.
BAST – Bundesarbeitsgemeinschaft Streetwork/Mobile Jugendarbeit e.V. (2007): Fachliche
Standards. www.bundesarbeitsgemeinschaft-streetwork-mobile-jugendarbeit.de/bag-
material/bagstandards2007.pdf (Abfrage: 11.12.2012).
Bengesser, Andreas (2017): Wirkungsevaluation mobiler Jugendarbeit anhand von Daten des
Sicherheitsmonitors. In: Mayrhofer, Hemma (Hrsg.): Wirkungsevaluation mobiler Ju-
gendarbeit. a.a.O., S. 287–310.
Bortz, Jürgen/Döring, Nicola (2003): Forschungsmethoden und Evaluation. 3., überarb. Aufl.,
Berlin u. a.: Springer.
Buschmann, Mirja (2009): Das Wissen zur Kinder- und Jugendarbeit. Die empirische For-
schung 1998–2008. www.ljr-nrw.de/uploads/media/kinder-und-jugendarbeit-120809.pdf
(Abfrage: 31.01.2018).

Cloos, Peter/Schulz, Marc (2011): Forschende Zugänge zur Offenen Kinder- und Jugendarbeit. In: Schmidt, Holger (Hrsg.): Empirie der Offenen Kinder- und Jugendarbeit. Wiesbaden: VS Verlag, S. 239–268.

Deinet, Ulrich (2009a): Einleitung: Untersuchungsdesign und Ergebnispräsentation. In: Deinet, Ulrich/Okroy, Heike/Doth, Georg/Wüsthof, Angela (Hrsg.): Betreten erlaubt! Projekte gegen die Verdrängung Jugendlicher aus dem öffentlichen Raum. Opladen: Budrich, S. 43–47.

Deinet, Ulrich (2009b): Zwischen Hüttenbau und politischer Beteiligung – Evaluation der Projekte. In: Deinet, Ulrich/Okroy, Heike/Doth, Georg/Wüsthof, Angela (Hrsg.): Betreten erlaubt! Projekte gegen die Verdrängung Jugendlicher aus dem öffentlichen Raum. Opladen: Budrich, S. 109–156.

Deinet, Ulrich/Krisch, Richard (2013): Mobile, aufsuchende Ansätze der Offenen Jugendarbeit. In: Deinet, Ulrich/Sturzenhecker, Benedikt (Hrsg.): Handbuch Offene Kinder- und Jugendarbeit. Wiesbaden: Springer VS, S. 415–419.

Delmas, Nanine (2009): „… da bin ich langsam, wie soll ich sagen, klüger geworden“ – Qualität und Wirkungen Mobiler Jugendarbeit. In: Lindner, Werner (Hrsg.): Kinder- und Jugendarbeit wirkt. Aktuelle und ausgewählte Evaluationsergebnisse der Kinder- und Jugendarbeit. Wiesbaden: VS Verlag, S. 213–226.

Fabian, Carlo (2002): Evaluation der Mobilen Jugendarbeit Basel. Basel (unveröff.).

Froschauer, Ulrike/Lueger, Manfred (2003): Das qualitative Interview. Zur Praxis interpretativer Analyse sozialer Systeme. Wien: WUV.

Fuchs, Manuel (2013): Stadtentwicklung aus der Praxis der Mobilen Jugendarbeit Basel/ Riehen. In: Drilling, Matthias/Oehler, Patrick (Hrsg.): Soziale Arbeit und Stadtentwicklung. Forschungsperspektiven, Handlungsfelder, Herausforderungen. Wiesbaden: Springer VS, S. 207–216.

Fuchs-Heinritz, Werner (2009): Biographische Forschung. Eine Einführung in Praxis und Methoden. Wiesbaden: VS Verlag.

Haberhauer, Judith/Mayrhofer, Hemma/Neuburg, Florian/Werdenigg, Andrea (2017): „What the hell is going on here?“ Zur Methodik der sozialräumlichen Fallstudien. In: Mayrhofer, Hemma (Hrsg.): Wirkungsevaluation mobiler Jugendarbeit. a.a.O., S. 165–180.

Hermann, Dieter (2009): Kriminalprävention durch mobile Jugendarbeit. Eine Evaluationsstudie. In: Kriminalistik 6, S. 344–348.

Hüttemann, Matthias (2016): Wissensproduktion und Wissensverwendung in Projekten – kooperative Wissensbildung als Alternative zu evidenzbasierter Praxis? In: Borrmann, Stefan/Thiessen, Barbara (Hrsg.): Wirkungen Sozialer Arbeit. Potentiale und Grenzen der Evidenzbasierung für Profession und Disziplin. Opladen, Berlin, Toronto: Barbara Budrich, S. 42–56.

Krüger, Heinz-Hermann (2006): Entwicklungslinien, Forschungsfelder und Perspektiven der erziehungswissenschaftlichen Biographieforschung. In: Krüger, Heinz-Hermann/ Marotzki, Winfried (Hrsg.): Handbuch erziehungswissenschaftliche Biographieforschung. Wiesbaden: VS Verlag, S. 13–33.

LAG – Landesarbeitsgemeinschaft Mobile Jugendarbeit/Streetwork Baden-Württemberg e.V. et al. (2011): Was leistet Mobile Jugendarbeit? Ein Portrait Mobiler Jugendarbeit in Baden-Württemberg. www.kvjs.de/fileadmin/publikationen/jugend/Mobile-Jugendarbeit-2011.pdf (Abfrage: 15.02.2014).

Liebig, Reinhard/Begemann, Maik-Carsten (2008): Wirkungen als Forschungsgegenstand. Ansätze der empirischen Erfassung von Wirkungen in der Kinder- und Jugendhilfe. In: Sozial Extra, H. 9–10, S. 45–48.

Lindenau, Mathias (2012): Prävention als Form sibyllinischer Weissagung. Das Beispiel der Suchtprävention. In: Lindenau, Mathias/Meier Kressig, Marcel (Hrsg.): Zwischen Sicherheitserwartung und Risikoerfahrung. Vom Umgang mit einem gesellschaftlichen Paradoxon in der Sozialen Arbeit. Bielefeld: Transcript, S. 325–350.

Mayrhofer, Hemma (Hrsg.) (2017a): Wirkungsevaluation mobiler Jugendarbeit. Methodische Zugänge und empirische Ergebnisse. Opladen: Verlag Barbara Budrich.

Mayrhofer, Hemma (2017b): Biografische Fallrekonstruktionen: Methodologische Grundlagen und methodische Umsetzung. In: Mayrhofer, Hemma (Hrsg.): Wirkungsevaluation mobiler Jugendarbeit. a.a.O., S. 117–124.

Mayrhofer, Hemma (2017c): Einleitung: Mobile Jugendarbeit und Wirkungsevaluation. In: Mayrhofer, Hemma (Hrsg.): Wirkungsevaluation mobiler Jugendarbeit. a.a.O., S. 15–29.

Mayrhofer, Hemma (2017d): Ergebnisse der standardisierten Befragung: breites Spektrum statistisch fundierter Wirkerkenntnisse. In: Mayrhofer, Hemma (Hrsg.): Wirkungsevaluation mobiler Jugendarbeit. a.a.O., S. 61–116.

Mayrhofer, Hemma (2017e): Forschungsdesign und Methodik. In: Mayrhofer, Hemma (Hrsg.): Wirkungsevaluation mobiler Jugendarbeit. a.a.O., S. 31–39.

Mayrhofer, Hemma (2017f): Methodische Erfahrungen und Methodendiskussion. In: Mayrhofer, Hemma (Hrsg.): Wirkungsevaluation mobiler Jugendarbeit. a.a.O., S. 313–318.

Mayrhofer, Hemma/Bengesser, Andreas/Neuburg, Florian (2017): Befragung mittels standardisiertem Fragebogen: Erhebungsinstrument, Datenerhebung und Datenanalyse. In: Mayrhofer, Hemma (Hrsg.): Wirkungsevaluation mobiler Jugendarbeit. a.a.O., S. 49–59.

Mayrhofer, Hemma/Haberhauer, Judith/Neuburg, Florian/Werdenigg, Andrea (2017): Wirkungsdimensionen und -indikatoren mobiler Jugendarbeit. In: Mayrhofer, Hemma (Hrsg.): Wirkungsevaluation mobiler Jugendarbeit. a.a.O., S. 41–45.

Mayrhofer, Hemma/Neuburg, Florian (2017): Konfliktfeld „Soccerplatz": Mobile Jugendarbeit in der Interessensvermittlung zwischen AnrainerInnen und Jugendlichen. In: Mayrhofer, Hemma (Hrsg.): Wirkungsevaluation mobiler Jugendarbeit. a.a.O., S. 263–274.

Müller, Christoph Emanuel (2017): Kausale Wirkungsevaluation zwischen methodischem Anspruch und empirischer Praxis. In: Stockmann, Reinhard/Meyer, Wolfgang (Hrsg.): Die Zukunft der Evaluation. Trends, Herausforderungen, Perspektiven. Münster u. a.: Waxmann, S. 205–222.

Pfammatter, Mario/Junghan, Ulrich M./Tschacher, Wolfgang (2012): Allgemeine Wirkfaktoren der Psychotherapie: Konzepte, Widersprüche und eine Synthese. In: Psychotherapie 17, H. 1, S. 17–31.

Reichertz, Jo (2007). Qualitative Sozialforschung – Ansprüche, Prämissen, Probleme. In: Erwägen – Wissen – Ethik 18, H. 2, S. 1–14.

Reuting, Matthias (2010): Umsetzung der Arbeitsformen und Arbeitsprinzipien in Deutschland. In: Specht, Walter (Hrsg.): Mobile Jugendarbeit im globalen Wandel, Stuttgart: ISMO Eigenverlag, S. 31–37.

Riemann, Gerhard (1987): Das Fremdwerden der eigenen Biographie. Narrative Interviews mit psychiatrischen Patienten. München: Wilhelm Fink Verlag.

Rosenthal, Gabriele (1995): Erlebte und erzählte Lebensgeschichte: Gestalt und Struktur biographischer Selbstbeschreibung. Frankfurt a. M.: Campus.

Schütze, Fritz (1983): Biographieforschung und narratives Interview. In: Neue Praxis, H. 3, S. 283–293.

Soeffner, Hans-Georg (2014): Interpretative Sozialwissenschaft. In: Mey, Günter/Mruck, Katja (Hrsg.): Qualitative Forschung. Analysen und Diskussionen. Wiesbaden: Springer VS, S. 35–53.

Stumpp, Gabriele/Üstünsöz-Beurer, Dörthe/Walter, Sibylle/Beulich, Florian/Bolay, Eberhard (2009): Wirkungseffekte Mobiler Jugendarbeit in Stuttgart (WIMO). Eine empirische Studie. Universität Tübingen. www.mobile-jugendarbeit-stuttgart.de/wirkungsstudie.html (Abfrage: 05.02.2013).

Tossmann, Hans-Peter/Jonas, Benjamin/Tensil, Marc-Dennan (2008): Evaluation der Streetwork und der mobilen Jugendarbeit in Berlin. Frankfurt a. M.: Peter Lang.

VJZ – Verein Wiener Jugendzentren (2006): Qualitätsmerkmale der Mobilen Jugendarbeit. Wien.

Werdenigg, Andrea/Mayrhofer, Hemma (2017): Analyse institutioneller Vernetzungen als Beitrag zur Wirkungsevaluation? Durchwachsene Erfahrungen. In: Mayrhofer, Hemma (Hrsg.): Wirkungsevaluation mobiler Jugendarbeit. a.a.O., S. 275–285.

Wittmann, Miriam/Kampermann, Katrin (2008): Mobile Jugendarbeit. Konzept und Verwirklichung. /tobias-lib.uni-tuebingen.de/volltexte/2008/3667/pdf/Sammelmappe_Band_16.pdf (Abfrage: 08.01.2013).

Ziegler, Holger (2017): Folgen Sozialer Arbeit. Perspektiven der Wirkungsforschung. In: Weinbach, Hanna/Coelen, Thomas/Dollinger, Bernd/Munsch, Chantal/Rohrmann, Albrecht (Hrsg.): Folgen sozialer Hilfen. Theoretische und empirische Zugänge. Weinheim, Basel: Beltz Juventa, S. 32–46.

Wirkungsforschung in der internationalen Jugendarbeit

Andreas Thimmel und Stefan Schäfer

1. Einleitung: Internationale Jugendarbeit und die Konjunktur der Wirkungsforschung

Dieser Beitrag beschäftigt sich mit der Frage danach, ob und wie im Feld der internationalen Jugendarbeit Forschung als Wirkungsforschung betrieben wird und welche methodischen und konzeptionellen Probleme dabei verhandelt werden. Internationale Jugendarbeit ist ein eigenständiges Arbeitsfeld und Teilbereich der Jugendarbeit, die sich wiederum in Jugendbildung, Jugendverbandsarbeit und Offene Kinder- und Jugendarbeit ausdifferenziert. An der Schnittstelle von Jugendpolitik und auswärtiger Kulturpolitik entwickelte sich internationale Jugendarbeit in der Bundesrepublik Deutschland als ein insbesondere vom Bund geförderter Teilbereich der Jugendbildung, die Jugendliche und ihre Jugendorganisationen als zivilgesellschaftliche Akteure in Prozesse der internationalen Verständigung einzubeziehen versuchte. Zeitgeschichtlich gesehen sollte damit die Rückkehr der Bundesrepublik in die internationale Staatengemeinschaft unterstützt und ein Beitrag zur „Wiedergutmachung und Sühne" geleistet werden (vgl. Thimmel 2001). Aus heutiger Sicht ist das zugrundeliegende Motiv der „Völkerverständigung" zu kritisieren, da es stark ideologisch überformt und lediglich auf den – im Sprachspiel des Ost-West-Gegensatzes – sogenannten Westen bezogen war.[1] Heute ist internationale Jugendarbeit ein interdisziplinäres Arbeits-, Diskurs- und Forschungsfeld. Zu unterscheiden ist zwischen einem engen und einem weiten Begriff der internationalen Jugendarbeit. In diesem Aufsatz wird eine enge Begriffsbestimmung favorisiert, die sich insbesondere auf internationale Jugendbegegnungen, internationalen Fachkräfteaustausch und den internationalen Freiwilligendienst bezieht. Alle weiteren existierenden Austausch und Begegnungsformate, die in Feldern der Kinder- und Jugendhilfe sowie im Schulkontext (Einzel- und Gruppenaustausch) durchgeführt werden, bezeichnen wir als Angebote der

---

[1] Die Geschichte der internationalen Jugend- und Bildungsarbeit in der DDR ist bis heute noch nicht wissenschaftlich rekonstruiert.

internationalen Bildung. Internationale Jugendarbeit richtet sich grundsätzlich an alle Jugendlichen und junge Erwachsene und hat zur Aufgabe, sie in ihrer Persönlichkeitsentwicklung zu fördern und ihre Entwicklung als Bürger*innen politischer Gemeinwesen pädagogisch zu begleiten. Internationale Jugendarbeit ist somit ein „sozial- und jugendpädagogisches Handlungsfeld und Teil des Sozialisations-, Erziehungs- und Bildungsangebotes für alle Jugendlichen und jungen Erwachsenen." (Thimmel 2015, S. 14). Benachteiligte Jugendliche gehören damit selbstverständlich zur Zielgruppe, ergeben sich aber aus dem allgemeinen Konzept zielgruppenspezifischer Ansätze, nicht aber aus einem grundsätzlichen Systemwechsel ins Feld der Jugendsozialarbeit. Parallel zur Praxis hat sich ein arbeitsfeldspezifischer Theorie- und Forschungsdiskurs etabliert, der sich heute insbesondere an einer psychologischen Austauschforschung (vgl. Thomas/Chang/Abt 2007) und einer sozialpädagogischen Jugendarbeitsforschung (vgl. Thimmel/Chehata 2015) orientiert. Diesen Forschungskonzeptionen ist eine starke Nähe zur Praxis gemeinsam, die insbesondere in der Mitarbeit beim Netzwerk Forschung und Praxis im Dialog zur Geltung kommt (s. www.forschung-und-praxis-im-dialog.de).

Mit Wirksamkeit ist ein Begriff und Konzept benannt, das seit etwa zehn Jahren die bildungspolitische Debatte in Deutschland und Europa bestimmt. Die unter dem Titel *Internationale Jugendarbeit wirkt!* (vgl. IJAB 2013) zusammengefassten Forschungstätigkeiten der letzten Jahre zeigen in aller Deutlichkeit, in welche Richtung die Diskurse um internationale Jugendarbeit zumindest im deutschsprachigen Raum weisen und wie Forschungsergebnisse im Feld interpretiert werden. Die Orientierung an Wirkung wird politisch angemahnt und durch Vermittlungsinstanzen, wie z. B. IJAB oder Erasmus + Jugend in Aktion, umgesetzt. Ebenso gibt es einen Zusammenhang zwischen der Finanzierung durch Stiftungen und der Orientierung an Wirkungsfragen in einer verwertungsorientierten Lesart. Wie in anderen Feldern der Sozialen Arbeit und Bildungsarbeit, ist so auch in der internationalen Jugendarbeit in den letzten Jahren eine regelrechte „Konjunktur der Wirkungsforschung" (Ziegler 2012, S. 93) entstanden. Die vermuteten Wirkungen werden insbesondere auf der individuellen, persönlich-biographischen Ebene vermutet und hier in Form von Kompetenzzuwächsen operationalisiert und nachzuweisen versucht. Durch die seit einiger Zeit geführte Debatte um die „politische Dimension der internationalen Jugendarbeit" (Thimmel 2016; Thimmel 2014; Schäfer 2017; Schäfer 2015) werden auch verstärkt Versuche unternommen, gesellschaftliche Wirkungen hinsichtlich ihres behaupteten Beitrages zur Entwicklung von Demokratie oder einer europäischen Zivilgesellschaft anzuregen, auch wenn ein Nachweis bisher nicht gelungen ist. Die zum Nachweis von Wirkungen verwendeten Forschungsdesigns fokussieren zumeist quantitative Erhebungsmethoden. Gleichzeitig wird den Methoden der qualitativen Sozial- und Bildungsforschung in den letzten Jahren eine immer größere Relevanz zugesprochen. Die größten im Feld vorliegenden Studien verfolgen einen Mix aus quantitativen und qualitativen Forschungsmethoden und sind mit der Erwartung an eine stärkere theoretische Anbindung und Reflexion konfrontiert.

Die wirkungsorientierte Ausrichtung von Forschung in der internationalen Jugendarbeit führt zu einigen Problemen und steht darum auch aus jugendpädagogischer Sicht in der Kritik. Die pädagogischen Angebote, so mag es erscheinen, finden ihre Begründung nicht in der Spezifik jugendpädagogischer und jugendpolitischer Praxis, sondern haben lediglich dann eine Relevanz, wenn ihre Wirkungen auf der individuellen (outcome) und gesellschaftlichen Ebene (impact) nachweisbar sind. Dabei scheint weniger die Suche nach einem Mehr an Wissen und Informationen über die Praxis erkenntnisleitend, als vielmehr der Versuch, den durch Politik und Fördergeber formulierten Anforderungen gerecht zu werden, d. h. individuellen Outcome und sozialen Impact von Angeboten sichtbar zu machen und damit den sinnvollen Einsatz der zur Verfügung gestellten Gelder nachzuweisen. Dass mit dieser Entwicklung entscheidende und für den Bereich der non-formalen Bildung im Allgemeinen und der internationalen Jugendarbeit im Besonderen konstitutive Momente der Emanzipation, Partizipation und Selbstbildung in den Hintergrund gedrängt werden, wird dabei häufig übergangen oder einfach nicht gesehen. An die seit Beginn der Kompetenz- und Wirkungsdebatte immer wieder und eigentlich in unüberhörbarer Lautstärke formulierte Kritik an der so vollzogenen Formalisierung und Verzweckung der Angebote und Konzepte internationaler Jugendarbeit sowie die damit einhergehende Einbindung non-formaler Bildungsarbeit in die hegemoniale Logik neoliberaler Gesellschaftstransformation soll in diesem Beitrag erinnert werden.

Der vorliegende Beitrag gliedert sich wie folgt: Zunächst werden relevante Studien zur internationalen Jugendarbeit betrachtet und gewürdigt. Dabei konzentrieren wir uns auf eine Darstellung der jeweiligen Grundanlage und methodischen Vorgehensweise sowie der zentralen Ergebnisse und nehmen dann eine Einordnung in den Gesamtzusammenhang der internationalen Jugendarbeit als Forschungsfeld vor. Über eine kritische Betrachtung der Einbindung jugendpädagogischer Praxis und Forschung in die Wirkungslogik werden anschließend Herausforderungen an eine zukünftige Praxisforschung skizziert. Dabei wird ausgehend von der Perspektive sozialpädagogischer Jugendarbeitsforschung ein Vorschlag zur Plausibilisierung von internationaler Jugendarbeit im politischen Diskurs unterbreitet, der versucht, die Tendenz der Instrumentalisierung von Teilnehmenden als zu optimierende Humanressource zu überwinden und einen Umgang mit der „Unmöglichkeit präziser kausaler Zurechnungen" (Lindner 2008a, S. 13) zu finden.

2. Wirkungsstudien in der internationalen Jugendarbeit

2.1 Die Regensburger Langzeitstudie: Wirkungen auf die Persönlichkeitsentwicklung von Teilnehmenden

Nachdem sich in den 1970er die Spannung zwischen dem hohen außenpolitischen Anspruch der internationalen Jugendarbeit einerseits und der Orientierung an den Alltags- und Freizeitinteressen der Jugendlichen andererseits verschärft hatte, setzte durch die Studie *Kommunikationsbarrieren in der internationalen Jugendarbeit* (Breitenbach 1979) ein Paradigmenwechsel vom Motiv der „Völkerverständigung" hin zum „interkulturellen Lernen" ein. Ausgehend von der Feststellung, dass seit der Breitenbach-Studie aus dem Jahre 1979 keine vergleichbar umfassend angelegten Forschungen im Feld durchgeführt wurden und bisher keine Studien vorliegen, „die sich mit den langfristigen Wirkungen der Teilnahme an internationalen Jugendbegegnungen und der dabei gemachten persönlichen und interkulturellen Erfahrungen auf die Persönlichkeitsentwicklung der Teilnehmer beschäftigen" (Thomas/Chang/Abt 2007, S. 21), wurde die Studie *Erlebnisse, die verändern – Langzeitwirkungen der Teilnahme an internationalen Jugendbegegnungen* auf den Weg gebracht. Die zwischen 2002 und 2005 durchgeführte Studie, die auch eine Antwort auf die seit den 1990er Jahren immer lauter vorgebrachte „Forderung nach einem wissenschaftlich fundierten Nachweis des Nutzens der vielfältigen Austauschangebote" (ebd., S. 27) sein sollte, machte sich zur Aufgabe, die vermuteten Wirkungen nicht nur entlang objektiv feststellbarer Biographiemerkmale wie Studienwahl, Berufsentscheidung oder Erweiterung von Fremdsprachenkenntnissen zu erforschen, sondern Wirkungen als „innerpsychische Prozesse und Verarbeitungsvorgänge" (ebd., S. 29) sichtbar zu machen. Dabei kam ein Forschungsdesign zum Einsatz, das sich methodisch auf teilstrukturierte Interviews mit Expert*innen und ehemaligen Teilnehmenden aus Deutschland und anderen Ländern, deren Teilnahme zehn Jahre zurück lag, sowie eine quantitative Fragenbogenerhebung konzentrierte. Der Fragebogen umfasste die in den Interviews am häufigsten genannten „Langzeitwirkungsbereiche" (ebd., S. 79).

Die Studie hat gezeigt, dass selbst kurzfristige internationale Erfahrungen grundsätzlich einen nachhaltigen Einfluss auf die Persönlichkeitsentwicklung von Jugendlichen haben bzw. haben können. Dabei zeigten sich unterschiedliche „Muster der biographischen Integration des Erlebnisses" (ebd., S. 129), die durch die Forscher*innen typisiert wurden. Der „Mosaik-Effekt" verweist dabei auf Wirkungen, bei denen sich die Austauscherfahrung wie ein Mosaikstein neben vielen anderen in die Biographie einfügt (vgl. ebd., S. 130). Der „Domino-Effekt" zeigt auf, dass der Gruppen- und Einzelaustausch im Kontext von Jugendarbeit und Schule ein Anstoß für andere Mobilitätsaktivitäten (etwa ein Auslandssemester) sein kann (vgl. ebd., S. 131). Eine andere Wirkungsweise wurde mit „Nice-to-have" beschrieben. Hierbei wurde die Austauscherfahrung als schöne Zeit ohne Auswirkungen auf das weitere Leben beschrieben (vgl. ebd.). Bei immerhin 7 % der Teilnehmenden zeigte sich eine Wirkung, die als „Wendepunkt" beschrieben ist und darauf verweist, dass Austauscherfahrung eine einschneidende biographische Richtungsänderung hervorbringen kann, die dem Leben im Sinne eines „Ausbrechens" eine andere Richtung gibt (vgl. ebd., S. 132). Diese Typen unterschiedlicher Verläufe der biographischen Integration von Austauscherfahrungen wurden mit den Programmvariablen der untersuchten Programmformate in Beziehung gesetzt und in ein Kompetenzmodell übersetzt, aus dem sich wiederum Handlungsempfehlungen für die Praxis ableiten lassen (vgl. Thomas 2013, S. 103). Zudem wurde die sogenannte Kulturkontakthypothese widerlegt, nach der es im Sinne der Ziele internationaler Verständigung und Bildung ausreiche, Jugendliche ohne konzeptionellen Rahmen und ohne professionelle Begleitung in internationalen Gruppen zusammenzubringen. Thomas konnte zeigen, dass die Gestaltung der Rahmenbedingungen (Vor- und Nachbereitung, Qualität, Absprache mit Partner*innen usw.) entscheidend für Erfolg oder Misserfolg der Aktivitäten ist.

Die Regensburger Langzeitstudie hat die Diskussionen im Feld enorm beeinflusst und der konzeptionellen Debatte über lange Zeit eine Richtung gegeben. Dies ist nicht verwunderlich, da hiermit endlich der Beweis vorzuliegen schien, dass internationale Jugendarbeit mehr ist ein teures Format für Spaß, Geselligkeit und Konsum am anderen Ort, sondern als wichtig erachtete Kompetenzen vermittelt, denen auch ein gesamtgesellschaftlicher Nutzen zuzuschreiben ist. So konnte gezeigt werden, dass sich die Angebote positiv auf Sprachkompetenz, Selbstsicherheit, Teamfähigkeit sowie Weltoffenheit auswirken und darüber hinaus auch auf die beruflichen Perspektiven junger Menschen Einfluss ausüben können. Die Studie ist allerdings nicht ohne Kritik geblieben. Neben der Kritik an der Gleichsetzung von Schüleraustausch und internationaler Jugendarbeit, die die Unterschiedlichkeit der Formate und die Differenziertheit der Förderstruktur in der Bundesrepublik Deutschland in den Hintergrund rückte, sowie der Kritik an der Ursache-Wirkungs-Logik und der Kompetenzorientierung, machte sich die Kritik im Kern an dem der Studie zugrundeliegenden Kulturstandardmodell fest. Wie Winkelmann in ihrer Kritik am interkulturellen Lernen deutlich gemacht hat, folgte das Konzept der „Kulturstandards" einem Kulturbegriff, der Prozesse der Produktion kollektiver Identitäten und damit die Gefahr einer Homogenisierung der Gruppen im Rahmen internationaler Begegnungen befördere (vgl. Winkelmann 2006, S. 62).

2.2 Die RAY Studie: Wirkung des Programms Erasmus + Jugend in Aktion

Als eine weitere relevante Studie kann die sogenannte „Ray Studie" angeführt werden (vgl. Bammer//Fennes/Karsten 2017a; 2017b; 2017c). Das Forschungsnetzwerk *RAY – Research-based Analysis of Youth in Action* ist ein europaweiter Forschungsverbund. Das RAY Netzwerk umfasst die Nationalagenturen von Erasmus+ Jugend in Aktion und ihre Forschungspartner. Die Koordination liegt beim Institut für Erziehungswissenschaften der Universität Innsbruck. Das RAY Netzwerk ist mit der Durchführung von Studien beauftragt, deren Ergebnisse den Organisationen zur Weiterentwicklung der Projekte im Rahmen von Erasmus+ Jugend in Aktion zur Verfügung gestellt werden (s. www.researchyouth.eu/network). Das Ziel der Forschungen besteht in der Erfassung der Wirkungen des Programms auf die Teilnehmer*innen und Projektleiter*innen/Teammitglieder sowie auf ihre Organisationen und die lokale Umgebung der Projekte. Hierüber soll ein Beitrag geleistet werden zur Qualitätssicherung und Weiterentwicklung der europäischen Begegnungsprogramme und zu einer evidenz- und forschungsbasierten Jugendpolitik auf europäischer Ebene. Darüber hinaus sollen Erkenntnisse gewonnen werden, die ein besseres Verständnis der Abläufe und Wirkungen internationaler Jugendarbeit ermöglichen und so die Anerkennung non-formaler Bildungsangebote insgesamt steigern. Weiterhin besteht ein ausdrückliches Ziel darin, den Dialog zwischen Forschung, Politik und Praxis im Jugendbereich zu verbessern (vgl. Bammer/Fennes/Karsten 2017a, S. 7 f.). Das Forschungsdesign sieht standardisierte, multilinguale Online-Befragungen mit Teilnehmer*innen und Projektleiter*innen/Teammitgliedern vor, die zwei Monate oder länger nach Beendigung ihres Projektes mit zwei verschiedenen, aber zusammenhängenden Fragebögen durchgeführt werden. Dabei geht es u. a. auch darum, die Selbstwahrnehmung der Teilnehmenden mit der Wahrnehmung von Projektleiter*innen/Teammitgliedern zu vergleichen. Zwischen Oktober 2015 und April 2016 haben sich insgesamt 16,373 Teilnehmer*innen und 2,951 Projektleiter*innen aus den Ländern der EU und den Erasmus+ Partnerländern beteiligt. Der multilinguale, in 25 Sprachen zugängliche Fragebogen besteht hauptsächlich aus geschlossenen multiple-choice Fragen, einer offenen Frage am Ende des Fragebogens, einigen Filterfragen, daraus hervorgehenden Abhängigkeitsfragen sowie länderspezifischen Fragen (vgl. ebd.; ebd. 2017b, S. 10–14). Die Erkenntnisse und Ergebnisse werden entlang von vier in den Programmen von Erasmus+ Jugend in Aktion verankerten Zielkategorien geordnet: Erstens, die Verbesserung der Schlüsselkompetenzen und Fähigkeiten von jungen Menschen. Zweitens, die Förderung der aktiven Bürgerschaft und Partizipation und drittens, die Stärkung von sozialer Inklusion und Solidarität in Europa sowie die Stärkung der Rolle von Jugendorganisationen (vgl. ebd. 2017a, S. 10–24). In der

Zielkategorie „Verbesserung der Schlüsselkompetenzen und Fähigkeiten von jungen Menschen" kommt die Studie zu dem Ergebnis, dass eine sehr hohe Zustimmung zu der Frage nach Weiterentwicklung und Verbesserung von Kompetenzen besteht. Dabei zeigte sich eine Stärkung der Fähigkeit, mit Menschen unterschiedlicher kultureller Herkunft in Kontakt zu kommen und der Fähigkeit, mit Menschen unterschiedlicher Sprachen zu kommunizieren. Auch eine Stärkung der Fähigkeiten, gemeinsam Lösungen von unterschiedlichen Standpunkten auszuhandeln, etwas für die Gemeinschaft und Gesellschaft zu erreichen, eine Idee zu entwickeln und in die Praxis umzusetzen und in einer Diskussion die eigene Meinung zu sagen, konnten festgestellt werden. Die Zielkategorie „Förderung der aktiven Bürgerschaft und Partizipation" umfasst Fragen zu Wissen, Fähigkeiten, Haltungen, Werten und Praktiken/Methoden, die für die Partizipation und eine aktive Bürgerschaft als relevant erachtet werden. Dabei zeigte sich, dass 45 % der Befragten davon ausgehen, dass sie in Folge ihrer Partizipation in den Programmen als Bürger*innen aktiver geworden sind. Etwa 90 % der Projektmitarbeiter*innen geben an, ihre Fähigkeiten, die Partizipation von jungen Menschen in Jugendprojekten zu fördern, verbessert zu haben. Die Zielkategorie „Stärkung von sozialer Inklusion und Solidarität in Europa" beinhaltet Fragen, inwieweit Menschen mit geringeren Chancen oder besonderen Bedürfnissen in die Projekte einbezogen werden. Die größten Hürden bestehen aus Sicht der Teilnehmenden im Zugang zu Arbeit und Beruf, der aktiven Teilhabe an Gesellschaft und Politik, der Mobilität und im Zugang zu Bildung. Die Gründe dafür werden in fehlenden finanziellen Ressourcen, abgelegenen Wohnorten, sozialem Hintergrund, niedrigem Bildungsabschluss, Verantwortung für die Familie und gesundheitlichen Problemen gesehen. Die Programme tragen aus Sicht der Projektleiter*innen zur Inklusion der genannten Zielgruppe bei. Die Zielkategorie „Stärkung der Rolle von Jugendorganisationen" zeigt, dass Teilnehmende und Projektleiter*innen die Effekte der Programme auf Organisationen positiv bewerten. Am höchsten bewertete Wirkungen sind mehr Kontakt/Partnerschaft mit anderen Ländern, mehr internationale Projekte und erhöhte Anerkennung der kulturellen Vielfalt, die eine verbesserte, erweiterte, bereicherte und bereichernde internationale Dimension von Jugendarbeit fördert. Die am häufigsten genannten Wirkungen auf die lokalen Gemeinschaften waren eine positive Wahrnehmung der Projekte sowie die Anerkennung der interkulturellen Dimension durch die lokale Gemeinschaft. Erhöhter Wissenstransfer und Implementierung guter Praxis in den Organisationen zeigte sich bei 92 % der Teilnehmenden und bei 91 % der Projektleiter*innen. Als weitere Wirkungsziele wurden bei Projektleiter*innen erfragt: Förderung von aktiver Bürgerschaft, Förderung der Europäischen Bürgerschaft, Entwicklung von Solidarität unter jungen Menschen, Förderung von kultureller Vielfalt, Arbeit gegen Diskriminierung, Intoleranz, Rassismus und Xenophobie, Verbesserung des interkulturellen Dialogs, Entwicklung von

Schlüsselkompetenzen von jungen Menschen, Förderung des Interesses an der Entwicklung der Jugendpolitik sowie Förderung der Entwicklung von professionellen Karriereperspektiven. Für alle Ziele stimmen die Projektleiter*innen mit über zwei Drittel darin überein/stark überein, dass ihr Projekt zu der Erreichung der oben genannten Ziele beiträgt.

Im Forschungskontext der internationalen Jugendarbeit ist die multinational angelegte englisch-sprachigen Forschungsarbeit im Rahmen von RAY von zentraler Bedeutung. Unklar bleiben allerdings das Wirkungsverständnis der Autor*innen der Studie und die methodologische Grundanlage.

2.3 Die Freizeitenevaluation: Evaluation Internationaler Jugendbegegnungen

In diesem Projekt werden seit 2005 Evaluationsdaten von Mitarbeitenden und Teilnehmenden an internationalen Jugendbegegnungen gesammelt (s. www.freizeitenevaluation.de). Dieses langfristig angelegte Projekt beruht auf der Idee der „vernetzten Selbstevaluation" (Ilg/Dubiski 2011, S. 67). Dies bedeutet, dass die Träger vor Ort vollkommen autonom ein nun auch online zur Verfügung stehendes Instrument zur Selbstevaluation zum Einsatz bringen können, welches einen wissenschaftlich abgesicherten Entwicklungsprozess durchlaufen hat (s. www.i-eval-freizeiten.de; s. www.i-eval.eu). Zugleich werden sie gebeten, die lokal erhobenen Daten an eine zentrale Stelle einzusenden, wodurch eine Gesamtauswertung auf überregionaler Ebene möglich wird. Zudem entsteht die Möglichkeit, Evaluationsergebnisse von Jugendfreizeiten und internationalen Jugendbegegnungen miteinander zu vergleichen. Wolfgang Ilg (vgl. den Beitrag von Ilg in diesem Band) konnte mittels einer Mehrebenenanalyse nachweisen, dass konzeptionelle Schwerpunktsetzungen der Mitarbeitenden von Jugendbegegnungen sich in den Rückmeldungen der Teilnehmenden widerspiegeln, also eine nachweisbare Wirkung auf das haben, was die Teilnehmenden einer Jugendbegegnung erleben (vgl. Ilg/Diehl 2011). Dabei kennzeichnen sich internationale Jugendbegegnungen im Vergleich mit Jugendfreizeiten besonders durch die größere Gewichtung der Begegnung und Auseinandersetzung mit den Menschen, der Umgebung, der Sprache sowie der politischen und gesellschaftlichen Fragen, die sich aus der Konstellation mit zwei oder mehr Gruppen aus unterschiedlichen Ländern ergeben (vgl. Ilg/Dubiski 2015). Wenngleich die Studie eine Zurückhaltung in der Frage betont, inwieweit das Erleben von Begegnung und Auseinandersetzung nachhaltige Wirkung auf das Leben von Jugendlichen haben kann, nimmt sie dennoch für sich in Anspruch, Aussagen, über „das, was wirkt" ableiten zu können. So konnte in einer Gesamtauswertung der Daten von über 25.000 Teilnehmenden an insgesamt 1065 internationalen Jugendbegegnungen und Jugendfreizeiten beispielsweise gezeigt werden, dass es einen deutlichen signifikanten Zusammenhang zwischen dem Betreuungsschlüssel (errechnet als die Zahl der Teilnehmenden, die durchschnittlich auf einen Mitarbeitenden kommen) und den Rückmeldungen der Teilnehmenden gibt. Die Rückmeldungen fallen positiver aus, wo weniger Teilnehmende auf eine*n Mitarbeitende*n kommen – und zwar sowohl hinsichtlich der Zufriedenheit der Teilnehmenden als auch hinsichtlich pädagogischer Zielsetzungen. Wo im Verhältnis weniger Mitarbeitende anwesend sind, zeigen sich dagegen höhere Werte bei Langeweile, Alkohol- und Nikotinkonsum usw. und weniger gute Zufriedenheitsbewertungen (vgl. ebd.). Mitarbeitende, so eine zentrale Erkenntnis, zeigen sich in der internationalen Jugendarbeit als „Katalysatoren gelingender Gemeinschaft" (Dubiski/Ilg 2016). Ein intensiverer Betreuungsschlüssel kann als Qualitätskriterium gelten, insofern er Ausdruck der pädagogischen Konzeption ist. Sowohl für Freizeiten als auch für Jugendbegegnungen lässt sich sagen, dass das Erleben in der Gruppe sowie die Beziehung zu den Mitarbeitenden deutliche Auswirkungen auf die positive Gesamtbewertung haben. Bei beiden Formaten zeigt sich ein hoher Einfluss der Ziele der Mitarbeitenden auf das Erleben der Teilnehmenden (vgl. Ilg/Diehl 2011). Im Gegensatz zu Freizeiten zeigt sich bei Jugendbegegnungen eine deutlichere Gewichtung des interkulturellen Lernens und der politischen Bildung.

Mit der Studie wird im deutschsprachigen Raum zum ersten Mal für das pädagogische Kinder- und Jugendreisen und die internationale Jugendarbeit auf der Grundlage einer großen Datenmenge die hohe jugendpädagogische Relevanz dieser Formate belegt. Dabei handelt es sich nicht um ein Instrument der Wirkungsforschung im engeren Sinne. Es wird nicht suggeriert, dass ein unmittelbarer Zusammenhang zwischen einer Reise oder Begegnung und einer spezifischen Veränderung oder einem Kompetenzzuwachs auf Seiten der Teilnehmenden mittels einer schriftlichen Befragung am Ende der Reise oder Begegnung nachweisbar sei. Es wird aber auch nicht davon ausgegangen, dass das, was im Rahmen von Ferienfreizeiten oder internationalen Jugendbegegnungen passiert, grundsätzlich nicht messbar sei. Evaluation versteht sich hier vielmehr als eine Methode zum Abgleich zwischen Erwartungen und Zielsetzungen der Teamenden auf der einen Seite sowie subjektiv empfundenen bzw. erlebten Eindrücken der Teilnehmenden auf der anderen Seite. Mit Blick auf die Wirksamkeitsdiskussion in Bildungsbereichen ist an dieser Stelle die Unterscheidung zwischen „Wissen über Wirkungen" und „Wissen über das, was wirkt" wichtig. Dem Projekt Freizeitenevaluation und seinen tragenden Akteuren geht es nicht um den Nachweis von Wirkungen der evaluierten Ferienfreizeiten und Jugendbegegnungen im engeren Sinne, sondern um Qualitätsentwicklung, Qualitätsdiskurs und Professionalisierung der Freizeit- und internationalen Begegnungsarbeit. Erkenntnisse über den Zusammenhang zwischen Zielsetzungen und subjektivem Erleben können so gewonnen werden, ohne dabei in die Falle einer verkürzten Machbarkeitslogik zu tappen und politisch-administrativ motivierte kurzfristige Effekte argumentativ abzusichern. Das im Rahmen des Evaluationsverfahrens generierte Wissen stellt zum jetzigen Zeitpunkt eine wichtige Datengrundlage für einen wissenschaftlich fundierten Diskurs über internationale Jugendarbeit und pädagogisches Kinder- und Jugendreisen auf der jugendpolitischen Ebene dar.

2.4 Einordnung der vorliegenden Wirkungsstudien in der internationalen Jugendarbeit

In der obigen Darstellung haben wir auf drei bedeutsame Studien im Feld der internationalen Jugendarbeit konzentriert, die sich in die wirkungsorientierte Forschungsperspektive einordnen lassen und dabei zugleich auf die Grenzen kausallogischer Ursache-Wirkungszusammenhänge verweisen. Zu erwähnen sind an dieser Stelle auch die Studie *Ein Leben lang mobil? Langfristige Schüleraustauschprogramme und die spätere Mobilität der Teilnehmer als Element gesellschaftlicher Transnationalisierung* (Weichbrodt 2014) und die Studie zur *Wirkung deutsch-polnischer Jugendbegegnungen* (Łada 2014). Der Sammelband *Internationale Jugendarbeit wirkt!* (IJAB 2013) gibt einen Überblick über die Wirkungsforschung im Feld und berücksichtigt dabei auch kleinere Forschungsarbeiten und -projekte. An der Schnittstelle zur kulturellen Bildung ist noch auf die Studie *„Ich lerne zu leben" – Bildungswirkungen in der kulturellen Kinder- und Jugendarbeit* (Lindner 2008b) und an der Schnittstelle zur politischen Bildung auf die Studie *Wie politische Bildung wirkt. Wirkungsstudie zur biographischen Nachhaltigkeit politischer Jugendbildung* (Balzter/Ristau/Schröder 2014; siehe auch den Beitrag von Balzter in diesem Band) zu verweisen. Eine Auflistung der wichtigsten Studien zur internationalen Jugendarbeit bis 1990 findet sich in der Monographie *Pädagogik der internationalen Jugendarbeit* (Thimmel 2001).

In der Zusammenschau der vorgestellten Wirkungsstudien zeigt sich, dass diese auf unterschiedlichen Ebenen der Betrachtung angelegt sind. Ordnet man die Studien in die im Diskurs der internationalen Jugendarbeit übliche Unterscheidung von jugendpädagogischer, jugendpolitischer und gesellschafts-/ außenpolitischer Ebene ein, zeigt sich, dass hier jeweils eine Ebene besonders fokussiert wird. Die Regensburger Langzeitstudie lässt sich entlang dieser Heuristik eindeutig auf der jugendpädagogischen Ebene verorten. Sie geht von den persönlichen Erfahrungen und Motivationen der Jugendlichen aus und fokussiert den individuellen Kompetenzzuwachs, der wiederum als Element der Persönlichkeitsentwicklung dargestellt wird. Demgegenüber lassen sich die RAY Studie und die Freizeitenevaluation auf der jugendpädagogisch-individuellen und der jugendpolitischen Ebene verorten. Beide Studien beschreiben Wirkungen auf der Ebene der Persönlichkeitsentwicklung und gehen darüber hinaus von den institutionellen Bedingungen und Zielsetzungen aus und verorten die Wirkungen strukturell. Dadurch können Möglichkeiten der Verbesserung und Weiterentwicklung der Angebote und Programmstrukturen erwartet werden. Während also auf der jugendpädagogischen Ebene der Persönlichkeitsentwicklung und der jugendpolitischen Ebene der Programme und Trägerstrukturen erste wichtige Ergebnisse hinsichtlich der Zielerreichung vorliegen, steht eine differenzierte Erforschung der politischen Dimension internationaler Jugendarbeit, die stärker auf die Zusammenarbeit zwischen Akteuren der Bildungsarbeit aus verschiedenen Ländern fokussiert und dabei außenpolitische bspw. länderbezogene Prioritätensetzung berücksichtigt, noch aus.

3. Kritik wirkungsorientierter Jugendarbeitsforschung

Bevor sich der Frage gewidmet werden kann, wie eine zukünftige Praxisforschung im Feld der internationalen Jugendarbeit aussehen könnte, die die oben beschriebene Leerstelle schließt, ist es zunächst erforderlich, die angedeuteten Probleme wirkungsorientierter Forschung in den Blick zu nehmen und kritisch zu reflektieren. Wirkungsforschung leistet als Teil einer breit aufgestellten Forschung in der Sozialen Arbeit (vgl. Schimpf/Stehr 2012) ohne Frage wichtige Beiträge zur politischen Legitimation der internationalen Jugendarbeit. In den letzten Jahren wurde eine Vielzahl von Wirkungsstudien durchgeführt, die der internationalen Jugendarbeit vielfältigste Wirkungen zusprechen. Bei genauerer Analyse handelt es sich dabei zumeist um gut begründete Plausibilitätsnachweise für die Relevanz der internationalen Jugendarbeit als non-formales Bildungsarrangement im Kontext des Bi- und Multinationalen, der Europäischen Union oder des Internationalen als universelle Kategorie. Es stellt sich allerdings die Frage, wie Wirkungsforschungen überhaupt beschaffen sein müssen, um die Praxis internationaler Jugendarbeit als Teil non-formaler Bildung mit Bezug zum Internationalen adäquat abzubilden. Im wissenschaftlichen Diskurs besteht ein großer Vorbehalt gegenüber einer Wirkungsforschung, die – nicht selten ohne Kenntnis des Feldes – vorgibt, fachlich relevante Aussagen treffen zu können. Schaut man sich die Beiträge näher an, die sich kritisch mit der wirkungsorientierten Ausrichtung von Pädagogik und Forschung beschäftigen, werden mindestens drei zentrale Kritikpunkte deutlich, zu denen sich Wissenschaft und Praxis internationaler Jugendarbeit positionieren müssen.

Erstens stellt sich die Frage nach den Kriterien und Zielen internationaler Jugendarbeit, auf die hin Wirkung erforscht und nachgewiesen werden soll. Übersehen wird oft, dass die Festlegung dessen, was jugendpädagogisch relevant ist und welche Ziele erwirkt und nachgewiesen werden sollen, von politischen Entscheidungen durchdrungen ist (vgl. Ziegler 2012, S. 94). Es stellt sich somit die Frage, wer die jeweiligen Maßstäbe überhaupt definiert: Die politischen Entscheidungsträger und Geldgeber, die Wissenschaft, die Träger, die

Fachkräfte, die Jugendlichen und jungen Erwachsenen? Wie kommen Entscheidungen über relevante Ziele, auf die hin Wirksamkeit überprüft werden soll, überhaupt zustande? Wie ist mit unterschiedlichen Zielsetzungen und Interessenkonflikten umzugehen? Aufgrund der Relativität von Zielen und der Kontingenz der dahinterliegenden Grundannahmen laufen Wirkungsnachweise Gefahr, zu kurz zu greifen. Es liegt nahe, in den Erhebungsverfahren vorwiegend diejenigen Wirkungen in den Blick zu nehmen, die relativ leicht messbar sind (z. B. Teilnehmerzahlen) und auf gesellschaftlich anerkannte Ziele (z. B. Arbeitsmarktintegration/employability) abstellen, ohne diese selbst zu diskutieren und kritisch zu befragen (vgl. Schäfer 2016, S. 434). Die Gefahr besteht dann darin, dass sich Wirkungsforschung in der internationalen Jugendarbeit unkritisch den zeitgeistabhängigen, wechselnden und immer neuen politischen Ansprüchen unterwirft (vgl. Thimmel 2010, S. 500) und die notwendige theoretische und konzeptionelle Selbstvergewisserung als Voraussetzung gelingender Praxisforschung vernachlässigt.

Zweitens lässt sich kritisieren, dass Wirkungsforschung als Instrument der Steuerung eingesetzt werden kann bzw. wird und damit den Qualitätsanspruch der Realisierung und Ausweitung von Partizipationsmöglichkeiten sowohl von Fachkräften als auch und insbesondere von Kindern und Jugendlichen unterläuft. Die neoliberalen Transformationsprozesse der letzten Jahre brachten eine paradigmatische Wende mit sich, nach der die Sprache der Professionellen in Kategorien von Kosten und Nutzen bzw. Ursache und Wirkung übersetzt werden sollte. Im Rahmen dieser Ökonomisierungsprozesse vollzog sich innerhalb der wirkungsorientierten Steuerungslogik ein Wandel von der Input- zur Outcome-Steuerung. Durch die managerielle Steuerung, die sozusagen „von außen" oder „von oben" auf die pädagogischen Abläufe schaut und Einfluss ausüben will, zeigt sich ein deutliches Misstrauen in die professionelle Selbststeuerung (vgl. Ziegler 2012, S. 97). Diese ist jedoch für die Praxis konstitutiv und muss deshalb auch in der Forschung berücksichtigt werden (vgl. Hamburger 2005, S. 37). Entsprechend zeigt sich ein Widerspruch zwischen wirkungsorientierten Programmen und Forderungen nach Partizipation und Selbstbildung (vgl. Schäfer 2016, S. 434). Auf diese Gefahr der Instrumentalisierung jugendpädagogischer Praxis durch Politik und Administration wurde in der internationalen Jugendarbeit immer wieder hingewiesen und viele Praxisberichte geben darüber Aufschluss. Allerdings wurde diese Tendenz der Instrumentalisierung bisher nur selten systematisch thematisiert und kritisiert (vgl. Thimmel 2010, S. 501). Praxisforschung kann nur gelingen, wenn sie das zugrundeliegende Interesse von Politik, Administration und Stiftungen an Steuerung und Kontrolle kritisch reflektiert und die methodologische Setzung offenlegt, die in der Aufforderung steckt, Wirkungsforschung zu betreiben.

Der dritte Kritikpunkt bezieht sich darauf, dass Wirkungsforschung unterstellt, nur solche Ergebnisse als Wirkungen bezeichnen zu können, die durch bestimmte jugendpädagogische Interventionen ursächlich intendiert und auf diese zurückzuführen sind. So sollen sich dann Vergleiche anstellen lassen zwischen Personen oder Gruppen, die an einer bestimmten Maßnahme teilgenommen haben, und Personen oder Gruppen, die nicht teilgenommen haben. Dieser Logik entsprechend finden sich viele Ansätze, man denke bspw. an standardisierte Trainings oder Coachings, die versuchen, durch eine möglichst enge thematische sowie didaktisch-methodische Programmplanung und „ordnungsgemäße" Umsetzung sogenannte „Störvariablen" auszuschalten, um letztlich Vergleichbarkeit zu gewährleisten (vgl. Ziegler 2012, S. 98 ff.). Wenngleich sich in der internationalen Jugendarbeit keine Wirkungsstudien finden, die diesen Punkt in aller Strenge verfolgen, so zeigt sich damit allerdings ein häufig auftretendes Phänomen: Die pädagogischen Angebote, so kann man sagen, sollen sich den Kriterien der Wirkungsforschung anpassen, nicht umgekehrt. Eine situations- und prozessorientierte Arbeit mit einem Höchstmaß an Kommunikation wäre dann kaum noch möglich. Die im Wirkungsdiskurs geforderte und letztlich auch immer mehr oder weniger stark auftretende Standardisierung jugendpädagogischer Praxis führt zu einer Formalisierung des Non-formalen und läuft damit Gefahr, die Eigenheiten und Besonderheiten der Jugendarbeit nicht nur zu verkennen, sondern in letzter Konsequenz zu verunmöglichen (vgl. Schäfer 2016, S. 434). Die kritischen Hinweise auf die Schwierigkeit, die für den Bereich der non-formalen Bildung konstitutiven Merkmale wirkungsorientiert abzubilden bzw. messbar zu machen, werden dabei zumeist komplett übergangen. Übersehen wird, dass die Wirksamkeit einer Begegnungserfahrung im Vollzug selbst und nicht in einem wie auch immer geartetem (End-)Ergebnis auf der individuellen oder gesellschaftlichen Ebene liegt.

Wenn man davon ausgeht, dass unter Forschung eine „theoretisch angeleitete und methodisch kontrollierte Erzeugung von Wissen" (Hamburger 2005, S. 36) zu verstehen ist, dann sind hier alternative Ansätze von Praxisforschung nötig, die der Offenheit und Flexibilität non-formaler Bildung im Kontext des Internationalen gerecht werden. Entscheidend ist, dass wirkungsorientierte Jugendarbeitsforschung ein nicht-technokratisches kommunikatives Moment aufnehmen muss, das Raum schafft für professionelle Auseinandersetzungen über Wirkungsverständnisse, Aufgaben und Ziele sowie die Darstellung von Wirkungen, die nicht ohne Weiteres messbar gemacht werden können und die Definitionsmacht über Lerneffekte in letzter Konsequenz bei den Teilnehmenden selbst belässt (vgl. Schäfer 2016, S. 435). Studien aus benachbarten Feldern der Jugendarbeit, etwa der politischen Bildung (vgl. Balzter/Ristau/Schröder 2014) zeigen, dass mittels biographisch-narrativer Interviews durchaus Erkenntnisse erzielt werden können, die die Wirksamkeit pädagogischer Angebote bspw. hinsichtlich des politischen Engagements bestätigen. Auch für die internationale Jugendarbeit kann gesagt werden, dass sie im Rahmen ihrer Möglichkeiten einen Beitrag zur Persönlichkeitsentwicklung, jugendpolitischer

Gestaltung und internationaler Verständigung leistet. Eine wie auch immer konzipierte Wirkungsforschung ist aber nur dann angemessen möglich, wenn diese mit einer kritischen Gesellschaftsanalyse verbunden wird, die die Eingebundenheit von Forschung in das Gefüge der Macht selbst mit zum Thema macht. Damit ist auf eine Form der Praxisforschung verwiesen, die Evaluation und Wirkungsforschung mit allgemeineren trägerspezifischen Konzeptentwicklungsprozessen verbindet und diese wiederum an die feldspezifischen Diskurse um Qualität und theoretisch-konzeptioneller Grundannahmen koppelt.

4. Anforderungen an eine zukünftige Praxisforschung im Feld der internationalen Jugendarbeit

Abgesehen von der (oft nicht reflektierten) ideologischen Stoßrichtung im Kontext einer transformierten europäischen Sozial- und Bildungspolitik (Neoliberalismus) scheint das Verlangen nach Wirkungsforschung in der Fachdebatte der internationalen Jugendarbeit häufig nicht auf wissenschaftliche Erforschung von Bildungsprozessen oder non-formaler Bildungsarrangements bezogen, sondern ist eher auf politische Fragen der Legitimation des Feldes gerichtet. Das ist auch verständlich, denn wie jedes andere Feld der Sozialen Arbeit und jede andere gesellschaftliche Institution auch, muss internationale Jugendarbeit die Relevanz ihrer Angebote für potentielle Teilnehmende, Fördergeber und die Gesellschaft plausibel machen können. Internationale Jugendarbeit hat allerdings eine Sonderstellung, da sie nur mit zusätzlichem Finanzbedarf (Reisen, Unterkunft, pädagogische Begleitung) überhaupt möglich ist. Hier scheinen die Konkretisierung von erlernbaren Kompetenzen und entsprechende Erfolgsnachweise mittels Wirkungsforschung als aussichtsreiche Strategie der Argumentation zur Legitimation des Feldes wie auch zur Anerkennung von im non-formalen Bereich erworbener Kompetenzen. Damit ist jedoch weniger auf einen erziehungswissenschaftlichen Diskurs um Bildung, Lernen und Sozialisation im Kontext des Internationalen als vielmehr auf politische Prozesse verwiesen, in denen Akteure der internationalen Jugendarbeit als politische Akteure ihre Interessen vertreten. In der Forderung nach Wirkungsforschung geht es im Kern also zumeist nicht um die Suche nach Antworten auf die Frage, was Bildung ist, wie sich das Phänomen theoretisch begreifen, wissenschaftlich erforschen und praktisch fördern lässt, welche Konzepte und Theorien hierzu notwendig sind oder wie Räume der non-formalen Bildung zu gestalten sind, um qualitativ hochwertige Bildungsbedingungen zu schaffen und angemessen zu evaluieren. Stattdessen zeigt sich eine affirmative Aneignung vermeintlich kanonisierter Begrifflichkeiten, mittels derer auch Außenstehende – so zumindest die Hoffnung – verstehen können, was internationale Jugendarbeit tut und bewirkt. Angesichts der Gefahr, hierüber die Qualität sowie die Besonderheit des Feldes als non-formale Bildung zu verkennen, scheint diese Strategie allerdings wenig aussichtsreich. Es stellt sich daher die Frage, wie es möglich ist, die Relevanz der internationalen Jugendarbeit im politischen Raum zu vertreten, ohne sich in die Wirkungslogik angrenzender Felder (formales Bildungssystem, Betriebswirtschaft, Verwaltung) zu fügen. Mit dieser Frage sind u. E. zwei zentrale Herausforderungen verbunden, die auf spezifische Aufgaben von Praxisforschung verweisen:

4.1 Reflexion des Verhältnisses von Politik und sozialpädagogischer Jugendarbeitsforschung

Will Forschung unabhängig bleiben, darf sie sich nicht für politische Legitimationsprozesse instrumentalisieren lassen. Gleichwohl können und sollen die Ergebnisse aus Wissenschaft und Forschung im Feld Argumente liefern, die es den Akteuren in durch Konkurrenzverhältnisse und Verteilungskämpfe geprägten politischen Prozessen erlaubt, die Interessen des Feldes zu vertreten und Qualitätsansprüche zu markieren. Die theoretische und politische Begründung von internationaler Jugendarbeit als Grundlage der Legitimierung lässt sich aber mit den der Naturwissenschaft und Betriebswirtschaft entnommenen Maßstäben der Kausalität nicht erbringen. Folgt man Winkler, so gewinnt Pädagogik ihre Legitimation durch die „Bündigkeit ihrer theoretischen Überlegungen", die „sich in einer nachvollziehbaren Weise plausibel ineinanderfügen" (Winkler 1988, S. 66). Kompetenz- und wirkungsorientierte Konzepte widersprechen diesem Anspruch eher, da die für alle Bereiche von Jugendarbeit und non-formaler Bildung im Zentrum stehenden Konzepte von Selbstbildung, Subjektorientierung und Partizipation in den Hintergrund gedrängt werden. Von einer plausiblen Bündigkeit theoretischer Überlegungen kann also im Rahmen einer wirkungsorientierten Steuerungslogik nicht die Rede sein. Das Ziel sozialpädagogischer Jugendarbeitsforschung besteht nicht im Nachweis von individuellen oder gesellschaftlichen Wirkungen, sondern in der Verfügbarmachung von auf Basis wissenschaftlichen Wissens und durch empirische Forschung gewonnenen Erkenntnissen zur Praxis internationaler Jugendarbeit. Aufgabe von Wissenschaft und Forschung ist daher, Plausibilitätsketten verfügbar zu machen, die die Sinnhaftigkeit qualitativ hochwertiger Angebote für die Teilnehmenden selbst (jugendpädagogische Dimension), für die Träger und Fachkräfte (jugendpolitische Dimension) und die Gesellschaft in ihren internationalen Verflechtungen (außen- und gesellschaftspolitische Dimension) sichtbar machen. Dies verweist wiederum auf die Notwendigkeit von Grundlagenforschung und alternativen Formen der Praxisforschung, die methodologisch nicht auf Wirkungsfragen enggeführt werden. Jeder Versuch, Wirkungen zu erforschen, ist zum Scheitern verurteilt, wenn nicht zuvor eine genaue Beschreibung der Praxis erfolgt, die die Besonderheit dieses Arbeitsfeldes in seiner

Spezifik und Ausdifferenzierung berücksichtigt. Die zur Legitimation des Feldes erforderlichen Begründungslinien müssen sich aus der Eigenlogik pädagogischer Praxis ergeben und sind nicht durch Politik, Administration und Fördergeber vorzugeben.

4.2 Erforschung der jugend- und gesellschaftspolitischen Dimension internationaler Jugendarbeit

Im politischen Feld geht es um Sprechfähigkeit und Plausibilität von Argumentationen. Damit ist auf die politische Dimension internationaler Jugendarbeit verwiesen. Hierzu braucht es eine kritische Auseinandersetzung der Praxis mit den im Feld gewonnen empirischen Erkenntnissen und theoretischen Begründungszusammenhängen. Nur eine solche, auf die enge Verbindung von Wissenschaft und Praxis zielende permanente Auseinandersetzung bewahrt die Praxis vor einer Abwicklung der Jugendarbeit durch die Fachkräfte selbst (vgl. Scherr/Sturzenhecker 2014). Auf der Ebene jugendpolitischer Dimensionen der internationalen Jugendarbeit braucht es also sowohl eine „politische Informiertheit" der Fachkräfte, die sie in die Lage versetzt, die Funktion und Logik von Politik und ihren Akteuren zu durchschauen, zu aktuellen politischen Themen Stellung zu beziehen und ein qualifiziertes Urteil zu bilden (vgl. Thimmel 2017, S. 298). Dazu gehört auch eine „wissenschaftliche Informiertheit", die sie in die Lage versetzt, im politischen Diskurs sprechfähig zu sein und angesichts einer sich permanent verändernden und wandelnden Welt auch dauerhaft zu bleiben bzw. immer neu zu werden. Wirkungsforschung, so wurde deutlich, ist weniger aus jugendpädagogischer und jugendpolitischer Perspektive von Relevanz, als vielmehr von politischer Seite aus gefordert. Sie entstammt nicht so sehr der Frage fachlicher Selbstvergewisserung als vielmehr der Notwendigkeit der Legitimation nach außen. Auch wenn Wirkungsforschungen darum aus dem Eigeninteresse des Feldes heraus geleistet werden müssen, „sie schützen im Zweifelsfall vor gar nichts" (Lindner 2008a, S. 10 f.), weil die Etablierung, Ausweitung, Kürzung oder Verlagerung, kurz: das gesamte Fördersystem Ergebnis politischer Entscheidungen ist und – wie überzeugend sich die jeweiligen Wirkungsnachweise auch immer darstellen mögen – letztlich auch bleiben wird. Wirkungsorientierung, mit anderen Worten, steht in der Gefahr, genau diese politische Dimension internationaler Jugendarbeit zu verschleiern, eine Verschleierung des Politischen, die gerade darum so wirkmächtig ist, weil sie die Akteure in ihrem Kampf um Anerkennung ins „Klein-klein" verstrickt und darin zu zerreiben droht. Forschungen lassen sich also nur dann angemessen, d. h. fachlichen Kriterien und Ansprüchen entsprechend durchführen, wenn sie eingebunden und verknüpft werden mit einer kritischen Gesellschaftsanalyse. Deshalb plädieren wir hier für eine stärkere Bezugnahme auf Ansätze kritischer Praxisforschung. Die zentrale Herausforderung kritischer

Praxisforschung in der internationalen Jugendarbeit besteht u. E. darin, diese mit Perspektiven kritischer Sozialer Arbeit und kritischer politischer Bildung zusammenzuführen. So lässt sich eine Forschung „von unten" etablieren, die einmal im Ernstnehmen der Probleme, Aufträge und Selbstbeschreibungen von Praxis besteht, diese aber gleichzeitig in Kontakt mit theoretischen Erwägungen und wissenschaftlicher Reflexivität bringen kann. Aufgabe kritisch-pragmatischer Praxisforschung ist es, Fragestellungen an die Praxis heranzutragen und so Spannungen zu erzeugen, die einmal kommunikativ ausgehalten werden müssen und zugleich selbst zum gemeinsamen Gegenstand der Bearbeitung gemacht werden müssen. Wirkungsforschung wäre dann nicht lediglich ein Nachweis des Nutzens dieser pädagogischen Praxis, sondern ein gemeinsamer Prozess von Akteuren aus Wissenschaft und Praxis, deren gemeinsames Ziel darin besteht, Wissen über diese Praxis zu generieren und dieses Wissen unter Einbezug konzeptioneller Diskurse um Qualität und theoretischer Überlegungen kritisch zu reflektieren.

Literatur

Balzter, Nadine/Ristau, Yan/Schröder, Achim (Hrsg.) (2014): Wie politische Bildung wirkt. Wirkungsstudie zur biographischen Nachhaltigkeit politischer Jugendbildung. Schwalbach/Ts.: Wochenschau.

Bammer, Doris/Fennes, Helmut/Karsten, Andreas (2017a): Exploring Erasmus+: Youth in Action. Effects and outcomes of the ERASMUS+: Youth in Action Programme from the perspective of project participants and project leaders. Transnational Analysis 2015/16. Main findings.

Bammer, Doris/Fennes, Helmut/Karsten, Andreas (2017b): Exploring Erasmus+: Youth in Action. Effects and outcomes of the ERASMUS+: Youth in Action Programme from the perspective of project participants and project leaders. Transnational Analysis 2015/16. Data Report.

Bammer, Doris/Fennes, Helmut/Karsten, Andreas (2017c): Exploring Erasmus+: Youth in Action. Effects and outcomes of the ERASMUS+: Youth in Action Programme from the perspective of project participants and project leaders. Transnational Analysis 2015/16. Executive Summary.

Breitenbach, Dieter (1979): Kommunikationsbarrieren in der internationalen Jugendarbeit. Band 5: Ergebnisse und Empfehlungen. Saarbrücken.

Dubiski, Judith/Ilg, Wolfgang (2016): Mitarbeitende als Katalysatoren gelingender Gemeinschaft. Evaluationsergebnisse von Jugendfreizeiten und internationalen Jugendbegegnungen. In: deutsche jugend 64 (H.4), 169–178.

Hamburger, Franz (2005): Forschung und Praxis. In: Schweppe, Cornelia/Thole, Werner (Hrsg.) (2005): Sozialpädagogik als forschende Disziplin. Theorie, Methode, Empirie. Weinheim und München. S. 35–48.

IJAB (Hrsg.) (2013): Internationale Jugendarbeit wirkt. Forschungsergebnisse im Überblick. 2. Auflage. Bonn/Köln.

Ilg, Wolfgang/Diehl, Michael (2011): Jugendgruppenfahrten im Spiegel mehrebenenanalytischer Untersuchungen. Erfahrungen mit vernetzter Selbstevaluation in non-formalen Bildungssettings. In: Zeitschrift für Evaluation. Heft 10/2011. S. 225–248.

Ilg, Wolfgang/Dubiski, Judith (2015): „Wenn einer eine Reise tut". Evaluationsergebnisse von Jugend-freizeiten und internationalen Jugendbegegnungen. Schwalbach/Ts.: Wochenschau.

Ilg, Wolfgang/Dubiski, Judith (2011): Begegnung schafft Perspektiven. Empirische Einblicke in internationale Jugendbegegnungen. Berlin.

Łada, Agnieszka (Hrsg.) (2014): Nachbarn kennenlernen! Wirkungen deutsch-polnischer Jugendbegegnungen auf die Teilnehmenden. Warschau: Stiftung Institut für Öffentliche Angelegenheiten.

Lindner, Werner (Hrsg.) (2008a): Kinder- und Jugendarbeit wirkt. Aktuelle und ausgewählte Evaluationsergebnisse der Kinder- und Jugendarbeit. Wiesbaden: VS Verlag.

Lindner, Werner (2008b): „Ich lerne zu leben" – Bildungswirkungen in der kulturellen Kinder- und Jugendarbeit. In: Lindner, Werner (Hrsg.) (2008): Kinder- und Jugendarbeit wirkt. Aktuelle und ausgewählte Evaluationsergebnisse der Kinder- und Jugendarbeit. Wiesbaden: VS Verlag. S. 167–180.

Schäfer, Stefan (2017): Internationale Jugendarbeit im Spiegel der Debatte um eine Re-Politisierung – Aktuelle Prozesse und Forschungsbedarfe. In: IJAB (Hrsg.) (2017): Aktuelle politische Entwicklungen und ihre Auswirkungen auf die Internationale Jugendarbeit. Bonn. S. 40–52.

Schäfer, Stefan (2016): Wirksamkeit und Plausibilität. Argumente zur Plausibilisierung der Relevanz Offener Kinder- und Jugendarbeit im kommunalpolitischen Legitimationsdiskurs. In: deutsche jugend, Heft 10/2016. S. 433–442.

Schäfer, Stefan (2015): Die politische Dimension in der Internationalen Jugendarbeit. (De-)Thematisierungen des Politischen im Diskurs der Internationalen Jugendarbeit. In: Schriftenreihe Internationale Jugendmobilität. Heft 1/2015. S. 71–82.

Schimpf, Elke/Stehr, Johannes (Hrsg.) (2012): Kritisches Forschen in der Sozialen Arbeit. Gegenstandsbereiche – Kontextbedingungen – Positionierungen – Perspektiven. Wiesbaden: Springer VS.

Scherr, Albert/Sturzenhecker, Benedikt (2014): Jugendarbeit verkehrt: Thesen gegen die Abwicklung der Offenen Kinder- und Jugendarbeit durch ihre Fachkräfte. In: deutsche jugend. Heft 9/2014. S. 369–376.

Thimmel, Andreas (2017): Demokratische Jugendbildung im Kontext von Migration und Europa. Praxisforschung an der Schnittstelle von Internationalität und Bildung. In: Henn, Daniela/Prigge, Jessica/Ries, Karsten/Lück-Filsinger, Marianne (Hrsg.) (2017): Streifzüge durch die angewandte Sozialwissenschaft. Evaluation – Soziale Arbeit – Migration – Sozialpolitik. Dieter Filsinger zum 65. Geburtstag. Münster/New York: Waxmann. S. 297–312.

Thimmel, Andreas (2016): Politische Dimension in der Internationalen Jugendarbeit. In: Böttger, Gottfried/Frech, Siegfried/Thimmel, Andreas (Hrsg.) (2016): Politische Dimensionen internationaler Begegnungen. Schwalbach/Ts.: Wochenschau. S. 61–73.

Thimmel, Andreas (2015): Reflexive interkulturelle und internationale Jugendarbeit – Konzepte der Jugendarbeit in der Migrationsgesellschaft. In: Thimmel, Andreas/Chehata, Yasmine (2015) (Hrsg.): Jugendarbeit in der Migrationsgesellschaft. Praxisforschung zur interkulturellen Öffnung in kritisch-reflexiver Perspektive. Schwalbach/Ts.: Wochenschau. S. 11–26.

Thimmel, Andreas (2014): Politische Dimension im Kontext Internationaler Jugendarbeit. In: IJAB (Hrsg.) (2014): Innovationsforum Jugend global. Qualifizierung und Weiterentwicklung der Internationalen Jugendarbeit. Politische Dimension der Internationalen Jugendarbeit. Bonn. S. 6–13.

Thimmel, Andreas (2010): Internationale Jugendarbeit und kritische politische Bildung. In: Lösch, Bettina/Thimmel, Andreas (Hrsg.) (2010): Kritische politische Bildung. Ein Handbuch. Schwalbach/Ts.: Wochenschau. S. 497–508.

Thimmel, Andreas. (2001): Pädagogik der internationalen Jugendarbeit. Geschichte, Praxis und Konzepte des interkulturellen Lernens. Schwalbach/Ts.: Wochenschau.

Thimmel, Andreas/Chehata, Yasmine (Hrsg.) (2015): Jugendarbeit in der Migrationsgesellschaft. Praxisforschung zur Interkulturellen Öffnung in kritisch-reflexiver Perspektive. Schwalbach/Ts.: Wochenschau.

Thomas, Alexander (2013): Langzeitwirkungen der Teilnahme an internationalen Jugendbegegnungen auf die Persönlichkeitsentwicklung der Teilnehmer/-innen. In: IJAB (Hrsg.) (2013): Internationale Jugendarbeit wirkt. Forschungsergebnisse im Überblick. 2. Auflage. Bonn/Köln. S. 90–103.

Thomas, Alexander/Chang, Celine/Abt, Heike (2007): Erlebnisse, die verändern. Langzeitwirkungen der Teilnahme an internationalen Jugendbegegnungen. Göttingen: Vandenhoeck & Ruprecht.

Weichbrodt, Michael (2014): Ein Leben lang mobil? Langfristige Schüleraustauschprogramme und die spätere Mobilität der Teilnehmer als Element gesellschaftlicher Transnationalisierung. Münster: Monsenstein und Vannerdat.

Winkelmann, Anne (2006): Internationale Jugendarbeit in der Einwanderungsgesellschaft. Auf dem Weg zu einer theoretischen Fundierung. Schwalbach/Ts.: Wochenschau.

Winkler, Michael (1988): Eine Theorie der Sozialpädagogik: über Erziehung als Rekonstruktion der Subjektivität. Stuttgart: Klett.

Ziegler, Holger (2012): Wirkungsforschung – über Allianzen von Evaluation und Managerialismus und die Möglichkeit erklärender Kritik. In: Schimpf, Elke/Stehr, Johannes (Hrsg.) (2012): Kritisches Forschen in der Sozialen Arbeit. Gegenstandsbereiche – Kontextbedingungen – Perspektiven. Wiesbaden: Springer VS. S. 93–106.

Wirkungsforschung zu Freizeiten und Jugendreisen

Wolfgang Ilg

Zweifellos gehören diejenigen Maßnahmen zu den intensivsten Angeboten der Jugendarbeit, die sich über mehrere Tage erstrecken. Je nach Region und Träger werden sie beispielsweise als Lager, Ferienfahrten, Rüstzeiten oder Camps bezeichnet, wobei die Begriffe „(Ferien-)Freizeiten" und „Jugendreisen" bundesweit am gebräuchlichsten sind. Es handelt sich jeweils um Jugendgruppenfahrten, die in ihren Charakteristika den internationalen Jugendbegegnungen (vgl. dazu Thimmel/Schäfer im vorliegenden Band) ähneln, im Unterschied zu diesen aber keine systematische Begegnung mit Jugendgruppen des Partnerlands vorsehen. Allgemein werden Freizeiten beschrieben als mit Gruppen durchgeführte, freiwillige, nicht am Heimatort stattfindende Aktivitäten, die mehr als zwei Tage dauern und deren Zielsetzung über die bloße Organisation eines gemeinsamen Urlaubs hinaus pädagogisch begründet und von Erwachsenen begleitet wird (vgl. Ilg 2008, S. 15).

Im Sozialgesetzbuch VIII ist die Kinder- und Jugenderholung als einer der Schwerpunkte der Jugendarbeit beschrieben (§ 11), dementsprechend werden Freizeiten von Ländern und Kommunen zumeist finanziell gefördert. Gegenüber allen anderen Aktivitäten der Kinder- und Jugendarbeit (im Folgenden wird zur Vereinfachung nur noch von „Jugendarbeit" gesprochen) sind Freizeiten dadurch hervorgehoben, dass sie sich über eine deutlich längere Zeitspanne erstrecken und mit oftmals hohen Kosten (i. d. R. mehrere hundert Euro) sowie einer verbindlichen Anmeldung einhergehen. Mit diesen äußeren Gegebenheiten gehen besondere Chancen als auch Herausforderungen einher. So werden die pädagogischen Potenziale dieses Kurzzeitsettings in einer über ein bis zwei Wochen konstant bleibenden Gruppe als besonders intensiv erlebt, zugleich wachsen aber auch die Risiken mit: Berichte über Unglücksfälle bei Freizeiten (z. B. umstürzende Bäume bei Zeltlagern, Unfälle mit Reisebussen) oder Vorkommnisse sexuellen Missbrauchs bei Freizeiten bleiben zwar Einzelfälle, erzielen in den Medien jedoch eine Aufmerksamkeit, die kaum einer anderen Nachricht aus der Jugendarbeit zuteilwird.

Im Folgenden soll zunächst das Arbeitsfeld hinsichtlich seiner Geschichte, aktuellen Verbreitung, der Trägerstrukturen und der relevanten Publikationen

vorgestellt werden. In einem zweiten Teil richtet sich der Blick auf Forschungsergebnisse zur Wirksamkeit des Kinder- und Jugendreisens. Der abschließende
dritte Teil wirft einen Blick auf zukünftige Möglichkeiten einer Wirkungsforschung unter den Bedingungen einer Jugendarbeit im digitalisierten Zeitalter.

1. Überblick über das Arbeitsfeld

1.1 Geschichte

Die Geschichte der Jugendarbeit ist ohne die Arbeitsform der Freizeiten kaum
denkbar, in der sich seit jeher die verschiedenen Ausprägungen insbesondere
der verbandlichen Jugendarbeit niederschlagen. In den kirchlich geprägten
Ferienwochen der Bibelkränzchen oder der Bewegung des „Wandervogels"
entwickelten sich gegen Ende des 19. Jahrhunderts an verschiedenen Stellen
Initiativen einer Jugendarbeit, die das Unterwegssein als ein besonders wert-
volles Moment ihrer Arbeit für sich entdeckte und mit ihren jeweiligen ver-
bandsspezifischen Zielen verband. Allerdings ließen sich die Freizeiten auch für
völkische und paramilitärische Ideen (miss-)brauchen, wie entsprechende Ju-
gendlager der Nationalsozialisten dokumentierten. Nach dem Ende des Zweiten
Weltkriegs setzten die verbandlich organisierten Freizeiten wieder ein, vieler-
orts verknüpft mit dem Gedanken, die Gesundheit der Jugend zu stärken, zunehmend dann auch mit dem Ziel der Völkerverständigung und schließlich
interkultureller Begegnung verbunden (vgl. zu den geschichtlichen Aspekten
z. B. Haese 1994; Friesenhahn/Thimmel 2005). Seit dem Ende des 20. Jahrhunderts drängen zunehmend kommerzielle Anbieter auf den Markt des Jugendreisens, die mittlerweile einen gewichtigen Anteil des Reisevolumens für sich ver-
buchen können.

1.2 Verbreitung

Im Blick auf die Verbreitung von Freizeiten gibt es kaum verlässliche Daten.
Der 15. Kinder- und Jugendbericht der Bundesregierung zitiert Erhebungen aus
der zweiten Welle des AID:A-Surveys des Deutschen Jugendinstituts (vgl. Wal-
per/Bien/Rauschenbach 2015. Demnach „haben bei den 12- bis 13-Jährigen
mehr als 50 Prozent und bei den 16- bis 17-Jährigen immerhin noch ein Drittel
der Befragten im letzten Jahr an einer Freizeit teilgenommen, ohne wesentliche
Unterschiede zwischen Jungen und Mädchen" (BMFSFJ 2017, S. 389). Diese
Zahlen, die auf einer Befragung der jungen Menschen beruhen, können bislang
noch nicht präzise mit Daten zu den Aktivitäten der Jugendarbeitsträger in
Beziehung gesetzt werden. Nach der Neukonzipierung der amtlichen Statistik
zur Kinder- und Jugendarbeit (Statistisches Bundesamt 2017) werden für das

Jahr insgesamt 30.282 Freizeitmaßnahmen für das Bundesgebiet berichtet, bei denen gut 1,3 Millionen Teilnehmende und knapp 200.000 Mitarbeitende (Ehrenamtliche, Hauptamtliche, Honorarkräfte) gezählt wurden. Aufgrund der gesetzlichen Vorgaben werden in dieser Statistik allerdings nur die direkt über staatliche Gelder geförderten Maßnahmen berücksichtigt, was zwar für viele, aber nicht für alle Freizeiten gilt. Zudem fällt eine Abschätzung schwer, wie vollständig der Rücklauf der berichtenden Träger gelten kann, da es im heterogenen Feld der Jugendarbeit keinen Überblick über die faktisch agierenden (oftmals sehr kleinen und lokalen) Träger gibt (vgl. zur Datenlage zu Freizeitanbietern auch Gleu/Kosmale 2009 sowie BMWi 2014).

1.3 Akteure

Die Trägerlandschaft stellt sich als unübersichtlich und kleinteilig dar. Der 12. Kinder- und Jugendbericht der Bundesregierung geht von etwa 1.000 Kinder- und Jugendreiseanbietern in Deutschland aus (BMFSFJ 2005, S. 460). Diese Zahl dürfte die reale Situation eher unterschätzen. In der Jugendverbandserhebung des Deutschen Jugendinstituts wird deutlich, dass Ferienmaßnahmen bzw. Freizeiten eine Kernaktivität von Jugendverbänden darstellen: Mehr als vier Fünftel aller Jugendverbände sind in diesem Bereich aktiv, und zwar ohne signifikante Unterschiede zwischen Verbänden in Ost- und Westdeutschland (Seckinger et al. 2009, S. 23). Der Trägerlandschaft der Jugendarbeit entsprechend werden Freizeiten einerseits von öffentlichen Trägern, v.a. Kommunen, insbesondere aber von freien Trägern, also Jugendverbänden oder Kirchengemeinden, angeboten. 22 bundesweite Dachorganisationen haben sich im „BundesForum Kinder- und Jugendreisen" zusammengeschlossen, das sich als Dachverband im Bereich des nationalen und internationalen Kinder- und Jugendreisens versteht (www.bundesforum.de). In den Qualitätskriterien des Bundesforums ist auch eine Verpflichtung zur Evaluation enthalten: „Jede Organisation stellt durch eine strukturierte Vor- und Nachbereitung, geeignete Teilnehmerinformationen und durch Evaluationen kontinuierlich die Qualität und kinder und jugendgerechte Eignung des Angebots sicher." (Bundesforum Kinder- und Jugendreisen 2016, S. 2).

Der Deutsche Bundesjugendring als Zusammenschluss der Jugendverbände hat sich in jüngerer Zeit in zwei Positionspapieren mit dem Thema Freizeiten befasst. Die Wirkung von Freizeiten wird, unter Rückgriff auf Evaluationsdaten aus dem Forschungsverbund Freizeitenevaluation, wie folgt beschrieben: „Kinder- und Jugendreisen leisten für Kinder und Jugendliche einen wichtigen Beitrag zur Sozialisation, zur Persönlichkeitsentwicklung, zum praxisorientierten Erwerb von Wissen und Sozialkompetenz im Umgang miteinander sowie zum interkulturellen Lernen. Sie sind Orte und Anlässe der Erholung, der Bildung sowie der Partizipation. Sie bieten Kindern und Jugendlichen zeitliche und räumliche Freiräume, die sich von ihren alltäglichen Erfahrungen abgrenzen und über sie hinausgehen" (DBJR 2008, S. 1). In jugend- und sozialpolitischer Hinsicht wird die Forderung erhoben, die Teilnahme bei Freizeiten auch finanzschwachen jungen Menschen durch eine staatliche Kostenübernahme zu ermöglichen (DBJR 2015).

Im Bereich der Hochschulen zeichnet sich insbesondere der Forschungsschwerpunkt Nonformale Bildung an der Technischen Hochschule Köln durch verschiedene Forschungs- und Praxisprojekte im Feld der Jugendgruppenfahrten aus (www.nonformalebildung.de). Gemeinsam mit der Evangelischen Hochschule Ludwigsburg begleitet die TH Köln den Forschungsverbund Freizeitenevaluation, der unter 2.2 genauer vorgestellt wird.

1.4 Publikationsorgane

Trotz des umfangreichen Arbeitsfelds bleibt die wissenschaftliche Beschäftigung mit dem Arbeitsfeld Freizeiten auf wenige Fachkreise beschränkt. Neben gelegentlichen Publikationen in Fachzeitschriften der Jugendarbeit oder Schwerpunktheften von Verbandszeitschriften (z. B. das baugerüst 2/2011, eine Mitarbeiterzeitschrift der evangelischen Jugendarbeit) sind insbesondere die folgenden Veröffentlichungsorte für einschlägige Publikationen zu nennen:

- Über viele Jahre etablierte sich das 1962 erstmals erschienene „Jahrbuch für Jugendreisen und internationalen Jugendaustausch" des „Studienkreises für Tourismus" als zentraler Ort für Veröffentlichungen rund um das Thema Jugendreisen. In den 2000er-Jahren wurde sein Erscheinen jedoch eingestellt.
- Nach der Einstellung des „Jahrbuchs" übernahm für einige Jahre das „Praxishandbuch Kinder- und Jugendfreizeiten" (Müller o.J.) mit regelmäßigen Aktualisierungen eine wichtige Orientierungsfunktion für die „Jugendreiseszene". Auch dieses Standardwerk wurde nach einigen Jahren jedoch nicht mehr weitergeführt.
- Die „Bielefelder Jugendreiseschriften", herausgegeben vom Institut für Freizeitwissenschaft und Kulturarbeit e.V., etablierten sich Anfang der 2000er-Jahre u. a. mit der Dissertation des Mitbegründers von „ruf-Jugendreisen" Bernhard Porwol (2001) sowie mit der ersten Publikation des Forschungsverbunds Freizeitenevaluation (Ilg 2005), wurden aber nach dem Erscheinen von Band 8 (Korbus 2012) ebenfalls nicht weitergeführt.
- Seit 2014 gibt der für die Szene bedeutsame Kölner Fachverein „transfer e.V." die jährlich erscheinende Schriftenreihe „Internationale Jugendmobilität" heraus, die Aufsätze aus Forschung und Praxis versammelt.
- Das aktuell umfassendste Kompendium bietet der „Wegweiser Kinder- und Jugendreisepädagogik", der vom Bundesforum Kinder- und Jugendreisen

gemeinsam mit „transfer e.V." herausgegeben wurde und viele namhafte Autor*innen und Wissenschaftler*innen des Jugendreisens zusammenbrachte (Drücker/Fuß/Schmitz 2014). Darin finden sich auch zwei Überblicksbeiträge zur Forschungslage (Dimbath/Thimmel 2014 sowie Stollenwerk 2014).

- Im Bereich der internationalen Jugendarbeit hat sich das „Forum Jugendarbeit international" etabliert, in dem IJAB, die Fachstelle für internationale Jugendarbeit der Bundesrepublik Deutschland e.V., seit 1996 zunächst jährlich, später im Abstand von zwei bis drei Jahren, Arbeiten aus dem Kontext der internationalen Jugendarbeit veröffentlicht – allerdings spielen hierbei Freizeiten ohne Begegnungscharakter nur selten eine Rolle.

Die hier skizzierte Entwicklung der Publikationen verdeutlicht eine insgesamt wenig etablierte Forschungslandschaft zum Kinder- und Jugendreisen, die v.a. von Diskontinuität und einer geringen Anbindung an die wissenschaftliche Forschung geprägt ist. Es fehlt insbesondere an einer dezidiert wissenschaftlichen Forschung zum Feld. Obwohl die Thematik grundsätzlich für verschiedene Disziplinen (Pädagogik, Soziologie, Tourismuswissenschaft, Politik) interessant sein könnte, werden Forschungsprojekte zumeist aus praxisnahen Kontexten heraus angestoßen. Bislang fehlen dagegen genuin wissenschaftliche Forschungsprojekte, die – auch finanziell unabhängig von Praxisinteressen und -verbänden – wirkliche Grundlagenforschung leisten könnten.

2. Wirkungsforschung

Zur Jugendarbeit insgesamt liegen mittlerweile zwar immer mehr empirische Studien vor, allerdings kann nur in den wenigsten Fällen von expliziter Wirkungsforschung gesprochen werden. Ein wesentlicher Grund hierfür liegt darin, dass die (Offene) Jugendarbeit zumeist „freiwillig und wenig verbindlich in Anspruch genommen wird [und] dass sie keinen Maßnahmecharakter [hat]" (Begemann 2016, S. 215). Bei Freizeiten treffen diese Einschränkungen allerdings nicht in derselben Weise zu. In der Regel stellt eine Freizeit eine klar umrissene Maßnahme mit einer zwar freiwillig zusammenkommenden, aber kontinuierlich anwesenden Teilnehmer*innengruppe dar. Insofern liegen bei Freizeiten Rahmenbedingungen vor, die eine spezifische Wirkungsforschung grundsätzlich sehr viel einfacher ermöglichen, als dies beispielsweise in der Offenen Kinder- und Jugendarbeit der Fall ist. Wie bei anderen Maßnahmen der Jugendarbeit sind (quasi-)experimentellen Designs der Wirkungsforschung jedoch auch bei Freizeiten klare Grenzen gesetzt (vgl. dazu die – ethisch durchaus fragwürdige – Studie von Stenger/Geißlinger 1991). Während sich in angrenzenden Feldern vereinzelt Kontrollgruppen-Designs finden lassen (vgl. beispielsweise die psychologische Studien im Feld internationaler Langzeitaustauschformate: Zimmermann/Neyer 2013; Greischel/Noack/Neyer 2016), gibt es bislang bei Freizeiten keine im harten empirischen Sinne „echte Wirkungsforschung" mit Untersuchungs- und Kontrollgruppen Zahlreiche Studien können nen jedoch Selbstberichte jugendlicher Freizeitteilnehmer vorlegen, manche Designs nähern sich einer Wirkungsforschung zumindest an.

2.1 Zufriedenheitsbefragungen aus dem kommerziellen Jugendreisen

Mit der 1967 vorgelegten Veröffentlichung „Pädagogik des Jugendreisens" (Giesecke/Keil/Perle 1967/2002) gelang eine Pionierleistung der Forschung zu Jugendreisen. Erstmals wurde der Tourismus als Teil des Jugendreisens nicht lediglich kulturkritisch abgelehnt, sondern konstruktiv als spezielles Lernfeld wahrgenommen. Bemerkenswert ist insbesondere die Tatsache, dass die Publikation auf einer empirischen Untersuchung basiert und in eine Theoriebildung mündet, die (zumindest nach dem Urteil der Herausgeber der Faksimile-Ausgabe 35 Jahre später) „seither kaum voran" kam (Porwol 2002, III).

In der Tat lag die empirische Forschung im Arbeitsfeld (von einigen Ausnahmen abgesehen, vgl. beispielsweise zur internationalen Jugendarbeit Breitenbach 1979/1980) über lange Zeit brach. Sie wurde insbesondere in den 1990er-Jahren durch empirische Befragungen des kommerziellen Jugendreiseanbieters „ruf Jugendreisen" vorangebracht, der sich während dieser Phase – auch aufgrund intensiver Marktforschungsbemühungen – etablieren konnte. Die Forschungsbemühungen im Kontext von „ruf" brachten zahlreiche Einzelstudien hervor, bei denen allerdings weniger die pädagogischen Kriterien und auch keine Wirksamkeitsfragen, sondern (für ein Wirtschaftsunternehmen durchaus legitim) eher Fragen des Markterfolgs im Vordergrund standen. Exemplarisch steht dafür eine Untersuchung, die sich mit Merkmalen eines „erfolgreichen" Reiseprospekts befasst (Braun/Korbus 1996; vgl. zusammenfassend für die verschiedenen Studien Braun 1997). Ein wesentlicher Meilenstein wurde 2001 durch einen der Mitbegründer von „ruf Jugendreisen", Bernhard Porwol, gesetzt, der seine Dissertation zur „Qualität im Jugendtourismus" mit dem programmatischen Untertitel „Die zentrale Bedeutung der Kundenzufriedenheit" veröffentlichte (Porwol 2001). Auf der Grundlage der Befragung von Teilnehmenden, Mitarbeitenden und Eltern sowie Reisebüromitarbeitenden plädiert Porwol für einen „Paradigmenwechsel": Nicht mehr Lernen und „Bildung" seien die zentralen Wirkungskriterien einer erfolgreichen Jugendreise, sondern die Zufriedenheit von Teilnehmenden, Mitarbeitenden, und nicht zuletzt von den Eltern der Jugendlichen.

2.2 Das Zielerreichungsparadigma des Forschungsverbunds Freizeitenevaluation

Auf Seiten der verbandlichen Jugendarbeit entstand ungefähr im selben Zeitraum – und in intensiver Auseinandersetzung mit dem neuen Paradigma des Spaßhabens (vgl. die Debatten im Themenheft der „deutschen jugend" 9/2002) – ein Evaluationsverfahren für Freizeiten, das die Qualitätsdefinition im kommerziellen Bereich aufnahm, in seiner Konzeption aber darüber hinaus ging. Das Verfahren der zunächst an der Universität Tübingen entwickelten „Freizeitenevaluation" wurde dabei wie folgt begründet:

> „Das Evaluationsergebnis kann nicht einfach darin bestehen, einer Freizeit ein Urteil zwischen ‚gut' und ‚schlecht' zuzuweisen. Auf dieser Skala kann allenfalls die Teilnehmer-Zufriedenheit im Sinne der Porwolschen Qualitätsdefinition [...] eingeordnet werden. Darüber hinaus gibt es aber kaum allgemeingültige Kriterien, die für alle Freizeiten [...] Geltung beanspruchen könnten. [...] Eine (aus der Perspektive des Veranstalters) ‚gute' Freizeit ist vielmehr eine Freizeit, bei der die selbst gesteckten Ziele erreicht werden" (Ilg 2005, S. 31).

Das Paradigma der Freizeitenevaluation liegt darin, dass vor Beginn der Maßnahme über einen standardisierten Mitarbeiter-Fragebogen ein spezifisches Ziele-Profil für jede Freizeit erstellt wird, in dem potenzielle Zielsetzungen der Freizeit gewichtet werden, beispielsweise in den Bereichen Persönlichkeitsentwicklung, politische Reflexion oder interkulturelle Erfahrung. Am Ende der Freizeit beurteilen die Teilnehmenden dann zunächst ihre Zufriedenheit mit einzelnen Aspekten (hier wird der Aspekt der Kundenzufriedenheit nach Porwol deutlich) und melden ihrerseits durch Ankreuzen zurück, inwiefern die verschiedenen benannten Erlebnisbereiche bei der Freizeit vorkamen. Der längsschnittliche Aspekt einer Wirkungsforschung wird hier über die vorauslaufende Definition von Zielen berücksichtigt (auf die Erhebung der Teilnehmenden-Einstellungen zu Beginn der Freizeit wird aus Gründen der Praktikabilität jedoch verzichtet). Ein zumindest näherungsweise quasi-experimentelles Design ergibt sich über die Variation möglicher Freizeitziele. Dahinter steckt folgende Überlegung: Aus ethischen und praktischen Gründen ist es nicht denkbar, Freizeitkonzepte mit unterschiedlichen Zielsetzungen zu entwerfen und Jugendliche experimentell darauf zuzuteilen, um zu sehen, wie sich deren Rückmeldungen unterscheiden. Da im Feld aber eine große Bandbreite verschiedener Zielsetzungen bei Freizeiten ohnehin vorhanden ist, kann diese natürliche Variation genutzt werden. Durch die Erhebung der Ziele in den Teams werden die verschiedenen Freizeitprofile deutlich und lassen sich mit den Rückmeldungen der Teilnehmenden vergleichen. Eine solche Herangehensweise erscheint für die Forschung im Feld als vielversprechend, insbesondere dann, wenn es (wie im vorliegenden Fall) gelingt, die Daten von einer großen Zahl von Maßnahmen zu gewinnen.

Der Forschungsansatz der Freizeitenevaluation (vgl. zum Konzept Ilg 2003/2010) wurde später mit einem Datensatz von über 5.000 befragten Jugendlichen mehrebenenanalytisch überprüft und bestätigt (Ilg/Diehl 2011). Die als Indikatoren für die jeweiligen pädagogischen Konzepte abgefragten Mitarbeitendenziele erwiesen sich als statistisch signifikante Prädiktoren für die Varianzaufklärung auf Ebene der Teilnehmendengruppen. Anders gesagt: Die Ziele des Teams prägen nachweislich die Erlebnisgehalte der jugendlichen Freizeitteilnehmenden. Im Blick auf die Wirkung von Jugendfreizeiten zeigen sich einerseits Wirkungsbereiche, die weitgehend unabhängig von den jeweiligen Freizeitkonzeptionen eintreten; hierzu zählen insbesondere die Gemeinschaftserfahrungen, die zu einem zentralen Charakteristikum der Jugendgruppenfahrten zählen können. Daneben erweisen sich aber spezifische Zielsetzungen als wirksam, beispielsweise im Kontext kirchlicher Verbandsziele (Ilg 2005), bei Gesundheitsprogrammen (Peters 2013), bei innovativen Kinderferienangeboten (Pietsch/Fröhlich-Gildhoff 2013) oder für sportlich orientierte Jugendarbeit (Weimershaus 2014).

Der Evaluationsansatz der Freizeitenevaluation wurde für Jugendfreizeiten (Ilg 2008), für Kinderfreizeiten (Peters et al. 2011) sowie für internationale Jugendbegegnungen (zuletzt Ilg/Dubiski 2014) in jeweils eigenen Grundlagenstudien entwickelt und für die Selbstevaluation unter www.freizeitenevaluation.de bereitgestellt. Insbesondere die Jugendverbände nahmen den Evaluationsansatz mit großem Interesse auf, da er die Eigenlogik einer zielepluralen Verbandsarbeit berücksichtigt und eine praxistaugliche Evaluation eigener Fahrten ermöglicht. Nach dem Prinzip der vernetzten Selbstevaluation stehen die aus den Evaluationen der Träger generierten Daten nicht nur den einzelnen Freizeitteams, sondern auch der wissenschaftlichen Perspektive zur Verfügung. Eine aus den eingeschickten Daten generierte Analyse der Fragebögen von über 1.000 Jugendgruppenfahrten konnte später die Einflüsse der ebenfalls erhobenen Kontextfaktoren genauer untersuchen (Ilg/Dubiski 2015). Die Gesamtanalyse der lokalen Einzelevaluationen zeigte u. a., dass ein intensiver Betreuungsschlüssel mit positiven Rückmeldungen der Jugendlichen in nahezu allen Bereichen einhergeht. Abbildung 1 stellt exemplarisch die Rückmeldungen von Jugendlichen bei Freizeiten mit intensivem Betreuungsschlüssel (bis zu vier Jugendliche pro Mitarbeitendem) und wenig intensivem Betreuungsschlüssel (mehr als zehn Jugendliche pro Mitarbeitendem) nebeneinander. Die Gegenüberstellung verdeutlicht, dass Freizeiten mit einer starken Betonung der Beziehungsarbeit (für die ein intensiver Betreuungsschlüssel als Indikator gelten kann) eine deutlich erhöhte Wirksamkeit hinsichtlich vieler pädagogischer wünschbarer Zielstellungen erreichen. In methodischer Hinsicht wird auch hier der Umstand genutzt, dass die evaluierten Freizeiten eine konzeptionelle Vielfalt bei vergleichbaren Rahmendaten erbringen, was zu einem quasi-experimentellen Setting führt.

Abb. 1

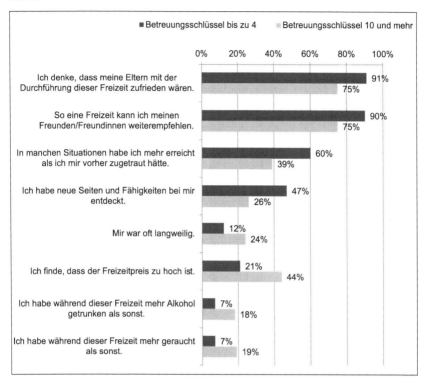

2.3 Qualitative Untersuchungen

Neben den hier dargestellten Ansätzen quantitativer Wirkungsforschung wurden auch verschiedene Untersuchungen mit einer qualitativen Methodik veröffentlicht. Dazu gehört das Forschungsprojekt „Jugendverbandliche Ferienfreizeiten unter der empirischen Lupe", bei dem Kinder und Jugendliche in Interviews zu ihren Erfahrungen bei Ferienfreizeiten befragt wurden. Die Ergebnisse ermöglichen insbesondere Einblicke in das Gemeinschaftserleben sowie die Bedeutung der haupt- und ehrenamtlichen Mitarbeitenden. Das Forscherinnenteam berichtet beispielsweise davon, dass die Befragten über ihre Freizeit fast immer in der „wir"-Form und nicht im „ich" sprechen. Dies gelte nicht nur bei Interviews während der Freizeiten, sondern auch bei Rückblicken ein dreiviertel Jahr später. „Generell scheint also zu gelten: Ferienfreizeiterleben ist Gemeinschaftserleben – auch im Nachhinein noch" (Herrmann/Boesefeldt/Meuche 2016, hier S. 5).

Ebenfalls einem qualitativen Ansatz folgt Astrid Hübner bei ihrer Untersuchung von Stadtranderholungsmaßnahmen, also einer Form von Freizeiten, die zumeist ohne Übernachtung angeboten werden. Der Fokus ihrer Dissertation gilt dem persönlichen Nutzen des freiwilligen Engagements für die Freizeitleitenden. In 41 Einzelinterviews wurde der Frage nachgegangen, inwiefern Aspekte des „neuen Ehrenamts" von den Befragten benannt werden und in welcher Weise die Ehrenamtlichen von ihrem Engagement profitieren. Die in vielen anderen Studien eher vernachlässigte Teamer-Perspektive wird in der inhaltsanalytischen Auswertung differenziert dargestellt. Als eine Wirkung des besonderen Settings einer abgegrenzten Freizeitsituation beschreiben die zumeist jugendlichen Ehrenamtlichen das intensive Miteinander: „Die FreizeitleiterInnen gewinnen neue soziale Kontakte und Beziehungen in der Gruppe der TeamerInnen und profitieren von den daraus erwachsenden Bekanntschaften und Freundschaften. Zudem betreten die FreizeitleiterInnen mit dem freiwilligen Engagement einen zeitlich und räumlich dichten ‚Experimentierraum' für Liebesbeziehungen in der Adoleszenz fernab des Alltags" (Hübner 2010, hier S. 359).

2.4 Studien aus angrenzenden Feldern

Ein zunehmend untersuchtes Arbeitsfeld, das zahlenmäßig zu den bedeutendsten Freizeitmaßnahmen (mit ca. 200.000 Teilnehmenden pro Jahr) gehört, ist in den *Freizeiten und Camps im Kontext der Konfirmand*innenarbeit* zu sehen. Neben theologischen Arbeiten (insb. Saß 2005) finden sich dazu auch soziologische Zugänge (Dimbath et al. 2007, vgl. auch Dimbath et al. 2008). Unter kritischer Aufnahme der Fragebögen der Freizeitenevaluation stellen die Autor*innen ein Verfahren vor, wie die quantitativen Ergebnisse der Befragung von Konfirmand*innen durch qualitative Aussagen ergänzt wurden. Auch hier wird als zentrale Erlebnisdimension das Themenfeld Gemeinschaft benannt, insbesondere im Blick darauf, wie den Jugendlichen der Anschluss an die Gruppe gelingt. Das Autor*innenteam erkennt in den Aussagen der Jugendlichen die drei Themenbereiche Herkunftsordnung, Ordnung der Geschlechter und Herrschaftsordnung als relevante Dimensionen des Freizeiterlebens. Vier Typen individuellen relationalen Handelns werden unterschieden: Exponierung, Egalisierung, Segregation oder Integration. Die Untersuchungen im Umfeld der Konfirmand*innenarbeit erweisen sich auch als anschlussfähig an internationale Forschungen zur Konfirmand*innenarbeit, insbesondere aus Finnland, wo die Konfi-Camps einen integralen Teil der Jugendkultur darstellen (vgl. in deutscher Sprache insb. Haeske/Niemelä 2010).

Eine große Nähe zur Arbeitsform der Freizeiten weisen *internationale Jugendbegegnungen* auf. Obwohl sie zahlenmäßig nur einen Bruchteil der Jugendgruppenfahrten insgesamt ausmachen (laut der Jugendarbeitsstatistik 2015

handelt es sich bei 2 % der gemeldeten Veranstaltungen und Projekte um Angebote der internationalen Jugendarbeit; vgl. Volberg/Pothmann 2018), stehen
sie – nicht zuletzt aufgrund der hohen politischen Aufmerksamkeit und der
intensiven finanziellen Förderung – stärker als Freizeiten im Fokus der Wissenschaft. Neben der bereits erwähnten Evaluation internationaler Jugendbegegnungen im Kontext des Forschungsprojekts Freizeitenevaluation sind insbesondere die RAY-Studien zu nennen, die – koordiniert von der österreichischen
Agentur des Programms „Jugend in Aktion" – ein Monitoring des Programms
„Erasmus+ – Youth in action" vornehmen (www.researchyouth.eu). Unter den
als „key competences" untersuchten Wirkungen der Projekte werden neben
sozialen Kompetenzen u. a. die Kommunikation in einer Fremdsprache, ein
gestiegenes Selbstvertrauen sowie Effekte auf die eigene Berufswahl benannt
(vgl. Otten/Tham/Feldmann-Wojtachnia 2014). Ein im Blick auf Wirkungsmessungen hervorzuhebendes Forschungsprojekt an der Universität Regens-
burg befasste sich mit den Langzeitwirkungen der Teilnahme an internationalen Jugendbegegnungen. Auch nach vielen Jahren, so konnten die Befragungen
mit ehemaligen Teilnehmenden nachweisen, wirken die Erfahrungen einer
Jugendbegegnung nach und führen zu nachhaltigen „Erlebnissen, die verändern" (so der Titel der Studie; vgl. Thomas/Chang/Abt 2007).

Im entfernteren Sinne zu Fragen der Wirkungsmessung gehören beispielsweise die verschiedentlichen Versuche, Jugendlichen oder Mitarbeitenden die
von ihnen erworbenen Kompetenzen im non-formalen Bildungsbereich durch
sogenannte *Kompetenznachweise* zu bescheinigen (vgl. im Überblick
Baumbast/Hofmann-van de Poll/Lüders 2014). Entsprechende Nachweis-
systeme existieren beispielsweise im Bereich der kulturellen Jugendbildung
(www.kompetenznachweiskultur.de) sowie für die internationale Jugendarbeit
(www.nachweise-international.de).

Die vielfältigen Forschungen zu Freizeiten und Camps aus *anderen Länder-
kontexten* wurden bislang in der deutschen Jugendreiseforschung noch kaum
zur Kenntnis genommen. Dabei versprechen insbesondere die umfangreichen
Studien im Kontext der American Camping Association interessante Ansätze
im Bereich der Wirkungsforschung (exemplarisch: Thurber et al. 2007; für
aktuelle Studien vgl. www.acacamps.org/about/who-we-are/research).

2.5 Von der Wirkung der Wirkungsstudien – ein Zwischenfazit zum Forschungsstand

Unzweifelhaft hat sich seit dem Ende des 20. Jahrhunderts die Daten- und Forschungslage zum Arbeitsfeld Freizeiten deutlich verbessert (vgl. im Überblick:
Buschmann 2009 sowie G5 2010). Neben vereinzelten Studien ist es insbesondere zu einigen längerfristigen Forschungslinien gekommen, die allerdings erst
allmählich auch außerhalb der „Szene" des Jugendreisens zur Kenntnis ge-

nommen werden. Dass Jugendarbeit zu erwünschten Wirkungen führt, wird zunehmend nicht nur proklamiert, sondern auch empirisch untermauert, wie nicht zuletzt die beiden programmatischen Bände „Jugendarbeit wirkt" (Lindner 2009) und „Internationale Jugendarbeit wirkt" (IJAB/Forscher-Praktiker-Dialog 2013) auch im Blick auf Jugendgruppenfahrten verdeutlichen.

Trotz mancher Forschungsanstrengungen aus dem Feld werden diese Studien allerdings bislang noch zu wenig mit der pädagogischen Forschung insgesamt vernetzt. So stellt Astrid Hübner in ihrer oben benannten Studie fest:

> „Der Bereich des Kinder- und Jugendreisens wird in der fachwissenschaftlichen Diskussion kaum berücksichtigt. Hier ist eine prinzipielle Ausweitung der Forschungsaktivitäten zu fordern, die es ermöglicht, den Diskurs zum Kinder- und Jugendreisen interdisziplinär weiterzuverfolgen und dabei jugendpädagogische, jugendsoziologische, jugendpsychologische und reisepädagogische bzw. tourismuswissenschaftliche Theorien und Konzepte zu berücksichtigen" (Hübner 2010, S. 371, auch unter Bezug auf Thimmel 2008).

Das Arbeitsfeld der Jugendgruppenfahrten erweist sich – trotz mancher Hinweise auf dessen enorme biografische Wirksamkeit – also noch immer als weitgehend unwirksam im Blick auf eine Aufmerksamkeit der empirischen Bildungsforschung insgesamt. Gelegentlich durchgeführte größere Forschungsprojekte wie beispielsweise die 2016 bis 2018 durchgeführte Zugangsstudie zum internationalen Jugendaustausch (www.zugangsstudie.de) verdanken sich der Initiative von Stiftungen oder von Ministerien, eine systematische Förderung aus dem Bereich der Wissenschaft, etwa durch die Deutsche Forschungsgemeinschaft (DFG), gelang dem Feld bislang allerdings noch nicht. Dass dieses Schicksal von vielen anderen Feldern der non-formalen Bildung geteilt wird, kann dabei nur ein schwacher Trost sein (vgl. Lüders/Haubrich 2006; Oechler/Schmidt 2014). Dabei böten gerade Freizeiten eine Andockstelle in das empirisch mittlerweile intensiv erforschte Feld der schulischen Bildung: Die seit Jahrzehnten im Schulwesen etablierten Schullandheime bzw. Klassenfahrten, in vielerlei Hinsicht eine Art „Freizeiten mit der Schulklasse", bleiben bislang erstaunlicherweise in der empirischen Bildungsforschung eine terra incognita.

3. Perspektiven für die zukünftige Wirkungsforschung

Die Entdeckung der Jugendgruppenfahrten für umfangreiche empirische Untersuchungen steht bislang noch aus. Dabei wäre insbesondere an Studien zu denken, die den Wirkungsbegriff einer genaueren empirischen Analyse unterziehen. Insbesondere wäre es wünschenswert, durch den Einsatz von Kontrollgruppen genauere Auskünfte darüber zu erhalten, ob und inwiefern die Fahrten mit einer Jugendgruppe tatsächlich mit langfristigen Folgen verbunden sind. Hierfür bedürfte es eines längsschnittlichen Studiendesigns, das möglichst zu mehreren Zeitpunkten nach dem Ende der Fahrt durch quantitative und qualitative Nachbefragungen erhebt, welche Auswirkungen eine Jugendfreizeit auf die weitere Lebensgestaltung nimmt, beispielsweise im Blick auf Freundschaften, die sich bei einer Freizeit gebildet haben und (so eine durchaus plausible, aber empirisch nicht belegte Annahme) oftmals über Jahre bestehen bleiben.

Neben solchen wissenschaftlichen Studien werden Ansätze einfacher Wirkungsforschung zunehmend auf der lokalen Ebene für Träger der Jugendarbeit bedeutsam. Gerade bei Freizeiten, die mit einem hohen Einsatz haupt- und ehrenamtlicher Kräfte verbunden sind, interessieren sich auch die Organisatoren und Leitungsteams für die Rückmeldungen der Jugendlichen. Im Forschungsverbund Freizeitenevaluation wurde bereits seit 2002 ein Evaluationsverfahren entwickelt, das Trägern eine eigenständige Datenerhebung auch ohne wissenschaftliche Expertise ermöglicht. Seit dem Jahr 2017 steht dieses Verfahren unter dem Namen „i-EVAL" als vollständig digitalisierte Evaluationsmethode zur Verfügung. Unter www.i-eval-freizeiten.de (für internationale Jugendbegegnungen: www.i-eval.eu) können Träger aus verschiedenen wissenschaftlich entwickelten Fragebögen auswählen und diese für ihre eigene Fahrt einsetzen. Die Fragebögen für Mitarbeitende und Teilnehmende können bei Bedarf um eigene Items zu spezifischen Inhalten ergänzt werden, diese werden per Code oder E-Mail-Versand an Team und Teilnehmendengruppe weitergegeben und von diesen am Smartphone ausgefüllt; alternativ ist nach wie vor auch der Einsatz von Papier-Fragebögen möglich. Sind alle Antworten erfasst, erhält der Träger direkt auf der Online-Plattform eine statistische und grafische Auswertung der Rückmeldungen. Entsprechend der Grundidee der Freizeitenevaluation können die Ziele von Mitarbeitenden mit den Rückmeldungen der Jugendlichen verbunden werden, um einen Blick dafür zu gewinnen, inwiefern die selbst gesteckten Ziele erreicht wurden bzw. was bei einer Wiederholung der Freizeit konzeptionell verbessert werden könnte. Die Daten der Mitarbeitenden und Teilnehmenden bleiben hierbei anonym. Auch die Träger können das (durchweg kostenfreie) System anonym nutzen. Auf freiwilliger Basis ist es möglich, die eigenen Daten auch einer Dachorganisation, beispielsweise dem entsprechenden Jugendverband auf Landesebene, zugänglich zu machen. In gleicher Weise können die Daten auch für wissenschaftliche Zwecke bereitgestellt werden. Durch dieses Prinzip der „vernetzten Selbstevaluation" ergibt sich langfristig die Chance, auf einer breiten Datengrundlage ein empirisches Monitoring des Jugendreisens zu gewinnen. Eine solche Form der Wirkungsforschung nützt sowohl der Praxis vor Ort als auch wissenschaftlichen Anliegen und kann damit als eine chancenreiche Initiative für vertiefte Erkenntnisse angesehen werden. Ein noch weitgehend uneingelöstes Desiderat liegt darin, Evaluationsverfahren zukünftig so zu gestalten, dass auch solche Kinder und

Jugendlichen einbezogen werden, die aufgrund einer geistigen Behinderung oder – beispielsweise bei Freizeiten mit jungen Geflüchteten – wegen geringer Deutschkenntnisse auf die Verwendung einfacher Sprache angewiesen sind (vgl. Dubiski/Platte 2013 sowie Dubiski 2017). Im System i-EVAL-Freizeiten stehen Fragebögen in leichter Sprache bislang nur in einer Testversion zur Verfügung, sollen aber langfristig gemeinsam mit entsprechenden Praxispartner*innen entwickelt werden.

Auch weit über 100 Jahre nach ihrer „Erfindung" erweist sich die Arbeitsform der Jugendfreizeiten als ein „Kraftzentrum", das sowohl für viele junge Menschen als auch für Organisationen zum unverzichtbaren Markenkern der Jugendarbeit gehört. Die gefühlte und vielfach anekdotisch berichtete Wirkung von Freizeiten reicht in Zeiten verstärkter Evidenzbasierung zur Legitimation und Vermessung dieses Felds allerdings nicht mehr aus. Die behaupteten intensiven Wirkungen solcher Maßnahmen müssen zunehmend durch fachwissenschaftliche Studien untersucht und die Konzeptionen auf der Grundlage entsprechender Ergebnisse stetig weiter entwickelt werden. Die vorhandenen Initiativen und Studien bieten hier erste Zugänge, bedürfen aber in den nächsten Jahren einer deutlichen Intensivierung.

Literatur

Baumbast, Stephanie/Hofmann-van de Poll, Frederike/Lüders, Christian (2014): Non-formale und informelle Lernprozesse in der Kinder- und Jugendarbeit und ihre Nachweise. München: Deutsches Jugendinstitut. www.dji.de/fileadmin/user_upload/bibs2014/DJI_Expertise_non-formales%20Lernen_final.pdf (Abfrage: 15.08.2018).

Begemann, Maik Carsten (2016): Wirkungsforschung in der Kinder- und Jugendarbeit. Hindernisse und Lösungsvorschläge, in: Unsere Jugend. Die Zeitschrift für Studium und Praxis der Sozialpädagogik, H. 5, S. 214–223.

BMFSFJ 2005 = Bundesministerium für Familie, Senioren, Frauen und Jugend (Hrsg.) (2005): Zwölfter Kinder- und Jugendbericht. Bericht über die Lebenssituation junger Menschen und die Leistungen der Kinder- und Jugendhilfe in Deutschland. Bonn: Deutscher Bundestag.

BMFSFJ 2017 = Bundesministerium für Familie, Senioren, Frauen und Jugend (Hrsg.) (2017): 15. Kinder- und Jugendbericht. Bericht über die Lebenssituation junger Menschen und die Leistungen der Kinder- und Jugendhilfe in Deutschland. Berlin: BMFSFJ. www.bmfsfj.de/15-kjb (Abfrage: 15.08.2018).

BMWi 2014 = Bundesministerium für Wirtschaft und Energie (Hrsg.) (2014): Grundlagenstudie Kinder- und Jugendtourismus in Deutschland. www.kinder-und-jugendtourismus.de (Abfrage: 15.08.2018).

Braun, Ottmar L. (1997): Zehn Jahre empirische Forschung zur Kundenzufriedenheit im Jugendtourismus: Rückblick und Ausblick. in: Korbus, Thomas (Hrsg.), Jugendreisen: Vom Staat zum Markt. Analysen und Perspektiven. Bielefelder Jugendreiseschriften 1, Bielefeld: IFKA, S. 206–218.

Braun, Ottmar L./Korbus, Thomas (1996): Jugendreisen: Welche Prospektmerkmale bestimmen den Absatz? In: Jahrbuch der Absatz- und Verbrauchsforschung (hrsg. von der Gesellschaft für Konsum-, Markt- und Absatzforschung e.V. GfK), 42, S. 322–327.

Breitenbach, Diether (Hrsg.) (1979/1980): Kommunikationsbarrieren in der Internationalen Jugendarbeit. Ein Forschungsprojekt im Auftrag des Bundesministeriums für Jugend, Familie und Gesundheit. 5 Bände. Saarbrücken/Fort Lauterdale: Breitenbach.

Bundesforum Kinder- und Jugendreisen e.V. (2016): Qualitätskriterien des BundesForum Kinder- und Jugendreisen, Beschluss der Mitgliederversammlung im November 2016. Berlin. www.bundesforum.de/fileadmin/user_upload/6_Dokumente/BundesForum_ Qualitaetskriterien.pdf (Abfrage: 15.08.2018).

Buschmann, Mirja (2009): Das Wissen zur Kinder- und Jugendarbeit. Die empirische Forschung 1998–2008. Ein kommentierter Überblick für die Praxis. Neuss: LJR NRW. www.forschungsverbund.tu-dortmund.de/index.php?id=100 (Abfrage: 15.08.2018).

das baugerüst (2011): Auf und davon. Freizeiten und Reisen. Themenheft 2/2011. Nürnberg: Verein zur Förderung evangelischer Jugendarbeit.

DBJR 2008 = Deutscher Bundesjugendring (2008): Kinder- und Jugendfreizeiten sind ein unverzichtbarer Bestandteil der Jugendhilfe. Beschluss zu Kinder- und Jugendfreizeiten, 81. Vollversammlung am 24./25.10.2008 in Berlin. www.dbjr.de/artikel/kinder-und-jugendfreizeiten-unverzichtbarer-bestandteil-der-jugendhilfe (Abfrage: 15.08.2018).

DBJR 2015 = Deutscher Bundesjugendring (2015): FERIEN(-reisen) für alle – ohne Wenn und Aber! Positionspapier 107. Berlin: DBJR. www.dbjr.de/artikel/ferien-reisen-fuer-alle (Abfrage: 15.08.2018).

deutsche jugend (2002): Themenheft „Jugendreisen und internationale Jugendarbeit", Ausgabe 9/2002. Weinheim: Juventa Verlag.

Dimbath, Oliver/Ernst, Michael/Holzinger, Eva/Wankerl, Carola (2007): Interpretative Freizeitencvaluation. Praxisentwicklung mit Hilfe von Zustimmungsbekundungen auf dem Papier und im Interview. In: das baugerüst 1/2007, S. 90–95.

Dimbath, Oliver/Ernst, Michael/Holzinger, Eva/Wankerl, Carola (2008): Elemente einer Soziologie der Jugendfreizeit. Überlegungen zu einer empirisch begründeten Rekonstruktion von Teilnahmeerfahrungen auf Jugendfreizeiten. In: deutsche jugend 56 (H. 3/2008), S. 118–127.

Dimbath, Oliver/Thimmel Andreas (2014): Sozialwissenschaftliche Kinder- und Jugendreiseforschung. In: Drücker, Ansgar/Fuß, Manfred/Schmitz, Oliver (Hrsg.): Wegweiser Kinder- und Jugendreisepädagogik. Potenziale – Forschungsergebnisse – Praxiserfahrungen. Schwalbach: Wochenschau, S. 43–57.

Drücker, Ansgar/Fuß, Manfred/Schmitz, Oliver (Hrsg.) (2014): Wegweiser Kinder- und Jugendreisepädagogik. Potenziale – Forschungsergebnisse – Praxiserfahrungen. Schwalbach: Wochenschau.

Dubiski, Judith (2017): Evaluation von Kinder- und Jugendreisen: Ansätze und Instrumente. Artikel im Rahmen des Projekts Kaalay La! kaalayla.de/2017/10/04/beitrag-zur-evaluation-von-kinder-und-jugendreisen-erschienen/ (Abfrage: 15.08.2018).

Dubiski, Judith/Platte, Andrea (2013): „Im gemeinsamen Leben entsteht Normalität" – Inklusion und non-formale Bildung am Beispiel des Kinder- und Jugendreisens. In: Dorrance, Carmen/Dannenbeck, Clemens (Hrsg.): Doing Inclusion. Inklusion in einer nicht inklusiven Gesellschaft. Bad Heilbrunn. S. 168–177.

Friesenhahn, Günter J./Thimmel, Andreas (Hrsg.) (2005): Schlüsseltexte. Engagement und Kompetenz in der internationalen Jugendarbeit. Schwalbach: Wochenschau.

G5 (2010) = Arbeitskreis G5 (Hrsg.) (2010): Kapuzenpulli meets Nadelstreifen. Die Kinder- und Jugendarbeit im Fokus von Wissenschaft und Wirtschaft. Neuss: LJR NRW. www.forschungsverbund.tu-dortmund.de/index.php?id=100 (Abfrage: 15.08.2018).

Giesecke, Hermann/Keil, Annelie/Perle, Udo (1967/Faksimile-Nachdruck 2002): Pädagogik des Jugendreisens. Faksimile-Ausgabe. Bielefelder Jugendreiseschriften 5, Bielefeld: IFKA.

Gleu, Ritva K./Kosmale, Jens D. (Hrsg.) (2009): Deutsche Kinder- und Jugendreisen 2008. Aktuelle Daten zu Struktur und Volumen. Berlin: Bundesforum Kinder- und Jugendreisen.

Greischel, Henriette/Noack, Peter/Neyer, Franz J. (2016): Sailing uncharted waters. Adolescent personality development and social relationship experiences during a year abroad. Journal of Youth and Adolescence, 45(11), 2307–2320. doi.org/10.1007/s10964-016-0479-1 (Abfrage: 15.08.2018).

Haese, Bernd-Michael (1994): Erleben und erfahren. Freizeiten als Methode kirchlicher Jugendarbeit, Marburg: Elwert.

Haeske, Carsten/Niemelä, Kati (2010): Das finnische Erfolgsgeheimnis. Impulse aus der Konfirmandenarbeit im Land der tausend Seen für die deutsche Jugendarbeit. In: deutsche jugend 58, S. 377–384.

Herrmann, Cora/Boesefeldt, Ina/Meuche, Katrin (2016): Jugendverbandliche Ferienfreizeiten unter der empirischen Lupe. Ausgewählte Ergebnisse eines Forschungsprojektes des Jugendpfarramtes in der Nordkirche. In: punktum. Zeitschrift für verbandliche Jugendarbeit in Hamburg. Ausgabe 2/2016, S. 4–8. www.ljr-hh.de/uploads/tx_ljrpunktum/punktum_2-16.pdf (Abfrage: 15.08.2018).

Hübner, Astrid (2010): Freiwilliges Engagement als Lern- und Entwicklungsraum. Eine qualitative empirische Studie im Feld der Stadtranderholungsmaßnahmen. Wiesbaden: VS Verlag.

IJAB/Forscher-Praktiker-Dialog (Hrsg.): (2013): Internationale Jugendarbeit wirkt. Forschungsergebnisse im Überblick. Bonn/Köln.

Ilg, Wolfgang (2003/2010): Freizeitenevaluation. Entwicklung eines Evaluationskonzepts für Freizeiten in der kirchlichen Jugendarbeit. Diplomarbeit am Psychologischen Institut der Universität Tübingen (2003). Unveränderte Buchveröffentlichung (2010): Saarbrücken: VDM-Verlag.

Ilg, Wolfgang (2005): Freizeiten auswerten – Perspektiven gewinnen. Grundlagen, Ergebnisse und Anleitung zur Evaluation von Jugendreisen im Evangelischen Jugendwerk in Württemberg. Bielefelder Jugendreiseschriften 7, Bremen: IFKA.

Ilg, Wolfgang (2008): Evaluation von Freizeiten und Jugendreisen. Einführung und Ergebnisse zum bundesweiten Standard-Verfahren. aej-Studien 7. Hannover: Arbeitsgemeinschaft der Evangelischen Jugend in Deutschland.

Ilg, Wolfgang/Diehl, Michael (2011): Jugendgruppenfahrten im Spiegel mehrebenenanalytischer Untersuchungen. Erfahrungen mit vernetzter Selbstevaluation in non-formalen Bildungssettings. Zeitschrift für Evaluation 10, S. 225–248.

Ilg, Wolfgang/Dubiski, Judith (2014): Begegnung schafft Perspektiven. Empirische Einblicke in internationale Jugendbegegnungen. Berlin/Paris/Warschau: Deutsch-Französisches Jugendwerk und Deutsch-Polnisches Jugendwerk.

Ilg, Wolfgang/Dubiski, Judith (2015): Wenn einer eine Reise tut. Evaluationsergebnisse von Jugendfreizeiten und internationalen Jugendbegegnungen. Schwalbach: Wochenschau.

Korbus, Thomas (Hrsg.) (2012): Jugendreisen 2.0. Analysen und Perspektiven. Bielefelder Jugendreiseschriften Band 8. Bielefeld: ruf Akademie.

Lindner, Werner (Hrsg.) (2009): Kinder- und Jugendarbeit wirkt. Aktuelle und ausgewählte Evaluationsergebnisse der Kinder- und Jugendarbeit. Wiesbaden: VS Verlag.

Lüders, Christian/Haubrich, Karin (2006): Wirkungsevaluation in der Kinder- und Jugendhilfe: Über hohe Erwartungen, fachliche Erfordernisse und konzeptionelle Antworten. In: Projekt eXe (Hrsg.): Wirkungsevaluation in der Kinder- und Jugendhilfe. Einblicke in die Evaluationspraxis. München: Deutsches Jugendinstitut, S. 5–23.

Müller, Werner (Hrsg.) (o.J.): Praxishandbuch Kinder- und Jugendfreizeiten. Loseblattwerk, Landsberg: mvg-Verlag.

Oechler, Melanie/Schmidt, Holger (Hrsg.) (2014): Empirie der Kinder- und Jugendverbandsarbeit: Forschungsergebnisse und ihre Relevanz für die Entwicklung von Theorie, Praxis und Forschungsmethodik. Wiesbaden: Springer.

Otten, Hendrik/Tham, Barbara/Feldmann-Wojtachnia, Eva (2014): Unter der Lupe 2009–2013. Zusammenfassender Bericht im Rahmen der wissenschaftlichen Begleitung von JUGEND IN AKTION in Deutschland. Bonn: Jugend für Europa. www.jugendfuereuropa. de/ueber-jfe/publikationen/unter-der-lupe-2009-2013.3646 (Abfrage: 15.08.2018).

Peters, Heike (2013): Gesundheitsförderung auf Jugendfreizeiten. Ein lohnender Ansatz? in: Bestmann, Stefan/Schaal, Steffen (Hrsg.): Jugendaktion „Gut Drauf". Evidenzbasierte Praxis kommunaler Gesundheitsförderung für und mit Jugendlichen. Berlin: Rabenstück-Verlag, S. 131–151.

Peters, Heike/Otto, Stephanie/Ilg, Wolfgang/Kistner, Günter (2011): Evaluation von Kinderfreizeiten. Wissenschaftliche Grundlagen, Ergebnisse und Anleitung zur eigenen Durchführung. Hannover: Arbeitsgemeinschaft der Evangelischen Jugend in Deutschland.

Pietsch, Stefanie/Fröhlich-Gildhoff, Klaus (2013): Innovative pädagogische Freizeitangebote für Kinder und Jugendliche. Ausgewählte Ergebnisse der zweiten Evaluationsstudie. deutsche jugend 61, S. 333–345.

Porwol, Bernhard (2001): Qualität im Jugendtourismus – die zentrale Bedeutung der Kundenzufriedenheit; eine empirische Untersuchung. Bielefelder Jugendreiseschriften 3. Bielefeld: IFKA.

Porwol, Bernhard (2002): Vorwort. In: Giesecke, Hermann/Keil, Annelie/Perle, Udo: Pädagogik des Jugendreisens. Faksimile-Ausgabe. Bielefelder Jugendreiseschriften 5, Bielefeld: IFKA, I-IV.

Saß, Marcell (2005): Frei-Zeiten mit Konfirmandinnen und Konfirmanden. Praktisch-theologische Perspektiven. Leipzig: Evangelische Verlagsanstalt.

Seckinger, Mike/Pluto, Liane/Peucker, Christian/Gadow, Tina (2009): DJI-Jugendverbandserhebung. Befunde zu Strukturmerkmalen und Herausforderungen. München. www.dji.de/cgi-bin/projekte/output.php?projckt=64&Jump1−LINKS&Jump2=7 (Abfrage: 15.082.2018).

Statistisches Bundesamt (2017): Statistiken der Kinder- und Jugendhilfe. Angebote der Jugendarbeit 2015. Bonn: Statistisches Bundesamt (Destatis). www.destatis.de/DE/ Publikationen/Thematisch/Soziales/KinderJugendhilfe/MassnahmenJugendarbeit.html (Abfrage: 15.08.2018).

Stenger, Horst/Geißlinger, Hans (1991): Die Transformation sozialer Realität. Ein Beitrag zur empirischen Wissenssoziologie. In: Kölner Zeitschrift für Soziologie und Sozialpsychologie 43 (1991), H. 2, S. 247–269.

Stollenwerk, Nicole (2014): Forschungsergebnisse. In: Drücker, Ansgar/Fuß, Manfred/ Schmitz, Oliver (Hrsg.): Wegweiser Kinder- und Jugendreisepädagogik. Potenziale – Forschungsergebnisse – Praxiserfahrungen. Schwalbach: Wochenschau, S. 349–368.

Thimmel, Andreas (2008): Freizeitenevaluation – Ein Beitrag zur Jugendreiseforschung. In: Ilg, Wolfgang: Evaluation von Freizeiten und Jugendreisen. Einführung und Ergebnisse zum bundesweiten Standard-Verfahren. Hannover: Arbeitsgemeinschaft der Evangelischen Jugend in Deutschland, S. 103–117.

Thomas, Alexander/Chang, Celine/Abt, Heike (2007): Erlebnisse, die verändern. Langzeitwirkungen der Teilnahme an internationalen Jugendbegegnungen, Göttingen: Vandenhoeck & Ruprecht.

Thurber, Christopher A./Scanlin, Marge M./Scheuler, Leslie/Henderson, Karla A. (2007): Youth development outcomes of the camp experience: Evidence for multidimensional growth. In: Journal of youth and adolescence; a multidisciplinary research publication, 36 (3), S. 241–254.

Volberg, Sebastian/Pothmann, Jens (2018): Die Internationale Jugendarbeit im Spiegel der Kinder- und Jugendhilfestatistik. Analysen auf Basis der amtlichen Daten 2015. Dortmund. www.forschungsverbund.tu-dortmund.de/fileadmin/Files/Aktuelles/ Publikationen/Datenreport_1.0_IJAB.pdf (Abfrage: 15.08.2018).

Walper, Sabine/Bien, Walter/Rauschenbach, Thomas (Hrsg.) (2015): Aufwachsen in Deutschland heute. Erste Befunde aus dem DJI-Survey AID:A 2015. München: Deutsches Jugendinstitut. www.dji.de/medien-und-kommunikation/publikationen/detailansicht/ literatur/22354-aufwachsen-in-deutschland-heute.html (Abfrage: 15.08.2018).

Weimershaus, Sascha (2014): Vom Fragebogenausfüllen zu einer Evaluationskultur – ein Erfahrungsbericht aus Sicht der Praxis. In: Drücker, Ansgar/Fuß, Manfred/Schmitz, Oliver (Hrsg.): Wegweiser Kinder- und Jugendreisepädagogik. Potenziale – Forschungsergebnisse – Praxiserfahrungen. Schwalbach: Wochenschau, S. 392–399.

Zimmermann, Julia/Neyer, Franz J. (2013): Do we become a different person when hitting the road? Personality development of sojourners. Journal of Personality and Social Psychology, 105(3), 515–530. doi.org/10.1037/a0033019 (Abfrage: 15.08.2018).

Wie nachhaltig ist politische Bildung?
Zum Stand der Wirkungsforschung
im Feld der außerschulischen politischen
Jugendbildung

Nadine Balzter

1. Einleitung – Politische Bildung als Bedingung von Demokratie

Demokratie ist nach Negt „die einzige politisch verfasste Gesellschaftsordnung, die gelernt werden muss – immer wieder, tagtäglich und bis ins hohe Alter hinein" (Negt 2010, S. 13). Hierüber legitimiert sich eine politische Bildung, die sich im Sinne lebenslangen Lernens über die gesamte Lebensspanne erstreckt und sich als tägliche Aufgabe stellt. Auch Lösch verweist auf die Verletzlichkeit von Demokratien. „Demokratie ist kein in sich stabiler und immerwährender Zustand, sondern ein dynamischer und fragiler Prozess" (Lösch 2010, S. 116). Dieser wird stark durch die gesellschaftlichen Verhältnisse bestimmt, die sich aktuell u. a. durch neoliberale Transformationsprozesse, eine zunehmende Prekarisierung von Lebensverhältnissen (vgl. Nachtwey 2016), globalen Krisenherden und damit einhergehende Fluchtbewegungen ebenso wie das Erstarken rechtspopulistischer Positionen[1] charakterisieren lassen. Krisenhafte gesellschaftliche Verhältnisse erhöhen die Fragilität und fordern Demokratien heraus, so dass politisch reflektierte Bürger*innen, die die demokratischen Grundwerte anerkennen, Verhältnisse kritisch beurteilen können und eine potentielle Bereitschaft zum politischen Handeln haben, eine hohe Bedeutung einnehmen.

Die politische Sozialisation fasst hierbei den Prozess der Politisierung, der in einem komplexen Zusammenspiel verschiedener Sozialisationsinstanzen wie

---

[1] So konstatiert bereits Heitmeyer und seine Arbeitsgruppe 2012 in ihrer Studie zur gruppenbezogenen Menschenfeindlichkeit, dass das rechtspopulistische Potential zwar kleiner, aber aufgrund einer Zunahme der politischen Entfremdung und dem Schwinden einer parteipolitischen Integration sowie einer wachsenden Protest- und Gewaltbereitschaft zu einem größeren Problem geworden ist (Klein/Heitmeyer 2012, S. 89 f.). Dieses findet ihren Ausdruck dann als Reaktion auf die Fluchtbewegung und in dem Wahlerfolg der AfD.

Familie, Schule, außerschulischen Bildungsinstitutionen, Vereinen und Peers erfolgt. Auch Meyer definiert politische Sozialisation „als das lebenslange – bewusste und unbewusste – Lernen und die Persönlichkeitsbildung der Individuen in Bezug auf den Gegenstand ‚Politik' " (Meyer 2013, o.A.). Dem folgend plädieren Palentien und Hurrelmann (1997) bereits Kinder ihren Möglichkeiten nach entsprechend zu beteiligen. „Ziel einer demokratischen Gesellschaft muss es sein, Kinder und Jugendliche an allen wesentlichen Entscheidungen in ihrer Lebenswelt direkt zu beteiligen" (Palentien/Hurrelmann 1997, S. 21). Hierüber entwickle sich eine Beteiligungskultur, die für eine demokratisch verfasste Gesellschaft eine Grundvoraussetzung darstelle (ebd.). Nimmt man diese Forderung ernst und fragt nach den realen Beteiligungsmöglichkeiten in öffentlichen Einrichtungen, wie Kindergarten oder Schule, so klaffen Anspruch und Wirklichkeit auseinander. Im wissenschaftlichen Diskurs wird das Jugendalter darüber hinaus als besondere Phase im Politisierungsprozess verhandelt (s. z. B. Grob 2009; Rippel 2008). So hebt Grob in einer empirisch quantitativen Analyse das Jugendalter als eine sensible Phase für die politische Bildung hervor (vgl. Grob 2009, S. 368). Durch die Ablösung von den Eltern entsteht eine „Offenheit für Veränderung, Kompensation und Neuschöpfung" (King 2004, S. 46), die durch die Dynamik der „Umgestaltung der primären kindlichen, insbesondere familialen Bindungen" (ebd.) hervorgebracht werden. Peers und außerfamiliale Erwachsene gewinnen dabei an Bedeutung. Unterstreichen lässt sich diese Annahme durch eine entwicklungspsychologische Perspektive, in der die Herausbildung eines eigenen „Werte- und Normensystems und eines ethischen und politischen Bewusstseins" (Hurrelmann 2007, S. 34) mit dem Ziel „einer verantwortlichen Übernahme von gesellschaftlichen Partizipationsrollen im kulturellen und politischen Raum" (ebd.) als jugendspezifische Entwicklungsaufgabe gilt. Vor dem Hintergrund einer Entgrenzung der Jugendphase und der zuvor skizzierten Annahme eines lebenslangen Prozesses politischer Bildung wird der Abschluss dieser Aufgabe mit Einritt in das Erwachsenenalter fraglich, gleichwohl scheint die Phase des Jugendalters spezifische Voraussetzungen zu bieten und sich als sensibel für politische Bildungsprozesse zu erweisen.

Ausgehend von einer politischen Bildung für alle als gesamtgesellschaftlicher Aufgabe und Bedingung von Demokratie, nimmt die schulische und außerschulische Bildung hierfür einen zentralen Stellenwert ein. Dabei muss sich gerade die außerschulische Bildung, als in großen Teilen staatlich finanzierte, neoliberal-strukturierenden Herrschaftskontexten unterwerfen, um handlungsfähig zu sein. So steht auch die erste um die Jahrtausendwende vom Bundesministerium für Familie, Senioren, Frauen und Jugend (BMFSFJ) in Auftrag gegebene Evaluation des Feldes der außerschulischen politischen Jugendbildung in diesem Verweisungszusammenhang: lag doch der Ausgangspunkt dieser in der Frage um eine Flexibilisierung der finanziellen Förderung[2] politischer Bildung. Hier zeigt sich bereits eine enge Verwobenheit von Evaluation und staatlicher Steuerung. Im Folgenden werden insbesondere die bundesweiten Studien zur Evaluation des Feldes der politischen Jugendbildung (vgl. Schröder/Balzter/Schroedter 2004) und zur biographisch nachhaltigen Wirkung politischer Jugendbildung (vgl. Balzter/Ristau/Schröder 2014) zur näheren Bestimmung von Feld, Bildungspraxis, Profession und Wirkungen politischer Jugendbildung herangezogen.

2. Das Feld der außerschulischen politischen Jugendbildung – Politische Jugendbildung als Daueraufgabe oder Krisenintervention?

Vor dem zuvor formulierten Anspruch an politische Bildung als Bedingung von Demokratie und Grundlage einer friedensfähigen Gesellschaft sowie der Perspektive, dass sich diese als lebenslanger Prozess vollzieht, stellt sich die Frage nach der Realisierung politischer Jugendbildung als so verstandene Daueraufgabe. Blickt man zurück auf die Anfänge der politischen Jugendbildung als durch die Alliierten geforderte und initiierte *Re-Education* nach zwei Weltkriegen und den Erfahrungen mit dem Faschismus, so wohnt dieser von Anbeginn an das krisenhafte Moment des Zusammenbruchs des Systems bzw. der Reaktion auf diesen inne. Und fortan begleitet, wie die weitere historische Entwicklung zeigt, die politische Bildung das *Paradoxon von Daueraufgabe und Krisenintervention*. Gleichzeitig gilt die politische Jugendbildung von nun an als Hoffnungsträger oder Garant einer demokratischen Gesellschaft und wird vice versa auch dafür in die Verantwortung gezogen. Dies ist aus einer bildungstheoretischen Perspektive, in der von einer Offenheit und Unverfügbarkeit von Bildungsprozessen ausgegangen wird, problematisch. Als zentrales Element der Re-Education und des Wiederaufbaus der Demokratie in der außerschulischen politischen Jugendbildung galt die *Gruppenarbeit*, in der Kinder und Jugendliche diskutieren und *reflektieren lernen* sollten. Die durch die Re-Education initiierte außerschulische Bildung differenzierte sich zunehmend aus und wurde in den 1950er Jahren durch den Bundesjugendplan mit einer vergleichsweise hohen Fördersumme fundiert.

---

2 Die intendierte Umstellung der Förderung der politischen Bildung von einer Personalkosten- hin zu einer Projektförderung verweist auf die Flexibilisierung von Ressourcen als Merkmal neoliberaler Umstrukturierung.

Als weitere wichtige Phase der Entwicklung der politischen Jugendbildung konstatiert Hafeneger (2015) die 1970er Jahre, in der sich jugendliche Protestbewegungen mit einer Kritik an überkommenen Formen und Traditionen im Bildungswesen verknüpften, und in der Folge in vielen Bundesländern Gesetze zur Förderung der politischen Jugendbildung und zur Förderung des Bildungsurlaubes verabschiedet wurden. Die Aufmerksamkeit, die politische Jugendbildung nach der Wiedervereinigung in den 1990er Jahren als Reaktion auf verstärkt aufkommende Fremdenfeindlichkeit und rechtsextreme Gewalt erfuhr, kann als weitere Krise und Gefährdung der demokratischen Ordnung, in der demokratische Prinzipien und oberste Grundwerte – wie die Würde des einzelnen Menschen – gelten, identifiziert werden. Als Intervention wurden dem folgend um die Jahrtausendwende Bildungsprogramme[3] aufgelegt und finanzielle Mittel für entsprechende Angebote zur Verfügung gestellt, um jenen problematischen und die Zivilgesellschaft gefährdenden Entwicklungen durch Bildung zu begegnen. Und auch die jüngsten gesellschaftlichen Entwicklungen, wie eingangs skizziert, werden in der politischen Jugendbildung aufgegriffen und führen erneut zu einem *Bedeutungszuwachs*. So fördert die Bundeszentrale für politische Bildung 44 Projekte zum Thema Flucht und auch die aktuellen Debatten über die Stärkung des Faches politische Bildung an den Schulen, wie beispielsweise in Berlin[4] (Berliner Tageszeitung 2017), spiegeln die steigende Bedeutung politischer Bildung vor dem Hintergrund der aktuellen gesellschaftlichen Verhältnisse.

Die Funktion, die politischer Bildung damit zukommt, widerspricht dem eingangs zitierten Verständnis einer Daueraufgabe; vielmehr fungiert diese immer wieder als Instrument der Krisenintervention. Hierbei wird nicht grundsätzlich die Sinnhaftigkeit in Frage gestellt, auf aktuelle gesellschaftliche Entwicklungen mit entsprechenden Förderprogrammen zu reagieren, solange diese nicht in Konkurrenz zu der kontinuierlichen Arbeit, die nach den spezifischen lokalen Gegebenheiten, Bedarfen und Adressat*innen ausgerichtet, professionell begleitet und langfristig angelegt ist, steht. So erscheint es naheliegend, dass sich viele der Träger, insgesamt ca. 1.750, in der Gemeinsamen Initiative der Träger politischer Bildung (GEMINI) im Bundesausschuss Politische Bildung (bap) zusammenschlossen, um die Anliegen politischer Jugendbildung gegenüber Politik und Öffentlichkeit (Gemeinsame Initiative der Träger politischer

---

3 Hierzu gehörten beispielsweise die Programme „ Entimon" – Jugend für Toleranz und Demokratie oder „Civitas" als Interventionsprogramm zur Stärkung zivilgesellschaftlicher Strukturen und Prozesse in den neuen Bundesländern.

4 Andererseits zeigt die Debatte gleichzeitig die Schwierigkeiten der Umsetzung auf, die von der Frage, ob den Schüler*innen eine höhere Unterrichtsbelastung zuzumuten sei oder mit der Reduzierung eines anderen Faches einhergehen muss bis hin wie der erhöhten Bedarf über qualifiziertes Personal gedeckt werden kann (Berliner Tageszeitung 2017).

Bildung im bap 2017) zu vertreten. Auch der Bundesausschuss Politische Bildung (bap) als ein Zusammenschluss bundesweit agierender Verbände setzt sich für die Stärkung und Weiterentwicklung politischer Jugend- und Erwachsenenbildung ein und vertritt die Interessen dieses Arbeitsbereichs gegenüber Politik, Behörden und der Gesellschaft (Bundesausschuss Politische Bildung 2018).

Betrachtet man das Feld der außerschulischen politischen Jugendbildung in seiner aktuellen Beschaffenheit, lassen sich weitere Charakteristika, wie eine große Heterogenität des Feldes, herausstellen. Gleichwohl diese einer pluralen und demokratischen Gesellschaft mit verschiedenen politischen Positionen Rechnung trägt, erscheint eine differenzierte Beschreibung des Feldes nur schwer möglich. Die vielfältige Trägerlandschaft, die im internationalen Vergleich relativ einmalig ist, erstreckt sich von der katholischen und evangelischen Kirche über die Gewerkschaften und eine Vielzahl weiterer freier Träger. Hinzu kommen Angebote von Kommunen, Bundes- und Landeszentralen für politische Bildung, parteinahen Stiftungen und gesellschaftspolitisch ausgerichteten Verbände, so dass von einer *heterogenen Angebotsstruktur* politischer Jugendbildung in Deutschland gesprochen werden kann, aus der wiederum unterschiedliche Formate und Themensetzungen hervorgehen sowie eine heterogene Zusammensetzung der Teilnehmenden. Letzteres ist verstärkt seit den 90er Jahren Thema, als spezielle Programme[5] für bisher wenig erreichte Teilnehmende aufgesetzt wurden.

3. Teilnehmende außerschulischer politischer Jugendbildung – die stete Herausforderung alle Jugendlichen zu erreichen

Die Evaluation[6] der politischen Jugendbildung von Schröder/Balzter/Schroedter (2004) bestätigt diese Heterogenität und gibt neben einer dezidierten Beschreibung der Strukturen, Profession und Bildungspraxis auch erstmalig Ein-

---

5 Im Zentrum des durch das BMFSFJ 1999 initiierten Programms „Entwicklung und Chancen junger Menschen in sozialen Brennpunkten" standen benachteiligte Kinder und Jugendliche in sozialen Brennpunkten und strukturschwachen Regionen, die in größerem Umfang in die politische Bildung einbezogen werden sollten.

6 Das Forschungsdesign war als multimethodisches angelegt, das im Sinne einer Methodentriangulation quantitative und qualitative Verfahren kombiniert. So wurde neben einer Fragebogenerhebung der durch den Kinder- und Jugendplan geförderten Einrichtungen, problemzentrierte Interviews (Witzel 2000) mit Jugendbildungsreferent*innen, Gruppendiskussionen mit Jugendbildungsreferent*innen und Vertreter*innen der Zentralstellen sowie eine Auswertung der Trägermaterialien durchgeführt.

blick in die Struktur der Teilnehmenden der durch den Kinder- und Jugendplan geförderten Einrichtungen.

Abb. 1: Altersstruktur der Teilnehmenden 2001

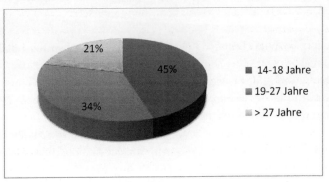

Ausgehend von der Altersstruktur der Teilnehmenden an Veranstaltungen der durch den Kinder- und Jugendplan geförderten außerschulischen politischen Jugendbildung lassen sich folgende Aussagen treffen: den größten Anteil stellen Jugendliche – als genuine Zielgruppe politischer Jugendbildung – zwischen 14 und 18 Jahren (45 %) dar. Vor dem Hintergrund einer entgrenzten Jugendphase, die mit längeren Ausbildungsphasen, ökonomischen Abhängigkeiten vom Elternhaus, biographischen Brüchen und späteren Reproduktionszeiten etc. einhergeht, erklärt sich das Phänomen, dass junge Erwachsene im Alter von 19 bis 27 Jahren mit 34 % die zweitgrößte Gruppe ausmachen. Die 21 % derjenigen über 27 Jahren weisen auf die Weiterbildungs- und Qualifizierungsarbeit von in der Bildungsarbeit Tätigen hin. Unterstrichen wird dies von dem Ergebnis, dass knapp ein Fünftel als *Multiplikator*in* teilnimmt. Dieses Phänomen verweist auf die unzureichenden strukturellen Bedingungen der Professionalisierung von Jugendbildungsreferent*innen. So führt die außerschulische politische (Jugend-)Bildung „als wissenschaftliches Arbeitsfeld an den deutschen Hochschulen ein Schattendasein" (Bürgin/Lösch 2013, S. 40) und auch die „bestehenden Studienangebote verfehlen die spezifischen Berufswege der hier Beschäftigten weitgehend" (ebd.). Damit kommt der Professionalisierung im Arbeitsfeld eine besondere Bedeutung zu. Im Sinne dieses zweiphasigen Professionalisierungsprozesses an Hochschulen und innerhalb der Bildungspraxis erfolgt hierbei mehr als nur das übliche Lernen in der Praxis sondern vielmehr die Kompensation politischen Wissens oder pädagogischer Kompetenzen der Vermittlung (vgl. Balzter 2013).

Scherr macht in seinen Ausführungen zu einer kritisch-emanzipatorischen Jugendarbeit darauf aufmerksam, dass nicht erst die zeitliche Ausdehnung der Jugendphase eine Kritik begründet, „die geltend macht, dass dieser Terminus eine außerordentlich unscharfe Sammelkategorie für de facto sehr heterogene soziale Gruppen ist" (Scherr 2001, S. 194). Er spricht vielmehr von sozial ungleichen Jugenden, deren Differenzierungsmerkmale (materielle Lebensbedingungen und Ressourcen, etc.) es zu berücksichtigen gilt (vgl. ebd.). Die Ergebnisse der Evaluation unterstreichen auch diese Heterogenität. Politische Bildner*innen haben es sowohl mit Haupt- (19 %) und Realschüler*innen (16 %) als auch mit Gymnasiast*innen (24 %), Auszubildenden (14 %), Berufstätigen (15 %), Studierenden (8 %) und Arbeitssuchenden (4 %) zu tun. Unter diesen Jugendlichen und jungen Erwachsenen gibt es politisch interessierte als auch jene, die sich selbst in einer großen Distanz zur Politik sehen. Dies erfordert eine hohe Flexibilität in der Bildungspraxis und eine differenzreflexive Perspektive auf die unterschiedlichen Lebenssituationen, mit denen bestimmte Macht- und Herrschaftsverhältnisse einhergehen, und die es zu reflektieren gilt. Trotz den Bemühungen, mittels spezieller Förderprogramme bildungs- und politikferne Zielgruppen zu erreichen, bleibt dies aufgrund bestehender Selbst- und Fremdausschlüsse (vgl. Bourdieu 1979; Bremer 2010) für Praxis und Forschung weiterhin relevant und zu bearbeiten.[7] Von besonderer Bedeutung erscheint dabei zum einen die Ermutigung der Jugendlichen, damit sie sich im Sinne Bourdieus (1987, S. 639) für die Beschäftigung mit dem Politischen berechtigt fühlen. Zum anderen muss die Ferne der Bildungsinstitutionen zu den Teilnehmenden Gegenstand der Reflexion werden. Schließlich sind Angebote zu konzipieren, die an der Lebenswelt der Jugendlichen anknüpfen und den besonderen Anforderungen der Arbeit mit dieser Zielgruppe gerecht werden (s. hierzu auch Schuster 2012; Kohl/Calmbach 2012).

Der Anteil der Jugendlichen, ebenfalls gut ein Fünftel, die im Klassenverband teilgenommen haben, lässt auf zwei weitere Charakteristika außerschulischer politischer Jugendbildung schließen. Im Gegensatz zur verpflichtenden schulischen Bildung, die an die zeitliche Taktung von Schulstunden, eine curriculare Wissensvermittlung und Notengebung gebunden ist, stehen der außerschulischen politischen Jugendbildung unter dem *Prinzip der Freiwilligkeit* größere Spielräume in der Gestaltung ihrer Angebote zu. Lebensweltbezug der Themen, handlungsorientierte Methoden, Bildungs- und Erfahrungsräume, um sich im politischen Feld auszuprobieren, Selbstwirksamkeitserfahrungen und Diskussionen auf Augenhöhe ermöglichen weitere und andere Zugänge zum Politischen. Dies stellt eine wichtige Ergänzung zur schulischen politischen Bildung dar. Unter der Prämisse der Freiwilligkeit ist die Gewinnung der Teilnehmenden gleichzeitig erschwert, da die Angebote der politischen Bildung aus sich heraus im Vergleich zu anderen Freizeitaktivitäten nicht für alle Jugendli-

---

7   Siehe auch die Jahrestagung der Transferstelle politischer Bildung 2016 „Wenig erreichte Zielgruppen der politischen Bildung – Forschung zu Zugangsmöglichkeiten".

chen gleichermaßen ein attraktives Angebot darstellen. Die *Kooperation mit der Schule* im Kontext von Projektwochen oder der Ganztagsschule als weiteres Merkmal außerschulischer Bildung ermöglicht dabei einen Zugang zu allen Jugendlichen und führt im besten Fall zu einer bereichernden Wechselbeziehung.

4. Wirkungsforschung in der außerschulischen politischen Jugendbildung – Forschungsstand und Desiderate

Gegen Ende des 20. Jahrhunderts gewinnt mit dem Einzug der empirischen Bildungsforschung auch in der Erziehungswissenschaft das Paradigma einer evidenzbasierten Forschung verstärkt an Bedeutung. Dies wirft ein Spannungsfeld auf, dass Ahlheim folgendermaßen skizziert: die Frage nach der Wirkung führt ins Zentrum jeder pädagogischen Debatte, wenngleich sich Bildungsprozesse in ihren Erfolgen und Wirkungen einer exakten Messung entziehen (vgl. Ahlheim 2003, S. 6). Hieraus lässt sich ableiten, dass sich für die Profession als solche als auch für die dort Tätigen in besonderer Weise die Frage stellt, welche Wirkungen aus der täglichen politischen Bildungsarbeit hervorgehen. Dies verstärkt sich in der politischen Bildung durch die überwiegend kurzzeitpädagogischen Angebote, deren Teilnehmende nicht unweigerlich über einen längeren Zeitraum mit der Einrichtung bzw. den pädagogisch Tätigen in Kontakt stehen. Gleichzeitig stellt sich die Erforschung von Bildungsprozessen als besondere Herausforderung dar, der sowohl mit quantitativen als auch qualitativen Verfahren begegnet wird. Ein Schlüssel, um Bildungsprozesse zu reflektieren und analytisch aufzuschließen, wird in einer retrospektiven Perspektive auf die Biographie gesehen. Diese erfuhr in der Erziehungswissenschaft im letzten Jahrzehnt zunehmende Aufmerksamkeit und es erfolgte eine verstärkte wissenschaftliche Auseinandersetzung zum Zusammenhang von Bildung und Biographie (s. z. B. Fuchs 2011; von Rosenberg 2011). Im Folgenden werden vor dem Hintergrund der intendierten Ziele politischer Bildung der Stand der Wirkungsforschung anhand relevanter Studien skizziert und die Forschungsdesiderate aufgezeigt. Die im Kinder- und Jugendplan verankerten Ziele der öffentlich geförderten außerschulischen politischen Jugendbildung sind aktuell seit 2016 wie folgt formuliert:

„Die politische Jugendbildung vermittelt jungen Menschen durch vielfältige Themen und Angebote Kenntnisse über politische Zusammenhänge und zeigt ihnen Möglichkeiten der Mitwirkung an gesellschaftspolitischen Prozessen. Sie hat zum Ziel, demokratisches Bewusstsein und politische Teilhabe von jungen Menschen zu fördern und sie zu befähigen, einen Beitrag zur Weiterentwicklung der demokratischen Kultur zu leisten" (BMFSFJ 2016, S. 813).

Angestrebt wird die Förderung eines demokratischen Bewusstseins, die Vermittlung politischer Zusammenhänge und die Mitwirkung an gesellschaftspolitischen Prozessen. Dies soll Jugendliche dazu befähigen, einen Beitrag zur Weiterentwicklung der demokratischen Kultur zu leisten. Vor dem Hintergrund permanenter, unübersichtlicher Informationsfluten im digitalen Zeitalter, in dem auch die Verbreitung von Fake News keine Seltenheit mehr darstellt, so dass die Gesellschaft auch als postfaktische attribuiert wird, irritiert der Wegfall der zuvor bis 2012 formulierten Urteilsfähigkeit als anvisiertes Ziel politischer Jugendbildung:[8]„…sie soll die Urteilsfähigkeit über gesellschaftliche und politische Vorgänge und Konflikte ermöglichen" (BMFSFJ 2012, S. 786). Auch die bislang prominent gesetzte Wissensvermittlung „Politische Bildung soll jungen Menschen Kenntnisse über Gesellschaft und Staat, europäische und internationale Politik einschließlich der politisch und sozial bedeutsamen Entwicklungen in Kultur, Wirtschaft, Technik und Wissenschaft vermitteln" (ebd.), scheint in den Hintergrund getreten zu sein. Vielmehr stehen die Fokussierung der Demokratie und der Beitrag, den Jugendliche dazu leisten sollen, vor einer allgemeinen politischen Bildung im Vordergrund.

Bis zu dem zuvor skizzierten Aufschwung der Wirkungsforschung von Bildungsprozessen auf Grund zunehmender Bedeutung von Bildung in der Wissensgesellschaft insgesamt (Lissabon Strategie 2000; Bologna-Reform 1999) um die Jahrtausendwende wurden nur wenige relevante Studien, die über die übliche interne Seminarevaluation nach Veranstaltungsende hinausgehen, zur Wirkung politischer Bildung durchgeführt. Hervorzuheben sei etwa die Studie zur Situation der schulischen politischen Bildung (vgl. Becker/Herkommer/ Bergmann 1967), die dem Sozialkundeunterricht eher eine Entpolitisierung denn einen Beitrag zur Entwicklung eines kritischen staatsbürgerlichen Bewusstseins der Schüler*innen attestiert. Aufschluss über die außerschulische politische (Jugend)bildung liefern die Arbeiten von Sussmann (1979/1985). Das Besondere liegt in der Ausrichtung auf die Nachhaltigkeit von Wirkungen. Mittels leitfadengestützter Interviews mit ehemaligen Teilnehmenden 14 Jahre nach der Veranstaltung untersucht er die langfristigen Wirkungen einer Seminarreihe. Die Studie belegt eine längerfristige Bedeutung politischer Bildung im biographischen Verlauf; der Seminarreihe wird von der Mehrheit eine Bedeutung als Impulsgeber für die weitere Befassung mit Politik zugemessen (vgl. 1985, S. 66).

Eine Studie, die ebenfalls Hinweise auf eine biographische Nachhaltigkeit gibt, kann in der Fallstudie, dem „Nidderau-Projekt" von Rudolf und Zeller (2001) gesehen werden. Die Ergebnisse – 38 % wollten sich nach der Veran-

---

8 Diese wurden zwar unter den allgemeinen Zielen des Kinder- und Jugendplans subsummiert, stehen damit aber nicht mehr explizit für die politische Bildung.

staltung mehr über Politik informieren und sechs Monate später sind es nur 18 %, die bewusster auf Nachrichten aus der Politik achten – verdeutlichen, dass ein Feedback gegen Ende des Seminars nur vage Anhaltspunkte für Wirkungen bietet. Erst spätere Rückfragen klären darüber auf, inwieweit die politische Bildung einen nachhaltigen Einfluss ausgeübt hat. Hieran anschließend bestätigt auch die Wirkungsevaluation des Trainingsprogramms „Achtung (+) Toleranz" der Bertelsmann-Stiftung in Kooperation mit dem Zentrum für Angewandte Politikforschung der Universität München anhand von Interviews mit Seminarteilnehmenden kurz vor und drei Monate nach dem Seminar, wie sich die Erfahrungen konkret auf den Alltag auswirkten, indem sich z. B. die Kommunikation mit Arbeitskolleg*innen veränderte (vgl. Hirseland et al. 2004, S. 78).[9] Eine programmspezifische Studie ist zudem aus der Arbeit der Europäischen Jugendbildungsstätte Weimar hervorgegangen (vgl. Schäfer u. a. 2006). Dort wurden mit Schul- und Ausbildungsklassen drei fünftägige aufeinander folgende Wochenkurse im Zeitraum von zwei Jahren durchgeführt und im Hinblick auf die veränderten Haltungen und Selbsteinschätzungen der Teilnehmenden evaluiert. Die individuellen Entwicklungen der Teilnehmenden durch die Kurse wurden über diesen längeren Zeitraum beobachtet und mit verschiedenen Erhebungsmethoden untersucht. Die Studie bestätigt die Operationalisierbarkeit von Wirkungsfragen, macht aber auch die Grenzen der in jener Studie eingesetzten Forschungsmethoden sichtbar: „Unsere Ergebnisse deuten darauf hin, dass die Jugendlichen sehr viel mehr aus den Seminaren für sich mitnehmen konnten, als in den Messinstrumenten erfragt wurde" (ebd., S. 231).

Einen Überblick über weitere Studien zwischen 2000 und 2010 gibt Becker (2011) in ihrer umfassenden Bestandsaufnahme und Einordnung von Forschungen zur außerschulischen politischen Jugend- und Erwachsenenbildung im Hinblick auf die Teilnehmenden und die Effekte von politischer Bildung. Sie kommt zu dem Schluss, dass die Forschungslage zur außerschulischen Bildung als desolat bezeichnet werden kann. Die wenigen Forschungsarbeiten, die vorliegen, zeichnen sich durch eine Fragmentierung auf mehreren Ebenen aus: Die Forschung erfolgt im Rahmen unterschiedlicher Wissenschaftsdisziplinen und findet im Kontext differenter Fachdiskurse statt. Die untersuchten Zeiträume und Gegenstandsbereiche hängen von den verschiedenen förderrechtlichen Bedingungen ab. Deshalb sind langfristige und kohärente Untersuchungen kaum zu finden (ebd., S. 161). In Bezug auf die Wirkungen politischer Bildung

---

9 Leitfragen waren: inwieweit die Seminarerfahrungen für den Einzelnen einen subjektiven Sinn generierten, inwiefern ein perspektivischer Zuwachs feststellbar war, ob und wie die Teilnehmenden ihre Erfahrungen und Erkenntnisse an Dritte weitergaben und ob sie Anstöße zur praktischen Umsetzung sahen (Hirseland et al. 2004).

stellt sie fest „Hier sind viele forschungslogische und -praktische Fragen noch offen. Bisher fehlt ein überzeugendes und vor allem transferfähiges Forschungsdesign für die außerschulische politische Erwachsenen- und Jugendbildung" (ebd., S. 165). Sie führt weiter aus, dass differenzierte und notwendig komplexe Überlegungen zu möglichen Verfahren der Rekonstruktion von Bildungsprozessen und -ergebnissen fehlen (vgl. ebd.).

5. Forschungsdesign der Studie zur biographischen Nachhaltigkeit politischer Bildung

An diesem Forschungsdesiderat knüpft die von 2011 bis 2014 an der Hochschule Darmstadt durchgeführte und von der Hans-Böckler-Stiftung finanzierte Wirkungsstudie zur biographischen Nachhaltigkeit politischer Jugendbildung (vgl. Balzter/Ristau/Schröder 2014) an, die die Rezeptionen von Bildungserfahrungen aus einer wissenschaftlichen Perspektive heraus untersucht hat. Dem Desiderat, dass Veranstaltungen politischer Jugendbildung in der Regel direkt nach Veranstaltungsende evaluiert und damit einer Prozesshaftigkeit von Bildungsprozessen nicht gerecht werden, sollte damit begegnet werden, die Erhebung in einem deutlichen zeitlichen Abstand zu der Bildungsveranstaltung durchzuführen. So stellen auch Uhl, Ulrich und Wenzel zur Evaluation politischer Jugendbildung fest, dass „… sich die Wirkung einer Intervention oder eines Interventionsbündels auch erst nach mehreren Jahren und durch das Zusammenwirken mit anderen Faktoren einstellen kann" (Uhl/Ulrich/Wenzel 2004, S. 20). Ein weiteres Desiderat liegt in der Bezogenheit der Wirkungsforschung auf einzelne Veranstaltungen und Institutionen. Dem folgend war das Forschungsdesign der Studie als institutionen- und trägerübergreifendes konzipiert. Im Fokus standen junge Erwachsene im Alter von 18 bis 27 Jahren, die ca. fünf Jahre zuvor im Alter von 14 bis18 Jahren zum ersten Mal an einer Veranstaltung der politischen Jugendbildung teilgenommen haben. Dabei sollte die Teilnahme mindestens über drei Seminartage erfolgt sein.

Da bisher nur wenige empirisch fundierte Ergebnisse zu den Wirkungen und hier insbesondere zu der biographischen Nachhaltigkeit politischer Jugendbildung vorlagen, schien sich ein biographieanalytisches Verfahren besonders zu eignen, um zurückliegende Bildungserfahrungen rekonstruktiv zu entschlüsseln. Durch biographisch-narrative Interviews sollten Strukturen des Erinnerungs-, Verortungs- und Vernetzungsprozesses aktiviert und Bezüge zu den zurückliegenden Veranstaltungen hergestellt werden. Um sich der biographischen Nachhaltigkeit politischer Jugendbildung explorativ anzunähern und um mögliche Verknüpfungen zwischen den politischen Bildungsimpulsen und vorherigen Sozialisationsinstanzen wie beispielsweise Familie, Schule, Peers und Vereine aufzuspüren, wurden die jungen Erwachsenen aufgefordert, ihre gesamte Lebensgeschichte zu erzählen. Die Lebensgeschichten wurden anschließend in Forschungswerkstätten interpretiert und in Einzelfalldarstellungen in Anlehnung an Rosenthal (2011) rekonstruiert. Für ein solches fallrekonstruktives Verfahren plädieren ebenfalls Uhl, Ulrich und Wenzel mit der Begründung, dass Handlungen immer Resultat von Interaktionen und den diese Interaktionen beeinflussenden Kontextbedingungen sind und sie sich somit immer nur am konkreten Fall untersuchen lassen (vgl. Uhl/Ulrich/Wenzel 2004, S. 20).

Der Zugang zu den ehemaligen Teilnehmenden erfolgte über die Bildungsinstitutionen und durch das Engagement ehemaliger Jugendbildungsreferent*innen. Die Auswahl der Interviewpartner*innen orientierte sich neben forschungsmethodischen Kriterien insbesondere an dem Ziel, eine möglichst große Heterogenität im Sinne einer Stichprobe zu erreichen, die „theoretisch relevante Kategorien" (Rosenthal et al. 2006, S. 20) abbildet. Dazu gehören Geschlecht, regionale Verortung, sozialer Status, kulturelle Zugehörigkeit sowie das Spektrum der Träger, bei denen die Bildungsveranstaltungen stattfanden. Insgesamt wurden 23 Interviews und vier Gruppendiskussionen geführt, so dass ca. 50 junge Erwachsene in die Studie einbezogen werden konnten. Aus den biographisch-narrativen Interviews konnte eine aus vier Typen bestehende *Typologie der biographischen Nachhaltigkeit politischer Bildungsprozesse* herausgearbeitet werden. Zu jedem der vier Typen wurden jeweils zwei Falldarstellungen anhand der Lebensgeschichten der jungen Erwachsenen erarbeitet. Diese zeigen durch chronologische und dichte Beschreibungen biographischer Erfahrungen anschaulich, wie politische Jugendbildung zu Politisierungsprozessen beiträgt. Des Weiteren wurden fallübergreifende Themen zur politischen Sozialisation und außerschulischen politischen Jugendbildung herausgearbeitet. Im Folgenden wird die Typologie dargestellt, die Aufschluss darüber gibt, auf welche Weise Bildungserfahrungen in der politischen Bildung biographisch nachhaltig gewirkt haben und welche Funktion dabei politischer Jugendbildung zugesprochen werden kann.

6. Typologie der biographischen Nachhaltigkeit politischer Jugendbildung

Eine Typisierung der verschiedenen aus den Einzelinterviews heraus entwickelten Fälle dient der Ordnung des Materials nach bestimmten Merkmalen. Allerdings hat die Zusammenfassung der Fälle zu Typen auch die Funktion, den Sinnzusammenhang und damit den Bezug zur Forschungsfrage des Projekts abzubilden. Welche sozialen Fälle sich strukturell ähneln bzw. dem gleichen Typ angehören, wird anhand der Konfiguration der Bestandteile und deren Funktionalität für das Ganze bestimmt (vgl. Rosenthal 2011, S. 24). Dem folgend kristallisierten sich vier Typen zur biographischen Nachhaltigkeit politischer Bildung und drei Funktionsweisen von politischer Bildung heraus (vgl. Balzter/Ristau/Schröder 2014):

Der erste Typus, *politisches Engagement,* zeichnet sich dadurch aus, dass die Jugendlichen sich infolge der im Seminar gemachten Erfahrungen und der dort erhaltenen Impulse politisch engagieren. Ausgehend von den Zielen außerschulischer politischer Jugendbildung – Wissen zu vermitteln, Urteilsfähigkeit zu ermöglichen und zur Partizipation anzuregen – hat sich der/die Jugendliche hier in hohem Maße politisiert. Der durch die außerschulische politische Jugendbildung angestoßene Politisierungsprozess ist naheliegend und erwartbar, da er deren formulierte Aufgabe und Ziel ist.

Die Entdeckung des zweiten Typus der *beruflichen Orientierung* durch außerschulische politische Jugendbildung, erweist sich als überraschend, da die berufliche Orientierung weder zu den Kernzielen politischer Jugendbildung gehört, noch auf den ersten Blick naheliegend ist. Sie kann gleichsam als bislang weitestgehend unbeachtete Nebenwirkung gelten. Der Typus zeichnet sich dadurch aus, dass die politische Jugendbildung zu einer beruflichen Orientierung zumeist innerhalb des politischen Feldes führt.

Der dritte Typus, die *politisch aufgeklärte Haltung,* kann wieder den immanent politischen Wirkungen im engeren Sinne zugeschrieben werden. Politische Bildung führt in diesem Fall durch die Anregung zu gemeinsamer kritischer Auseinandersetzung im Spannungsfeld von Gesellschaft und Individuum vorrangig dazu, das bisherige Denken und Handeln in Frage zu stellen und sich im Sinne der Urteilsfähigkeit zu einem politisch aufgeklärten und zum Teil dementsprechend handelnden Bürger*in weiterzuentwickeln. Dies umfasst beispielsweise das Informieren über politische Prozesse und Entwicklungen, die kritische Betrachtung derselben, die Verständigung darüber im sozialen Umfeld und schließlich die Inanspruchnahme des persönlichen Wahlrechts.

Der vierte Typus, *der Erwerb politisch aktivierbarer Grundfähigkeiten*, ist durch den Erwerb bestimmter Fähigkeiten gekennzeichnet, die die Grundlage für politisches Handeln darstellen. Dazu gehören v.a. die Stärkung des Selbstbewusstseins, die Selbstwirksamkeitserfahrungen, der Erwerb sozialer Kompetenzen wie Kommunikation, Interaktion, Konflikt- bzw. Konsensfähigkeit sowie die Fähigkeiten zur Präsentation und Rhetorik. Die in der politischen Bildung erlernten Fähigkeiten werden bisher primär im privaten und arbeitsgesellschaftlichen Raum eingesetzt.

Zwischen den ersten beiden Typen *politisches Engagement* und *berufliche Orientierung* ist eine große Nähe festzustellen. In vielen Erzählungen der jungen Erwachsenen spielen beide Wirkungsrichtungen biographisch eine bedeutende Rolle bzw. gehen oftmals Hand in Hand. Zudem kann davon ausgegangen werden, dass die/der politisch Engagierte und auch die/der im politischen

Feld beruflich Orientierte sowohl entsprechende politische Grundfähigkeiten als auch eine politisch aufgeklärte Haltung erworben hat.

Unter den Interviewpartner*innen befand sich niemand, bei dem die Analyse ergab, dass die besuchten Veranstaltungen ohne Relevanz waren. Sicherlich gibt es grundsätzlich Teilnehmende, die sich von den konkreten Abläufen und Inhalten nicht angesprochen fühlen oder die Veranstaltungen in ihren Ausrichtungen sogar ablehnen. Dabei ist anzunehmen, dass sich diejenigen eher seltener für ein Interview bereit erklären als jene, die sich noch an die Veranstaltung erinnern können und dieser eine biographische Relevanz beimessen.

Im Anschluss an die Skizzierung der vier Wirkungsrichtungen stellt sich die Frage, ob ausschließlich die Erfahrungen in der politischen Jugendbildung für die beschriebenen Wirkungen verantwortlich sind, bzw. inwiefern diese im Zusammenspiel mit anderen sozialisatorischen Faktoren wirken. In der weiteren Analyse der Interviews wurde herausgearbeitet, dass die vier Typen sich, bezogen auf die Funktion politischer Bildung, auf drei unterschiedliche Weisen konkretisieren. Die so bezeichnete funktionale Differenzierung gibt Aufschluss darüber, ob und wie politische Jugendbildung an politischen Vorerfahrungen anknüpft oder die Jugendlichen mit gänzlich neuen Perspektiven konfrontiert. Dabei kann politische Bildung bereits initiierte Entwicklungen unterstützen, entscheidende Impulse geben oder überhaupt erst einen Zugang zum politischen Feld eröffnen. Die funktionale Differenzierung der Wirkungsrichtungen lässt sich konkret in drei Kategorien fassen:

Die Interviews zeigen, dass Veranstaltungen der außerschulischen politischen Bildung als *impulsgebend* für die weitere Auseinandersetzung mit Politik dienen können. Politische Bildung wird hierbei oftmals als Schlüsselerlebnis, als Kontrasterfahrung zu dem Bisherigen beschrieben.

Die *verstärkende oder unterstützende Funktion* hingegen knüpft an zuvor gemachte – außerhalb der politischen Jugendbildung liegende – biographische Erfahrungen an. Diese können entweder bereits zu einem Handlungsentschluss bzw. einer Einstellungsänderung geführt oder aber zunächst das Interesse und die Motivation zur weiteren Auseinandersetzung geweckt haben. Politische Bildung wird dann oftmals gezielt in Anspruch genommen und das bereits Vorhandene durch die Teilnahme an Veranstaltungen vertieft und differenziert.

Die dritte funktionale Differenzierung – *das Andere aufzeigend* – rückt die familiäre Sozialisation noch stärker ins Blickfeld und zeigt Gegensätzliches auf. Sie verweist auf eine Diskontinuität in der Entwicklung. Die Veranstaltungen der politischen Jugendbildung ermöglichen den Jugendlichen dabei eine grundlegende Erweiterung des bisherigen Erfahrungshorizontes. In den Seminaren kommen sie, in Differenz zu ihrem sozialen Umfeld und Hintergrund, in Kontakt mit politischen Fragestellungen und kritischen Sichtweisen. Sie können ihr Wissen über politische Zusammenhänge erweitern, ihre Urteilsfähigkeit schärfen und einen Einblick in potentielle (politische) Berufsfelder und in Formen von Engagement erhalten. Den Jugendlichen wird ein Erfahrungsraum eröffnet, in dem sie sich ausprobieren und einen Zugang zum politischen Feld finden können.

7. Fazit und Ausblick: Politische Bildung – Professionalität – Demokratie

Die bundesweit angelegte Studie zur biographischen Nachhaltigkeit politischer Jugendbildung stellt einen Meilenstein in der Wirkungsforschung zur außerschulischen politischen Jugendbildung dar und hat eine bestehende Forschungslücke geschlossen. Es konnte belegt werden, dass politische Bildung eine biographisch nachhaltige Bedeutung für junge Erwachsene einnimmt. Durch die Möglichkeitsräume, die in der außerschulischen politischen Jugendbildung geschaffen werden, können sich Jugendliche vielfältige Fähigkeiten wie Techniken der Präsentation, der Rhetorik, der Kommunikation etc. aneignen, die – gleichwohl sie bisweilen im privaten oder arbeitsgesellschaftlichen Raum verbleiben – als elementar für eine Teilhabe im politischen Feld gelten. Sie haben eine aufgeklärte politische Haltung entwickeln können und Beteiligungsmöglichkeiten für sich gefunden. Auch wenn sich dies nicht in einem der vier Typen widerspiegelt, spielt die Wissensaneignung für alle Typen eine grundlegende Rolle. Das explorative Moment der Studie kann in der beruflichen Orientierung durch politische Jugendbildung gesehen werden, ohne dass diese explizit Thema der Veranstaltungen war. Politische Jugendbildung nimmt in diesen Bildungsprozessen verschiedene Funktionen ein: sie kann *impulsgebend*, *unterstützend* oder *verstärkend* sein und vor dem Hintergrund einer bislang politikfernen Sozialisation im Sinne *Anderes aufzuzeigen* überhaupt erst einen Zugang zum Politischen ermöglichen.

Die genuinen Ziele sowie weitere nicht explizit intendierten Ziele, wie eine starke berufliche Orientierung im politischen Feld, bilden sich in den Falldarstellungen der Lebensgeschichten junger Erwachsener ab. Die Rekonstruktion der Lebensgeschichten ermöglicht Einblicke in das Zusammenspiel und -wirken verschiedener Sozialisationsinstanzen im Hinblick auf Politisierungsprozesse. Die Lebensgeschichten geben zudem Aufschluss darüber, wie es der außerschulischen politischen Jugendbildung gelingt, auch jene Jugendliche zu erreichen, die sich selbst in einer großen Distanz zur Politik verstehen. Damit wird die Bildungspraxis außerschulischer politischer Jugendbildung im Wesentlichen in ihren Grundelementen bestätigt. Dies bedeutet jedoch nicht, dass politische Jugendbildung basierend auf bestimmten Kausalitäten auf diese oder jene Weise wirken muss. Vielmehr sollte im Blick bleiben, dass auch politische Bildungsprozesse offen und unverfügbar sind.

Ungeachtet dessen lassen sich aus den Ergebnissen Gelingensbedingungen außerschulischer politischer Jugendbildung ableiten. Dazu zählen beispielsweise:

- Die Ermutigung der Jugendlichen, sich für die Befassung mit dem Politischen berechtigt zu fühlen
- Lebensweltbezüge in den Themen herstellen und Selbstwirksamkeitserfahrungen ermöglichen
- Jugendliche im Prozess begleiten und Anschlussoptionen bieten – Lust auf mehr machen!
- Eine biographieanalytische Perspektive auf die Teilnehmenden fruchtbar für die Bildungsarbeit machen sowie Biographie(-arbeit) in die Praxis einbeziehen
- Partizipation leben und Partizipationsmöglichkeiten aufzeigen
- Berufliche Orientierung als „Nebenwirkung" in Konzepte aufnehmen und in Seminaren berücksichtigen

Auch wenn sich aus der Studie Gelingensbedingungen politischer Jugendbildung ableiten lassen, braucht die Bildungspraxis v.a. Spielräume, um auf die jeweiligen lokalen und adressatenspezifischen Bedarfe angemessen reagieren zu können. Hierzu bedarf politische Bildung sowohl für die Professionalisierung als auch für die Forschung entsprechende Ressourcen und Strukturen. Diese bereit zu stellen – versteht man politische Bildung als Bedingung von Demokratie und gesamtgesellschaftliche Daueraufgabe – sollte im Selbstverständnis liegen. Schließlich verlangt politische Bildung Räume der Reflexion, um sich mit den aktuellen gesellschaftlichen Entwicklungen auseinanderzusetzen und entsprechend auf diese zu reagieren sowie ihre eigene Verstrickung in Macht- und Herrschaftsverhältnisse zu reflektieren. Im Hinblick auf den Theorie-Praxis-Transfer stellt sich die Frage nach den Konsequenzen der Wirkungsstudie für die Bildungspraxis. Hierzu bedarf es Freiräume und des Dialogs zwischen Wissenschaft und Praxis, um verschiedene Aspekte zu diskutieren und für die Bildungspraxis nutzbar zu machen.

Schließlich werden durch Studien nicht nur Fragen beantwortet, sondern ebenso neue aufgeworfen. So schlössen sich diverse Forschungen an die Studie an, wie z. B. die Überprüfung der qualitativen Forschungsergebnisse auf einer quantitativen Ebene. Aber auch Forschungen zur Vertiefung und Ausdifferenzierung der rekonstruierten Typen stellten eine wichtige Ergänzung dar. Ein weiterer interessanter Erhebungszeitpunkt kann überdies in dem dritten Lebensjahrzehnt gesehen werden, da die berufliche Etablierung oftmals mit der Gründung einer Familie sowie einer damit verbundenen höheren Belastung einhergeht. Dabei stellt sich die Frage, welche Auswirkungen dies beispielsweise auf die Teilnahme an politischer Bildung oder auf politisches Engagement hat. Dies wäre insbesondere auch unter einer Genderperspektive zu betrachten.

Literatur

Ahlheim, Klaus (2003): Vermessene Bildung. Wirkungsforschung in der politischen Erwachsenenbildung. Schwalbach: Wochenschau.

Balzter, Nadine/Ristau, Yan/Schröder, Achim (2014): Wie politische Bildung wirkt. Wirkungsstudie zur biographischen Nachhaltigkeit politischer Jugendbildung. Schwalbach: Wochenschau.

Balzter, Nadine (2013): „...da war dann mein Traumberuf Jugendbildungsreferentin" – Überlegungen zur außerschulischen politischen Jugendbildung als Profession. In: Hufer, Klaus-Peter/Richter, Dagmar (Hrsg.): Politische Bildung als Profession. Verständnisse und Forschungen. Bundeszentrale für Politische Bildung. Bonn, S. 247–263.

Bundesausschuss für Politische Bildung (2018): Demokratie braucht politische Bildung. www.bap-politischebildung.de/profil/ (Abfrage: 27.03.2018).

Becker, Helle (2011): Praxisforschung nutzen, politische Bildung weiterentwickeln – Studie zur Gewinnung und Nutzbarmachung von empirischen Erkenntnissen für die politische Bildung in Deutschland. Teil I: Auswertungsbericht, Essen/Berlin. adb.de/dokumente/ 2011_PraFo_projekt_bericht.pdf (Abfrage: 20.3.2018).

Becker, Egon/Herkommer, Sebastian/Bergmann, Joachim (1967): Erziehung zur Anpassung? Eine soziologische Untersuchung der politischen Bildung in den Schulen. Schwalbach: Wochenschau Verlag.

Berliner Zeitung (2017): Zusätzliches Schulfach. Politische Bildung soll wieder auf den Lehrplan: www.berliner-zeitung.de/berlin/zusaetzliches-schulfach-politische-bildung-soll-wieder-auf-den-lehrplan-27801894 (Abfrage: 27.03.2018).

[BMFSFJ] – Bundesministerium für Familie, Senioren, Frauen und Jugend (2012): Richtlinien über die Gewährung von Zuschüssen und Leistungen zur Förderung der Kinder- und Jugendhilfe durch den Kinder- und jugendplan des Bundes (KJP). In: Bundesministerium des Innern: Gemeinsames Ministerialblatt. 63. Jahrgang, Nr. 9.

[BMFSFJ] – Bundesministerium für Familie, Senioren, Frauen und Jugend (2016): Richtlinien über die Gewährung von Zuschüssen und Leistungen zur Förderung der Kinder- und Jugendhilfe durch den Kinder- und jugendplan des Bundes (KJP). In: Bundesministerium des Innern: Gemeinsames Ministerialblatt. 67. Jahrgang, Nr. 14. www.bmfsfj.de/blob/ 111964/2f7ae557daa0d2d8fe78f8a3f9569f21/richtlinien-kjp-2017-data.pdf (Abfrage: 29.03. 2018).

Bremer, Helmut (2010): Symbolische Macht und politisches Feld. Der Beitrag Pierre Bourdieus für die politische Bildung. In: Lösch, Bettina/Thimmel, Andreas (Hrsg.): Kritische politische Bildung. Ein Handbuch. Schwalbach: Wochenschau, S. 181–192.

Bourdieu, Pierre (1987): Die feinen Unterschiede. Kritik der gesellschaftlichen Urteilskraft. Frankfurt a. M.: Suhrkamp.

Bürgin, Julika/Lösch, Bettina (2013): Die Hochschule als wissenschaftlicher Reflexionsort für die außerschulische politische Bildung. Eine strukturpolitische Initiative. In: Journal für politische Bildung 4/2013, S. 40–46.

Fuchs, Thorsten (2011): Bildung und Biographie: eine Reformulierung der bildungstheoretisch orientierten Biographieforschung. Bielefeld: Transcript.

Grob, Urs (2009): Die Entwicklung politischer Orientierungen vom Jugend- ins Erwachsenenalter: Ist die Jugend eine spezifisch sensible Phase in der politischen Sozialisation? In:
Fend, Helmut/Berger, Fred/Grob, Urs (Hrsg.). Lebensverläufe, Lebensbewältigung, Le-
bensglück. Ergebnisse der LifE-Studie. Wiesbaden: VS Verlag, S. 329–372.

Gemeinsame Initiative der Träger Politischer Jugendbildung im bap (GEMINI) (2017):
www.bap-politischebildung.de/gemini/ (Abfrage: 29.03.2018).

Hafeneger, Benno (2015): Von den Anfängen bis zur Gegenwart. In: Bundeszentrale für Politische Bildung: Dossier Politische Bildung. www.bpb.de/gesellschaft/bildung/politische-
bildung/193945/von-den-anfaengen-bis-zur-gegenwart?p=all (Abfrage: 29.03.2018).

Hirseland, Andreas/Dimbath, Oliver/von Hayek, Julia/Schneider, Werner (2004): Evaluation
des Programms „Achtung (+) Toleranz" – ein Praxisbericht. In: Uhl, Kathrin/Ulrich, Su-
sanne/Wenzel, Florian M. (Hrsg.): Evaluation politischer Bildung. Ist Wirkung messbar?
Gütersloh: Bertelsmann Stiftung, S. 57–82.

Hurrelmann, Klaus (2007): Lebensphase Jugend: eine Einführung in die sozialwissenschaftliche Jugendforschung. Weinheim und München: Juventa.

King, Vera (2004): Die Entstehung des Neuen in der Adoleszenz. Individuation, Generativi-
tät, Geschlecht in modernisierten Gesellschaften. 2. Aufl. Wiesbaden: Springer VS.

Klein, Anna/Heitmeyer, Wilhelm (2012): Demokratie auf dem rechten Weg? Entwicklungen
rechtspopulistischer Orientierungen und politischen Verhaltens in den letzten 10 Jahren.
In Heitmeyer, Wilhelm (Hrsg.): Deutsche Zustände. Folge 10. Berlin: Suhrkamp, S. 87–
104.

Kohl, Wiebke/Calmbach, Marc (2012): Unsichtbares Politikprogramm. Lebenswelten und
politisches Interesse von „bildungsfernen" Jugendlichen. In: Widmaier, Benedikt/Nonne-
macher, Frank (Hrsg.): Unter erschwerten Bedingungen. Politische Bildung mit bildungsfernen Zielgruppen. Schwalbach: Wochenschau, S. 17–26.

Lösch, Bettina (2010): Ein kritisches Demokratieverständnis für die politische Bildung. In:
Lösch, Bettina/Thimmel, Andreas (Hrsg.): Kritische politische Bildung. Ein Handbuch.
Schwalbach: Wochenschau, S. 115–127.

Nachtwey, Oliver (2016): Abstiegsgesellschaft. Über das Aufbegehren in der regressiven Moderne. Frankfurt a. M.: Suhrkamp.

Negt, Oskar (2010): Der politische Mensch. Demokratie als Lebensform. Göttingen: Steidl.

Meyer, Ullrich (2013): Politische Sozialisation. In: Andersen, Uwe/Wichard Woyke (Hrsg.):
Handwörterbuch des politischen Systems der Bundesrepublik Deutschland. 7., ak-
tual. Aufl. Heidelberg: Springer VS. www.bpb.de/nachschlagen/lexika/handwoerterbuch-
politisches-system/202094/politische-sozialisation?p=all (Abfrage: 29.03.2018).

Palentien, Christian/Hurrelmann, Klaus (1997): Jugend und Politik. Ein Handbuch für Forschung, Lehre und Praxis. Neuwied/Kriftel/Berlin: Luchterhand.

Rippl, Susanne (2008): Politische Sozialisation. In: Hurrelmann, Klaus/Grundmann, Mat-
thias/Walper, Sabine (Hrsg.): Handbuch Sozialisationsforschung. Weinheim/Basel: Beltz,
S. 733–752.

Rosenthal, Gabriele/Köttig, Michaela/Witte, Nicole/Blezinger, Anne (2006): Biographisch-
narrative Gespräche mit Jugendlichen. Chancen für das Selbst- und Fremdverstehen. Leverkusen: Barbara Budrich.

Rosenthal, Gabriele (2011): Interpretative Sozialforschung. Eine Einführung. 3., aktualisierte
und ergänzte Auflage. Weinheim/München: Juventa.

Rudolf, Karsten/Zeller, Melanie (2001): Wie entsteht politisches Engagement? Das Nidderau-Projekt – eine empirische Wirkungsstudie zur politischen Bildung. Schwalbach: Wochenschau.

Schäfer, Erich/Schack, Stephan/Rahn, Peter/Uhl, Sandra (2006): „Wer sich selbst versteht, versteht auch andere besser." Eine Längsschnittstudie zu Wirkungen eines Projektes der politischen Jugendbildung zum Demokratie-Lernen. Gera: Garamond.

Scherr, Albert (2001): Jugend. In: Rothermel, Lutz/Bernhard, Armin (Hrsg.): Handbuch Kritische Pädagogik. 2. Auflage. Weinheim: UTB, S. 188–206.

Schröder, Achim/Balzter, Nadine/Schroedter, Thomas (2004): Politische Jugendbildung auf dem Prüfstand. Ergebnisse einer bundesweiten Evaluation. Weinheim/München: Juventa.

Schuster, Melanie (2012): Praktische Ansätze zur Erreichung von politikfernen Jugendlichen durch politische Bildung. In: Widmaier, Benedikt/Nonnemacher, Frank (Hrsg.): Unter erschwerten Bedingungen. Politische Bildung mit bildungsfernen Zielgruppen. Schwalbach: Wochenschau, S. 117–129.

Sussmann, Rudolf (1979): Langfristige Wirkungen außerschulischer politischer Bildungsarbeit. München/Wien: Günter Olzog.

Sussmann, Rudolf (1985): Außerschulische Politische Bildung: Langfristige Wirkungen. Opladen: Leske und Budrich.

Uhl, Katrin/Ulrich, Susanne/Wenzel, Florian M. (Hrsg.) (2004): Evaluation politischer Bildung. Ist Wirkung messbar? Gütersloh: Bertelsmann Stiftung.

Von Rosenberg, Florian (2011): Bildung und Habitustransformation. Empirische Rekosntruktionen und bildungstheoretische Reflexionen. Bielefeld: transcript.

Witzel, Andreas (2000). Das problemzentrierte Interview [25 Absätze]. Forum Qualitative Sozialforschung/Forum: Qualitative Social Research, 1(1), Art. 22. nbn-resolving.de/urn:nbn:de:0114-fqs0001228 (Abfrage: 15.3.2018).

Fazit und Ausblick

Wirkungsforschung zur Kinder- und Jugendhilfe – Versuch einer Bilanzierung

Maik-Carsten Begemann, Reinhard Liebig
und Christian Bleck

Dass Fragen nach den Wirkungen und ihrer empirischen Erforschung in der Kinder- und Jugendhilfe in den letzten beiden Jahrzehnten in Deutschland in Politik, Praxis und Wissenschaft an Gewicht gewonnen haben, konnten die Beiträge des vorliegenden Bandes eindrucksvoll bekunden – sowohl grundlegend aus unterschiedlichen Blickwinkeln als auch speziell für ausgewählte Handlungsfelder der Kinder- und Jugendhilfe. Allerdings wurden auch zum Teil erhebliche Unterschiede in Bezug auf die Rahmensetzungen und -bedingungen, den Stand der empirischen Wirkungsforschung und der sich daran orientierenden Steuerungsansätze in verschiedenen Feldern deutlich. Diese grundlegenden Feststellungen sollten in einem Band, der sich der Wirkungsforschung zu dem großen und heterogenen Bereich der Kinder- und Jugendhilfe äußern möchte, weiter ausgeführt werden. Bevor allerdings darauf eingegangen wird, sollen zunächst wesentliche Entwicklungen und Positionen festgehalten werden, die zum Bedeutungszuwachs der Wirkungsforschung in der Kinder- und Jugendhilfe geführt bzw. diesen begleitet haben (vgl. Kap. 1). Auf der Basis dieser Ausführungen ergeben sich einige Anmerkungen bzw. Kommentare. Nachdem diese allgemeinen Ausführungen zur Wirkungsforschung zur Kinder- und Jugendhilfe mit einem differenzierteren Blick auf die verschiedenen Segmente bzw. Arbeitsfelder der Kinder- und Jugendhilfe heruntergebrochen und zum Teil relativiert werden (vgl. Kap. 2), wird in einem letzten Abschnitt abschließend der Blick in die Zukunft gerichtet und der Frage nachgegangen, wie es mit diesem ambivalent bewerteten Trend „Wirkungsforschung zur Kinder- und Jugendhilfe" weitergehen könnte bzw. was in diesem Kontext zukünftig besondere Beachtung verdient (vgl. Kap. 3).

1. Die Entwicklung und die Relevanz der Wirkungsorientierung (auch) in der Kinder- und Jugendhilfe

Es muss nicht sonderlich betont aber an dieser Stelle noch mal benannt werden, dass die Soziale Arbeit im Allgemeinen sowie die Kinder- und Jugendhilfe im Speziellen seit den 1990er-Jahren tiefgreifende Veränderungen in ihren Steuerungsstrategien, Rechtsgrundlagen und Organisationsweisen erfahren haben. Mit einem Fokus auf die sozialwirtschaftlichen Veränderungsstränge innerhalb der aktuell noch andauernden Transformationsphase des Sozialen (vgl. z. B. Kessl 2013, S. 37 ff. sowie Polutta in diesem Band) respektive auf aktivierungspolitische Strategien auf der Ebene der Anbieter sozialer Dienstleistungen (Galuske 2004, S. 5) zählen hierzu v.a. die sukzessive Erweiterung wettbewerblicher Strukturen im sozialen Sektor sowie die Etablierung von Maximen, Systemen und Instrumenten betriebswirtschaftlicher Lenkung in den dortigen Institutionen (vgl. u. a. Bedford-Strohm et al. 2008; Bleck 2016). Ebenso „hat sich, angestoßen durch unterschiedliche Diskurse, der Bezug auf Wirkungsorientierung als Legitimations- und Evaluationsrahmen in politischen Strukturen, in der Praxis wie auch in disziplinären Debatten, als einflussreiche Größe etabliert" (BMFSFJ 2013, S. 393). Wirkungsorientierung stellt eine der „Querschnittsherausforderungen in verschiedenen Feldern der Kinder- und Jugendhilfe dar, die Politik, Organisationen und Fachkräfte vor neue Aufgaben stellen" (ebd.).

Die Frage nach der Wirksamkeit Sozialer Arbeit gewinnt hier vor allem im Kontext von Ökonomisierungs- und Modernisierungsprozessen – u. a. verbunden mit der Kritik an bisherigen wohlfahrtsstaatlichen Arrangements, der Einführung von Reformkonzepten der Neuen Steuerung sowie nach einer intensiv geführten Qualitätsdebatte – in dem Sinne an Bedeutung, als dass Angebote der Sozialen Arbeit sowie der Kinder- und Jugendhilfe wirkungsorientiert gesteuert (von der Input- zur Output- und Outcome-Orientierung) und über wissenschaftlich fundierte Nachweise legitimiert werden sollen (vgl. z. B. Bleck 2011, S. 31 ff.). Grundsätzlich ist festzustellen:

> „Gerade in den personenbezogenen sozialen Diensten kommt es immer mehr darauf an, den gesetzlich regulierten Leistungsanspruch bei geringeren finanziellen Mitteln und rückläufigen familiären Solidaritätspotenzialen, jedoch tendenziell steigenden moralischen Ansprüchen innerhalb der Gesellschaft zu gewährleisten. So bleibt es kaum aus, dass die hergebrachten sektoralen Logiken ‚über Bord geworfen werden' und investiv und ‚potenzialorientiert' darüber nachgedacht wird, wie die verfügbaren Ressourcenströme so gekoppelt werden können, dass der größtmögliche gesellschaftliche Hebeleffekt entsteht" (Kehl/Glänzel/Then/Mildenberger 2016, S. 11).

Dass veränderte Steuerungsmodi und ein erhöhter Rechtfertigungsdruck politisch – auch im Vergleich mit anderen Handlungsfeldern in der Sozialen Arbeit – in besonderer Weise auf die Kinder- und Jugendhilfe übertragen wurden und werden, kann exemplarisch an Passagen in den letzten Koalitionsverträgen auf Bundesebene abgelesen werden, wenn dort etwa gefordert wird, dass die Kinder- und Jugendhilfe auf „Zielgenauigkeit und Effektivität hin" überprüft (CDU, CSU und FDP 2009, S. 63), „auf einer fundierten empirischen Grundlage" weiterentwickelt (CDU, CSU und SPD 2013, S. 99) oder „die Qualitätsentwicklung und -sicherung sowie die Forschung vorangebracht" (CDU, CSU und SPD 2018, S. 22) werden sollen. Allerdings wird nicht nur, aber in besonderer Weise im politischen Diskurs offenbar, dass die Rede von einer wirkungsorientierten Steuerung in der deutschen Kinder- und Jugendhilfe durch eine Vermengung unterschiedlicher Ziele – wie Wissensproduktion, Steuerungsgrundlage, Rechtfertigung und Praxisnutzen – geprägt ist (vgl. Thimmel und Schäfer in diesem Band sowie z. B. auch Otto 2007, S. 44).

1.1 Begründungshorizonte für eine Wirkungsforschung zur Kinder- und Jugendhilfe

Die Entwicklungsstränge einer wirkungsorientierten Steuerung, die mit einem erhöhten Rechtfertigungs- und Legitimationsdruck auf alle Anbieter Sozialer Arbeit verbunden sind, können professionstheoretisch auch als Hinterfragung von professionellem Wissen sowie Können und damit als Infragestellung eines – mit Ermessensspielraum und Autonomie verbundenen – professionellen Steuerungsmodus betrachtet werden (vgl. z. B. Dahmen 2011, S. 7 f.). Während reflexive Modelle professionellen Handelns als veraltet zu gelten scheinen, soll eine wirkungsorientierte Steuerung professionellen Handelns idealtypisch eine auf empirischen Nachweisen gestützte Form sozialpädagogischen Handels als neue Praxis hervorbringen (vgl. Polutta in diesem Band). In Fortführung dieses Blickwinkels stellt die Agenda einer Evidenzbasierten Praxis in ihrer „engen Formulierung" (vgl. Ziegler in diesem Band) – bzw. in der Top-Down-Variante einer Evidenzbasierten Politik, die verallgemeinernd wirksame Praktiken für bestimmte Tätigkeitsfelder festzuhalten versucht – eine Zuspitzung der Kritik am Professionalismus dar.

Die so gesehene Schwächung der kulturellen Autorität von „Wohlfahrtsprofessionellen" wäre jedoch weniger als Folge einer Agenda wirkungsorientierter Steuerung und evidenzbasierter Praxis, sondern vielmehr als eine ihrer zentralen Ursachen einzuordnen. Dementsprechend wären hier auch der Nothing-Works-Skeptizismus ebenso wie die später folgende What-Works-Debatte als Treiber des Bedeutungsverlusts des Wohlfahrtsprofessionalismus zu berücksichtigen (vgl. Ziegler in diesem Band). Denn eine Evidenzbasierte Praxis im Sinne von What-Works und des TOP-Down-Ansatzes fragt weniger nach individuellen Lebenspraxen und Falldeutungen, sondern vielmehr nach der wirksamsten Maßnahme für die Mehrzahl von Individuen einer Population (vgl. Polutta 2018, S. 22). In dieser Kontextualisierung und Konnotation kann bzw. soll Wirkungsforschung mit ihren Ergebnissen also einen Beitrag zur Einschränkung professioneller Autonomie sowie zur Standardisierung und damit Technologisierung professionellen Handelns leisten (vgl. z. B. Dahmen 2011, S. 11).

Gegenüber diesen Beobachtungen, welche Tendenzen einer De-Professionalisierung ausmachen und befürchten, dass Wirkungsforschung dazu beiträgt, Professionalismus durch einen technokratischen Managerialismus zu ersetzen (vgl. z. B. Otto 2007, S. 90), stehen jene, welche mit dem Einsatz von Wirkungsforschungen und der Nutzung ihrer Ergebnisse ausdrücklich Chancen für eine Professionalisierung Sozialer Arbeit verbinden. So kann mit Wirkungsorientierung und Evidenzbasierung auch ein „Antrieb für die handlungswissenschaftliche Weiterentwicklung der Sozialen Arbeit" (Sommerfeld 2016, S. 22) verbunden und ferner argumentiert werden, dass es gut ist, dass die „Praxen der Sozialen Arbeit und deren Denkgewohnheiten herausgefordert und hinterfragt werden, weil damit das Anliegen der Professionalisierung neuen Schub erhält" (ebd., S. 22). Ferner wird darauf hingewiesen, dass zwischen verschiedenen Ansätzen in der Evidenzbasierung zu unterscheiden sei und dass sich die Kritik vor allem auf den sogenannten Top-Down-Ansatz konzentriere. Dieser Ansatz bewegt sich auf der Ebene von Programmen – während der fallbezogene Bottom-up-Ansatz ursprünglich neben der besten verfügbaren Evidenz aus empirischer Forschung eben auch die Expertise und Erfahrungen der Fachkräfte sowie Präferenzen der Adressat*innen berücksichtigt. Kritisiert wird, dass dieser fallbezogene Ansatz dabei genauso aus dem Blick gerate wie neuere Entwicklungen in der Evidenzbasierten Praxis (vgl. z. B. James 2016, S. 148; Sommerfeld 2016, S. 25). Zudem werden Verschiebungen von einem Bottom-Up- zu einem Top-Down-Ansatz auch von Befürworter*innen einer Evidenzbasierten Sozialen Arbeit kritisch betrachtet (vgl. James 2016, S. 154; Sommerfeld 2016, S. 25 ff.). Darüber hinaus wird auch und in besonderer Weise für die Kinder- und Jugendhilfe eine fundierte empirische Wissensbasis für das professionelle Handeln mit Blick auf die professionelle und dabei auch ethische Verantwortung Sozialer Arbeit gegenüber ihren Adressat*innen eingefordert. So macht Sigrid James darauf aufmerksam, dass Fragen danach, welche Maßnahmen und Prozesse das Risiko der Kindeswohlgefährdung verringern, Familien wirksam unterstützen und das psychosoziale Wohlergehen von Kindern fördern, „im internationalen disziplinären Diskurs als zentral gelten und deren Beantwortung aus professioneller aber auch ethischer Sicht als unabdinglich angesehen werden" (James in diesem Band).

Im internationalen Vergleich – insbesondere mit dem anglo-amerikanischen und skandinavischen Raum – spielt Wirkungsforschung offenbar zunehmend und stärker als in Deutschland eine konkrete Rolle in der Qualitätssicherung von Dienstleistungen (vgl. u. a. James in diesem Band). Auch Heinz-Günter Micheel (in diesem Band) weist darauf hin, dass sich die deutsche und internationale Lesart von Wirkungsorientierung erheblich unterscheiden, wobei er hierbei insbesondere auf die Art und das Verständnis von Wirkungsforschung abzielt, da die Forschung, die in Deutschland in Kontexten wirkungsorientierter Steuerung unter dem Titel „Wirkungsforschung" läuft, nicht mit dem gleichzusetzen wäre, was international unter einer wissenschaftlichen Erforschung von Wirkungen verstanden wird. Es scheint der von Hans-Uwe Otto bereits 2007 konstatierte „halbierte Wirkungsdiskurs" in Deutschland fortzubestehen, da der politische Diskurs um Wirkungsorientierung offenbar weiterhin weitgehend von einer konkreten Berücksichtigung der Ergebnisse von Wirkungsforschung entkoppelt ist. Es werden Ansätze einer wirkungsorientierten Finanzierung verfolgt, doch empirische Ergebnisse von Wirkungsforschungen dabei nicht systematisch in Planung, Organisation und Durchführung sozialer Dienstleistungen eingesetzt (Otto 2007, S. 22 ff.). Wie Micheel (in diesem Band) festhält, existiert in Deutschland bislang vornehmlich eine weniger forschungsbasierte Variante von Wirkungsorientierung, die als eine kommunal verankerte Wirkungsorientierung – auf Grundlage von Controlling mittels Kennzahlen, Qualitätsdialogen sowie Evaluationen von Verfahrensabläufen und Fallverläufen auf lokaler Ebene – betrachtet werden kann (vgl. auch Liebig 2016, S. 6 ff.). Die in Deutschland nicht umgesetzte Hälfte des Wirkungsdiskurses bezieht sich mit Blick auf Wirkungsforschung und im Vergleich mit dem anglo-amerikanischen und skandinavischen Raum nicht nur auf eine unsystematische Berücksichtigung von Forschungsergebnissen, sondern offenbar auch auf die Finanzierung von empirischen Studien und einen konsekutiven Aufbau von Einzelstudien in der Wirkungsforschung. So stellt Sigrid James (in diesem Band) dar, dass etwa in den USA spezielle Drittmittelförderungen für verschiedene Phasen der Wirkungsforschung existieren und damit Forschungsprojekte von der Querschnitts- bis zur Interventionsstudie iterativ aufeinander aufbauend forschen (können). Wirkungsforschung scheint dort nicht nur mit einer größeren Selbstverständlichkeit als in Deutschland im Kontext progressiver Forschungsvorhaben verstanden, sondern auch regulärer bzw. stetiger im Rahmen eines solchen forschenden Entwicklungsprozesses gefördert zu werden.

1.2 Anmerkungen zu den Wirkungsdebatten und forschenden Aktivitäten

Eine Wissensbasierung der professionalisierten Sozialen Arbeit sowie der Kinder- und Jugendhilfe ist ein notwendiges und offensichtlich sinnvolles Programm, dem nicht ernsthaft widersprochen werden kann. Sehr deutlich und mit einem differenzierten Blick auf unterschiedliche Akteursgruppen haben beispielsweise auch die Autor*innen des 14. Kinder- und Jugendhilfeberichts diese Grundhaltung aufgenommen und in zukünftige Herausforderungen überführt: „So wie die Wissenschaft weiterhin aufgefordert ist, zentrale Wirkmechanismen der Jugendhilfepraxis nach wissenschaftlichen Kriterien sichtbar zu machen, so hat eine aufgeklärte Fachpraxis dieses Wirkungswissen zu rezipieren und es in die professionellen Handlungen zu integrieren. Und die Politik steht in der Wahrnehmung zusätzlicher öffentlicher Verantwortung und mit dem Ziel des Abbaus von Benachteiligungen und des Entgegenwirkens von sozialer Ungleichheit vor der Aufgabe, förderliche Rahmenbedingungen für eine empirisch informierte, wirkungsvolle Praxis zu garantieren. In diesem Sinne muss die Kinder- und Jugendhilfe das bereits vorhandene und künftig zu generierende Wissen um Wirkungen und Wirkfaktoren der eigenen professionellen Praxis in einen reflexiven Verwendungszusammenhang und Wissensbestand überführen" (BMFSFJ 2013, S. 398).

Dabei kommt es allerdings auf die Begründungen und auf den Grad der (Selbst)Reflexion im Kontext der Forschungsanstrengungen und der Wissensproduktion an. Denn es ist zu bedenken, dass Wissen zu Wirkungen stets und in direkter Weise mit einem Prozess der Bewertung verknüpft ist, welcher weit über die an die Beschreibung von wissenschaftlichen Ergebnissen aufbauenden Interpretationen hinausgeht. So betont etwa auch Heinz-Günter Micheel, dass das Wissen um Wirkfaktoren und den Bedingungen ihres Zustandekommens für die sozialpädagogische Praxis von großer Bedeutung sind. Es gehe dabei „aber nicht um die kritiklose Übernahme von Handlungsanweisen anhand von practice guidelines, sondern um die Erweiterungen von professionellen Entscheidungsgrundlagen, die auf fundierte empirische Erkenntnisse basieren, wie sie eine realistische Wirkungsforschung zur Verfügung stellen kann" (Micheel in diesem Band).

Dass sich eine empirisch fundierte Wirkungsforschung in der Sozialen Arbeit und in der Kinder- und Jugendhilfe aber mit vielen forschungsmethodischen, -ethischen und -praktischen Herausforderungen konfrontiert sieht und methodologisch wiederum verschieden begründet werden kann, sollte auch in diesem Band deutlich geworden sein. So lassen sich zahlreiche, in den sogenannten „Evidenzhierarchien" favorisierten Forschungsdesigns gerade in der Kinder- und Jugendhilfe – sei es aufgrund ethischer Bedenken, sei es aufgrund mangelnder Gewährleistung der externen Validität – nicht realisieren. Ganz im Gegenteil gilt: Je weiter man sich der Spitze der „Evidenzhierarchien" annähert, desto problematischer ist eine Übersetzung in Praxishandeln. Je exakter die Nettowirkungen einer Intervention aufgrund der Forschungsanlage bestimmt werden können, desto problematischer erscheint eine Generalisierbarkeit. Die organisationalen, programmtechnischen und situationsbedingten Rahmenbedingungen der Hilfegewährung sind unter experimentellen Bedingungen auszuschließen. Doch eine „technologische Applikation von Programmvorschriften steht im Widerspruch zur Betonung des fallinterpretativ-hermeneutischen Ermessens bei Handlungsentscheidungen, das bislang als Gütekriterium angemessener professioneller Praxis gilt" (Ziegler in diesem Band), – und ebenso zu den häufig komplexen, je individuell strukturierten Alltags-Settings der Hilfe.

Diese Überlegungen noch erweiternd fordert beispielsweise Schneider (2011, S. 29) eine – selbstreflexive – Wirkungsforschung im Bereich der Sozialen Arbeit, die mit einem sehr breiten Aufgabenkatalog verbunden wäre. Denn sich den Wirkungen Sozialer Arbeit zu widmen, bedeutet für ihn nicht nur die „Nettowirkungen" des Geschehens, sondern auch die Nichtwirkungen, die Nebenwirkungen und die Auswirkungen schlechter Wirkbedingungen sowie des Nichtvorhandenseins von Sozialer Arbeit in den Blick zu nehmen. Darüber hinaus sind für ihn ebenso die Fragen nach den Wirkungen einer Wirkungsorientierung und der Steuerung aufgrund von Wirkungswissen relevant. Eine solche breite Perspektive, die weit über die konkrete (Hilfe)Beziehung zwischen Menschen hinausgeht, öffnet den Blick auf organisatorische und sogar sozialpolitische Erbringungskontexte Sozialer Arbeit (vgl. Bleck/Liebig 2016, S. 164).

Grundsätzlich lässt sich feststellen: Von einer systematischen empirischen Wirkungsforschung in der Kinder- und Jugendhilfe, welche ihrerseits Einfluss auf internationale Diskurse und Erkenntnisse nehmen könnte, kann in Deutschland (noch) nicht die Rede sein. Die Wirkungsforschung in der Kinder- und Jugendhilfe ist hierzulande weitgehend fragmentiert und weist keine übergeordneten sowie von allen Arbeitsfeldern geteilten oder sogar genutzten Zusammenhänge auf. Die Ursachen für diese Fragmentierung reichen mitunter weit in die Vergangenheit zurück, sind auf verschiedenen Ebenen verortet, bedingen sich jedoch gegenseitig. Ohne Anspruch auf Vollständigkeit fallen mehrere Punkte auf:

- Grundsätzlich fehlt es – neben einer (wenn überhaupt wünschenswerten und wie auch immer gearteten) Instanz zur Steuerung und Finanzierung der Wirkungsforschung in der Kinder- und Jugendhilfe im Ganzen oder aber zumindest in einzelnen ihrer Arbeitsfelder – an einer gezielten sowie systematischen arbeitsfeldübergreifenden oder zumindest arbeitsfelderschließenden Wirkungsforschung bzw. Forschung zur Wirkungsforschung. Vielmehr und beinahe gegenteilig findet die bisherige Wirkungsforschung im Kontext differenter Fachdiskurse und aus Sicht unterschiedlicher Wissenschaftsdisziplinen statt.
- Auch existiert – wenngleich sich in einigen Arbeitsfeldern wie bspw. in der Schulsozialarbeit durchaus inzwischen vereinzelte Etappen von Wirkungsforschung ausmachen lassen (Speck 2014) – in den meisten Arbeitsfeldern keine historisch gewachsene Forschungstradition.

- Zudem bauen Wirkungsstudien nicht oder zu wenig systematisch – und zwar weder im Hinblick auf die verwendeten Verfahren noch im Hinblick auf die bereits generierten Wirkungsbefunde – iterativ aufeinander auf.
- Des Weiteren sind die untersuchten Gegenstandsbereiche und Zeiträume innerhalb einzelner Studien oftmals sehr eng gewählt; programmübergreifende, vergleichende, längsschnittliche und grundlagenbezogene Fragestellungen hingegen werden zu selten verfolgt – was einerseits durchaus an den in diesem Sammelband oftmals beschriebenen Merkmalen der einzelnen Arbeitsfelder liegt, welche derartige Forschungen verunmöglichen, aber andererseits auch an der Tatsache, dass zahlreiche Forschungsprojekte unter eher schlechten bzw. prekären finanziellen, zeitlichen und personellen Rahmenbedingungen erfolgen.
- Hinzu kommt, dass viele Forschungsaktivitäten als Auftragsforschung oder als formativ ausgerichtete Begleitforschungen durchgeführt werden, welche grundsätzlich zu wenig der systematischen Generierung verallgemeinerbarer Erkenntnisse förderlich sind.
- Zudem findet (immer noch) kein kontinuierlicher Austausch zwischen einzelnen Forschungsprojekten (und zwar weder während der entsprechenden Laufzeiten noch im Anschluss nach Projektende) statt.
- Schließlich – und auch dieser Punkt darf nicht unterschätzt werden – mangelt es immer noch an der Verfügbarkeit und Vergleichbarkeit vorliegender Studienergebnisse (in umfassender Form), welche selbst für einschlägig involvierte (Forschungs-)Akteure nur mit einem erheblichen Insiderwissen und teilweise enormen Rechercheaufwand auffindbar sind.

2. Der differenzierte Blick auf die Segmente der Kinder- und Jugendhilfe

Allein der Blick auf die meisten Beiträge in diesem Sammelband macht – in der Gegenüber-stellung – mehr als deutlich, dass je nach Arbeitsfeld im Spektrum der Kinder- und Jugendhilfe sowohl die Debatten um die Wirkungen, Folgen, Effekte des Praxishandelns als auch die Rahmenbedingungen für eine Wirkungsforschung sehr verschieden ausfallen. Die Arbeitsfelder differieren hinsichtlich der gesellschaftlichen Aufmerksamkeit, der rechtlichen Basis, des Standes der Theoriebildung und der politischen Legitimität, die einerseits mit dem Kostenaufkommen und andererseits mit offensichtlichen, plausiblen oder vermuteten Folgekosten (bei fehlender oder nicht-wirksamer Hilfe) in Zusammenhang zu bringen sind – dies alles hat Folgen auf die Relevanz der Wirkungsorientierung, auf die Konturen angemessener Forschungsdesigns und die Bereitschaft der Praxis, sich als Forschungsgegenstand zur Verfügung zu stellen. Neben der offensichtlichen Unterschiedlichkeit hinsichtlich der Arbeitsweisen, der Zielgruppen, der anzunehmenden Wirkfaktoren oder der zeitlichen wie methodischen Intensität der Maßnahmen und sozialpädagogischen Angebote sind es vor allem die rechtlich, vertraglich und konzeptionell verfassten Zielsysteme, die die Besonderheiten der Arbeitsfelder begründen. Da die Ziele nicht nur für evaluative Vorhaben, sondern auch für eine Wirkungsforschung maßgeblich sind, ist gerade der Hinweis auf diese Differenz relevant. Ein Ausdruck dieser Unterschiedlichkeit findet sich auch mit Fokus auf die Finanzierung sozialer Leistungen. Während bei den Finanzierungsformen, die grundsätzlich nach dem Muster des „sozialhilferechtlichen Dreiecks" funktionieren, die Rechte von Einzelnen im Mittelpunkt stehen und die Leistungen entsprechend an den individuellen Hilfebedarfen ausgerichtet sind, zielt die Finanzierung mittels Zuwendungen bzw. mittels Projekt- oder institutioneller Förderung eher auf Infrastrukturleistungen (vgl. Münder 2002).

Als gutes „Beispiel-Arbeitsfeld" für diese zweite Finanzierungsform kann das Arbeitsfeld der (Offenen) Kinder- und Jugendarbeit dienen, in dem den selbst gewählten und inszenierten Peergroups, einer besonderen Mixtur aus Konsum-, Rückzugs-, Anregungsangeboten sowie spezifischer Lebensweltbezüge eine große Bedeutung zukommt. Die Zielsysteme der Kinder- und Jugendarbeit verweisen entsprechend beispielsweise auch auf Verwirklichungschancen, gesellschaftliche Teilhabe oder den Abbau sozialer Ungleichheit. Wirkungsforschung in diesem Feld hat also zwingend neben der Individual- bzw. Subjektebene – etwa im Sinne von erstrebenswerten Aussagen zur Kompetenzaneignung, Wertorientierung oder Alltagsbildung (vgl. u. a. Gregorz 2013; Liebig 2013 oder die Beiträge in Lindner 2008; kritisch dazu auch Begemann 2015) – auch die infrastrukturelle Ebene – vielleicht bezogen auf Peergroups, Sozialräume oder Integrationsphänomene – zu berücksichtigen. Diese Anforderung stellt neue zusätzliche und vielschichtige Herausforderungen an eine Wirkungsforschung ebenso wie sie ggf. neuartige Grenzen für ein valides empirisches Vorgehen hervorbringt (vgl. Liebig 2016; Mayrhofer in diesem Band).

Trotz dieser Herausforderungen müssen die sich anschließenden steuerungstheoretischen, forschungspragmatischen und methodologischen Fragen beantwortet werden, denn die Kinder- und Jugendarbeit „steht sie immer wieder auch in der Kritik, es wird nach der Aktualität ihrer Konzeptionen gefragt. Ohne die Diskussionen hierzu im Detail darstellen zu können, fällt auf, dass über die Bedeutung der Kinder- und Jugendarbeit im politischen Raum immer wieder gestritten und auch die von ihr formulierte Wirkung hinterfragt wird" (BMFSFJ 2013, S. 316 f.). Neben diesem – oben bereits beschriebenen – mit einem Grundzweifel und mit mehr oder weniger konkret geäußerten Bedenken begründeten Anspruch kann gerade für diesen Arbeitsbereich Wirkungsforschung auch mit anderen Fundamenten bzw. mit anderen Argumenten eingefordert werden, die sich etwa im Kontext von Selbstreflexion, Fachlichkeit und Qualitätsentwicklung bewegen. Diese Argumentationen begleiten die Jugendarbeit bereits sehr lange. So stellt beispielsweise Dieter Claessens (1956, S. 411 f.) im Rahmen eines Berichts zu einem Forschungsprojekt schon im Jahr 1956 das Folgende fest:

„Auch für die Jugendarbeit gilt, dass man [...] leicht übersieht, welche pädagogischen Grundabsichten man in der eigenen Arbeit eigentlich verfolgen sollte. [...] Wenn man also wirklich Objektives über die eigene Arbeit wissen will, bleibt praktisch nur der Weg, sachkundigen Außenstehenden ungehindert Einblick zu gewähren und sie zu einer systematischen Kritik aufzufordern. Jede Art von pädagogischer Arbeit müsste in gewissen Zeitabständen von außen untersucht werden, um einerseits ihren objektiven Wert, das heißt ihren Einfluss auf die von ihr berührten Jugendlichen festzustellen und andererseits den Jugendarbeiter über den Erfolg und die in seiner Arbeit steckenden, noch unausgenützten Möglichkeiten zu orientieren".

Diese kurzen Ausführungen zur Kinder- und Jugendarbeit haben insofern Beispielcharakter, da sich im Rahmen einer Wirkungsforschung grundsätzlich die Frage stellt, welche Handlungsziele bzw. welche Wirkebene fokussiert werden soll. Es ist – allgemein formuliert – also von entscheidender Bedeutung, welche Betrachtungs- bzw. Analyseebene (Individualebene, Ebene der egozentrierten Netzwerke, Sozialraumebene oder gesellschaftliche Wirkungen) in den Blick genommen wird. Denn es spricht einiges dafür, dass mit einer Maßnahme/ einem Programm durchaus unterschiedliche bzw. sich in der Bewertung widersprechende Wirkungen produziert werden können. „Wirkungen können also insofern ambivalent sein, als positive Effekte in einer Hinsicht nicht nur mit höchst problematischen Aspekten in einer anderen Hinsicht einhergehen, sondern diesen teilweise auch durchaus geschuldet sein können" (Otto 2007, S. 70; vgl. ebenso Graßhoff 2017).

Es fehlen in vielen Arbeitsfeldern der Kinder- und Jugendhilfe – und zwar auch oder gerade in solchen, die nicht primärer Gegenstand bzw. Bestandteil des vorliegenden Sammelbandes sind – bislang immer noch eine systematische Sichtung der bisherigen Wirkungsforschung und eine im Zusammenhang analysierende Bestandsaufnahme des vorhandenen Wissens zu den Wirkungen, auch unter Einbeziehung von Forschungsdesigns jenseits von Meta-Analysen und experimentellen Designs, die Hinweise auf Wirkfaktoren und ihren Rahmenbedingungen ermöglichen. Dabei existieren – neben Sammelbänden, in denen Studien in separaten Beiträgen vorgestellt werden (z. B. Lindner 2008; Macsenaere/Hiller/Esser 2010) – durchaus erste systematische Sichtungen von Studien und deren Befunde.

- So finden sich bspw. alleine zum eben bereits behandelten Arbeitsfeld der Kinder- und Jugendarbeit mindestens eine Bestandsaufnahme zur Offenen (Schmidt 2011) sowie zwei Bestandsaufnahmen zur verbandlichen (Riekmann/Epstein 2014 sowie Gadow/Pluto 2014) Kinder- und Jugendarbeit (vgl. ebenso Buschmann 2009). Allerdings geht es dabei – wie im Übrigen auch bei vielen ähnlichen Unternehmungen in anderen Forschungskontexten – um eine Sichtung aller in einem bestimmten Zeitraum erhobenen Studien – unabhängig davon, ob die Studien der Wirkungsforschung zuzurechnen sind oder ob nicht. Eine dezidierte Sichtung – zumindest in dem hier anvisierten Sinne – ausschließlich von Wirkungsstudien innerhalb eines Arbeitsfeldes liegt bislang jedoch noch nicht vor.
- Ein erster Ansatzpunkt hierzu – und gleichzeitig der Beweis, dass ein solches Unterfangen nicht nur möglich, sondern durchaus auch fruchtbar ist – zeigen die analytischen Bestandsaufnahmen von Olk und Speck bzw. von Speck im Arbeitsfeld der Schulsozialarbeit: Olk und Speck haben zahlreiche Studien zur Sozialen Arbeit an Schulen systematisch gesichtet und sind so zum empirisch fundierten Ergebnis gelangt, dass sich Wirkungen von Schulsozialarbeit auf verschiedenen Wirkungsebenen finden und sich dort bei sehr unterschiedliche Adressat*innengruppen nachweisen lassen (Speck/Olk 2010, S. 315). Darauf aufbauend leitet Speck (2014, S. 133 f.) zudem unterschiedliche Wirkungskriterien ab und weist diese auf einer Art Ranking unterschiedlichen Niveaus von Wirkungen zu.
- In eingeschränktem Maße existiert auch eine Übersichtsdarstellung für das Arbeitsfeld der stationären und ambulanten Erziehungshilfen. Erkenntnisse zu Wirkfaktoren werden von Macsenaere und Esser (2012) auf der Basis von ausgewählten Wirkungsstudien analysiert. So erfasst ihre Zusammenstellung von Ergebnissen aus der Wirkungsforschung „diejenigen Wirkmerkmale und Wirkfaktoren der verschiedenen Formen der Erziehungshilfe, die in der jüngsten Vergangenheit wissenschaftlich untersucht worden sind" (Macsenaere/Esser 2012, S. 9), wobei die Autoren im Schwerpunkt auf eine „überschaubare Anzahl an empirischen Studien" – wie z. B. die „Jugend-Hilfe-Effekte-Studie", die „EST!-Studie" und die „Evaluation Erzieherischer Hilfen" – zurückgreifen (ebd., S. 50), an denen die Autoren teilweise selbst beteiligt waren.

Anstrengungen einer differenzierten Aufarbeitung des Forschungsstandes zur Wirkungsforschung in den Feldern der Kinder- und Jugendhilfe, die auch in den Beiträgen im zweiten Teil des vorliegenden Bandes im Rahmen der hier verfügbaren Möglichkeiten geleistet wurden, sind zukünftig jedoch vermehrt und umfassender zu unternehmen. Dabei sollten durchgeführte Wirkungsuntersuchungen systematisch die allgemeinen Angaben (etwa zu Forschungsfragen, zum Untersuchungsgegenstand und Design, den Befunden, dem Auftraggeber sowie dem Wissenstransfer) und die eher spezifischen Informationen zu den Randbedingungen des jeweiligen Arbeitsfeldes bzw. der konkreten Settings, innerhalb derer die Wirkungszusammenhänge vermutetet werden, fokussieren. Vor allem aber und schwerpunktmäßig sollten die wirkungsspezifischen Angaben (wie bspw. zu in den Studien verwendeten Wirkungsbegriffe, Wirkungsannahmen, Wirkungsdimensionen, Wirkungsebenen, Wirkungskriterien, Wirkungsniveaus, Wirkungsintensitäten) im Überblick und in Gegenüberstellung analysiert werden. Eine von vornherein leicht zu unterschätzende, aber in jedem Falle zu meisternde Herausforderung liegt dabei in der Abgrenzung, welche Studien letztlich als (wirkliche) Wirkungsstudien in eine derartige Analyse aufzunehmen sind. So ist der Behauptung von Ziegler (in diesem Band), wonach sich in der Sozialen Arbeit eine ganze Reihe von Studien findet, die lediglich behaupten, Wirkungen zu messen, wohingegen die Zahl der Studien, „die dieses Versprechen in einer methodisch validen Weise einlösen" deutlich geringer ist, zuzustimmen. Denn tatsächlich zeigt sich z. B. im Arbeitsfeld der Offenen Kinder- und Jugendarbeit (einem zugegebenermaßen für Wirkungsforschung schwer zugänglichem Feld), dass zahlreiche Studien, die für sich beanspruchen, Wirkungen nachzuweisen, u. a. ein auf Wirkungsmessung angelegtes Design, eine notwendigerweise zugrunde gelegte Wirkungstheorie sowie eine adäquate Erfassung relevanter Variablen vermissen lassen (vgl. Begemann 2015).

Der Nutzen einer solchen Bestandsaufnahme liegt dabei nicht (oder zumindest nicht primär) – wie dies bei Meta-Analysen der Fall ist – darin, mit den Daten im Zuge von Re- oder Sekundäranalysen statistische Auswertungen zu einzelnen Wirkungszusammenhängen durchführen zu können. Vielmehr geht es darum, dass aus einer derartig entstehenden mehrdimensionalen Übersicht zusammengefasstes, im Idealfall verdichtetes, empirisch gesichertes Wissen über Wirkungen zu entnehmen ist, forschungstechnisch offene Leerstellen, die zukünftig zu beforschen sind, erkennbar werden und einzelne Verfahren zur Wirkungsforschung, die sich als praxistauglich und erfolgreich erwiesen haben, zur Übertragung auf andere (Forschungs-)Kontexte abzuleiten. Dass solche Vorhaben im Sinne von umfassenden Bestandsaufnahmen – gleich ob sie als einmalige Aufgabe oder als Daueraufgabe gedacht sind – vergleichsweise viel Zeit, (finanzielle) Ressourcen und Forschungskompetenz beanspruchen, scheint offensichtlich.

3. Wie geht es weiter?

Zum Schluss dieses Sammelbandes ist der Frage nachzugehen, wie es mit der Frage der Wirkungsorientierung in der Kinder- und Jugendhilfe sowie der Forschung zu den Wirkungen weitergehen könnte. Dabei muss in einem ersten

Schritt auch geklärt werden, welcher Stellenwert im Rahmen der Wissensgenerierung und der Selbstvergewisserung in den Feldern denjenigen Forschungsbefunden zukommen soll, deren Produktionsweise nicht dem „Goldstandard" der evidenzbasierten Forschung entspricht. Nochmals kurz zusammengefasst: Als „Goldstandard" werden in den Sozialwissenschaften und insbesondere in der evidenzbasierten Praxis „experimentelle Untersuchungsdesigns, sogenannte randomisierte, d. h. zufallsstichprobenförmig kontrollierte, Experimentalstudien" bezeichnet (vgl. Micheel in diesem Band oder Döring/Bortz 2016, Ziegler 2017). Aufgrund ihrer Stärken werden derartige Experimentalstudien bzw. Meta-Analysen mehrerer derartiger Experimentalstudien in verschiedenen Evidenzhierarchien stets auf der obersten Ebene angesiedelt: Einzig sie alleine befähigen, eine kausale Beziehung und somit die Effektivität einer „Intervention" zu demonstrieren (vgl. Friedman/Furberg/DeMets 2010). Andere Studiendesigns wie z. B. Längsschnittstudien ohne Kontrollgruppe oder Querschnittuntersuchungen werden demgegenüber nicht dieser Ebene zugerechnet und reichen daher – zumindest in der Logik der Verfechter*innen der Evidenzbasierung – nicht als Wirkungsnachweis. Allerdings sprechen mehrere Gründe dafür, auch Forschungsbefunde, die nicht einem derartigen „Goldstandard" entstanden sind, im Kontext der Wissensgenerierung und der Selbstvergewisserung in Betracht zu ziehen:

So ist auf der einen Seite die vielfach und auch in diesem Sammelband (vgl. die Beiträge von James, Micheel sowie Ziegler) geäußerte, umfangreiche Kritik durchaus berechtigt, wonach die Erforschung von Wirkungsfragen (auch) im Zuge von randomisierten, kontrollierten Experimentalstudien problematisch ist. Die logistischen und auch ethischen Schwierigkeiten bei der Durchführung der Studien, die Problematik zahlreicher möglicher Dritt- oder Störvariablen, die Alternativerklärungen für beobachtete und statistisch signifikante Zusammenhänge bieten, das sehr große Problem der mangelnden externen Validität sowie die Tatsache, dass mittels derartiger Designs keine Kausalerklärungen geliefert werden können, sind – um auch nur die wichtigsten Punkte anzuführen – enorme Gegenargumente, die nicht einfach von der Hand zu weisen sind (vgl. ebenso Bellmann/Müller 2011; Ziegler 2017).

Gleichzeitig scheinen auf der anderen Seite solche Studiendesigns, die im Kontext von Wirkungsforschung insbesondere von Verfechter*innen der Evidenzbasierung als minderwertig eingeschätzt und von daher sogar bewusst gemieden werden, gerade auch vor dem Hintergrund des in den letzten Jahren sich immer ausweitenden Repertoires an methodischen Verfahrensweisen das genuine Potenzial besitzen, kausale Inferenzen zu ziehen. So ist denn auch James (in diesem Sammelband) zuzustimmen, dass Querschnittstudien unter bestimmten Bedingungen zu kausalen Rückschlüssen führen und durch multivariate Auswertungsverfahren auf wichtige Drittvariablen hinweisen können, dass prospektive Längsschnittstudien zur Entwicklung von Erklärungs- oder

Logikmodellen beitragen und temporale Sequenzen gezielt entschlüsseln kön-nen, und dass Fall-Kontroll-Studien auf der Grundlage von Theorie und mit-hilfe statistischer Auswertungsverfahren, zwar keinen Beweis für tatsächlich verursachende Zusammenhänge liefern, so aber doch Hinweise für mögliche Ursachen bieten können.

Spätestens an dieser Stelle ist darauf hinzuweisen, dass es auch der Klärung bedarf, welche Rolle eigentlich dem qualitativen Paradigma bei der Wirkungs-forschung zuzukommen ist. Dabei zeigen sich hinsichtlich gängiger Evidenz-hierarchien (mindestens) drei – gewissermaßen auf einem Kontinuum angesie-delte – mögliche Positionen: Qualitative Studien finden in den Hierarchien entweder überhaupt keine Erwähnung oder aber sie stehen am Ende der Evi-denzhierarchie, wobei ihr Nutzen dann je nach Hierarchie mal mehr, mal weni-ger als praktisch bedeutungsvoll eingeschätzt wird, oder aber sie werden explizit zur wissenschaftlichen Wirkungsforschung zugerechnet, indem ihnen etwa – so ja auch Polutta (in diesem Band) – das Potenzial zugestanden wird, z. B. die Art und Weise des Zustandekommens, des Gelingens oder des Scheiterns von Hil-feprozessen zu rekonstruieren. Von Interesse ist hier auch der im deutschspra-chigen Raum in den letzten Jahren zunehmend wahrgenommene Forschungs-strang der sozialpädagogischen Nutzerforschung, innerhalb dessen der Nutzen bzw. der Gebrauchswert Sozialer Arbeit ausschließlich und unmittelbar aus Perspektive ihrer Nutzer*innen beleuchtet wird (z. B. Oelerich/Schaarschuch 2013; Schaarschuch/Oelerich 2005). Auch wenn sich die Nutzerforschung aus-drücklich von der „klassischen" Wirkungsforschung abgrenzt, so könnte und sollte sich unseres Erachtens eine professionstheoretisch breiter und methodo-logisch differenzierter begründete Wirkungsforschung zur Kinder- und Ju-gendhilfe auch von Erkenntnissen und Strategien der Nutzerforschung anregen lassen.

Vor dem Hintergrund der Schwächen quantitativer Methoden bei gleich-zeitiger Berücksichtigung der Stärken qualitativer Methoden wird hier als Lö-sung präferiert, die Verfahren beider Paradigmen miteinander im Sinne von „Mixed Methods" (vgl. Erzberger/Kelle in diesem Band) zu kombinieren. Reali-siert werden sollten sowohl „explorative Designs" (innerhalb derer die qualita-tiven Methoden bspw. zur Identifizierung von Wirkungszusammenhängen zeitlich betrachtet vor den quantitativen Methoden eingesetzt werden) als auch „explanative Designs" (innerhalb derer die qualitativen Verfahren bspw. zur vertiefenden Erklärung von zuvor statistisch ermittelten Wirkungszusammen-hänge in zeitlicher Hinsicht nach den quantitativen Verfahren zur Anwendung kommen). Realisiert werden sollen aber insbesondere hochgradig miteinander verzahnte „triangulierte" Designs, innerhalb derer bei allen Phasen des For-schungsprozesses von der Generierung der Forschungsfrage über die Umset-zung des Designs sowie der Anwendung von Erhebungs- als auch Auswer-tungs- bzw. Interpretationsverfahren bis hin zum möglichen Praxistransfer sowohl qualitative als auch quantitative Ansätze empirischer Sozialforschung gleichzeitig und vor allem eng miteinander verflochten zum Einsatz kommen (vgl. Burzan 2016). Darauf aufbauend sind zudem (mindestens) folgende zwei weitere grundlegende Feststellungen zu berücksichtigen:

Zunächst sollte sich der forschende Blick nicht nur auf die Wissensproduktion hinsichtlich der Wirkungen bestimmter Interventionen, sondern auch auf die Praxissituation der Hilfe richten. So ist denn auch jeder Versuch von Wirkungsforschung – wie Thimmel und Schäfer (in diesem Band) richtig einschätzen – „zum Scheitern verurteilt, wenn nicht zuvor eine genaue Beschreibung der Praxis erfolgt". Hinzu kommt, dass die (alleinige) Konzentration auf die Wirkungen und das, was wirkt, die Gefahr birgt, dass ebenso wichtige Fragen in den Hintergrund rücken und an Aufmerksamkeit verlieren – nämlich die Fragen, zu welchem Zweck etwas wirken und wer diese Zwecke festlegen sollte.

Außerdem ist in diesem Zusammenhang die Frage zu diskutieren, an welchem Punkt eigentlich genügend empirisch gesichertes Wissen vorliegt, um daraus Konsequenzen abzuleiten. Dabei hängt die Beantwortung dieser Fragestellung – stark an das in der qualitativen Sozialforschung geläufige Konstrukt der „theoretischen Sättigung" erinnernd – von mehreren Faktoren ab. Von besonders großer Bedeutung ist dabei vor allem die (intentionale) Gesamtausrichtung der Wirkungsforschungsaktivitäten: handelt es sich bspw. um Grundlagenforschung, so ist sicherlich jede weitere Untersuchung wünschenswert, welche neues Wissen generiert und so bislang bestehende Forschungslücken schließt – oder anders und in Analogie zum Konstrukt der theoretischen Sättigung formuliert: es ist so lange zu forschen, bis sich ab einer gewissen Anzahl von Studien keine neuen Informationen mehr zur Forschungsfrage ergeben. Unabhängig davon, mit welcher Intention Wirkungsforschung letztlich betrieben wird, gilt es bei der Diskussion der einleitenden Frage – an welchem Punkt eigentlich genügend empirisch gesichertes Wissen vorliegt, um daraus Konsequenzen abzuleiten – sowohl die an den Forschungsaktivitäten beteiligten als auch die die Konsequenzen tragenden Akteure stets mit einzubeziehen. Die Legitimation von Wirkungsforschung im Allgemeinen wie auch zur Kinder- und Jugendhilfe erscheint vor allem dann gegeben, wenn transparent gemacht werden kann, wie die Praxis der Sozialen Arbeit von den Forschungsbefunden profitieren kann – über die Wahrnehmung und den Einbau in professionelle Handlungs- und Wissenssysteme, über eine Verwertung in den Settings der Ausbildung, über die (Weiter)Entwicklung von Programmen bzw. Vertragsbestandteilen oder über andere Kanäle. Damit werden Steuerungsaspekte angesprochen, die auf die unterschiedlichen und mit Partialinteressen agierenden kollektiven Akteursgruppen im Kontext einer Wirkungsforschung verweisen. Dieser Hinweis ist nicht zu vernachlässigen, da sich die Auswahl von Forschungsfragen, Indikatoren, Wirkmodellen und Erhebungsmethoden zur Wissenssteigerung eben nicht auf „natürliche" Weise ergibt, sondern mittels Festlegungen erfolgt, in die immer auch (ermöglichend oder behindernd) die Interessen der in irgendeiner Form Beteiligten einfließen. Daraus lässt sich u. a. folgern, dass neben den beiden – häufig behandelten – Systemen (Forschung + Praxis der Kinder- und Jugendhilfe) in den „Wirkungsdebatten" weitere Systeme/Akteursgruppen einzubeziehen sind, die in unterschiedlicher Weise Einfluss darauf haben, welche Ziele mit Wirkungsforschung verfolgt werden, welche Ressourcen dafür zur Verfügung stehen und was an Erkenntnisgewinn und Praxisrelevanz gewünscht wird – also mindestens Politik, Verwaltung und Öffentlichkeit.

Mit Blick auf die Forschung bzw. die forschenden Institutionen sind vor diesen Hintergründen nun (mindestens) fünf, sich gegenseitig bedingende, jedoch als gleichrangig anzusehende Orientierungen und (Zukunfts-)Perspektiven relevant:

- *Transfer in Handlungswissen*: Erstens und grundsätzlich muss Wissen kumuliert und bereits produziertes Wissen – vielleicht vermehrt – wahrgenommen sowie als Basis für Prozesse der Steuerung und/oder der Qualitätsentwicklung genutzt werden. Dies gilt sowohl für das Wissen zu den Wirkungen als auch für das Wissen zur Wirkungsforschung selbst. Zudem sollte grundsätzlich geklärt werden, wie und inwieweit eigentlich das Wissen in die Praxis der Kinder- und Jugendhilfe zu transferieren ist und welche Wissensbestandteile welcher Arbeitsfelder sich für Übersetzungsleistungen in andere anbieten.

- *Erweiterte Wirkungsperspektive*: Zweitens sollte angestrebt werden, sich dem Geschehen in den Feldern der Kinder- und Jugendhilfe „vollständig" zu widmen. Dies bedeutet im Wesentlichen, nicht nur die „Nettowirkungen" (effects) des pädagogischen Tuns/der Angebote und Leistungen, sondern auch die Nichtwirkungen, die Nebenwirkungen, die Auswirkungen schlechter Wirkbedingungen und sogar die Wirkungen (noch) nicht genutzter Leistungen der Kinder- und Jugendhilfe in den Blick zu nehmen. Außerdem sind ebenso die Fragen nach den Wirkungen einer Wirkungsorientierung und der Steuerung aufgrund von Wirkungswissen relevant. Insgesamt geht es hierbei um ein bewusst weit gefasstes Wirkungsverständnis, welches nur dann optimal ausgelotet werden kann, wenn durchgehend und systematisch berücksichtigt wird, dass Wirkungen typische (phänomenologische) Eigenheiten aufweisen, in dem sie sich z. B. auf diversen Ebenen bemerkbar machen, sie sofort oder auch erst zu einem späteren Zeitpunkt wirken, sie nur kurz oder gegenteilig langanhaltend wirken, sie immer auch Ursachen für weitere Wirkungen sind und sie durch andere Wirkungen verstärkt oder neutralisiert werden.

- *Triangulation*: Drittens und direkt daran anknüpfend hat sich dieses Wissen aus unterschiedlichen methodischen Herangehensweisen zu speisen. Dies verweist insbesondere auf die Triangulation, welche innerhalb der empirischen Sozialforschung ganz allgemein besagt, dass zu erforschende Phänomene aus zwei sich verschränkenden Perspektiven zu betrachten sind. Um das Potenzial der Triangulation bei der sicherlich anspruchsvollen Wirkungsforschung optimal umsetzen zu können, wird an dieser Stelle empfohlen, selbige im Sinne von Denzin (1970) in seiner gesamten Breite zu entfalten: neben der Methodentriangulation (dabei sowohl innerhalb einer Methode als auch zwischen mehreren Methoden), der Theorietriangulation, also die Anwendung verschiedener Theorien bzw. Theorieperspektiven auf dasselbe zu untersuchende Phänomen (vgl. auch Flick 2004, S. 14), der Forschertriangulation muss auch die Datentriangulation zum Einsatz kommen, wobei auch diese in zweifacher Hinsicht realisiert werden sollte, indem sowohl verschiedenartige Daten aus einer Quelle als auch Daten aus verschiedenen Quellen zu erheben sind – idealerweise an verschiedenen Orten sowie zu verschiedenen Zeiten. Vielversprechend scheinen zudem – insbesondere vor dem Hintergrund, dass gerade in der komplexen Welt der Kinder- und Jugendhilfe einerseits eigene, den Anforderungen einer Wirkungsforschung genügende Erhebungen nur schwierig durchzuführen sind, andererseits jedoch zahlreiche Daten bspw. aus der amtlichen Statistik, aus repräsentativen Umfragen, aus diversen Berichts- und Dokumentationssystemen, aus Einzelfallstudien bereits vorliegen (vgl. die Beiträge in Begemann/Birkelbach 2019) und sogar weiterhin zunehmen werden – Triangulationen von Primär- und Sekundärdaten (vgl. zu Umsetzungsmöglichkeiten Begemann 2019).

- *Kontexte und Mechanismen von Wirkungen*: Viertens könnte die (vermehrte) Ausgestaltung einer Ausgangsposition angestrebt werden, die als „realistische Wirkungsevaluation" bezeichnet wird und die explizit anwendungsorientiert angelegt ist. „Realistische Wirkungsevaluationen" gehen – der Idee der Wirksamkeit der sozialpädagogischen bzw. Jugendhilfe-Praxis entsprechend – weniger der Überprüfung nach, ob eine Intervention wirkt, sondern viel umfassender den Fragen danach, was wirkt, wie, warum, für wen, in welchem Umfang und unter welchen Umständen, in welcher Hinsicht und über welche Dauer etwas wirkt (vgl. Micheel in diesem Band; Pawson/Tilley 2009). Dazu benötigen sie – verkürzt dargestellt – vor allem eine angemessene Erhebung von Kontextindikatoren, wobei bereits zahlreiche dieser Indikationen für eine Wirkungsforschung in der Kinder- und Jugendhilfe benannt worden sind (vgl. Micheel 2013, S. 190 ff.). Durch die Umsetzung auf der Basis von „alternativen" quasi-experimentellen Studien (vgl. Albus/Micheel/Polutta 2010) ist das Ziel dabei, weiterhin Zahlen zur Wirksamkeit zu generieren, da die Frage nach der Wirksamkeit untrennbar mit der Idee von sozialpädagogischer Professionalität verbunden ist (vgl. Albus/Micheel/Polutta 2018), dabei aber vor allem eine Wissensbasis für eine alternative Form der Wirkungsorientierung zu schaffen. Diese läuft nicht – zumindest nicht primär – darauf hinaus, Praxis anzuleiten, sondern empirische fundierte Wissensgrundlagen bzw. Theorien vor allem mittlerer Reichweite über Wirkungszusammenhänge herauszuarbeiten, welche dann wiederum in völliger Übereinstimmung mit der inzwischen durchaus langen Tradition in der Sozialen Arbeit der Forderung nach dem Einsatz empirischen Wissens zur praktischen Problemlösung zur Erweiterung von professionellen Entscheidungsgrundlagen – auch im Sinne einer evidenzbasierten Professionalisierung (Otto/Polutta/Ziegler 2009) – beiträgt.

- *Wirkungstheorie*: Fünftens muss eine (weitere) theoretische Durchdringung und Basierung des Wirkungsdiskurses und der Forschungsbemühungen gelingen. Angesprochen sind damit sowohl die in zahlreichen Wirkungsuntersuchungen fehlenden Wirkungstheorien als auch die immer noch ausstehende(n) Theorie(n) der (empirischen) Wirkungsforschung in und zur Kinder- und Jugendhilfe.

Mit diesen hier abschließend hervorgehobenen Orientierungen und (Zukunfts-)Perspektiven der Wirkungsforschung zur Kinder- und Jugendhilfe sind unverkennbar auch wesentliche Herausforderungen und Fragestellungen verbunden, mit denen sich die scientific community aktuell auseinanderzusetzen hat. Im vorliegenden Band wurden viele Anregungen dazu gegeben und es wäre wünschenswert, wenn diese zu einer differenzierten sowie (selbst-)kritischen Diskussion über die empirische Wirkungsforschung zur Kinder- und Jugendhilfe im Allgemeinen sowie in ihren Arbeitsfeldern im Speziellen beitragen.

Literatur

[BMFSFJ 2013] Bundesministerium für Familie, Senioren, Frauen und Jugend (Hrsg.). 14. Kinder- und Jugendbericht. Bericht über die Lebenssituation junger Menschen und die Leistungen der Kinder- und Jugendhilfe in Deutschland. Berlin.

Albus, Stefanie/Micheel, Heinz-Günter/Polutta, Andreas (2010): Wirkungen im Modellprogramm. In: Albus, Stefanie/Greschke, Heike/Klingler, Birte/Messmer, Heinz/Micheel, Heinz-Günter/Otto, Hans-Uwe/Polutta, Andreas: Wirkungsorientierte Jugendhilfe. Abschlussbericht des Evaluationsträgers des Bundesmodellprogramms „Qualifizierung der Hilfen zur Erziehung durch wirkungsorientierte Ausgestaltung der Leistungs-, Entgelt- und Qualitätsvereinbarungen nach §§ 78a ff. SGB VIII". Münster, S. 105–164.

Albus, Stefanie/Micheel, Heinz-Günter/Polutta, Andreas (2018): Wirksamkeit. In: Otto, Hans-Uwe/Thiersch, Hans/Treptow, Rainer/Ziegler, Holger (Hrsg.): Handbuch Soziale Arbeit. 6., überarb. Aufl., München: Reinhardt, S. 1825–1832.

Bedford-Strohm, Heinrich/Jähnichen, Traugott/Reuter, Hans-Richard/Reihs, Sifrid/Wegner, Gerhard (Hrsg.) (2008): Von der „Barmherzigkeit" zum „Sozial-Markt". Zur Ökonomisierung sozialdiakonischer Dienste. Gütersloh: Gütersloher Verlagshaus.

Begemann, Maik-Carsten (2015): Wirkungen der Kinder- und Jugendarbeit. Schwierigkeiten ihrer Messung und Vorschläge für zukünftige Forschungen, in: FORUM Jugendhilfe, Heft 3, 12–18.

Begemann, Maik-Carsten (2019): Triangulation von Primär- und Sekundärdaten in der Kinder- und Jugendhilfe. Ein vielversprechender Ansatz zur Empirisierung eines undurchschaubaren Arbeitsfeldes? In: Begemann, Maik-Carsten/Birkelbach, Klaus [Hrsg.]: Forschungsdaten für die Kinder- und Jugendhilfe – Datenquellen für Sekundäranalysen und beispielhafte Untersuchungen, Wiesbaden: Springer VS [im Erscheinen].

Begemann, Maik-Carsten/Birkelbach, Klaus (Hrsg.) (2019): Forschungsdaten für die Kinder- und Jugendhilfe – Datenquellen für Sekundäranalysen und beispielhafte Untersuchungen, Wiesbaden: Springer VS [im Erscheinen].

Bellmann, Johannes/Müller, Thomas (Hrsg.) (2011): Wissen, was wirkt. Kritik evidenzbasierter Pädagogik. Wiesbaden: Springer VS.

Bleck, Christian (2011): Effektivität und Soziale Arbeit. Analysemöglichkeiten und -grenzen in der beruflichen Integrationsförderung. Berlin: Frank & Timme.

Bleck, Christian (2016): ‚Qualität‘, ‚Wirkung‘ oder ‚Nutzen‘? Zentrale Zugänge zu Resultaten Sozialer Arbeit in professionsbezogener Reflexion. In: Borrmann, Stefan/Thiessen, Barbara (Hrsg.): Wirkungen Sozialer Arbeit. Potentiale und Grenzen der Evidenzbasierung für Profession und Disziplin. Reihe: Theorie, Forschung und Praxis Sozialer Arbeit – Band 12. Opladen u. a.: Barbara Budrich, S. 107–124.

Bleck, Christian/Liebig, Reinhard (2015): Qualität, Wirkung und Nutzen. Diskussionszusammenhänge und Zugänge zu Resultaten Sozialer Arbeit. In: Blätter der Wohlfahrtspflege 162. Jg., H. 5, S. 163–169.

Burzan, Nicole (2016): Methodenplurale Forschung. Chancen und Probleme von Mixed Methods. Weinheim, Basel: Beltz Juventa.

Buschmann, Mirja (2009): Das Wissen zur Kinder- und Jugendarbeit. Die empirische Forschung 1998–2008. Ein kommentierter Überblick für die Praxis. Aachen.

CDU, CSU und FDP (2009): Wachstum. Bildung. Zusammenhalt. Koalitionsvertrag zwischen CDU, CSU und FDP. 17. Legislaturperiode. Berlin. http://www.kas.de/upload/ACDP/CDU/Koalitionsvertraege/Koalitionsvertrag2009.pdf. (Abfrage: 05.10.2018).

CDU, CSU und SPD (2013): Deutschlands Zukunft gestalten. Koalitionsvertrag zwischen CDU, CSU und SPD. 18. Legislaturperiode. Berlin. https://www.bundestag.de/dokumente/textarchiv/2013/48077057_kw48_koalitionsvertrag/214102 (Abfrage: 05.10.2018).

CDU, CSU und SPD (2018): Ein neuer Aufbruch für Europa. Eine neue Dynamik für Deutschland. Ein neuer Zusammenhalt für unser Land. Koalitionsvertrag zwischen CDU, CSU und SPD. 19. Legislaturperiode. https://www.bundesregierung.de/resource/blob/975226/847984/5b8bc23590d4cb2892b31c987ad672b7/2018-03-14-koalitionsvertrag-data.pdf?download=1 (Abfrage: 05.10.2018).

Claessens, Dieter (1956): Eine Jugendorganisation läßt ihre Arbeit untersuchen. Über die Lager der Internationalen Jugendgemeinschaftsdienste. In: deutsche jugend, 4. Jg., H. 9, S. 411–416.

Dahmen, Stephan (2011): Evidenzbasierte Soziale Arbeit? Zur Rolle wissenschaftlichen Wissens für sozialarbeiterisches Handeln. Baltmannsweiler: Schneider Verlag Hohengehren.

Denzin, Norman K. (1970): The research act. A theoretical introduction to sociological methods. Chigaco.

Döring, Nicola/Bortz, Jürgen (2016): Forschungsmethoden und Evaluation in den Sozial- und Humanwissenschaften. 5., vollst. überarb., akt. u. erw. Aufl., Berlin und Heidelberg: Springer.

Flick, Uwe (2004): Triangulation. Eine Einführung, Wiesbaden: VS Verlag für Sozialwissenschaften.

Friedman, Lawrence M./Furberg, Curt D./DeMets, David L. (2010): Fundamentals of clinical trials. New York: Springer.

Gadow, Tina/Pluto, Liane (2014): Jugendverbände im Spiegel der Forschung. Forschungsstand auf Basis empirischer Studien seit 1990. In: Oechler, Melanie/Schmidt, Holger (Hrsg.): Empirie der Kinder- und Jugendverbandsarbeit. Forschungsergebnisse und ihre Relevanz für die Entwicklung von Theorie, Praxis und Forschungsmethodik, Wiesbaden: Springer VS, S. 101–194.

Galuske, Michael (2004): Der aktivierende Sozialstaat. Konsequenzen für die Soziale Arbeit. Studientext der Evangelischen Hochschule für Soziale Arbeit Dresden. Online verfügbar unter https://www.ehs-dresden.de/forschung/publikationen/studientexte/ (Abfrage: 29.10.2018).

Graßhoff, Gunther (2017): Über gewollte und nicht geplante Folgen von sozialen Hilfen für die Adressat_innen. In: Weinbach, Hanna/Coelen, Thomas/Dollinger, Bernd/Munsch, Chantal/Rohrmann, Albrecht (Hrsg.): Folgen sozialer Hilfen. Theoretische und empirische Zugänge. Weinheim, Basel: Beltz Juventa, S. 62–74.

Gregorz, Klaus (2013): Wirkungsorientierung in der Offenen Jugendarbeit. In: Land Steiermark – A6 Bildung und Gesellschaft (Hrsg.): jugendarbeit: wirkt. Versuch einer interdisziplinären Auseinandersetzung. Graz: Verlag für Jugendarbeit und Jugendpolitik, S. 27–52.

James, Sigrid (2016). „Inside the Belly of the Beast". Möglichkeiten und Grenzen der evidenzbasierten Praxis. In: Borrmann, Stefan/Thiessen, Barbara (Hrsg.): Wirkungen Sozialer Arbeit. Potentiale und Grenzen der Evidenzbasierung für Profession und Disziplin. Reihe: Theorie, Forschung und Praxis Sozialer Arbeit – Band 12. Opladen u. a.: Barbara Budrich, S. 144–160.

Kehl, Konstantin/Glänzel, Gunnar/Then, Volker/Mildenberger, Georg (2016): CSI-Transparenzgutachten: Möglichkeiten, Wirkungen (in) der Freien Wohlfahrtspflege zu messen. Hrsg. von der BAGFW. Berlin.

Kessl, Fabian (2013): Soziale Arbeit in der Transformation des Sozialen. Eine Ortsbestimmung. Wiesbaden: Springer VS.

Liebig, Reinhard (2013): Wirkungsorientierung in der Kinder- und Jugendarbeit. Anmerkungen zu einer ungeliebten Debatte. In: Land Steiermark – A6 Bildung und Gesellschaft (Hrsg.): jugendarbeit: wirkt. Versuch einer interdisziplinären Auseinandersetzung. Graz: Verlag für Jugendarbeit und Jugendpolitik, S. 67–81.

Liebig, Reinhard (2016): Wirkungsorientierung und Kooperation in der Offenen Kinder- und Jugendarbeit. Expertise im Auftrag der Bertelsmann Stiftung (Programm „Zukunft der Zivilgesellschaft"). Düsseldorf, Gütersloh.

Lindner, Werner (Hrsg.) (2008): Kinder- und Jugendarbeit wirkt. Wiesbaden: VS Verlag für Sozialwissenschaften.

Macsenaere, Michael/Hiller, Stephan/Fischer, Klaus (Hrsg.) (2010): Outcome in der Jugendhilfe gemessen. Freiburg im Breisgau: Lambertus.

Macsenaere, Michael/Esser, Klaus (2012): Was wirkt in der Erziehungshilfe? Wirkfaktoren in Heimerziehung und anderen Hilfearten. München: Ernst Reinhardt.

Micheel, Heinz-Günter (2013): Methodische Aspekte der Wirkungsforschung. In: Graßhoff, Gunther (Hrsg.): Adressaten, Nutzer, Agency. Akteursbezogene Forschungsperspektiven in der Sozialen Arbeit. Wiesbaden: Springer VS Verlag für Sozialwissenschaften, S. 181–193.

Münder, Johannes (2002): Finanzierungsstrategien in der Kinder- und Jugendhilfe. In: Sachverständigenkommission 11. Kinder- und Jugendbericht (Hrsg.): Strukturen der Kinder- und Jugendhilfe. Eine Bestandaufnahme. Band 1 der Materialien zum 11. Kinder- und Jugendbericht. München: Verlag Deutsches Jugendinstitut, S. 105–162.

Oelerich, Gertrud/Schaarschuch, Andreas (2013): Sozialpädagogische Nutzerforschung. In: Graßhoff, Gunther (Hrsg.): Adressaten, Nutzer, Agency. Akteursbezogene Forschungsperspektiven in der Sozialen Arbeit. Wiesbaden: Springer VS, S. 85–98.

Otto, Hans-Uwe (2007): What Works? Zum aktuellen Diskurs um Ergebnisse und Wirkungen im Feld der Sozialpädagogik und Sozialarbeit – Literaturvergleich nationaler und internationaler Diskussion. Expertise im Auftrag der AGJ. Berlin.

Otto, Hans-Uwe/Polutta, Andreas/Ziegler, Holger (2009): A Second Generation of Evidence-Based Practice. In: Otto, Hans-Uwe/Polutta, Andreas/Ziegler, Holger (Hrsg.): Evidence-based Practice – Modernising the Knowledge Base of Social Work. Opladen u. a.: Barbara Budrich, S. 245–252.

Pawson, Ray/Tilley, Nick (2009): Realist Evaluation. In: Otto, Hans-Uwe/Polutta, Andreas/Ziegler, Holger (Hrsg.): Evidence-based Practice – Modernising the Knowledge Base of Social Work. Opladen u. a.: Barbara Budrich, S. 151–180.

Polutta, Andreas (2018). Wirkungsorientierte Steuerung Sozialer Dienste. Über den Wandel in der Logik der Erbringung wohlfahrtsstaatlicher Leistungen. Sozialmagazin, H. 9–10, S. 21–26.

Riekmann, Wibke/Epstein, Alf-Thomas (2014): Empirie der der Jugendverbandsarbeit bis 1990. In: Oechler, Melanie/Schmidt, Holger (Hrsg.): Empirie der Kinder- und Jugendverbandsarbeit. Forschungsergebnisse und ihre Relevanz für die Entwicklung von Theorie, Praxis und Forschungsmethodik, Wiesbaden: Springer VS, S. 19–100.

Schaarschuch, Andreas/Oelerich, Gertrud (2005): Theoretische Grundlagen und Perspektiven sozialpädagogischer Nutzerforschung. In: Oelerich, Gertrud/Schaarschuch, Andreas (Hrsg.): Soziale Dienstleistungen aus Nutzersicht. Zum Gebrauchswert Sozialer Arbeit. München: Ernst Reinhardt, S. 9–25.

Schmidt, Holger (Hrsg.) (2011): Empirie der Offenen Kinder- und Jugendarbeit, Wiesbaden: VS Verlag für Sozialwissenschaften.

Schneider, Armin (2011): Professionelle Wirkung zwischen Standardisierung und Fallverstehen: Zum Stand der Wirkungsforschung. In: Eppler, Natalie/Miethe, Ingrid/Schneider, Armin (Hrsg.): Qualitative und qualitative Wirkungsforschung. Ansätze, Beispiele, Perspektiven (Band 2). Opladen u. a.: Barbara Budrich, S. 13–32.

Sommerfeld, Peter (2016): Evidenzbasierung als ein Beitrag zum Aufbau eines konsolidierten professionellen Wissenskorpus in der Sozialen Arbeit. In: Borrmann, Stefan/Thiessen, Barbara (Hrsg.): Wirkungen Sozialer Arbeit. Potentiale und Grenzen der Evidenzbasierung für Profession und Disziplin. Reihe: Theorie, Forschung und Praxis Sozialer Arbeit – Band 12. Opladen u. a.: Barbara Budrich, S. 22–41.

Speck, Karsten (2014): Schulsozialarbeit. Eine Einführung, München u. a.: UTB.

Speck, Karsten/Olk, Thomas (2010): Stand und Perspektiven der Wirkungs- und Nutzerforschung zur Schulsozialarbeit im deutschsprachigen Raum. In: Speck, Karsten/Olk, Thomas (Hrsg.): Forschung zur Schulsozialarbeit. Stand und Perspektiven, Weinheim, München: Juventa, S. 309–346.

Ziegler, Holger (2017): Folgen Sozialer Arbeit. Perspektiven der Wirkungsforschung. In: Weinbach, Hanna/Coelen, Thomas/Dollinger, Bernd/Munsch, Chantal/Rohrmann, Albrecht (Hrsg.): Folgen sozialer Hilfen. Theoretische und empirische Zugänge. Weinheim, Basel: Beltz Juventa, S. 32–46.

AutorInnenverzeichnis

Nadine Balzter (M.A.) ist wissenschaftliche Mitarbeiterin am Institut für Allgemeine Pädagogik und Berufspädagogik der Technischen Universität Darmstadt.
Kontakt: n.balzter@apaed.tu-darmstadt.de

Maik-Carsten Begemann (Dipl.-Soz.; Dr. rer. soc.) ist aktuell Lehrbeauftragter im Fachbereich Sozial- und Kulturwissenschaften an der Hochschule Düsseldorf.
Kontakt: maik-carsten.begemann@uni-due.de.

Christian Bleck (Dipl.-Soz.-Arb.; Dr. phil.) ist Professor für die Wissenschaft Soziale Arbeit im Fachbereich Sozial- und Kulturwissenschaften an der Hochschule Düsseldorf.
Kontakt: christian.bleck@hs-duesseldorf.de

Claudia Buschhorn (Diplom-Pädagogin; Dr.'in phil) ist Professorin für Pädagogik der Kindheit an der Fakultät Wirtschaft und Soziales im Department Soziale Arbeit an der HAW Hamburg. Kontakt: buschhorn@uni-muenster.de

Christian Erzberger (Dipl.-Soz.-Päd./Soz.-Arb.; Dipl.-Soz; Dr. phil) ist Projektleiter in der Gesellschaft für innovative Sozialforschung und Sozialplanung e.V. (GISS), Bremen.
Kontakt: che@giss-ev.de

Wolfgang Ilg (Dipl.-Psych.; Dipl.-Theol.; Dr. rer. nat.) ist Professor für Jugendarbeit/Gemeindepädagogik an der Evangelischen Hochschule Ludwigsburg.
Kontakt: w.ilg@eh-ludwigsburg.de

Sigrid James (MSW; PhD) ist Professorin für das Fachgebiet Theorien und Methoden der Sozialpädagogik im Institut Sozialwesen an der Universität Kassel.
Kontakt: sigrid.james@uni-kassel.de

Katharina Kluczniok (Dipl.-Päd.; PD Dr. phil. habil.) ist akademische Rätin am Lehrstuhl für Elementar- und Familienpädagogik an der Otto-Friedrich-Universität Bamberg.
Kontakt: katharina.kluczniok@uni-bamberg.de

Reinhard Liebig (Dipl.-Soz.Wiss.; Dr. phil.) ist Professor für „Verwaltung und Organisationswissenschaft" im Fachbereich Sozial- und Kulturwissenschaften an der Hochschule Düsseldorf. Kontakt: reinhard.liebig@hs-duesseldorf.de

Michael Macsenaere (Dipl.-Psych.; Dr. rer. nat. habil.) ist geschäftsführender Direktor am Institut für Kinder- und Jugendhilfe (IKJ) und Professor an der Johannes Gutenberg-Universität Mainz. Kontakt: macsenaere@ikj-mainz.de

Hemma Mayrhofer (Soziologin; Mag. rer. soc. oec., Dr. phil.) ist wissenschaftliche Geschäftsführerin des IRKS – Institut für Rechts- und Kriminalsoziologie in Wien.
Kontakt: hemma.mayrhofer@irks.at

Heinz-Günter Micheel (Dipl.-Soz.-Arb.; Dipl.-Soz.; Dr. phil. habil.) ist Professor für Erziehungswissenschaft mit dem Schwerpunkt Sozialpädagogik am Institut für Erziehungswissenschaft der Westfälischen Wilhelms-Universität Münster. Kontakt: hgmicheel@wwu.de

Andreas Polutta (Dipl.-Päd.; Dipl.-Soz.Päd.; Dr. phil.) ist Professor für sozialwirtschaftliche Grundlagen Sozialer Arbeit an der Fakultät Sozialwesen der Dualen Hochschule Baden-Württemberg. Kontakt: polutta@dhbw-vs.de

Hans-Günther Roßbach (Dipl.-Päd.; Dr. phil. habil.) war bis April 2017 Professor für Elementar- und Familienpädagogik an der Otto-Friedrich-Universität Bamberg und Direktor des Leibniz-Instituts für Bildungsverläufe e.V.
Kontakt: hans-guenther.rossbach@uni-bamberg.de

Stefan Schäfer (M.A. Soziale Arbeit) ist wissenschaftlicher Mitarbeiter im Projekt „Soziale Arbeit als politische Akteurin" (SAPAKT) an der Fakultät für Angewandte Sozialwissenschaften der Technischen Hochschule Köln und Doktorand an der Goethe-Universität Frankfurt a. M. Kontakt: stefan.schaefer@th-koeln.de

Karsten Speck (Dipl.-Päd.; Dr. phil.) ist Professur für Forschungsmethoden in den Erziehungs- und Bildungswissenschaften am Institut für Pädagogik der Carl von Ossietzky Universität Oldenburg. Kontakt: karsten.speck@uol.de

Andreas Thimmel (MA Politikwissenschaft und Pädagogik; Dr. phil.) ist Professor für Wissenschaft der Sozialen Arbeit mit dem Hauptlehrgebiet Sozialpädagogik an der Fakultät für Angewandte Sozialwissenschaften der Technischen Hochschule Köln und dort Leiter des Forschungsschwerpunkts „Nonformale Bildung". Kontakt: andreas.thimmel@th-koeln.de

Holger Ziegler (M.A. Erziehungswissenschaft; Dr. phil.) ist Professor für Soziale Arbeit an der Universität Bielefeld. Kontakt: holger.ziegler@uni-bielefeld.de